交通科技丛书

公路隧道节能技术

韩　直　方建勤　洪伟鹏　等　著

人民交通出版社

内 容 提 要

本书作者运用交通工程、自动控制等理论与方法，围绕安全、环保、节能、高效的目标，从系统节能的理念出发，对公路隧道的分级、隧道土建结构与隧道机电设施之间的相互影响与联系、影响隧道节能的主要因素进行了较为系统地分析，探讨了通风与照明的设计理念、设计参数、设计标准与设计方法，阐述了信息处理与预测技术、自然光与人工光结合的照明技术、互补式通风技术、LED隧道照明灯等新技术、新产品应用等方面的见解，提出了通风节能、照明节能、综合节能的一些解决措施。全书共十章，包括绪论、信息采集与处理、隧道节能的主要影响因素、通风节能设计、散射光光源照明节能设计、定向光光源照明节能设计、短隧道照明节能设计、供配电系统节能设计、运营节能与综合节能。

本书可供交通运输部门、交通管理部门的工程技术人员、管理干部参考，也可作为相关院校的教学参考资料。

图书在版编目(CIP)数据

公路隧道节能技术/韩直等著. —北京：人民交通出版社，2010.3

ISBN 978-7-114-08283-2

I. ①公… II. ①韩… III. ①公路隧道—隧道工程—节能—技术 IV. ①U459.2

中国版本图书馆 CIP 数据核字(2010)第 039582 号

交通科技丛书

书　　名：公路隧道节能技术
著 作 者：韩直　等
责任编辑：郑蕉林
出版发行：人民交通出版社
地　　址：(100011) 北京市朝阳区安定门外外馆斜街 3 号
网　　址：http://www.ccpress.com.cn
销售电话：(010) 59757969，59757973
总 经 销：人民交通出版社发行部
经　　销：各地新华书店
印　　刷：北京市密东印刷有限公司
开　　本：787×960　1/16
印　　张：20
字　　数：370 千
版　　次：2010 年 6 月　第 1 版
印　　次：2010 年 6 月　第 1 次印刷
印　　数：0001 ~ 2500 册
书　　号：ISBN 978-7-114-08283-2
定　　价：55.00 元

序

我与韩直博士认识是在2002年，当时我给他讲了公路隧道通风照明的节能问题。此后，他一直从事公路隧道的安全与节能方面的研究。作为一个多年来致力于公路隧道运营管理研究的科技人员，韩直博士的科研成果和学术观点一直超前，具有新意，为同行所重视。今天他邀请我为他的新书作序，我为他取得的新成绩感到由衷的高兴，也为他研究节能降低运营费的责任意识感到由衷的钦佩而欣然提笔。

我国是一个多山国家，75%左右的国土面积是山地或丘陵。随着《国家高速公路网发展规划》和西部大开发的实施，高速公路不断向山区延伸，桥隧比例不断增大，截至2009年底，我国已建成公路隧道6 139座，总长394.20万米。如此大规模的隧道建设，不但运营管理的任务十分艰巨，其安全与节能问题也日益突出。如何在保障安全的前提下降低运营费用，尤其是降低高速公路隧道照明、通风、供配电的运营费用，一直是众多专家、高速公路建设与管理人员关注的热点议题。

为了应对全球新经济发展模式——低碳经济的来临，积极响应国家“建设节约型社会”的号召，落实交通运输行业节能减排工作，作者的研发团队勇于拼搏、积极进取、大胆创新，从通风、照明、供配电等多个角度对公路隧道运营阶段综合节能技术开展了系统地科学研究。先后承担了“公路隧道照明需求研究”、“公路隧道(群)安全与节能技术研究”、“特大断面公路隧道节能技术研究”、“公路隧道LED照明成套技术研究”、“公路隧道LED照明灯”等国家、交通运输部与地方的科研项目。为了获得切实可行的研究成果，他们在200 m长1∶1实体隧道试验室与全国运营中的隧道，开展了大量通风、照明监控、火灾报警与消防试验，并在广东、重庆、陕西、四川、浙江、湖北、贵州、青海、江西等地进行了现场实地测试。在这种尊重实践、孜孜不倦的科学探索精神指引下，他们在：①公路隧道通风与照明的设计参数、标准与方法；②公路隧道节能与安全的关系；③公路隧道通风、照明综合节能技术；④公路隧道供配电节能技术；⑤公路隧道新型节能产品应用；⑥导光管照明、光纤照明、人工光与自然光结合的照明技术等方面，都取得了丰硕的成果。我为他们对公路隧道事业做出的成绩感到由衷的高兴。

现在，作者将这些成果编撰成书，付梓问世。这对目前公路隧道的节能减排工作是非常及时和必要的，具有很好的指导性和实用性。相信他们会继续深化相关研究和实践工作，不断开拓创新，为我国公路隧道运营管理水平的持续提高，为低碳交通贡献力量。更希望广大读者、建设者、管理者及相关院校的师生，将本书作为一个很好的教材和参考资料。

中国工程院院士：王梦恕

2010 年 3 月

前　言

随着国务院批准的《国家高速公路网发展规划》的实施，各地方公路网的加密以及断头路的消除，公路隧道在公路建设中的比重越来越大。公路隧道作为道路构造物的耗电大户，节能减排问题已引起了国内外的普遍重视。为此，各国都在积极加强探索节能新理论和新技术，以求提高能源的利用率，有效降低对环境的污染。

为此，我国制定了《〈节约能源法〉实施办法》和《公路水路交通节能中长期规划纲要》，完成了15项节能标准规范编制及修订工作，构建了交通运输行业节能减排长效机制和节能减排监测考核体系，颁布实施了营运客货车燃料消耗量限值及测量方法，确定了第二批节能减排新产品(新技术)和示范项目，强化了交通运输固定资产投资项目节能评估审查，制定并实施营运车辆燃料消耗量准入制度，开展高耗油营运车辆提前退出道路运输市场的试点。

在国家对交通运输节能理论和技术研究日益重视的情况下，本书从系统节能的理念出发，运用交通工程、自动控制等理论与方法，重点阐述了公路隧道设计节能与运营节能的理论、标准、参数、方法与措施，对信息处理与预测技术、自然光与人工光结合的照明技术、互补式通风技术、土壤净化技术、LED隧道照明灯等新技术、新产品的应用，提出了自己的见解。

全书共分十章，由招商局重庆交通科研设计院有限公司韩直研究员、广东省长大公路工程有限公司方建勤博士、洪伟鹏高级工程师主编。各章的编写人员如下：第1、2、3、5、6、9章由韩直编写；第4章由韩直、陈晓利编写；第7章由王小军、韩直编写；第8章由刘相华、洪伟鹏编写；第10章由韩直、易富君、方建勤编写。本书成果由本书参编人员与广东省长大公路工程有限公司共同所有。

本书在编写过程中，参考了国内外相关研究文献资料，凝结了各参编人员的理念、经验与体会，包含了许多国内外相关研究学者的见解和方法。

本书在编写过程得到了王梦恕院士的指导与帮助，在此表示衷心的感谢！

由于编写人员理论功底和水平有限，本书错误、疏忽之处难免，敬请读者给予批评指正。

作　者

2010年3月

目　录

第1章 绪 论

1.1 公路隧道节能的研究对象与范围

1.1.1 公路隧道节能的定义

目前,尚无公路隧道节能的明确定义。本书对公路隧道节能的理解,包括狭义和广义两个方面。

(1)狭义公路隧道节能

狭义公路隧道节能,是指在满足相关规范要求的前提下,与传统的设施与管理方式相比,通过采用新技术、新设施实现运营过程中通风与照明能耗的减少。工程中常见的是照明节能。

(2)广义公路隧道节能

广义公路隧道节能,包含在公路隧道建设与管理的全过程中。在建设过程中,结合当地的地理、环境、气候、交通与经济条件,以及隧道在公路网中的功能、地位与作用,通过合理选择设计参数、优化设计方案、采用新技术、新材料、新设备,达到全寿命期建设费用最省;在运营管理中,结合气候条件、隧道内的交通工况以及路段与隧道的交通流特征,通过科学地控制与管理,达到安全、环保与能耗最省的目的。这一理念与国际上大多数学者的理念相同,例如,在日本,已经把车辆诱导系统的节能减排效益纳入到碳交易的范畴,而我国在 2008 年举办奥运会期间,由于采取了有效的交通监管措施,减少了碳排放,也实现了碳交易。

1.1.2 研究对象

公路隧道节能的研究对象主要包括以下 4 个方面。

(1)隧道土建结构

主要包括隧道线形与接线、隧道洞口朝向与结构形式、隧道横断面尺寸、洞内装饰方式与材料等的选择与方案优化。通过土建结构的精细设计,为减少工程投资与节能打好基础。

(2)隧道交通特征

主要是对交通参数(交通量、车辆构成与速度)进行预测与影响分析。近期与远期的交通量预测与分析,主要用于确定建设的分期实施与系统的配置规模;实时在线预测与分析,则主要用于交通状态判别、交通异常检测、基于安全与节能的路段与隧道的速度控制、通风与照明控制及运营管理中管理策略的决策。

(3)隧道机电系统

隧道机电系统由通风、照明、监控、防灾、供配电等子系统构成。这些设施是主要的能耗体。对隧道机电系统的研究,主要包括系统规模的确定、系统设施的配置原则与方法以及系统集成的网络构造方式等,为安全运营与节能奠定基础。

(4)运营管理

主要包括系统的管理体制、管理架构与设置、系统联网控制、安全预警、事故扩散范围与影响、交通状态评价、通风与照明控制、公路网交通协调控制、防灾策略与预案的制订,以及管理策略决策与支持等。这是狭义节能的关键技术。

1.1.3 研究范围

从广义节能的理念出发,公路隧道节能的研究范围主要包括以下 4 个方面。

(1)设计过程的节能

主要是结合工程特点、交通流特性与地理环境特征,在设计阶段,通过提高设计质量,优化设计方案,达到节省工程投资、减少土地资源占用的目的。

(2)运营过程的节能

主要研究如何根据环境、气候、交通量与交通工况的变化,采取科学的控制策略,达到安全与节能的目的。

(3)节能审计

节能审计属于能源管理的范畴。其主要研究公路隧道的能耗定额、能耗检测方法、节能潜力、能耗预测、节能规划,以及节能审计的程序、内容、评价指标与方法。

(4)设计标准

包括公路隧道土建与隧道机电的设计标准,土建设计标准主要影响土建投资规模与机电设施的配置,隧道机电系统设计标准除决定了机电设施配置规模外,对运营的安全与能耗会产生重要的影响。

1.2 公路隧道节能的目的与意义

截至 2009 年底,全国公路总里程达 386.08 万公里,比上年末增加 13.07 万公里。其中,国道 15.85 万公里,省道 26.60 万公里,县道 51.95 万公里,乡道101.96

万公里，专用公路 6.72 万公里，村道 183.00 万公里。全国公路隧道为 6 139 处、394.20 万米，比上年末增加 713 处、75.56 万米。其中特长隧道 190 处、82.11 万米，长隧道 905 处、150.07 万米。我国已成为世界上公路隧道最多、最复杂、发展最快的国家之一。公路隧道的节能问题，已成为低碳经济时代、新交通时代交通行业普遍关注的问题。

对公路隧道节能的研究，主要是为了解决以下 3 个方面的问题。

(1)设计的标准问题

设计标准是公路建设的依据，关系到公路交通事业的可持续发展以及运营的成本和运输的安全与效率。我国一些隧道，风机长期闲置。根据作者对广东、湖北、重庆、陕西、四川等地隧道运营状态的调查，隧道内 CO 浓度远远低于设计要求，也设计了通风设施。这一现象的发生，除了设计水平的原因外，也和相关标准滞后、不能反映客观实际有很大关系。

(2)建设的规模问题

公路隧道是公路网的咽喉，投资费用大，运营管理复杂。建设的分期实施、机电系统的配置与集成方法、系统设施的选择，以及新设备、新技术、新工艺的应用，对系统设施的稳定性、可靠性与可扩展性以及运营管理都有巨大的影响。

(3)运营管理的效率与成本问题

目前，我国大多数隧道存在着信息浪费、不能有效挖掘使用的问题。提高信息的利用率与智能化水平，是提高运输效率、降低运营管理成本的关键。

这些问题的解决，将主要起到以下 3 个方面的作用。

(1)有利于减少环境气候的污染

党中央、国务院对节能减排都有明确的指示与目标，交通运输部和许多省份也制订了交通运输行业的节能减排规划与发展目标。国外很多发达国家在城市的发展中，都采用了拆除地面走地下的做法，为人类生存提供更多的空间与阳光。发展地下交通，有利于变汽车废气的无序排放为有序控制，有利于减少汽车排放对环境气候的污染。

(2)有利于公路交通的可持续发展

社会、经济与文化的发展，离不开交通的发展。进行公路建设，不可避免地要占用大量土地资源。而我国人口众多，土地资源匮乏。解决好公路隧道的建设与管理问题，有利于节约土地资源，有利于减少建设投资，有利于公路交通的可持续发展。

(3)有利于降低公路隧道的运营成本

公路隧道投资大，运营费用高。据重庆市公路隧道用电量统计，每公里隧道一年的电费 40 余万元。按此推算，全国公路隧道年电费高达 13 亿元。很多省份为了减少运营费用，以牺牲安全为代价，少开灯或不开灯。公路隧道的运营费用，已成为很多隧道管理部门一笔沉重的负担。提高公路隧道的运营管理水平,有利于达到安全、节能、降低运营管理费用的目的。

1.3 公路隧道节能的现状与发展

公路隧道节能是个系统工程,涉及建设与管理、土建与机电等多个方面,只有运用系统工程的思想,全方位考虑安全、环保、节能、高效,才能实现系统节能。

1.3.1 国外发展现状

目前,世界发达国家公路网络已经形成,公路隧道的建设任务较小,其主要任务是隧道运营管理,主要表现在以下 7 个方面。

(1)通风

日本主要采用纵向式通风,欧洲主要采用横向与半横向通风,由于纵向式通风比较节能,目前欧洲也普遍开始采用纵向式通风。此外,对于通风设计参数,法国等国家已经将 NOx 含量作为设计与运营控制的参数之一。

(2)照明

目前仍然是基于 L20 法进行照明设计,CIE2004 则推荐采用光幕亮度法。此外,中间视觉照明理论、反射间接照明、LED 照明是当前研究与应用的热点,朝着绿色照明的方向发展。

(3)监控

在欧洲,成立了隧道智能交通委员会,应用智能交通的理念,应用交通工程学的原理与方法,由宏观监控转化为微观监控,对进入隧道的每个车辆,通过检测、建立信息卡以及出口识别,达到对隧道交通运营状态、隧道内车辆数与车辆类型进行实时监控与决策支持、提高效率与降低灾害损失的目的,通过信息的综合利用与检测设施的协调控制,朝着智能控制的方向发展。

(4)防灾

主要通过全规模火灾试验,研究不同规模火灾、不同燃烧类型时,烟雾在时间与空间上的弥漫规律以及环境特征;研究火灾工况下,人体对环境的适应性,通过开发新型火灾探测与灭火设施,如细水雾灭火技术、泡沫自动喷淋灭火技术、受到国际消防技术委员会(CTIF)高度重视的脉冲灭火设备以及感温火灾探测设施、感光火灾探测设施、视频火灾探测设施等,尽早发现火灾,提高灭火效率,减少火灾损失。此外,在火灾应急预案的制订、应急能力储备、隧道安全评价、宣传教育、异常应急操作指南等方面也做了很多工作,以达到减少火灾损失的目的。

(5)节能

主要应用模糊通风控制技术、风光互补供电技术、零谐波电子调压技术、照明控制技术以及一些节能控制设施、节能光源等实现节能。

(6)安全

自从勃郎峰隧道火灾，造成36辆汽车被毁，41人烧死后，国内外对隧道安全都十分重视，欧洲对数十座隧道的安全性进行了检查与评价，结果令人担忧。目前，采取的安全措施与国内基本相同，但在方法与效果上有较大差异。比如：加强洞外诱导功能、增设警告设施，在行车方向左右侧多次重复设置诱导或警告设施；洞内机电设备或消防设施标识清楚，避免我国浙江猫狸岭隧道将消防箱烧毁的现象；通过快速处理异常事件，避免或减少二次事故的发生。

(7)运营管理

从立法、执法、预案制订，到日常检查、设施维护、消防演习、安全教育、危险品运输管理、进入隧道前发放安全手册等，都制订了相应的法规、标准与指南。挪威从立法上规定，500m以上的隧道发生火灾、毒气泄露时，应独立进行控制管理，明确每个隧道管理部门的安全责任人，提高管理的协调性、管理的效率与隧道运营的安全性。

1.3.2 国内发展现状

目前，国家科委、交通运输部和许多省份针对公路隧道建设与运营中的共性问题、特殊性问题及重大工程问题展开了研究。这些项目主要包括国家支撑计划“国家道路交通安全科技行动计划”、“山区公路网安全保障技术体系研究与示范工程”，国家“863”项目“公路隧道LED照明灯”、交通部西部项目“公路隧道(群)安全与节能技术研究”、“秦岭终南山特长公路隧道关键技术研究”、“雪峰山特长公路隧道关键技术研究”、“公路隧道衬砌结构耐火技术研究”、“多断层、富水岩溶地区特长公路隧道修建关键技术及防灾救援方案研究与应用”、“公路隧道太阳能照明系统研究”、“乌鞘岭特长公路隧道群建设与运营安全控制技术研究”、“公路隧道及隧道群车辆运行安全保障技术研究”、“高速公路螺旋型曲线隧道营运安全控制技术研究”，以及广东省交通厅项目“公路隧道节能技术研究”、福建省交通厅项目“公路隧道照明参数研究”、重庆市科委项目“公路隧道LED照明成套技术研究”、“公路隧道供配电节能技术研究”等。通过研究，取得了一系列成果，主要表现在以下5个方面。

(1)研究与检测试验平台基本形成

建设了超特长公路隧道通风物理模型试验系统、公路隧道纵向通风设计计算与模拟试验平台、隧道火灾模型试验场、公路隧道监控中试实验室、公路隧道火灾事故数据库、公路隧道建设与养护管理重点试验室、山区公路工程技术研究中心。试验平台的完善，不但对研究提供了试验的支撑，而且促进了研究成果的转化，为公路隧道建设与管理技术的研究、隧道关键设备的开发与试验检测提供了基础条件。

(2)重大工程技术问题取得突破

以长达18.02km的秦岭终南山隧道为依托，开展了困扰长大公路隧道建设重大技术问题的研究，基本解决了单向交通特长公路隧道纵向通风的理论与实现问题，提出了公路隧道复杂通风网络技术理论，开发了仿真计算软件，明确了特长公路隧道洞内卫生控制标准，形成了从通风设计参数选择到理论分析计算与仿真验算的成套技术；建立了火灾时火风压、节流效应、烟流阻力的计算模型，提出了包括防火分区、人员逃生及车辆疏散、风流组织、风机布置原则、风流控制控制策略等内容的公路隧道防灾救援设计方法；基本解决了单向交通特长公路隧道监控的配置原则、方法与应用问题，建立了以交通与环境信息检测为基础，预防预警为原则，工业以太网为平台，信息共享为前提，智能决策为灵魂，安全、节能、高效为目标，双纤冗余自愈环为网络，视频监视与交通异常自动检测相结合，联动控制为手段的信息化、智能化的公路隧道运营管理系统；基本解决了单向交通特长公路隧道管理与养护系统问题，针对隧道机电系统的交通安全管理、结构养护管理、机电维护管理，提出了“双履历表”、维护项目矩阵及故障分析方法，开发了特长公路隧道管理与养护系统(TMMS)，建立了“编目体系、任务体系、管理体系”三个层次的公路隧道通用管理模式。

(3)特殊工程技术问题初步解决

针对毗邻隧道、隧道群、螺旋型隧道的特殊工程问题，解决了联动控制与区域联网控制的难题；完善了交通异常自动检测算法及自动检测设备优化组合配置技术；开发了自动检测与控制软件；创立了综合考虑环境、交通、节能、控制、设备使用寿命等多方面问题的隧道监控模式，建立了一套适合不同交通流量的、经济合理的、综合的隧道交通运营监控系统。

(4)安全保障与节能减排技术初见成效

围绕安全、环保、节能与高效，科学地论证了安全与节能两者之间的辩证关系，研究了安全与节能之间的矛盾和联系，制订了适应不同地区经济发展水平的节能与安全策略，提出了安全与节能的成套应用技术，形成了初具规模的行业标准，高速公路隧道无重大、特大交通事故发生，太阳能技术、LED照明技术等新技术、新产品得到推广应用。

(5)信息化、智能化管理技术水平得到提升

针对公路隧道运营阶段的维修、养护、监控、预警、病害及突发事故处治等问题，在隧道运营管理的数字化、信息化、可视化与空间查询等方面取得多项技术突

破，建立了公路隧道健康管理系统，提高了应对突发性灾害的抢险能力，推动了隧道管理向网络化发展，为我国大规模公路隧道运营提供了关键的安全技术支撑。

1.3.3 与国外的差距

与国外先进水平相比，我国的差距主要表现在以下几个方面。

(1)标准、规范滞后，有待完善标准体系。

国外标准、规范一般2～3年修订一次，我国不但标准规范体系不全，而且“研究成果→成果应用示范→成果推广→总结提炼→标准规范”周期长，规范修订周期长，长期缺乏公路隧道消防技术规范、公路隧道防灾设计规范、公路隧道运营管理指南等，交通运营管理的规范化、智能化水平有待提高。

(2)自主知识产权的机电设施少，有待开发隧道机电主要设施。

我国隧道机电设施大部分依赖进口，如CO/VI检测设施、风速风向仪、亮度检测器、区域控制机等，进口设施养护管理困难，在设备故障期发生交通异常时会加大灾害损失。

(3)科研试验基地薄弱，防灾技术有待更深入地研究，隧道交通流理论研究有待开展。

我国没有一个全规模火灾试验研究基地，没有基于驾驶行为、考虑驾驶员个体特征的模拟试验场所，这就为准确深入地了解和掌握火灾场景的发展规律、火灾下人员逃生条件、驾驶行为对运营安全的影响、隧道交通流特征对设施配置与运营管理的影响等，形成了不可逾越的障碍。

(4)多专业结合较弱，通风、照明、监控、安全的研究，有待于由仅结合工程实际转化为工程、环境与人性化相结合，使科研成果再上一个台阶。

国外在隧道运营管理研究中，采用多专业结合的方式，如挪威等国家对驾驶员在隧道内行驶感知研究、对通风与照明探究、对交通流特性研究中，都采用律师、医生、心理学家和专业人员相结合的方式，比我国研究的更深入、仔细，研究成果更符合实际。

(5)系统化、信息化、智能化水平有待提升。

我国信息化、智能化水平一直落后于国外发达国家，而公路隧道运营管理又涉及通信、控制、检测、计算机技术、交通工程、暖通、照明、防灾等多个专业，虽然建设时硬件设施比较齐全，但很多信息未进行综合利用，安全预警技术、协调控制技术等还比较落后，有待突破，避免和减少类似某高速公路两个多小时内数十辆车相撞的事件发生。

1.3.4 应解决问题的主要方向

从系统节能的角度出发，主要应在以下7个方面开展研究。

(1)通风

主要解决设计参数、设计标准问题,既满足卫生、行车舒适与灾害条件下的要求,又达到节约建设与运营费用的目的,应主要开展的研究内容如下:

①互补式通风技术研究。

②静电吸尘应用研究。

③废气土壤净化技术研究与开发。

④火灾工况通风技术的理论与试验研究。

⑤双向交通长大隧道通风技术研究。

⑥通风设计参数试验研究。

⑦通风系统优化与综合评价技术研究。

⑧公路隧道环境检测设备开发。

(2)照明

主要解决公路隧道照明设计标准落后的问题,解决短隧道照明的问题,解决新型节能光源应用的合法性问题,达到既满足行车舒适又节能的目的,应主要开展以下研究:

①短隧道照明技术研究。

②色温与照度可调的 LED 照明技术研究与系统开发。

③人工光与自然光相结合的照明技术研究。

④光纤照明技术研究与系统开发。

⑤公路隧道照明设计参数研究。

⑥定向光照明设计参数与技术标准研究。

⑦公路隧道照明控制技术研究与节能设备及软件开发。

(3)监控

主要解决微观监控问题,解决安全预警的理论与方法问题,解决隧道群、隧道与路段的协调控制问题,应主要开展以下研究:

①公路隧道安全预警的理论与方法研究。

②基于安全、高效、节能的公路隧道(群)与路段协调控制技术研究。

③公路隧道异常事件快速识别技术研究。

(4)防灾

主要解决预防火灾的规模与标准、火灾早期探测与消防设备开发、防灾预案制订与旧车支持等,应开展的主要研究如下:

①公路隧道消防标准研究。

②公路隧道防灾规模研究。

③公路隧道火灾早期探测技术研究。

④公路隧道消防设备开发。

(5)节能

主要解决安全、环保、节能、高效之间的关系,解决隧道能源管理的问题,应主要开展以下研究:

①高速公路隧道系统节能技术研究。

②公路隧道节能设备与软件开发。

③公路隧道节能审计方法与标准研究。

④公路隧道节能规划技术研究。

⑤公路隧道能耗定额研究。

(6)安全

主要解决不同气候、隧道接线特征的安全保障问题,应主要开展以下研究:

①公路隧道事故特征分析与数据库开发。

②驾驶行为与交通安全的关系研究。

③隧道接线特征对交通安全的影响研究。

④公路隧道异常扩散范围与影响。

⑤公路隧道安全评价的理论、指标与方法。

(7)运营管理

主要解决管理的效率、可靠度、智能化水平问题,提高管理人员素质、技能水平与应急处置能力,应主要开展以下研究:

①公路隧道机电系统预警维护技术研究。

②公路隧道机电系统维护管理软件开发。

③公路隧道分类管理技术研究。

第2章　信息采集与处理

无论是设计与建设阶段，还是运营管理阶段，完整、准确、及时的信息提供，对于科学决策，从而实现安全与节能，都是至关重要的。本章主要阐述滤波与预测的内容与方法。

2.1　信息采集

2.1.1　信息分类

信息可分为静态信息与动态信息，也可分为用于设计的信息和用于运营管理的信息。考虑到系统设施布设与管理的手段与方法，公路隧道信息可分为以下5种类型。

(1)隧道土建信息

隧道土建信息包括隧道的土建结构特征与接线特征等信息。这些信息是固有信息，基本上是静态信息(隧道墙壁的通风摩阻系数及路面的摩擦系数与反射系数在运营中有变化)，对节能的影响是长期的，而且变化较小，基本上不用配置检测设施检测信息的变化。

(2)隧道机电信息

隧道机电信息包括两个方面的信息，一方面是机电设施的数量、类型与连接方式，这些固有信息；另一方面是这些设施运营期间的状态信息，包括正常与故障、效率与运行时间等，这些设施有些具有状态自动检测与反馈功能，有些需根据系统的配置情况决定是否额外配置信息检测设施。

(3)交通信息

交通信息包括工程可行性阶段与运营阶段调查与检测的信息。工程可行性阶段的交通信息包括高峰小时交通量、车辆构成与变化以及交通事故的资料等。这些信息是建设阶段方案决策的依据。运营阶段的交通信息主要包括交通量、车流速度与车辆构成，以及相关路网的交通信息与运营工况等。交通信息的采集手段主要有磁感应车辆传感器、微波车辆检测器、超声波车辆检测器、无线车辆检测器、

激光车辆检测器、红外车辆检测器与视频车辆检测器7种类型。

(4)环境信息

环境信息包括当地空气质量、洞外亮度、洞内亮度、烟雾与CO浓度等信息。

(5)运营工况信息

运营工况信息包括隧道环境与交通状态等信息。如隧道内环境是否满足相关规范要求,洞内交通是正常、阻塞、火灾或其他异常等。

2.1.2 参数选择与信息采集

确定需要采集的信息,应从信息的用途与检测方式两个方面考虑。

从信息的用途考虑,需考虑所需检测的信息是用于控制、预测、状态判别、养护管理还是其他;从信息的检测方式考虑,需确定所需采样的信息、信息采样时间间隔以及采样设备的量程与精度。

例如,进行交通异常自动检测,须判别交通量、车流速度、车辆占有率3个参数对异常的敏感性,以提高检测率与检测时间,减少漏报率;其次,须考虑数学模型采用的是单截面检测还是双截面检测,是采用单参数还是多参数,以考虑检测设施的布置;再次,须考虑采用何种设施进行检测能满足检测要求,同时又工作稳定且投资较少。

2.2 滤 波

由于检测设施故障、检测设施的精度等方面的原因,检测的信息不一定能直接用于工程需要。这就要求,对于采集的信息需做真伪判别,对于失去的信息需根据以往信息进行填穴补充,在完成该工作后才可探讨信息表达的内涵与趋势。这些工作统称为滤波、数据填穴补充与建模,这里仅论述滤波方法。

2.2.1 滤波方式

信息的质量影响探讨信息所表达的内涵。滤波则是从包含着误差(意味着干扰、噪声)的数据(或信号)中提取需要的信息,突出信息表达的主要趋势。

以交通异常检测为例,数据的不准确性会败坏异常信号,妨碍检测,或形成类似异常的交通模式,引起误报;此外,由于交通并不是"同质"过程,以及未处理的交通数据短期的非同质性,常常类似于异常模式,数据滤波可以滤掉不合理的波动,使异常检测算法免于把这些随机波动信号作为异常。

目前,常用的滤波器都是线性滤波器,主要有低通(Low-Pass)滤波器(LP)与卡尔曼滤波器。

1)低通滤波器

低通滤波器是允许检测器输出信号的低频部分通过，而拒绝不合理的高频噪声部分信号通过的滤波器。

以交通异常检测为例，为了减少高频随机交通波动产生的异常误报数量，1993年，Yorgos J. Stephanedes 和 Athana-sios P. Chassiakos 采用时域平滑器(Ranging-Average Smoother)——一种简单的线性低通滤波器，对原始数据 X_t(交通占有率数据的离散时间序列)进行滤波。先对原始数据进行这种处理，可以减少误报数量。实际数据表明，环形线圈检测器输出的交通量、占有率数据常常包括孤立的大脉冲，这种高峰并不代表实际的交通波动。因为，脉冲常常出现在许多连贯的检测站，而在一个采样间隔内(如 30s)，交通变化不可能推进几个检测站的长度，高峰很可能是来自检测系统的通信噪声，或来自暂时性的系统故障。

然而，如果信号串是由像阶梯一样的采样值所组成，则低通滤波器在滤掉高频噪声信号的同时，也会歪曲原始信号，因此，应该采用其他滤波器。

2)卡尔曼滤波器

20 世纪 60 年代初，在计算机技术日益发展的背景下，卡尔曼等人提出了递推滤波的算法方程，如果已知系统的数学模型，并且掌握了输入有用信号和干扰信号的统计特性，加上对量测噪声特性的了解，就可实时地获得系统状态变量和输入信号的最优估计值。最优估计值的计算公式，是在估计误差平方和最小的条件下导出的，其既适用于稳态，亦适用于短期非稳态的情形。1981 年，Cremer 将卡尔曼滤波器应用于交通异常检测；1984 年，日本学者上田年比古、河村与明、神野健二将自适应卡尔曼滤波(AKF)应用于异常检测。虽然如此，卡尔曼滤波器仍有一些缺陷。

(1)稳定性问题：由于初始条件往往未知，因此要保证滤波器的稳定性，即可以任意选择初值，即使选择不当，经过几次递推计算后，将不影响估值和估计误差。

(2)滤波器发散问题：卡尔曼滤波器有“老化”缺陷，即随着递推次数的增多，量测信号的作用愈来愈小，而造成滤波发散。

(3)在数值计算方面，卡尔曼滤波算法具有一定的难点，在计算协方差矩阵中，要求计算机有足够的字长，这样才能保证需要的数值计算精度；在量测信号精度较高，即 $R(k)$相对 $P(k)$来说比较小的情况下，计算机字长不够的问题将更加突出，甚至会导致在协方差矩阵的对角线上出现负的元素。

同时，就实用而言，还需解决下列问题：

(1)确定系统的状态转移矩阵。

(2)建立系统的误差模型，对噪声模式及其参数进行识别。

3)幂函数滤波器

除了低通滤波器、卡尔曼滤波器外，还有许多种其他类型的滤波器。如上所述，低通滤波器、卡尔曼滤波器都有一些缺陷，低通滤波器显然不能满足工程需要，卡尔曼滤波器的稳定性问题，根据长期的经验，可以通过较好地确定初值在工程应用中得到解决；老化缺陷，可以通过建立自适应滤波——这也是目前系统控制中应用与探讨的一个热门领域，而得到解决，或者通过改变滤波增益矩阵的计算方法，如“冻结”增益矩阵、对协方差矩阵进行加权、采用与卡尔曼滤波器原理相同的平方根滤波器（如波特尔滤波器、协方差因子分解滤波器等）来避免滤波发散问题，虽然如此，仍需确定噪声特性与状态转移矩阵。因此，有必要介绍韩直研究员提出的幂函数滤波器。

（1）幂函数滤波器的基本形式

设 n 次采样的时间序列 X 为：

$$X = \{x_1,\ x_2,\ \cdots,\ x_n\} \tag{2-1}$$

X 的滤波序列为 Y：

$$Y = \{y_1,\ y_2,\ \cdots,\ y_n\} \tag{2-2}$$

第 i 个采样间隔的滤波值为：

$$y_i=\left[\frac{1}{k}\sum_{j=i-k+1}^{i}x_j^\alpha\right]^{1/\alpha} \tag{2-3}$$

或

$$y_i = \left[y_{i-1}^\alpha + \frac{1}{k}(x_i^\alpha - x_{i-k}^\alpha)\right]^{1/\alpha} \tag{2-4}$$

显然，上式可看作 x_i 的滤波值等于 x_i-1 的滤波值的 α 次方，加上 x_i^α 与 x_{i-k}^α 之差与一个权系数 β 之积，然后再开 α 次方，故式(2-4)又可写作：

$$y_i = [y_{i-1}^\alpha + \beta(x_i^\alpha - x_{i-k}^\alpha)]^{1/\alpha} \tag{2-5}$$

由式(2-5)可见，幂函数滤波器是非线性形式的滤波器，i 时刻滤波值与 $i-1$ 时刻的滤波值、$i-k$ 时刻的采样值相关，受两个参数 α 与 β 的制约，β 反映了 i 时刻的采样值相对 $i-k$ 时刻的采样值的变化所采用的权重，α 反映了对各相关因素所采用的综合权重，采用两个参数，使得更能反映数据结构的变化及其相互关系，当 $\alpha=1, k=1$ 时，幂函数滤波器类似于单指数平滑滤波器。

（2）参数取值对滤波值的影响

式(2-5) y_i 对 β 求偏导可得：

$$\frac{\partial y_i}{\partial \beta} = \frac{1}{\alpha}\cdot y_i^{1-\alpha}\cdot(x_i^\alpha - x_{i-k}^\alpha) \tag{2-6}$$

由上式可见，参数 β 对 y_i 的影响取决于第 i 个采样间隔采样值与第 $i-k$ 个采样间隔采样值间的关系。

式(2-5) y_i 对 α 求偏导可得：

$$\frac{\partial y_i}{\partial \alpha}=\frac{y_{i-1}^{\alpha}\ln(y_{i-1})+\beta[x_i^{\alpha}\ln(x_i)-x_{i-k}^{\alpha}\ln(x_{i-k})]-y_i^{\alpha}\ln(y_i)}{\alpha\cdot y_{i-1}^{\alpha}} \tag{2-7}$$

由上式可见，参数 α 对 y_i 的影响主要取决于数据结构的形式，也就是数据间的相互关系。

(3)几种滤波器的比较

以上给出了低通滤滤器、卡尔曼滤波器、幂函数滤波器的基本形式。幂函数滤波器是从低通滤波器(时域平滑器)演化而来的，其最终形式类似于单指数平滑器；卡尔曼滤波器具有“老化”现象，克服这一缺陷的方法之一是“冻结”滤波增益矩阵，对于一维变量的序列，这时卡尔曼滤波器演化成单指数平滑滤波器(设系统状态变量与观测变量相同)。因而，在此仅将幂函数滤波器与单指数平滑滤波器作一比较。

①单指数平滑滤波器

单指数平滑滤波器，其滤波方法如下：

$$y_i=\gamma x_i+(1-\gamma)y_{i-1} \tag{2-8}$$

式中：γ——参数。

设 y_0 为初值，则式(2-8)又可写作：

$$y_i=\sum_{k=0}^{i-1}\gamma(1-\gamma)^k x_{i-k}+(1-\gamma)^i y_0 \tag{2-9}$$

由式(2-9)可见，单指数平滑滤波器滤波值是当前采样值与历史采样值的线性组合，又由于 γ 一般较小，故又是重老息而轻新息的滤波器。

②幂函数滤波器

设 y_1、y_2、…、y_n分别为式(2-2)中 $k=1,2,\cdots,n$ 时的初值，以 $y(i,m)$表示 $k=m$，第 i 个序列的滤波值，则式(2-5)又可写作：

$$y(i,m)=\left[y_{(i-1,m)}^{\alpha}+\beta\left(\sum_{l=i-m+1}^{i}x_l^{\alpha}-\sum_{j=1}^{m}x_j^{\alpha}\right)\right]^{1/\alpha} \tag{2-10}$$

(4)示例

上面在理论上分析了参数 α、β 及 k 值对滤波值的影响，下面用一个例子来说明幂函数滤波器的应用。

设有一序列 X：

$X=\{21.0,24.5,32.0,9.0,29.0,23.0,27.0,7.5,29.0,28.0,9.0,$
$33.0,37.5,9.0,36.0,35.0,35.0,35.0,6.0,32.0,28.0,28.0\}$

该序列第 11 个采样值为交通异常发生时的采样值，第 6 个值接近于采样平均值，第 16、13 个采样值分别为异常期间采样的最大值与较大值，根据式(2-5)，取 $\alpha=-2\sim2(\alpha\neq0)$，步长为 0.5，$\beta=0.05\sim0.90$，步长为 0.05，则可得第 4、6、8、9、11、13、14、16 个采样值的滤波结果，由该结果可以看出 α、β 取值不同时对滤波的影响(读者可自行作总结)。

(5)结论

由式(2-6)可见：

结论1：若$x_i > x_i - k$，则y_i随着β的增大而增大，若$x_i < x_i - k$，则y_i随着β的增大而减小。这是因为：

若$\alpha > 0$，当$x_i > x_{i-k}$时，则$x_i^\alpha - x_{i-k}^\alpha > 0$，从而，式(2-6)>0，$y_i$随着$\beta$的增大而增大；当$x_i < x_{i-k}$时，则$x_i^\alpha - x_{i-k}^\alpha < 0$，从而，式(2-6)< 0，$y_i$随着$\beta$的增大而减小。

若$\alpha < 0$，当$x_i > x_{i-k}$时，则$x_i^\alpha - x_{i-k}^\alpha < 0$，从而，式(2-6)>0，$y_i$随着$\beta$的增大而增大；当$x_i < x_{i-k}$时，则$x_i^\alpha - x_{i-k}^\alpha > 0$，从而，式(2-6)< 0，$y_i$随着$\beta$的增大而减小。

由式(2-10)可见：

结论2：幂函数滤波器对信息的采用，不是使用所有的已知信息，而是采取了"取头取尾"的方法，具有"遗忘"性，以某一基值y_m^α反映数据的趋势量，以"尾"m个数据与"头"m个数据的差异反映数据的趋势变化量，m越大，说明数据趋势变化越复杂。

结论3：当数据结构变化不大时，趋势变化量受β的影响不大，从而，若主要关心数据结构是否有变化时(对异常检测尤其如次)，可采用较大的β值，以加大趋势变化量的权重；当主要关心数据的趋势量(采样值减去噪声)时，应取较小的β值。

分析示例的结果可以看出：

结论4：参数α、β选取不同的值，幂函数滤波器可以成为低通滤波器或中值滤波器。

例如，$k=1$，$\alpha=-2$，$\beta<0.30$时是中值滤波器，$0.3 \leqslant \beta \leqslant 0.65$时是低通滤波器；对$k$、$\alpha$、$\beta$取其他值也可得到类似的结果(低通与中值滤波器的划分，参考时域平滑器的计算结果)。

结论5：改变参数k，可以由滤波值发现数据结构的变化。

例如，$k=2$，$\alpha=-2$时，$\beta \geqslant 0.8$，异常发生后采样的滤波值明显失真，而异常发生前采样的滤波值则变化不是很大。

结论6：一般地，滤波值随着α的增大而增大。

2.3 预　　测

实时、准确的预测是实现通风、照明与交通控制的关键技术，预测结果的好坏将直接影响节能的效果。实时交通流预测大致分为两类：一类是基于数学模型的方法；另一类是无数学模型的方法。

2.3.1 基于数学模型的预测方法

(1)自回归滑动平均模型(ARMA)

该方法假定数据是平稳随机序列。所谓平稳,有两个方面的含义:一是指交通流量的均值和方差是常数;二是指交通流量自协方差函数只与时间间隔有关,与间隔端点的位置无关。但是,对于交通流来说,尤其短时流量预测,平稳的条件有时很难满足。

(2)自回归综合滑动平均模型(ARIMA)

实际问题中,大多数时间序列并不是 ARMA 过程,但某些时间序列经过差分后可能变成 ARMA 过程,对于这类随机序列,我们引进 ARIMA 过程。设 d 为非负整数,如果 $\{Y_t = (1-B)^d X_t\}$ 是 ARMA(p,q) 过程,则称 $\{X_t\}$ 为服从 ARIMA(p,d,q) 模型,称 d 为求和阶数。该模型的求解方法就是转化为 ARMA 过程。

(3)指数平滑方法

指数平滑方法在估计时间序列数据时比滑动平均要好。因为当新的数据加入时,滑动平均方法就将旧的数据自动不计,而指数平滑方法对过去和现在的数据不断地变换加权系数。

(4)卡尔曼滤波方法

卡尔曼滤波(KF)是采用由状态方程和观测方程组成的线性随机系统的状态空间模型来描述滤波器,并利用状态方程的递推性,按线性无偏最小均方误差估计准则,采用一套递推算法对滤波器的状态变量作最佳估计,从而求得滤掉噪声的有用信号的最佳估计。由于卡尔曼滤波不仅可用于信号的滤波和估计,还可用于模型参数的估计,所以它适用于交通状况的预测。

2.3.2 基于无数学模型的预测方法

属于这类的方法主要有混沌理论预测法、灰色分析法、神经网络法、模糊预测法等无确定数学模型的方法,这类算法对实际中的具有非平稳、随机、非线性等特性的交通流量或其他数据预测结果较为理想。

1)应用混沌理论的短期预测

实际上,交通流系统的一维时间序列信息中包含了系统的所有特征量,但前述的一维表示方式使系统的动态和多维特征未能体现出来。Packard 提出的相空间重构思想和 Taken 提出的嵌入定理,很好地解决了这一问题。相空间重构的思想是 Packard 等人在研究时间序列时提出来的一种分析方法。其数学基础由 Taken 奠定。基本思想是,系统中的任一分量的变化都是由与之相互作用的其他分量所

决定的，因此这些相关分量的信息通常隐藏在任一分量的变化中。为了重构系统的状态空间，通过考察其中一个分量，将它在某些固定时间的延迟点上的观测量看成新的坐标，由它们共同确定多维状态空间的一点，重复这个过程，可观察出重构的近似相空间。相空间的维数是时间序列延迟点的个数。在时间序列相空间重构中，一个重要的概念是系统的嵌入维数。嵌入维是指能够完全包含由状态转移构成的吸引子的最小相空间维数，即吸引子在该相空间内没有任何交叠，或者说它只有最小的自由度。设有单变量时间序列 $x(1),x(2),x(3)\cdots$，则由此序列嵌入 m 维相空间，得到一系列 m 维相空间的相点：

$$\begin{aligned} y_1 &= (x_1, x_{1+h}, x_{1+2h}, \cdots, x_{1+(m-1)h}) \\ y_2 &= (x_2, x_{2+h}, \cdots, x_{2+(m-1)h}) \\ &\vdots \qquad\qquad \vdots \\ y_n &= (x_n, x_{n+h}, \cdots, x_{N-h}, x_N) \end{aligned} \tag{2-11}$$

上式中时间间隔为 Δt。

在时间滞后为 $\tau(\tau = h\Delta t, h = 1,2,\cdots)$ 和嵌入维数为 m 的相空间的短期演化过程中，y_i 及最近邻点的统计行为遵守相同或相似的演化规律。混沌相空间线性回归模型进行预报的步骤如下：

①求取序列的嵌入维数 m 和嵌入时间延迟 T。

②重建嵌入空间，并求最后一些相点的最近零点及它们之间的欧氏距离。

③求上述相点发展一定时间后的欧氏距离。

④对所求得的两组距离应用最小二乘法拟和出两者之间的线性关系。

⑤将该线性关系用于预报。

2)灰色分析法

灰色系统的任务是试图解决预测数据精度不够高，从杂乱无章的、有限的离散数据中找出规律，建立灰色系统模型来进行预测、决策。

灰色模型是灰色系统理论用离散数据列建立的微分方程型动态模型，GM(1,1)是最常用的一种模型。灰色模型适应范围如下：

①$-\alpha \leqslant 0.3$，可用于中长期预测。

②$0.3 < -\alpha \leqslant 0.5$，可用于短期预测。

③$0.5 < -\alpha \leqslant 0.8$，用于短期应十分谨慎。

④$0.8 < -\alpha \leqslant 1$，应采用残差修正模型。

⑤$-\alpha > 1$，不宜采用 $GM(1,1)$ 模型。

通过不同的累加方法，可以提高灰色预测的精度。在此，主要介绍韩直研究员提出的基于指数累加生成与对数累加生成的灰色预测方法。

(1)指数生成法

定义1：序列 $x^{(0)}$ 在 k 时的一次指数累加生成为：

$$x^{(1)}(k)=\sum_{m=1}^{k}(x^{(0)}(m))^{q} \tag{2-12}$$

式中：q——参数。

与之相对应的一次指数累减生成为：

$$x^{(0)}(k)=[x^{(1)}(k)-x^{(1)}(k-1)]^{1/q} \tag{2-13}$$

(2)对数生成法

定义 2：序列 $x^{(0)}$ 在 k 时的一次对数累加生成为：

$$x^{(1)}(k)=\sum_{m=1}^{k}\ln[x^{(0)}(m)] \tag{2-14}$$

与之相对应的一次对数累减生成为：

$$x^{(0)}(k)=\exp[x^{(1)}(k)-x^{(1)}(k-1)] \tag{2-15}$$

以上两种生成方法与邓聚龙教授提出的生成方法不同之处在于，在对原始数据加工再利用时，邓教授的累加生成法对每个原始数据赋予相同的权重，而对数累加生成法与指数累加生成法对每个数据所赋予的权重是以该数据的大小为基础，前者是指数累加生成法 $q=1$ 的特例；对数累加生成法要求每个原始数据大于零，而邓教授的累加生成法只要求原始数据非负即可。

(3)基于新型生成方法的预测方法

通过对原始数据进行累加生成，使得原始数据有限的信息得到浓缩与升华，更突出了其规律性而降低了随机性；不同的累加生成方法，只是对原始数据的处理手段不同，而灰色系统理论建模所要求的有关条件并未发生改变，但对事物发展的规律性、未来发展变化的范围能得到更广阔与深刻的了解。因而，在此仅以 GM(1,1)模型为例，给出两种生成方法还原后的模型计算值 $\overline{x^{(0)}}$ 的计算公式。

①指数生成法

$$\overline{x^{(0)}}(k)=\{\bar{c}\cdot[\exp(-\bar{a}\cdot k)-\exp(-\bar{a}\cdot(k-1))]\}^{1/q} \tag{2-16}$$

②对数生成法

$$\overline{x^{(0)}}(k)=\exp\{\bar{c}\cdot[\exp(-\bar{a}\cdot k)-\exp(-\bar{a}\cdot(k-1))]\} \tag{2-17}$$

3)神经网络法

此方法中，较常用的三层 BP 网络是一个单向传播的三层前向网络传播模型，除输入、输出节点层外，还有一层隐层节点，各层节点之间形成互连，同层之间无任何耦合。

三层 BP 网络学习算法具体为：设 $x_i(i=1,2,\cdots,N)$ 为输入层第 i 个神经元的输入，$h_j(j=1,2,\cdots,L)$ 为隐层第 j 个神经元的输出，y_k 和 $d_k(k=1,2,\cdots,M)$ 分别为输出层第 k 个神经元的输出和期望输出(导师信号)，v_{ij} 为输入层第 i 个神经元和第 j 个神经元之间的连接权重，w_{jk} 为隐层第 j 个神经元与输出层第 k 个神经元之间的连接权重。神经元传递函数取 Sigmoid 型，即：

$$f(x)=\frac{1}{1+e^{-x}} \tag{2-18}$$

隐层各神经元的输出为：

$$h_j=f(\sum_{i=1}^{N}v_{ij}x_i-\theta_j),j=1,2,\cdots,L \tag{2-19}$$

输出层各神经元的输出为：

$$y_k=f(\sum_{i=1}^{L}w_{ij}h_j-\theta_k),k=1,2,\cdots,M \tag{2-20}$$

式中：θ_j、θ_k ——阈值。

网络稳定的准则函数是：

$$E=\frac{1}{2}\sum_{k=1}^{M}(d_k-y_k)^2 \tag{2-21}$$

采用梯度下降法，不断调整权值 w_{ij} 和 v_{ij} ，调整量：

$$\Delta w_{jk}=\eta\delta_k h_j,\qquad j=1,2,\cdots,L\quad k=1,2,\cdots,M \tag{2-22}$$

$$\Delta v_{ij}=\eta\delta_j x_i,\qquad j=1,2,\cdots,L\quad k=1,2,\cdots,M \tag{2-23}$$

其中，

$$\delta_k=(d_k-y_k)y_k(1-y_k),\qquad k=1,2,\cdots,M \tag{2-24}$$

$$\delta_j=h_j(1-h_j)\sum_{k=1}^{M}\delta_k w_{jk},\qquad j=1,2,\cdots,L \tag{2-25}$$

式中：η——学习步长。

上述算法的实质含义，是将输出层导出信号和实际输出产生的误差反向传播到输入层，通过不断地修正 w_{ij} 和 v_{ij} ，使总误差不断减小，当达到给定精度时，认为网络稳定。

从理论上讲，一个样本就可训练一个完整的 BP 网络，其余的样本属冗余信息，只不过用来做验算而已。但实际上，由于前述理由，不同的样本可训练出完全不同的 BP 网络，不同之处体现在不同的 w_{ij} 和 v_{ij} 上，同一 w_{ij} 或 v_{ij} 在不同样本训练时的变化，可以认为是模型与实际之间差异信息的反映。因此，我们认为，在具有较长期交通流量数据样本的情况下，研究和把握 w_{ij}、v_{ij} 的变化规律和趋势，势必能把握 BP 网络在未来的变化趋势，从而利用未来的 BP 网络对交通流量做出预测。

4)模糊预测法

在实际的预测过程中，所搜集到的预测变量不一定都是具体的，尤其是政策性方面的信息，带有很大的模糊性，而且，影响模糊预测准确性的因素，除了预测变量的随机性以外，还有各种模糊性(模糊概念、模糊信息、人的经验、偏好和信念等)。模糊数学为处理这些模糊性提供了手段。

本部分介绍用模糊多项式趋势曲线拟合 j 时间序列数据的方法。

设已取得 n 期数据 $(t,x_t)(t=1,2,\cdots,n)$ ，我们用 k 次多项式 $\hat{x}_t=\beta_0+\beta_1 t+$

$\beta_2 t^2 + \cdots + \beta_k t^k$ 拟合它，但这里 $\beta_i(i=0,1,\cdots,n)$ 是模糊数，然后利用它对未来进行预测。其步骤如下：

(1)获取模糊数据

如 x_t 是普通数，应将它们模糊化，本书中采用以下方法：

$$u_t = \begin{cases} \max\{x_{t-1}, x_t, x_{t+1}\} & t = 2,3,\cdots,n-1 \\ \max\{x_1, x_2\} & t = 1 \\ \max\{x_{n-1}, x_n\} & t = n \end{cases} \tag{2-26}$$

令

$$v_t = \begin{cases} \min\{x_{t-1}, x_t, x_{t+1}\} & t = 2,3,\cdots,n-1 \\ \min\{x_1, x_2\} & t = 1 \\ \min\{x_{n-1}, x_n\} & t = n \end{cases} \tag{2-27}$$

$$a_t = \frac{1}{2}(u_t + v_t) \qquad c_t = \frac{1}{2}(u_t - v_t)$$

将 x_t 模糊化为三角模糊数 $t(a_t, c_t)$：

即
$$x_t(x) = \begin{cases} 1 - \dfrac{|x - a_t|}{c_t} & u_t \leqslant x \leqslant v_t \\ 0 & \text{others} \end{cases} \tag{2-28}$$

这样做，可抵消一些随机因素。

(2)估计参数

系数 β_j 也采用三角模糊数的形式：

$$\beta_j = t(\beta_j, s_j)$$

$$\beta_j(x) = \begin{cases} 1 - \dfrac{|x - \beta_j|}{s_j} & \beta_j - s_j \leqslant x \leqslant \beta_j + s_j \\ 0 & \text{others} \end{cases} \tag{2-29}$$

这时，$\hat{x}_t$ 也是三角模糊数：$\hat{x}_t = \left[\sum\limits_{j=0}^{k}\beta_j t^j, \sum\limits_{j=0}^{k} s_j t^j\right]$。这里要估计参数 β_j 和 $s_j(j=1,2,\cdots,k)$。

选取 β_j 和 s_j 的原则是：在 x_t 与 $\hat{x}_t$ 的贴近度不小于给定值 $1-\delta$ 的条件下，使系统的总模糊度 $s=\sum\limits_{j=0}^{k} w_j s_j$ 最小，其中 w_j 为 s_j 的权重，可由预测者指定或用其他方法获取。x_t 与 $\hat{x}_t$ 的贴近度

$$\sigma(x_t, \hat{x}_t) = 1 - \frac{\left|a_t - \sum\limits_{j=0}^{k}\beta_j t^j\right|}{c_t + \sum\limits_{j=0}^{k} s_j t^j} \tag{2-30}$$

于是问题归结为线形规划问题：

$$\text{Mins} \quad \sigma(x_t, \hat{x}_t) \geqslant 1-\sigma$$

即

$$\text{Mins}=\sum_{j=0}^{k} w_j s_j$$

$$\begin{cases} \sum_{j=0}^{k} t^j \beta_j - \delta \sum_{j=0}^{k} t^j s_j \leqslant a_t + \delta c_t \\ \sum_{j=0}^{k} t^j \beta_j + \delta \sum_{j=0}^{k} t^j s_j \geqslant a_t - \delta c_t \qquad (t=1,2,\cdots,n) \\ s_j \geqslant 0 \qquad (j=0,1,\cdots,k) \end{cases} \tag{2-31}$$

可用单纯型方法求其解。

(3)预测

将预测期的 t 值代入到已估计出系数的模糊多项式：

$$\hat{x}_t = \hat{\beta}_0 + \hat{\beta}_1 t + \hat{\beta}_2 t^2 + \cdots + \hat{\beta}_k t^k \tag{2-32}$$

即得预测值 $\hat{x}_t$，$\hat{x}_t$ 也是一个三角模糊数。

5)基于概率论的预测

基于概率论的预测，是通过划分时间段和时间类别，并统计所有相同时间段、相同时间类别的数据，得出其数字特征，然后利用当前数据和以往数据间的相关性，对当前数据和以往数据进行处理而得到下一时段的交通量，并以此作为期望值，给出一定概率条件下的预测值。

(1)模型假设

①时间周期 t 的选取

在采集数据时，首先应确定一段时间 t 作为数据采集的时间周期。若 t 太小，则采集数据的波动性较大，不利于预测；若太大，则照明开动时间较长，不利于节能，违反了照明控制的初衷。因此，一般选取 30～60min 作为时间周期。在确定时间周期后，就可以将一天划分为前后连续的一系列时间段。在进行数据选取和预测时，首先应保证它们处于相同时间段。

②时间类别划分

因为时间是影响交通量的首要因素，为了确保前后数据的可比性，按年、月、日将数据记录的时间类别分为三类：工作日、休息日和节假日。在以往数据记录中搜索相似记录时，它们必须和当前数据具有相同的时间类别。

③数据记录组成

数据采集仪采集到的数据有很多，对于该模型有用的为：交通量 Q 和该时刻的时间记录。

④所有相同时段、相同时间类别数据的统计特性

设每天第 t 小时的交通量为随机变量 X_k，共有 n 天，即随机变量为：X_1、X_2、…、X_n。它们相互独立且服从同一分布，数学期望和方差为：

$$E(X_k) = \mu = \overline{X} = \frac{1}{n}\sum_{i=1}^{n} X_i \tag{2-33}$$

$$D(X_k) = \sigma^2 = \frac{1}{n}\sum_{i=1}^{n}(X_i - \overline{X}) \tag{2-34}$$

变异系数为：

$$\delta = \frac{\sigma}{\mu} \tag{2-35}$$

由中心极限定理可知，当 n 很大时，$\overline{X}$ 又服从如下分布：

$$\overline{X} \sim N(\mu, \sigma^2/n) \tag{2-36}$$

(2)预测

预测主要是对现在和以往的数据进行分析处理，处理的核心思想是：当前测得的数据和以往数据具有一定的相似性。在选择相似记录时，因为时间是影响的首要因素，故按数据记录时间的不同对它们进行归类和筛选，以期求得最佳相似。相似程度的大小由数据间的相关性确定。这里所说的数据是指在时间上前后连续的一组数据。预测方法有插值法和相关系数法。

①插值法

设当前时段为 t_k ，交通量为 q_k ，选取 t_k 及前面共 n 个数据来计算相关系数，当前交通量数据为 q_{k-n} 、…、q_k ，预测 t_{k+1} 时段的交通量 q_{k+1} 。

为确保数据之间的可比性和减少筛选次数，所选数据记录的时间类别应和当前时段数据记录的时间类别相同，设选取的 n 个连续时段也为 t_{k-n} 、…、t_k ，实测值为 q'_{k-n} 、…、q'_k 。两组数据间的相关系数为：

$$\rho_{qq'} = \frac{E(qq') - E(q)E(q')}{\sqrt{D(q)}\sqrt{D(q')}} \tag{2-37}$$

式中：$E(q)$、$E(q')$、$E(qq')$、$D(q)$、$D(q')$ ——两组参数的数学期望和方差，可按离散型随机变量分别计算。

设第 i 组数据与当前数据的相关系数最大，选取该组数据中时间段为 t_{k+2} 、…、t_{k+m+1} 的交通量 q'_{k+2} 、…、q'_{k+m+1} 共 m 个数据作为后来数据。

对数据 q_{k-n} 、…、q_k 、q'_{k+2} 、…、q'_{k+m+1} 进行样条插值，从而计算出 t_{k+1} 时段的预测值 q_{k+1} 。

②基于数据相关性的预测

在插值法中，若预测值为峰值时，会产生一定误差。为了克服插值法中极大或极小数据的丢失，可以在以往数据记录中，选取与当天数据相关性最大的那一天中相同时段的数据(选取方法与插值法相同)，将它作为预测的基准数据。具体做法如下：

设第 i 组数据中 t_{k-n} 、…、t_k ，交通量为 q'_{k-n} 、…、q'_k 与当前数据的 q_{k-n} 、…、q_k 的相关系数最大，为 $\rho_{\max}$ 。以该组数据中的 t_{k+1} 时段的数据 q'_{k+1} 为基准数据，用当前测得的数据 q_i 和以往数据 q'_i 来修正 q'_{k+1} ，用修正结果作为预测值。计算公式如下：

$$Q_{\mathrm{p}} = q'_{k+1} \times \rho_{\max}(\overline{q} - \overline{q'}) \tag{2-38}$$

其中，$\overline{q} = \frac{1}{n}\sum_{i=k-n}^{k} q_i, \overline{q'} = \frac{1}{n}\sum_{i=k-n}^{k} q'_i$ 。

③基于概率论的预测

前面预测的数据并不是将来的准确数据。实际上，将来的数据是服从某种分布的随机变量。由中心极限定理，当样本容量很大时，样本均值服从分布 $\overline{X} \sim N(\mu, \sigma^2/n)$ 。在预测下一时段的交通量时，假定该随机变量为 X，服从期望为 Q_{p} ，变异系数与样本均值相同的正态分布。引入新随机变量：

$$Y = \frac{X - \mu}{\sigma/\sqrt{n}} \tag{2-39}$$

其中，$\mu = Q_{\mathrm{p}}, \sigma = \delta \times \mu$ 。

故 $Y \sim N(0,1)$，即标准正态分布。对于标准正态分布，若给定概率条件为 p，即 $\Phi(x) = P$ ，则可由下式计算出该概率条件下为交通量：

$$Q'_{\mathrm{P}} = x = \mu + \frac{\sigma}{\sqrt{n}}\Phi^{-1}(p) \tag{2-40}$$

将它作为最后的交通量预测值。

(3)方法特点

以交通量预测为例，这种基于概率论的预测方法，通过划分时间段和对数据进行分类的方法，充分利用当前数据和以往数据的相关性来对交通量进行预测，即认为时间是影响交通量的首要因素。而影响交通量的其他因素，如气候条件、季节变化及经济状况等，则可通过当前测得的数据体现出来。预测数据具有宏观性，不去理会交通状况、车辆分布、匝道等的影响；而且可对较长时间段进行预测，这样可减少照明系统开关(调节)次数，有利于延长寿命。同时，使用概率论方法，使预测结果具有更高的可靠性和科学性。

2.3.3 基于模型结合的交通流预测

以上各种模型在发挥其优势进行实时预测的同时，也就避免不了其缺陷带来的对预测过程和预测结果的不良影响。因此，将两种乃至多种预测模型结合起来，充分利用各模型的优势去弥补彼此的不足，就成了一种颇有成效的预测方法。如有模型算法和无模型算法的结合，神经网络理论与遗传算法、模糊理论、小波理论、谱分析等的结合，也得到越来越广泛的研究与应用。

1)ANFIS 预测模型

(1)ANFIS 的特点

ANFIS(Adaptive Neuro-Fuzzy Inference System),即自适应神经模糊推理系统,是模糊推理系统和神经网络控制的有机结合。由于模糊控制技术的特点在于逻辑推理,即获取人类专家的结构化知识,模拟人抽象思维的能力,神经网络在实时学习和自动模式识别方面有极强的优势,因此将两者有机结合组成神经模糊控制系统,可以有效地发挥模糊控制和神经网络控制的各自优势,并弥补各自不足。模糊系统由一等价的神经网络表示,神经网络不再是一个黑箱,它的所有节点和参数具有一定的意义,即对应模糊系统的隶属函数或推理过程。

ANFIS 系统最大的特点就是,该系统是基于数据的建模方法。自适应神经模糊系统中的模糊隶属度函数及模糊规则是通过对大量已知数据的学习得到的,而不是基于经验或是直觉给定的,它改善了传统的模糊控制器设计中必须靠人的思维反复地调整隶属函数才能达到减少误差、增进效能的缺点,通过训练与自适应解决了上述问题。这对于那些特性还不被人们所完全了解或特性非常复杂的系统尤为重要,所以尤其适用于缺乏专家经验知识的一类复杂预测、控制问题。

用 ANFIS 网络实现的模糊神经网络,采用反向传播算法和最小二乘法的混合算法调整前提参数和结论参数,并能自动产生 If－Then 规则,隐层神经元数目较少,网络结构更加清晰,网络学习参数较少,网络参数更具可解释性。因此,可以认为,ANFIS 系统构成直观,推理、合成计算简单,学习方法合理有效,具有良好的预测、控制性能,完全可以满足实时交通流预测的工程要求。

(2)ANFIS 的结构

ANFIS 由前件和后件构成(图 2-1),比如一个两输入 x 和 y、单输出 f 的系统,其规则有:

If x 为 A_1 and y 为 B_1 then　$f_1 = p_1 x + q_1 y + r_1$

If x 为 A_2 and y 为 B_2 then　$f_2 = p_2 x + q_2 y + r_2$

假设输入变量采用高斯型隶属度函数,分别用 $g_{xi}(x, a_i, b_i)$ 和 $g_{yi}(y, c_i, d_i)$ 表示(其中 $i=1,2$)。

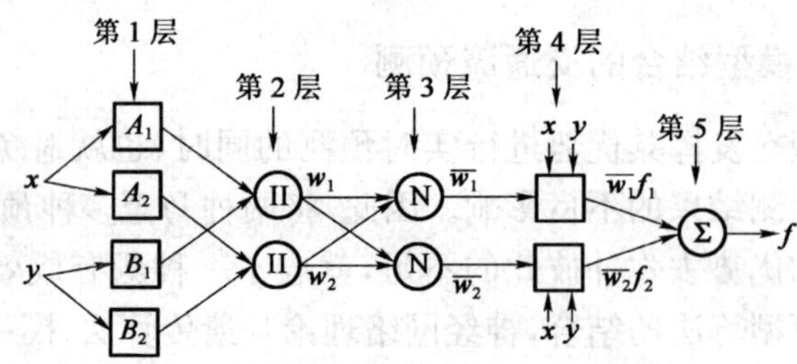

图 2-1　ANFIS 的结构

ANFIS结构可以分成五层：

第一层：计算输入的隶属度函数。

$$O_{1,i}=g_{xi}(x,a_i,b_i) \qquad i=1,2 \tag{2-41}$$

$$O_{1,j}=g_{y(j-2)}(y,c_{j-2},d_{j-2}) \qquad j=3,4 \tag{2-42}$$

式中：$O_{1,i}$ ——第一层上的第 i 个输出。

第二层：计算每条规则的适用度。

$$O_{2,1}=O_{1,1}\times O_{1,3}=g_{x1}(x,a_1,b_1)\times g_{y1}(y,c_1,d_1) \quad \text{记作 } w_1 \tag{2-43}$$

$$O_{2,2}=O_{1,2}\times O_{1,4}=g_{x2}(x,a_2,b_2)\times g_{y2}(y,c_2,d_2) \quad \text{记作 } w_2 \tag{2-44}$$

第三层：计算适用度的归一化值。

$$O_{3,1}=\frac{w_1}{w_1+w_2}, \qquad O_{3,2}=\frac{w_2}{w_1+w_2} \qquad \text{分别记作 } \overline{w_1} \text{ 和 } \overline{w_2}$$

第四层：计算每条规则的输出。

$$f_1=p_ix+q_ix+r_i \qquad i=1,2 \tag{2-45}$$

第五层：计算模糊系统的输出。

$$f=\overline{w_1}f_1+\overline{w_2}f_2 \tag{2-46}$$

在这一网络中，包含了待定的前件参数［隶属度函数中的参数 a_i,b_i,c_i,d_i $(i=1,2)$］和后件参数［p_i,q_i,r_i $(i=1,2)$］，共有14个未知参数，通过算法训练ANFIS，可以按指定的指标得到这些参数，从而到达模糊建模预测交通流的目的。

(3)ANFIS在MATLAB中的实现

在MATLAB中，训练ANFIS的任务可由anfis函数完成，因此使模糊建模预测变得很容易实现。模糊建模过程可以分成下面六个步骤：

①产生训练数据和检验数据。

②确定输入变量的隶属度函数的类型和个数。

③由genfis1函数产生初始的FIS结构。

④设定ANFIS训练的参数。

⑤利用anfis函数训练ANFIA。

⑥检验得到的FIS的性能。

(4)应用示例

随着我国公路建设步伐的加快，长大隧道的数量也越来越多，通风与照明已成为公路隧道运营中的一笔沉重负担。因此，很多专家提出了前馈式通风控制、混合式模糊通风控制、智能照明控制等节能措施，来减少隧道的运营费用和环境的污染，但是这些控制方法都是建立在交通流实时预测的基础上的。在对某一隧道内的交通量进行实时预测时，用MATLAB语言编写了模糊推理系统、神经网络系统和 ANFIS 系统，先用历史数据对三个系统进行训练，然后以 15min 为时间间隔分别进行实时预测，并与实测值进行对比，结果见表 2-1。从程序运行过程和表中的结果可以看出，ANFIS 系统在预测精度和收敛性方面都优于另外两个系统，完全可以满足工程的需要。

预测结果对比表　　表 2-1

时　段	1	2	3	4	平均误差(%)
历史数据(pcu)	116	102	123	112	—
模糊推理系统(pcu)	119	117	120	108	5.83
神经网络系统(pcu)	108	111	132	119	7.32
ANFIS 系统(pcu)	118	114	126	116	4.87

(5)小结

ANFIS 克服了 FIS(模糊推理系统)模糊化、反模糊化的人为决定性和模糊规则的不全面性、粗糙性，尤其适用于缺乏专家经验知识的一类复杂预测、控制问题。它将神经网络的技术引进来，借助神经网络的信息存储能力和学习能力，更有效地利用人类知识，处理不精确及不确定的情况，加强了对未知或变化的环境进行学习和调节的性能，使系统本身朝着自适应、自组织、自学习的方向发展。

从上面的应用实例可以看出，ANFIS 模型的预测精度很高，完全可以满足实时交通流预测需要。而且，其在 MATLAB 中的实现非常简单，在控制领域、模型预测、模式识别、智能仪表、家电行业等领域，ANFIS 将会得到越来越广泛的应用。

当然，和其他模型一样，ANFIS 模型也有其缺陷，最主要的是其学习时间较长，在控制间隔较短的系统中实用性不高。因此，需要改进模型或算法，以减少系统运行时间。

2)基于模糊变权重的组合预测模型

(1)建模思想

采用组合预测的关键是确定各个单项预测方法的加权系数(权重)，递归等权组合预测方法——REW(Recursive Equal Weighting)，在理论分析方面很有用处，但是在我们实际的实时预测应用中，与我们所要求达到的预测目标不太相符。工程预测追求的是满意解，而并非最优解。模糊集合论给我们提供了一种新的思路，它所追求的就是一种满意解，而非最优解。模糊变权重方法——FVW(Fuzzy Variable Weighting)，利用 i 时刻第 j 种方法的误差 $e_j(i)$ 和第 i 时刻第 j 种预测方法的误差变化率 $c_j(i)$，设计一个模糊控制器，对组合预测权数进行模糊求解。此方法能及时地调整加权系数的分配，是一种新的思路。但其在实际应用过程中，也存在以下两个问题：

① $e_j(i)$ 和 $c_j(i)$ 其实可以看作一个因素，把它们作为两个不同的因素来设计

模糊控制器，确有因素重复之弊，势必影响效果。

②调整加权系数的分配时，未考虑预测对象的变化趋势对加权系数的影响。

以上两个问题的解决方法是用预测相对误差、预测对象的变化趋势和权重这三个因素来设计模糊控制器，实际仿真中，这一方法是有效的。

但是，该方法并未解决在调整加权系数分配时，只考虑第 j 种方法在 i 时刻的预测效果对加权系数的影响，而未考虑第 j 种方法在 i 时刻的一段时期内全面的、平均的预测效果对加权系数的影响。

针对这个问题，引入基本权重，以此刻画第 j 种方法在 i 时刻的一段时期内全面的、平均的预测效果对加权系数的影响。结果表明，这方面的改进也是有效果的。

(2)建模方法介绍

①符号说明

设对于同一预测问题，有 $n(n \geqslant 1)$ 种预测方法：

$y(i)$ ——预测对象在 i 时刻的观测值；

$f_j(i)$ ——第 i 时刻第 j 种方法的预测值；

$e_j(i)$ ——第 i 时刻第 j 种方法的相对误差；

$c_j(i)$ ——第 i 时刻第 j 种预测方法的误差变化率；

l_j ——第 j 种预测方法的基本权重；

$k_j(i)$ ——归一化前 i 时刻求出的第 j 种方法的加权系数，$\sum\limits_{j=1}^{n} k_j(i)$；

$f_j(i+1)$ ——第 $i+1$ 时刻求出的第 j 种方法的预测值；

$f(i+1)$ ——第 $i+1$ 时刻的组合预测值，$f(i+1)=\sum\limits_{j=1}^{n} k_j(i) f_j(i+1)$；

K_{ij} ——第 i 时刻第 j 种方法的模糊权重；

W——权重；

X——相对误差的离散论域；

Y—— $c(i)$ 的离散论域；

Z——权重的离散论域。

②计算 $e_j(i)$、$c_j(i)$ 及 l_j

$e_j(i)$ 和 $c_j(i)$ 的计算公式如下：

$$e_j(i)=\frac{y(i)-f_j(i)}{y(i)} \tag{2-47}$$

$$c_j(i)=\frac{y(i)-\frac{1}{k}\sum\limits_{j=i-k+1}^{i} y(i)}{\frac{1}{k}\sum\limits_{j=i-k+1}^{i} y(i)} (j=1,2,\cdots,n;i=1,2,\cdots) \tag{2-48}$$

若用第 i 时刻前一段时期(设为 k 个时期)的实际值来预测 t 时刻的值，则令

$$y=(y(i-k),y(i-k+1),\cdots,y(i-1))$$

$$f_j=(f(i-k),f(i-k+1),\cdots,f(i-1))$$

$$r(y(m),f_j(m))=\frac{m+\zeta M}{|y(m)-f_j(m)|+\zeta M} \tag{2-49}$$

其中，$m=\min\limits_{j}\min\limits_{m}|y(m)-f_j(m)|$ $M=\max\limits_{j}\max\limits_{m}|y(m)-f_j(m)|$；$\zeta$ 称为分辨系数，其值根据具体问题由经验给出，常取 $\zeta=0.5$；$r(y(m),f_j(m))$ 就是第 j 种方法在 m 时刻的预测值相对于 m 时刻的实际值的灰色关联度。

$$l_j=\frac{1}{k}\sum_{m=i-k+1}^{i-1}r(y(m),f_j(m)) \tag{2-50}$$

③$e_j(i)$、$c_j(i)$ 和 W 的模糊化

$e_j(i)$、$c_j(i)$ 和 W 的模糊化分为四步：

第一步：连续论域的离散化。

把 $e_j(i)(j=1,2,\cdots,n;i=1,2,\cdots)$ 的变化范围都设为 $[-1,1]$ 之间变化的连续量，将连续论域 $[-1,1]$ 化为若干段，每一段对应一个离散点，由此得 $e_j(i)$ 离散论域 X。

第二步：建立各个语言值的隶属函数。

用 A 表示相对误差的语言变量，令其在论域 X 上取 5 个语言值：$\underline{A_1}$，$\underline{A_2}$，$\underline{A_3}$，$\underline{A_4}$，$\underline{A_5}$，他们的意义分别为：

$\underline{A_1}$——“负大”，预测值远大于观测值；

$\underline{A_2}$——“负小”，预测值大于观测值；

$\underline{A_3}$——“零”，预测值趋向于观测值；

$\underline{A_4}$——“正小”，预测值小于观测值；

$\underline{A_5}$——“正大”，预测值远小于观测值。

每个语言值的隶属函数根据具体问题由经验给出，或由隶属函数的确定方给出。

第三步：连续论域的划分。

根据语言值的隶属函数，应用 λ 截集法得连续论域的一个划分，用 A_1、A_2、A_3、A_4、A_5 表示。

第四步：模糊化。

若 $e_j(i)\in A_k$，$k\in[1,2,3,4,5]$，则 $e_j(i)$ 对应模糊集 A_k。

$c_j(i)$ 的模糊化过程为：将 $c_j(i)$ 的变化范围设为 $[-n,n]$，$n\in I_+$，n 的取值由具体问题而定，余下的过程同 $e_j(i)$。

W 的模糊化过程为：先将 W 的变化范围设为 $(0,1)$，再进行第一步和第二步即可。

④模糊算法器

这是一个双输入单输出模型，我们可以根据 i 时刻第 j 种方法的预测值偏离真实值的大小（用 $\underset{\sim}{E}$ 表示），以及 i 时刻的观测值相对于前 k 个时刻的观测值的变化率（用 $\underset{\sim}{C}$ 表示），来确定 $\underset{\sim}{K}$ 及 $i+1$ 时刻的 n 种预测方法的预测值，经过组合预测便可以得 $i+1$ 时刻的组合预测值。

设 $\underset{\sim}{E}$ 共有 m 个模糊子集，$\underset{\sim}{C}$ 共有 n 个模糊子集，控制规则可用下列等式表示：

$$if \quad \underset{\sim}{E} = \underset{\sim}{E_i} \quad \text{and} \quad \underset{\sim}{C} = \underset{\sim}{C_j} \quad \text{then} \quad \underset{\sim}{K} = \underset{\sim}{K_{ij}} \quad (j = 1,2,\cdots,n; i = 1,2,\cdots)$$

式中：$\underset{\sim}{E}$,$\underset{\sim}{C}$,$\underset{\sim}{K}$——分别定义在 X, Y, Z 上的模糊集。

将这些模糊条件语句归结为一个模糊关系 $\underset{\sim}{R}$：

$$\underset{\sim}{R} = \overset{m,n}{\underset{i,j}{Y}}(E_i, C_j, K_{ij}) \tag{2-51}$$

模糊关系 $\underset{\sim}{R}$ 的隶属度由下式决定：

$$\underset{\sim}{u_{\text{R}}}(x,y,z) = \bigvee_{i=1,j=1}^{m,n} [u_{\underset{\sim}{E_i}}(x) \wedge u_{\underset{\sim}{C_j}}(x) \wedge u_{\underset{\sim}{K_{ij}}}(x)] \tag{2-52}$$

式中：“∨”，“∧”——Zadeh 算子。

将测到的相对误差及 i 时刻的观测值相对于前 k 个时刻观测值的变化率，经过离散化、模糊化后，分别为 $\underset{\sim}{E}$,$\underset{\sim}{C}$，则 $\underset{\sim}{K}$ 可以由下式求得：

$$\underset{\sim}{K} = (\underset{\sim}{E} \times \underset{\sim}{C}) \text{o} \underset{\sim}{R} \tag{2-53}$$

式中：o——表示模糊关系的合成。

⑤模糊判决

模糊算法器输出的是一个模糊子集，模糊判决是将该模糊子集转化到普通集合的映射，即将模糊量转化为精确量，常用的模糊判决有以下三种方法：

a. 最大隶属度法

如果对应的模糊判决的模糊子集为 K，则取该模糊子集中隶属度最大的那个元素 $k_{\max}$ 作为执行量，其隶属度满足：

$$u_{\underset{\sim}{K_1}}(k_{\max}) \geqslant u_{\underset{\sim}{K_1}}(k), k \in K_1 \tag{2-54}$$

这种方法简单易行，但这种方法完全忽略了其他一切隶属度较小元素的影响和作用，所以概括的信息量较少。

b. 加权平均判决法

普通加权平均法，其执行量 k_{w} 由下式决定：

$$k_{\text{w}} = \frac{\sum_{j=1}^{n} u(k_j) k_j}{\sum_{j=1}^{n} u(k_j)} \tag{2-55}$$

权系数加权平均法，其执行量 k_{w} 由下式决定：

$$k_w = \frac{\sum_{j=1}^{n} l_j k_j}{\sum_{j=1}^{n} l_j} \tag{2-56}$$

c. 取中位数法

求出把隶属度函数曲线与横坐标之间的面积平分为两部分的数，以此数作为判决的结果，这种方法充分利用了模糊子集所有的信息量。

这几种方法各有优点，应根据实际情况及要求来确定选用哪一种方法。

⑥归一化处理

可以采用下式对 $k_j(i)$ 进行归一化处理：

$$k_j(i) = \frac{l_j k'_j}{\sum_{p=1}^{n} l_p k_p(i)} \tag{2-57}$$

⑦组合预测

求得 $k_j(i)$ 后，利用 $f_j(i+1)$ 就可以对 $i+1$ 时刻做出预测。$i+1$ 时刻的预测值由下式决定：

$$f(i+1) = \sum_{j=1}^{n} k_j(i) f_j(i+1) (j=1,2,\cdots,n; i=1,2,\cdots) \tag{2-58}$$

(3)应用示例

采用表 2-2 中的数据，进行交通流量的组合预测，为了便于比较，选择模糊推理预测和神经网络预测作为组合预测的单项模型，进行模糊变权重组合预测。预测结果见表 2-2。

预测结果对比表 表 2-2

时　段	1	2	3	4	平均误差(%)
历史数据(pcu)	116	102	123	112	—
模糊推理系统(pcu)	119	117	120	108	5.83
神经网络系统(pcu)	108	111	132	119	7.32
ANFIS 系统(pcu)	118	114	126	116	4.87
模糊变权重组合预测系统(pcu)	114	112	125	115	3.96

从表中可以看出，模糊变权重组合预测系统的性能不但优于模糊推理预测和神经网络预测两个单项预测模型，而且优于基于二者模型结合的 ANFIA 预测模型。

(4)小结

模糊变权重组合预测系统将各种预测方法的优势融合在一起，利用模糊算法来确定个单项预测模型的权重，不但提高了预测的精度，而且建模思想比较简单，

随着变权重组合预测方法的研究，将得到更广泛的应用。

而且，模糊变权重组合预测系统可以将 ANFIS 等高精度的预测模型也作为单项预测模型。这样，既能利用这些高精度模型的优越预测性能，而且可以通过其他的单项预测模型来弥补他们存在的不足。所以，组合预测模型能充分利用各类单项模型在预测方面的优越性能，使得预测结果更趋近于交通流实时流量的实际变化轨迹。

当然，和 ANFIS 模型一样，它也存在一些缺陷，包括单项预测模型的选择、变权重方法的研究、系统运行时间较长等问题。随着研究的深入，相信这些问题都能逐步得到解决，如利用建立权重模糊规则表等方法优化模型算法等。

2.3.4 组合预测方法

预测技术是交通控制、通风控制、照明控制、交通状态检测等的基础。就一种预测方法而言，其在不同道路条件、不同时间段内的预测精度高低不一，对于不同的预测方法，在相同的道路条件和时间段内，各种预测方法的结果也有很大差异。如果在每个时间段内能够综合考虑各种预测方法的输出信息，使精度高的预测结果占较大比重，精度低的预测结果占较小的比重，并将这些信息融合在一起，既可以提高交通参数预测方法的精度，又可以保证预测方法的稳定性。这就是组合预测方法的特点。

1)组合预测方法概述

早在 1954 年，美国人 Schmitt 就曾经利用组合预测方法对美国 37 个大城市的人口进行过预测，使预测精度有所提高。尤其是近年来，组合预测方法已经成为预测领域中一个重要的研究方向，并已取得了一系列重要的研究成果。

目前，关于组合预测的研究方法有很多，大致可分为以下几种：

(1)最优组合预测方法。这种方法的基本思想是根据“过去一段时间内组合预测误差最小”这一原则来求取各个单项预测方法的权系数向量的。这种方法存在的问题主要有二：一是可能会出现负权重；二是求出的权重是否为最优。目前学术界对于负权重是否可以接受尚有一定的争议，一般对负权重持否定态度。因为权重表示对某种方法的偏重程度或可信程度，用于投资则表示投资比重，所以负权重没有实际的物理意义，应避免出现负权重问题。权重的实际变化范围应为[0,1]。如何避免出现负权重，唐小我、曹长修、金德运、曾勇等专家都对此做了进一步的研究。

按照最优组合预测方法的定义：如果某一加权系数向量 W 使组合预测方法的预测误差平方和 J 达到极小值 $J_{\min}$，即 $J_{\min}=\min\limits_{R_n^T w=1}\{J\}$，则称 W 为最优加权系数向量,其所对应的组合预测方法称为最优组合预测方法。但其最优是基于一种前提条件:假定加权系数向量为一常量。而实际中,权系数向量应该为一变量。

(2)不变权重组合预测方法与变权重组合预测方法。不变权重组合预测方法的基本思想是:以过去一段时间内组合预测的误差最小为目标函数,求取各个单项预测方法的权重,然后把最优的权重向量作为各单项预测模型在组合预测模型中所占的重要程度进行组合预测。而变权重组合预测方法,顾名思义,就是随着时间的变化,各个单项预测模型的权重也在改变,它是时间的函数。进行下一次组合预测时的各个单项预测模型的权重是由近一段时间内各个单项预测模型预测误差的大小来确定的。当然,也是以组合预测的误差最小为目标函数的。

在组合预测中,变权重的方法显然比不变权重的方法更为科学。因为对每一种单项预测方法而言,它总是表现出“时好时坏”性,而不会是“一直好”或“一直坏”。如果知道某种预测方法“一直好”或“一直坏”,那么一种简单的做法就是“完全采用”或“完全舍弃”这种方法,组合预测也就失去其意义。组合的目的就是要综合利用各种方法所提供的信息,根据每一单项预测方法的“时好时坏”性,反映在权重上的“时大时小”性,也即变权重的组合预测方法。但是,由于变权重的组合预测方法比较复杂,所需要的信息也较多,所以目前关于变权重的组合预测方法并不多见。

(3)其他方法。另外的一些方法是用不同的数学方法来求解权重的,其算法的繁简程度略有不同,可从不同的侧面对同一问题进行组合预测。但是这些方法运算量较大,且未考虑权重的变化问题,从而影响了这些方法在实际中的应用。

目前,在组合预测方法的部分研究成果中,也存在着许多问题,主要表现在以下几个方面:

①权重的正负性问题。权重的实际变化范围应为[0,1],所以在给出新的组合预测方法时,应考虑权重的变化范围。

②权重的最优问题。如果考虑权重的变化问题,最优的权重理论上存在,但实际却很难求出。因为没有一个指标能全面衡量各个单项方法的优劣。所以不能轻易地称哪种方法为最优组合预测方法,而应针对不同预测对象在组合预测精度上多花工夫。

③变权重问题。如前所述,变权重的方法显然比不变权重的方法更为科学。但目前关于变权重组合预测方法的研究并不多见,这应是今后组合预测学者的重要研究方向之一。

④预测精度的求取问题。目前,在已经发表的论文当中,大部分论文在求取预测精度时,存在着这么一种错误的做法:已知 $0 \sim n$ 时刻的真实值 $y(t)$ 和单项预测值 $y_i(t)$,可求出权重 W_i;但是却又将 W_i 反代入 $0 \sim n$ 时刻的 $y_i(t)$ 得到组合预测

值$\sum W_i y_i(t)$，再计算出预测精度。利用$0\sim n$时刻的数据求出的权重应代入$n+1$时刻的单项预测值，才能得到真正意义上的组合预测值，再进一步求出预测精度。应该认识到，这是一个预测问题，而不是一个滤波或平滑问题。

2)组合预测原理

组合预测的基本原理是依据某种准则构造目标函数J，在约束条件下，通过极小化目标函数J求得组合模型的加权系数，这些权重系数就是各个模型的最优权重。

目标函数J的形式，由误差统计量及极小化准则的类型确定，常用的目标函数J的形式有以下几种。

(1)基于组合预测误差平方和最小的思想来确定加权系数W_i。设某一预测问题在某一时段的实际值为$y(t)(t=1,2,\cdots,N)$，对此预测问题有n种可行的预测方法，其预测值或模型拟合值分别为$y_i(t)(t=1,2,\cdots,N;i=1,2,\cdots,n)$。又设$n$种预测方法的加权向量为$W=(W_1,W_2,\cdots,W_n)^T$，于是组合预测模型可表示为：

$$\hat{y}(t)=\sum_{i=1}^{n}W_i y_i(t) \tag{2-59}$$

式中：$\hat{y}(t)$——组合模型预测的第t期的值；

$y_i(t)$——第i种预测方法预测的第t期的值$(i=1,2,\cdots,n)$；

W_i——第i种预测方法的加权系数，$\sum_{i=1}^{n}W_i=1$。

第i种方法的预测误差为：

$$e_i(t)=y_i(t)-y(t) \tag{2-60}$$

组合预测模型的预测误差为：

$$e_t=\hat{y}(t)-y(t) \tag{2-61}$$

由于：

$$e_t=\hat{y}(t)-y(t)=\sum_{i=1}^{n}W_i y_i(t)-y(t)=\sum_{i=1}^{n}W_i[y_i(t)-y(t)]=\sum_{i=1}^{n}W_i e_i(t)=$$
$$(W_1,\cdots,W_n)(e_1(t),\cdots,e_n(t))^T=(e_1(t),\cdots,e_n(t))(W_1,\cdots,W_n)^T(t=1,2,\cdots n)$$

所以：

$$e_i^2=(W_1,\cdots,W_n)(e_1(t),\cdots,e_n(t))^T(e_1(t),\cdots,e_n(t))(W_1,\cdots,W_n)^T=W^T E_t W$$

其中：

$$W=(W_1,\cdots,W_n)^T$$

$$E_t=\begin{bmatrix} e_1(t)e_1(t) & e_1(t)e_2(t) & \cdots & e_1(t)e_n(t) \\ e_2(t)e_1(t) & e_2(t)e_2(t) & \cdots & e_2(t)e_n(t) \\ \cdots\cdots & & & \\ e_n(t)e_1(t) & e_n(t)e_2(t) & \cdots & e_n(t)e_n(t) \end{bmatrix} \tag{2-62}$$

令：

$$J=\sum_{t=1}^{N}e_{t}^{2}=W^{T}\sum_{t=1}^{N}E_{t}W=W^{T}EW$$

其中：

$$E=\begin{bmatrix}\sum_{t=1}^{N}e_1(t)^2 & \sum_{t=1}^{N}e_1(t)e_2(t) & \cdots & \sum_{t=1}^{N}e_1(t)e_n(t)\\ \sum_{t=1}^{N}e_2(t)e_1(t) & \sum_{t=1}^{N}e_2(t)^2 & \cdots & \sum_{t=1}^{N}e_2(t)e_n(t)\\ & \vdots & & \\ \sum_{t=1}^{N}e_n(t)e_1(t) & \sum_{t=1}^{N}e_n(t)e_2(t) & \cdots & \sum_{t=1}^{N}e_n(t)^2\end{bmatrix} \tag{2-63}$$

记为：

$$E\begin{bmatrix}\sigma_{11} & \sigma_{12} & \cdots & \sigma_{1n}\\ \sigma_{21} & \sigma_{22} & \cdots & \sigma_{2n}\\ & \cdots\cdots & & \vdots\\ \sigma_{n1} & \sigma_{n2} & \cdots & \sigma_{nn}\end{bmatrix}$$

E 对称正定，称为预测误差信息矩阵。

由此得到确定最优权的规划模型(4.5.3.6)和(4.5.3.8)：

$$\begin{aligned}\min J &= W^{T}EW\\ W^{T}R_{n} &= 1\end{aligned} \tag{2-64}$$

该模型的最优解为：

$$\begin{aligned}W^{(1)} &= (W_1,W_2,\cdots,W_n)^{T} = E^{-1}R_n/R_n^{T}E^{-1}R_n\\ J_{\min} &= 1/R_n^{T}E^{-1}R_n\end{aligned} \tag{2-65}$$

其中，$R_n=(1,1,\cdots,1)^{T}$——n 维。

由于这一公式的推导没有考虑权重向量 $W=(W_1,W_2,\cdots,W_n)^{T}$ 的非负性要求，所以运用此公式得出的结果出现分量有时为负值或大于 1 的情况，显然这不符合实际意义。

$$\begin{aligned}\min J &= W^{T}EW\\ W^{T}R_{n} &= 1\\ W &\geqslant 0\end{aligned} \tag{2-66}$$

该模型表示的是一种特殊的二次凸规划问题，它在可行域内或可行域的边界上存在唯一最优解，但在一般情况下无法直接得到其解的表达式。

(2)当一个预测问题的时间序列样本容量较小时，可采用稳健性好的组合预测误差绝对值和最小准则来确定各单个预测模型的权重。

令 $$\min J=\sum_{t=1}^{N}\left|e_{\mathrm{t}}\right|=\sum_{t=1}^{N}\left|\hat{y}(t)-y(t)\right|=\sum_{t=1}^{N}\left|\sum_{i=1}^{n}W_i[y_i(t)-y(t)]\right| \tag{2-67}$$

$U_{\mathrm{t}}=\dfrac{|e_{\mathrm{t}}|+e_{\mathrm{t}}}{2}$(当 $e_{\mathrm{t}}\geqslant0$ 时,$U_{\mathrm{t}}=e_{\mathrm{t}}$;当 $e_{\mathrm{t}}<0$ 时,$U_{\mathrm{t}}=0$)

$V_{\mathrm{t}}=\dfrac{|e_{\mathrm{t}}|-e_{\mathrm{t}}}{2}$(当 $e_{\mathrm{t}}\geqslant0$ 时,$V_{\mathrm{t}}=0$;当 $e_{\mathrm{t}}<0$ 时,$V_{\mathrm{t}}=-e_{\mathrm{t}}$)

显然,$|e_{\mathrm{t}}|=U_{\mathrm{t}}+V_{\mathrm{t}}$,$e_{\mathrm{t}}=U_{\mathrm{t}}-V_{\mathrm{t}}$

则: $$\min J=\sum_{t=1}^{N}|e_{\mathrm{t}}|=\sum_{t=1}^{N}(U_{\mathrm{t}}+V_{\mathrm{t}})=\sum_{t=1}^{N}|U_{\mathrm{t}}-V_{\mathrm{t}}| \tag{2-68}$$

$$\sum_{i=1}^{n}W_i[y_i(t)-y(t)]-(U_{\mathrm{t}}-V_{\mathrm{t}})=0 \tag{2-69}$$

$$\sum_{i=1}^{n}W_i=1(W_i\geqslant0,i=1,2,\cdots,n)$$

约束条件: $$U_{\mathrm{t}}\geqslant0,V_{\mathrm{t}}\geqslant0,(t=1,2,\cdots,N)$$

$$\min J=R_{\mathrm{N}}^{\mathrm{T}}(U+V)$$

矩阵形式: $$Y\cdot W-U+V=0 \tag{2-70}$$

$$R_n^T\cdot W=1$$

$$W\geqslant0,U\geqslant0,V\geqslant0 \tag{2-71}$$

约束条件: $U=(U_1,U_2,\cdots,U_N)^T$,$V=(V_1,V_2,\cdots,V_N)^T$,

式中: $R_{\mathrm{N}}=(11,\cdots,1)^T$—$N$ 维,$W=(W_1,W_2,\cdots,W_n)^T$,

$R_n=(11,\cdots,1)^T$—n 维

$$Y=\begin{bmatrix} y_1(1)-y(1) & y_2(1)-y(1) & \cdots & y_n(1)-y(1) \\ \cdots\cdots & & & \\ y_1(N)-y(N) & y_2(N)-y(N) & \cdots & y_n(N)-y(N) \end{bmatrix} \tag{2-72}$$

上式属于线性规划问题,共有 $n+2N$ 个未知量,$N+1$ 个约束条件,可采用单纯形法或简化的单纯形法求得加权系数 W_i 的最优解。可以证明,组合模型的拟合精度一定高于参加组合的任意一种单一模型。

(3)根据离差平方和的大小来确定组合权重系数,离差平方和大的权重系数小。基于最小二乘法的思想,采用的各种单个预测方法应使标准误差达到最小,即

$$\min J=\sqrt{\frac{\sum_{t=1}^{N}(y_i(t)-y(t))^2}{N}} \tag{2-73}$$

3)运用组合预测模型应考虑的问题

如何提高组合预测模型的预测性能是采用这一模型进行预测时首先要解决的问题,影响组合预测模型预测性能的因素主要有以下几方面。

(1)参加组合的单项预测模型的选择。选取单项预测模型要考虑适宜性的问题。这里所指适宜性包括两个方面:一是指所选取单项预测模型适宜预测对象;二是指所选取单项预测模型适宜于组合预测模型的应用条件。任何一种预测,都对被预测对象及对象所处的环境作了一些假设。某种假设条件又不能完全代表客观现象中诸因素的错综关系。因此,应针对预测对象的特点考虑模型的适用条件,选取合适的单项预测模型。例如,当预测对象的时间序列数据呈线性变化时,若选用平均移动预测法就有明显的滞后,可以说平均移动预测法不适应该预测对象和预测环境。只有所选取的单项预测模型是适合于预测对象的,保证一定的精度,才会使建立在其上的组合预测模型有更高的精度。否则,组合预测法将不能发挥其能综合的特点,其预测精度有可能不仅不提高,反而会因受不适宜于预测对象的单项预测模型的影响有所下降。组合预测模型根据目标函数和权重条件确定的不同,其形式也是不同的。因此,所选取的单项预测模型还应适宜于组合预测模型的应用条件,可通过一定的检验方法来判断各单项预测模型是否满足其假设条件,以此作为取舍的依据。

此外,单项预测模型的复杂程度和资料收集难易程度要适度。一般说来,预测模型越复杂,考虑的因素也越多,其预测精度会越高,同时模型的计算也会越烦琐,其资料收集也会越难。并且预测模型的复杂程度和资料收集难易程度与其预测精度的提高程度并不一定完全成正比。往往是复杂程度及资料收集难易程度增加很多,而其预测精度并不见明显提高。因此,要注意单项预测模型复杂程度及资料收集难易程度的适度性。这也是保证预测费用不会增加很多的一个重要手段。

(2)单项预测模型数目的选择问题。在组合预测中,单项预测模型数目越多,其工作量就会越大,预测成本也会越高。但模型数太少,又会达不到综合已有各模型信息的优点,影响预测精度。因此,单项预测模型数的选择也是一个在实践中应注意的问题。通常认为,组合预测的预测性能随单项预测模型数目的增加而有所改善,但改善的幅度随单项预测模型数目的增加呈递减态势。为降低组合预测成本,单项预测模型数目一般控制在3～5个。

(3)求解权重的方法的选择问题。建立组合预测模型的问题,实质上是在非负归一化权重条件下解组合预测模型的预测误差最小化(预测误差绝对值和最小或预测误差平方和最小)问题,该问题属于非线性优化问题。目前一般用迭代算法来近似求解,如:反复求解两元最优组合;用 Taylor 多项式对组合预测模型的预测误差平方和目标函数进行线性化，通过解线性规划求得可行下降方向，进而沿此方向在可行域内作一维搜索；基于加速遗传算法求解权重的方法，利用选择、杂交和变异等简单的遗传操作算子进行自适应全局、快速优化搜索，各权重的初始可行解可在整个[0,1]区间任意选取，对目标函数只要求是能计算其值，而对目标函数的形式不作任何限制。由此可见，采用不同的方法求解权重，对组合预测模型的精度和预测性能具有很大影响。

4)模糊推理预测和神经网络预测的比较

不同的预测对象具有不同的特点，而不同的预测方法也有各自的优点和缺点。预测的关键就是为预测对象寻找合适的预测方法，使得预测结果具有更高的可靠性和精确度。由于交通流最大的特点就是高度非线性和不确定性，尤其是实时交通流量预测受随机干扰因素影响更大。所以，各种交通流量的预测方法都是围绕如何克服非线性和随机干扰的。传统的时间序列预测需要预先知道被控对象的数学模型，且预测精度不高，而交通流却具有高度的不确定性，因此，不能够满足交通流预测的要求。灰色预测较传统的时间序列预测有了很大的改进，但是它预测所得的增长率是固定的，这就很难反应交通流的高度非线性的特点。相反，模糊推理预测和神经网络预测正在逐步显露出它们在交通流预测中的优势。

(1)模糊推理预测原理

模糊系统的描述是建立在自然语言的基础上，其使用的规则更接近人们的思维习惯，正因为如此，模糊系统的模型能最快、更方便的实现系统的预测和控制。模糊推理是采用模糊逻辑由给定的输入映射到输出的过程，它一般包括以下几个步骤：

①输入变量的模糊化，即将确定的输入转化为隶属度函数描述的模糊集。

②在模糊规则前件中应用模糊算子(与、或、非)。

③根据模糊蕴含运算由前件推断结论。

④合成每一个规则的结论部分，得出总结论。

⑤反模糊化，即把输出模糊量转变成确定输出。

(2)神经网络预测原理

人工神经网络具有并行处理、自适应、自组织、联想记忆及源于神经元激活函数的压扁特性的容错和鲁棒性等特点。在各类神经网络模型中，BP(Back Propagation 误差后向传播)神经网络模型是最常用的也是最成熟的模型之一。

BP 神经网络预测模型的具体过程如下：

①赋予网络各权值和阈值为(−1,1)之间的随机小量，从网络输入节点输入，并沿正向传播的学习样本的信息在隐节点和输出节点进行加权相加，并都经过激活函数作用后，在输出节点 k 得到输出信息 yk。

②由训练样本的期望输出与网络的实际输出建立误差信号，根据此误差信号在反向传播中修正权值和阈值。

③将训练样本输入 BP 网络往复学习，直至均方误差小于指定的精度，停止训练，模型完成。

(3)模糊推理预测与神经网络预测的异同

模糊推理预测和神经网络预测各有优缺点，在这里主要分析二者的异同，以便更好地将两个模型结合起来，取长补短，充分发挥二者在交通流预测方面的优势。

①模糊系统和神经网络的共同点

它们均可从给定的系统输入、输出信号(数据)中建立系统的(非线性)输入、输出关系。这一输入、输出关系不像传统的系统建模那样有一确定的数学描述的模型。

从数据处理的形式上看，它们均采用并行处理的结构。当输入信号进入模糊系统时，所有的模糊规则将依据条件的适用度决定是否被激发，并且由被激发的规则决定系统的输出。对神经网络而言，它本身就是由并行结构的神经元构成。从映射角度来看，模糊系统和神经网络都具有非线性函数近似的能力。

人工神经元网络和模糊系统，在对信息的加工处理过程中，均表现出了很强的容错能力。

②模糊系统和神经网络的不同点

神经网络的映射集是用点与点的映射得到输入与输出的关系，它们的训练集都是确定的量，因而其映射关系是一一对应的。模糊系统的输入输出变量都是经过模糊化的量，它们都不是用明确的数来表示，其输入已模糊化为一个隶属度的值来表示，显然它是区块与区块之间的映射。

知识的存储方式不同。人工神经元网络的基本单元是神经元，用多层网络实现映射时，它们之间是用权连接的。模糊系统则是以规则的方式来存储知识的，因此，在隶属函数的形式、区域划分的大小和规则的制订等人为的因素多一些。

映射的精度上神经元网络和模糊系统都可以对一个非线性系统进行映射，但是它们的映射曲面是各不相同的，人工神经元网络是用点点映射的办法，因此它的输出与输入之间的关系曲面比较光滑，而模糊系统是区域之间的映射，如果区域分得比较粗，那么映射输出的表面就比较粗糙。要求映射的精度比较高，用人工神经元网络较好。

连接方式不同。人工神经元网络一旦输入、输出和隐含层决定了，其连接结构就决定了，学习比较费时。模糊控制中，每次输入可能只与几条规则有关，显然连接并不是固定的,运用比较方便。

结构的物理意义不同。人工神经元网络中间神经元的物理意义是不明确的,而模糊系统输入、输出的关系是明确的。

模糊系统的计算速度比人工神经元网络更快,实时性更强。

由以上分析可知,神经元网络与模糊控制系统各有其特点和应用范围。模糊推理本身不具备自学习功能,其应用受到了很大限制,而人工神经网络又不能表达模糊语言,实际上类似一个黑箱,缺少透明度,所以不能很好地表达人脑的推理功能。而ANFIS(自适应神经模糊推理系统)则可将二者有机地结合起来,既能发挥二者的优点,又可弥补各自的不足,可以应用于短时预测。

第3章 公路隧道节能的主要影响因素

公路隧道节能的影响因素很多，从广义节能的理念出发，本章将重点分析公路隧道土建与机电之间的相互关系、影响与差异，分析气候、环境、公路隧道土建结构特征及机电设施对运营节能的影响。

3.1 公路隧道分类

3.1.1 公路隧道分类的目的

进行公路隧道分类，主要是为了下述目的。

(1)结合隧道在路网中的功能、地位、作用与经济条件，优化路线走向，满足国防的需要，促进社会、经济与文化的发展。

公路隧道是道路网中的重要结构物，也是影响运输安全与效率的咽喉路段，其处于不同的路网中，所起的作用、所处的地位与发挥的功能不同。处于地方道路网中的隧道，主要起着促进地方社会经济发展的作用，处于国道网中的隧道，除了满足社会、经济与文化交流需要的作用外，还有满足国防需要的要求。例如，我国单洞长达18.02km的秦岭终南山特长公路隧道，就是一个军民两用隧道，可在隧道附近驻扎部队进行守护以应急需。

(2)结合当地地理、地质与环境条件，合理选择建设方案，减少投资规模。

隧道的类别不同，标志着其属性不同，相应的投资规模亦就不同。地理、地质与环境条件，决定了隧道的长度，但不能决定隧道附属设施的配置以及管理体制与管理模式，而后者对隧道的运营安全与效率起着关键的作用。例如，挪威单洞长达24.5km的莱尔多隧道，虽然长度是世界第一，但由于隧道两端人口少，日交通量仅数百辆，故在管理设施配置上远不如秦岭终南山隧道完善，在管理体制上也有所不同。秦岭终南山隧道由军民共管，军队负责守护与救援，日常维护与运营管理由秦岭终南山隧道公司完成。

(3)结合工程所在地的人文文化、驾驶习惯、交通特征及交通运输的发展趋势，促进交通行业的可持续发展，达到安全、环保、节能、高效的目的。

隧道的类别不同，标志着其重要度不同，相应的运输管理(危险品管理)、消防演练、日常维护、应急能力储备、宣传教育、在岗培训等的投入亦就不同。对于一般隧道，可以允许危险品车辆通行，对于军民两用或附近有危险品仓库等的隧道，可能就不允许危险品通行，或对危险品车辆实行定时引导通行等模式，以防事故发生，造成巨大灾害。

3.1.2 公路隧道分类应考虑的主要影响因素

公路隧道分类主要应考虑以下因素。

1)隧道的土建结构特征

隧道的土建结构特征，主要包括：隧道线形、坡度与隧道的断面尺寸与洞门形式，其决定了隧道机电设施的配置。

(1)平曲线的影响

主要表现在不利于通风，行车视距较差，造成车速变换频繁。

(2)坡度的影响

隧道的坡度对通风、防灾减灾与运营安全都有重要的影响。对于上坡方向，在正常工况时，由于汽车废气排放量大，特别是遇到超载车，容易引起烟雾弥漫，影响正常行车与行车安全，而在火灾工况时，由于存在烟囱效应，火风压大，不利于下游慢车驶出危险区；对于下坡方向，当正常工况时，车辆行驶需要的制动距离长，而在火灾工况时亦由于烟囱效应，不利于上游车辆与人员的逃生。

(3)隧道断面尺寸与形式的影响

隧道断面越大，车道数越多，交通量一般也越大，事故潜势亦随之增加。此外，隧道的洞门形式对洞外亮度的大小、废气是否串流到另一隧道以及是否把废气当新鲜空气吸入到隧道内，都有重要的影响，换句话说，直接影响隧道运营通风与照明的能耗费用。

2)接线特征

接线特征指与隧道入口和出口相接路段的类型，不同的接入方式，危险潜势不同，配置的安全、诱导与控制设施也就不同。其主要包括以下6种情况。

(1)桥梁接隧道接路段

该类型包括桥梁接隧道再接下坡路段和桥梁接隧道再接上坡路段两种情况，前者的危险性要大于后者。

(2)桥梁接隧道接桥梁

桥梁与隧道都属于道路的重要构造物，也都属于事故易发和发生后后果较严重的路段。该类型在下雨天和结冰时，由于隧道内和桥梁上的摩擦系数相差较大，容易发生交通事故。

(3)桥梁接隧道接隧道

该类型属于桥梁与隧道群相接,包括桥梁与连续隧道和桥梁与毗邻隧道相接两种情况(连续隧道与毗邻隧道的定义见后),而后者由于上游隧道的出口与下游隧道的入口相距较近,而隧道的出口与入口又是事故的多发区,故危险性更大。

(4)路段接隧道接路段

该类型包括4种情况:①下坡接隧道再接下坡;②上坡接隧道再接下坡;③下坡接隧道再接上坡;④上坡接隧道再接上坡。由于车辆到隧道入口前一般都会减速,而在隧道内行驶时,实际都有恐惧感,想赶快驶出隧道,故在隧道出口速度一般较大,因此,情况①最危险,情况②次之,情况③再次之,情况④相对较安全。

(5)路段接隧道接桥梁

该类型包括下坡接隧道接桥梁和上坡接隧道接桥梁两种情况,前者较后者出事故的概率更大些。

(6)隧道接桥梁接隧道

该类型桥梁上横风较大,容易在隧道的出入口发生事故。

3)交通特征

交通特征主要包括:交通量、速度、车辆构成、交通组织、运输管理以及交通流的时间分布与空间分布特征6个方面,其都是用于确定系统规模和运营管理。

(1)交通量

交通量用于确定土建与机电系统的建设规模及运营管理策略决策;用于确定系统规模时,采用的是设计期(近期或远期)内的高峰小时交通量;用于确定运营管理策略时,采用的是当前或预测的某段时间后单位时间内通过的车辆数。

(2)速度

速度信息包括:设计速度、运营速度以及控制速度。设计速度主要影响道路线形指标和通风与照明系统的规模,实际的运营速度主要影响运营管理策略决策,而控制速度是根据实际运营工况确定的限速值。

(3)车辆构成

车辆构成指不同类型车辆占总交通量的比例。车辆构成主要影响隧道内废气的排放量与交通流的特性。当大车与重载车多时,隧道内废气的排放量大,需要的通风系统规模大,运营能耗也高。

(4)交通组织

交通组织指单向交通或双向交通。单向交通隧道安全性比双向交通隧道好,防灾救灾也相对容易,双向交通隧道由于不存在照明的出口过渡,故同等条件下,双向交通隧道照明系统的规模更大,运营期照明能耗更高。

(5)运输管理

运输管理指对危险品运输的管理方式。当不允许危险品运输车辆通行隧道时,需要在隧道入口前设置危险品检查站;当允许危险品运输车辆有限通行隧道时,需要设置停车场,以便引导定时通行。

(6)交通流的时间分布与空间分布

交通流的时间分布与空间分布特征,影响高峰小时交通量的确定,从而影响建设的分期实施与建设规模。靠近城市的隧道,交通量在两个方向上的空间分布差异不大,高峰小时系数也较小,反之亦然。

4)环境特征

环境特征主要包括:海拔高度、温度与湿度以及空气质量3个方面。

(1)海拔高度

主要影响隧道通风系统的规模,是隧道需风量的计算参数之一。

(2)温度与湿度

温度包括:年平均温度、最高温度和最低温度。温度是通风设计的参数之一,温度与湿度都是机电产品选型中应考虑的因素,也对通风系统规模有一定影响。

(3)空气质量

空气质量对通风设计与机电产品的防护性能要求影响很大。国外一些国家的通风规范中规定,在进行通风设计时要进行空气质量检测,以便较准确地计算需风量。此外,水下隧道和靠近海边的隧道,由于腐蚀性气体含量较大,对隧道机电设施的防腐能力就要求较高。

5)经济条件

经济条件指工程的建设费用与运营管理费用。工程建设与运营管理费用的来源不同,资金的充足度不同,则系统规模与管理模式不同。

6)功能地位

功能地位指隧道是国道网的隧道,还是地方网的隧道,是山岭隧道,还是水下隧道,是城市隧道,还是公路隧道。国道网的隧道可能是军民两用隧道,地方网的隧道则大多是民用隧道;山岭隧道发生火灾后对结构的影响相对较小,水下隧道发生火灾后对结构的影响则相对较大;公路隧道一般没有行人,远离人口密集区,发生重大异常时二次危害相对较小,城市隧道则大客车多,人口密集,发生重大异常时二次危害则相对较大。

3.1.3　公路隧道分类的方法

1)传统的分类方法

目前,国内主要是根据隧道长度进行公路隧道分类,《公路隧道设计规范》

(JTG D70—2004)将隧道分为特长隧道、长隧道、中隧道、短隧道四个等级，隧道长度分为500m、1 000m、3 000m三个等级，其具体划分情况见表3-1。

公路隧道按照隧道长度分类　　表3-1

分　类	特长隧道	长隧道	中隧道	短隧道
长度(m)	$L>3\,000$	$3\,000\geqslant L>1\,000$	$1\,000\geqslant L>500$	$L\leqslant 500$

2)现行分类方法的主要不足

现行公路隧道分类方法，没有考虑到进行隧道分类的目的是为了根据隧道的类别指导工程建设与运营管理，实现安全与节能，没有考虑隧道土建与隧道机电之间的差异、联系与相互影响。实际上，虽然在设计的过程中，隧道土建结构决定了隧道机电设施的配置，但是，隧道机电设施的配置也对土建结构的设计方案，特别是特长隧道采用纵向通风时，对竖井位置的选择、竖井的大小与数量，有重大的影响；在运营过程中，若发生火灾，则报警时间需要1min，监控员确认火灾并通知消防部门至少需要1min，消防人员进入消防车需要1min，到达现场准备消防需要1min，而国外的火灾实例表明，从发生火灾到火灾车辆爆炸仅约10min，也就是说，留给消防灭火的黄金时间仅6min，若消防车的行驶速度为60km/h，隧道内没有消防车待命或没有自动灭火系统，则6km以上的隧道，从消防灭火来说，效果是相同的，都是来不及靠专业消防队伍灭火。除此之外，现行方法还主要存在以下几个方面的不足。

(1)对隧道在公路网中的地位、功能与作用考虑不足。

隧道处于不同的路网中，其在国防建设、社会、经济与文化的发展中所起的作用不同。我国的“5·12”地震，突显了隧道、桥梁这些道路的重要构造物在减灾救灾方面的地位与作用。在日本，对公路隧道分类时，也将其在公路网中的功能与作用作为一个评价指标。

(2)对当地的经济条件考虑不足。

隧道所在区域的经济条件与建设资金的来源，决定了建设单位与公路隧道运营单位对安全的投入程度，一般情况下，安全水平与安全投入成正比，而安全投入与经济水平成正比。

(3)对当地的环境地理特征考虑不足。

我国地域辽阔，不同地区的地理与环境条件差异很大，相应的路网中隧道的比例以及对隧道机电设施性能的要求不同，系统的建设费用也就不同。平原与山丘地区的路网，隧道数量少，即使局部有较长的隧道，也由于人们重视及频繁适应隧道内外不同环境与亮度的时间少，安全性相对同等长度的隧道要高。此外，山岭隧

道与水下隧道在防火灾规模上的要求也不同，从而造成隧道土建结构与隧道机电设施的配置规模不同。

3)隧道群的概念

公路隧道群是指在某段路上有两个或两个以上隧道。隧道群包括连续隧道和毗邻隧道。《公路隧道通风照明设计规范》从照明设计的角度，规定两座隧道间的行驶时间按计算行车速度考虑小于 30s 即为连续隧道，对于间距更小的毗邻隧道没有进行定义。作者以为，从设计的角度来讲，对连续隧道和毗邻隧道的定义，应该从通风、照明、交通控制三个方面综合考虑。

从通风来讲，主要考虑上游隧道的污风是否串流到下游隧道，不发生串流的间距一般为 150m 左右；从交通控制考虑，驾驶员从上游隧道出来，应能看到下游隧道进口的标志和静态障碍物，并能及时采取措施。按此考虑，间距应大于车辆的制动距离。表 3-2 给出不同计算速度、从不同角度考虑连续或毗邻隧道间距的最大值。

连续或毗邻隧道间距的最大值 表 3-2

计算速度(km/h)	40	60	80	100
交通控制(m)	32.230 97	62.519 69	102.257 2	151.443 6
通风设计(m)	150			
照明设计(m)	333.333 3	500	666.666 7	833.333 3

综上所述，当隧道间距小于通风或交通控制设计所需的最大值，可定义为毗邻隧道，当隧道间距大于通风与交通控制设计所需的最大值且小于照明设计所需的最大值时，可定义为连续隧道。连续隧道仅考虑后续隧道入口段亮度折减率，毗邻隧道除考虑后续隧道入口段亮度折减率外，在通风设计中应考虑串流问题，对于交通监控和火灾报警，都可按一个隧道进行设计。

4)基于隧道重要度要求的分类方法

(1)基本思想

综合考虑隧道在路网中的功能、地位与作用，考虑当地的地理与环境特征，采用等效安全度的理念，以隧道土建结构、交通特征及运营管理为参数，将隧道土建与隧道机电有机地联系起来，达到宏观上指导隧道建设与运营管理，实现投资高效、安全节能的目的。

(2)重要度的概念

可从用途、功能、地理特征这 3 个方面来考察，其表示隧道在路网中的地位与作用，隐含着对建设规模与运营管理水平的要求。

(3)评价指标

根据对公路隧道分类的主要影响因素分析的结论，按照隧道运营应满足安全、环保、节能与高效的要求，采用下述参数作为分类指标。

①反映隧道重要度的指标

以 Z 表示隧道的重要度。以用途、功能、地理特征作为评价指标。用途表现在隧道是军民两用还是民用，功能地位体现在隧道是位于国家主干线上还是位于一般道路上，地理特征体现在是山岭隧道还是水下隧道，这 3 个方面共有 8 种情况，即：

Z_1=一般道路网中的民用山岭隧道

Z_2=一般道路网中的民用水下隧道

Z_3=国家主干线网中的民用山岭隧道

Z_4=国家主干线网中的民用水下隧道

Z_5=一般道路网中的军民两用山岭隧道

Z_6=一般道路网中的军民两用水下隧道

Z_7=国家主干线网中的军民两用山岭隧道

Z_8=国家主干线网中的军民两用水下隧道

a. 反映隧道在路网中的功能、地位与作用的指标

用两个指标来反映，以 G_1 和 G_2 分别表示国道网中的隧道和地方道路网中的隧道，以 D_1 和 D_2 分别表示军民两用隧道和民用隧道。

b. 反映工程所在地的经济、地理与环境特征的指标

用两个指标来反映，以隧道所在地区人均收入与全国平均收入的比值 E 反映工程所在地经济指标，以 F_1、F_2 分别表示山岭隧道和水下隧道反映工程所在地地理与环境特征。

可采用专家评议法对以上 8 种隧道的重要度进行评价。由于该评价结果一旦被接受，就可以运用到今后所有隧道重要度的评价中，因此专家组成员的选取非常重要。专家组应由国内从事公路隧道、交通工程研究的资深专家组成，成员总数以 20 位左右为宜。

②反映隧道土建结构特征的指标

包括隧道长度、单洞车道数和隧道的接线特征。隧道长度和单洞车道数分别用 L 和 N 表示。隧道接线特征的类别主要有以下几种：

以 M_1 表示桥梁接隧道接路段，M_{11} 表示桥梁接隧道再接下坡路段，M_{12} 表示桥梁接隧道再接上坡路段；M_2 表示桥梁接隧道接桥梁；M_3 表示桥梁接隧道接隧道，M_{31} 表示桥梁与连续隧道相接，M_{32} 表示桥梁与毗邻隧道相接；M_4 表示路段接隧道接路段，M_{41} 表示下坡接隧道再接下坡，M_{42} 表示上坡接隧道再接下坡，M_{43} 表示下

坡接隧道再接上坡，M_{44}表示上坡接隧道再接上坡；M_5表示路段接隧道接桥梁，M_{51}表示下坡接隧道接桥梁，M_{52}表示上坡接隧道接桥梁；M_6表示路段接隧道接隧道，M_{61}表示下坡接隧道再接隧道，M_{62}表示上坡接隧道再接隧道。

③交通特征

交通特征包括：隧道断面年平均日交通量Q、设计速度V、重型车比例P、交通组织（单向交通J_1、双向交通J_2）。

④运营管理特征

危险品通行方式（禁止通行T_1、限时引导通行T_2、无限制T_3）。

(4)分类方法

①隧道重要度的计算

隧道重要度从宏观上决定了隧道的安全等级。由于反映隧道重要度的用途、功能、地理特征均属于定性描述，难以将其量化，采用层次分析法和专家打分法进行隧道重要度量化。

分别以军民两用、国家主干线、山岭隧道为各特征的评分基数(即平均得分为1)，通过咨询相关专家可得各类隧道的相对重要度集（供参考）为：Z_j＝[0.78，0.75，0.84，0.81，0.94，0.90，1.00，0.97]。

②隧道等效安全度的计算

运用层次分析法结合咨询相关专家得到各主要指标的权重系数（供参考）为：W_i＝[隧道重要度，土建特征，交通特征，运营管理特征]＝[0.35，0.25，0.3，0.1]。

国内外有关隧道安全评价的方法很多，欧洲EuroTAP关于交通形态的风险评分依据有五年多的评价经验，较为可行。在此，参考欧洲EuroTAP关于交通形态的风险评分依据，采用层次分析法进行隧道风险潜势分析，通过风险比率与安全系数的变换，确定影响因素的安全修正系数，建议值见表3-3～表3-7。

公路隧道单洞车道数安全修正系数 表3-3

车道数类型	安全修正系数	车道数类型	安全修正系数
单车道	1.00	三车道	0.30
二车道	0.80	四车道	0.30

交通组织安全修正系数 表3-4

交通形态	安全修正系数	交通形态	安全修正系数
双孔单向	1.67	单孔双向	1.40

重型车比例安全修正系数　表 3-5

大型车比例	安全修正系数	大型车比例	安全修正系数
<20%	1	$20\%\leqslant\alpha\leqslant50\%$	0.6
>80%	0.25	$50\%<\alpha\leqslant80\%$	0.3

车速安全修正系数　表 3-6

平均车速(km/h)	安全修正系数	平均车速(km/h)	安全修正系数
$v\leqslant50$	0.67	$80<v\leqslant90$	0.8
$50<v\leqslant60$	0.7	$90<v\leqslant100$	0.5
$60<v\leqslant80$	1	$100<v$	0.3

运营管理安全修正系数　表 3-7

危险品运输管理制度	安全修正系数	危险品运输管理制度	安全修正系数
禁止	1	无限制	0.3
限时引导通行	0.7		

③隧道分类判别函数的计算

$$F=L\times Q\times W_i\times[Z_j,f_n,(f_z\times f_d\times f_v),f_y]^T \tag{3-1}$$

式中：F——隧道分类判别函数，m·辆/d；

Q——隧道断面交通量，辆/d；

L——隧道长度，m；

W_i——隧道重要度，土建特征、交通特征、运营管理特征的权重系数；

Z_j——第 j 种类型隧道的重要度；

f_n——隧道单洞车道数安全修正系数；

f_z——隧道交通组织安全修正系数；

f_d——重型车比例安全修正系数；

f_v——隧道车速安全修正系数；

f_y——运营管理安全修正系数。

④隧道分类标准

将隧道分为 3 类(图 3-1)，建议的阈值范围如下：

第一类隧道：$F>5\times10^7$ 辆/d 的公路隧道；

第二类隧道：3×10^7 辆/d$\leqslant F\leqslant5\times10^7$ 辆/d 的公路隧道；

第三类隧道：$F<3\times10^7$ 辆/d 的公路隧道。

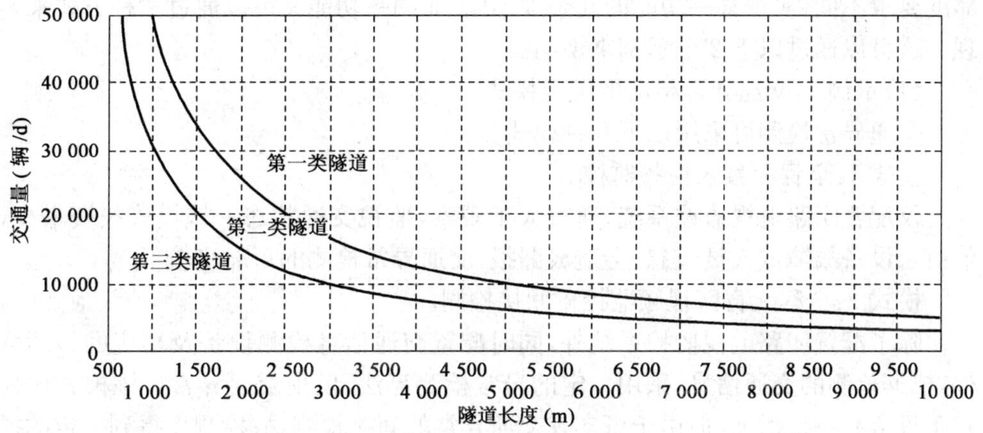

图3-1　基于隧道重要度的隧道分类图

5)与传统分类方法的差异与影响

基于隧道重要度的隧道分类方法，除考虑隧道长度这一等级划分的基础外，还综合考虑隧道重要度、隧道土建特征、交通特征、运营特征与环境特征的影响，将隧道土建与隧道机电有机地联系起来，有利于隧道建设投资规模的控制与运营安全节能。

6)示例

基本参数资料：

某国道主干线的西南地区某高速公路路段某隧道，主要以民用为主，分离式双向四车道。隧道长度为2 430m，隧道设计交通量为18 486辆/d，重型车比例为19%，对危险品运输不限制。

计算：

该隧道属于国家主干线网中的民用山岭隧道，$Z_3=0.84$；

$$f_n=0.80, f_z=1.67, f_d=1, f_v=1, f_y=0.3$$

判别函数F的计算：

$F=L\times Q\times W_i\times[Z_j, f_n, (f_z\times f_d\times f_v), f_y]^T=2\,430\times 18\,486\times[0.35, 0.25, 0.3, 0.1]\times[0.84, 0.80, 1.67, 0.3]^T\approx 4.6\times 10^7$辆/d

分类判定：

根据分类判断标准有，此隧道划分为第二类隧道。

3.1.4　隧道类别对隧道机电设施的影响

隧道类别对隧道机电设施的影响，体现在隧道机电设施的规模、配置与性能要求上。不同类别的隧道，对安全与防灾减灾等方面的要求不同，为了保证安全的可靠度要求不同，实现某一功能的冗余度不同，而同一功能又可以通过多种方式来实现。这可以通过以下 2 个示例来说明。

(1)示例 1：交通异常检测的配置模式

交通异常检测可采用以下 8 种模式。

模式 1：全程无盲区视频监控。

仅配置闭路电视监控系统，通过人工观察，监视交通状态。该模式投资最少，但由于设备故障或人员疏忽，会造成漏报，交通异常检测的可靠度较低。

模式 2：全程无盲区视频监控＋间接检测。

除了配置闭路电视监控系统外，同时配置交通信息检测设备及相应的检测软件，根据检测的交通信息，采用一定的异常检测算法，发现交通异常。该模式比模式 1 投资有一定增加，但由于可实现交通异常的间接检测，故检测率得到一定的提高，漏报率有一定的减少。

模式 3：全程无盲区视频监控＋有盲区事件检测。

与模式 1 相比，在隧道的重点区域配置了视频事件自动检测设备与软件。交通异常检测为双保护。

模式 4：全程无盲区视频监控＋无盲区事件检测。

与模式 3 相比，配置的视频事件自动检测设备更多，交通异常检测的可靠度更高。

模式 5：全程无盲区视频监控＋有盲区事件检测＋间接检测。

与模式 3 相比，增加了交通信息检测设备及相应的检测软件，交通异常检测为 3 重冗余。

模式 6：全程无盲区视频监控＋全程无盲区事件检测＋间接检测。

该模式与模式 5 相似，只不过配置的视频事件自动检测设备更多，交通异常检测的可靠度更高。

模式 7：全程无盲区视频监控＋全程有盲区事件检测＋间接检测＋EED 检测。

与模式 5 相比，增加了 EED 检测设施，即在隧道的入口与出口配置车辆感应与摄像设施，每个进入隧道的车辆建立 1 个车辆档案，当车辆驶出时，与进入的车辆档案相比，若相同则正常，若在预定的时间内，车辆没有驶出，则可能存在异常。该模式交通异常检测为 4 重冗余，可靠度较高。

模式 8：全程无盲区视频监控＋全程无盲区事件检测＋间接检测＋EED 检测。

与模式 7 相比，只不过配置的视频事件自动检测设备更多，交通异常检测的可靠度最高。

(2)示例 2：特长公路隧道消防设施的配置模式

如前所述，消防灭火的黄金时间仅 6min 左右。假设消防车的平均行驶速度

为 v(km/h),则当隧道长度(km)为 $0.1v$ 以上时,则在隧道洞外配置消防车辆是没有作用的。针对这种情况,消防设施有以下4种配置模式:

模式1:隧道内设置灭火箱,配置水与干粉灭火设施。

模式2:隧道内设置灭火箱,配置水与干粉灭火设施及隧道内待命消防车辆。

模式3:隧道内设置灭火箱,配置水与干粉灭火设施及自动喷淋灭火设施。

模式4:隧道内设置灭火箱,配置水与干粉灭火设施、自动喷淋灭火设施及隧道内待命消防车辆。

显然,模式1投资最少,完全依赖于自救,安全度最低;模式2只要保证隧道内待命消防车辆的间距小于 $0.1v$,则可实现灭火的双冗余;模式3虽然在灭火上也是双冗余,但对自动喷淋管道、喷嘴等的检查与日常维护量较大;模式4在灭火上是3重冗余,投资最大,运营管理费用最高。

由上述2个例子可见,隧道的类别对机电设施的投资规模影响很大。根据隧道的类别,选择合理地机电设施配置方案,可以减少系统投资和运营期的能耗。

3.1.5 隧道类别对隧道运营管理的影响

(1)运营管理机构与模式

隧道运营管理有集中管理与分散管理2种模式。大多数隧道都是分散管理,正常运营由交通管理部门与隧道营运公司管理,交通执法由公安部门实施,灭火救灾由消防部门与医院负责,隧道守护由武警负责,四者之间隶属于不同的系统,相互分散协作;个别地区,如重庆,交通运营管理、交通执法、路政管理等都由同一家公司完成。对于类别较高的隧道、军民两用隧道,可能要设置较多的管理部门,相应地管理费用的支出会增加。

(2)运营管理设施配置

由于不同的隧道机电设施,可能能够实现同一功能,因此,在隧道机电设施的配置上,针对不同类别的隧道,就可以采取无冗余、有冗余、多重冗余不同可靠度的设施配置方法。前面已经论述了隧道消防设施和隧道交通异常检测设施的配置模式,对其他系统也存在同样的情况。例如,火灾报警系统,可采用紧急电话报警、火灾手动报警、火灾自动报警、火灾视频自动检测等多种方式或其组合,相应地设施的数量、价格、运营期的费用与能耗等也就不同。

(3)运营管理的内容

隧道类别对运营管理内容的影响,主要表现在危险品运输管理上。重要的隧道,可能不允许危险品车辆通行,需要建设危险品检查站;有限制地允许危险品通行,则需要建设停车场,以便定时引导通行。此外,在在岗培训、应急物品储备、消防演练、日常检查的频率等方面也不同,运营管理的支出相应地相差较大。

3.2 公路隧道土建与隧道机电系统的相互影响与差异性分析

3.2.1 公路隧道土建与隧道机电的差异

公路隧道机电与隧道土建的差异较大，了解这种差异有助于设计的精细化，其主要表现在以下 4 个方面：

(1)可靠性

公路隧道机电与隧道土建的可靠性要求不同。隧道土建结构可靠性不够，会发生灾难性事故，而隧道机电设施除应急设施可靠性要求高外，一般设施则可根据经济条件来合理选择。

(2)可测性

隧道土建结构，一般没有长期性地在线实时检测设施，结构的变化不能随时检测，即使有隧道结构变形等的长期检测，也由于难以标定而可操作性差，故具有一定的不可知性，而隧道机电设备的状态及运营效果一般都可实现实时检测，达到及时维护、更换以保证状态稳定的效果。

(3)可控性

由于隧道土建结构缺乏长期监测设施，故隧道土建可控性差，而隧道机电系统由于有直接、间接的监测设施，故可控性强。

(4)可扩展性

隧道土建结构形成后，一般在相当长的时间内不会再改变，而隧道机电设施由于技术发展很快，往往过上 3～5 年后，由于人们的认识与功能需求的变化，就表现出一定的不适应性，需要更换，因此，在隧道机电设施设计时，须考虑系统的可扩展性。

3.2.2 公路隧道土建对隧道机电系统的影响

(1)隧道长度

隧道长度是影响隧道机电系统的最主要因素之一，除了隧道机电设施数量与投资和隧道长度成正比外，如前所述，在隧道长度(m)大于 $100v$(v 为消防车车速，km/h)时，防灾减灾将变得非常复杂。此外，人们在隧道内行驶有恐惧感，隧道越长，恐惧感与烦躁意识越强烈，越不利于安全运行。这个认识不仅国外是这样，作者对国内湖北、重庆、广东等省市 1 003 个驾驶员的调查，也得到了同样的结论，而这种恐惧感在设计时是难以消除的，仅可以通过隧道内的景观变换，来减少这种影响。

(2)隧道高度与宽度

隧道的高度与宽度，主要影响隧道通风与照明系统的配置、布置与规模。隧道断面大，无疑会有利于正常工况的通风，需要的机械风少，能耗低。此外，对隧道照明也有很大的影响，这主要表现在对布灯方式以及对照明灯具的选择方面。隧道照明的布灯方式，有中间单排布灯、两侧对称布灯、两侧交错布灯、单排中偏侧布灯等，不同的布灯方式，其所用灯具数量、维护的方便程度都不相同；在对灯具性能要求方面，主要是对灯具的配光要求不同，不同断面的隧道、不同的布灯方式要求的纵向光束角与横向光束角不同，营运能耗也不同。此外，由于照到路面上的光通量，与照明的高度成反比，因此，大断面中间布灯时，由于灯具距隧道路面距离较大，有效光通量会减少，运营电耗会增加。

(3)线形

隧道的线形，主要影响隧道通风方式的选择与规模，影响闭路电视监控与照明灯具的布置。在闭路电视监控与照明灯具的布置时，应结合视距，合理选择 CCTV(闭路电视)的间距、照明灯具的布置方式以及照明灯具的功率。

(4)洞门形式

隧道的洞门形式，对通风与照明也有影响。对于小间距或连拱隧道，若左线隧道与右线隧道的出入口在一个平面上，则一个隧道的废气容易被另一个隧道作为新鲜空气吸入，会增加运营通风的能耗；对于照明系统，则影响洞外亮度的获取以及在隧道的出入口多长距离内不需要布置照明灯具。例如，削竹式洞门，由于太阳光可直接射入隧道内相当一段距离，故在隧道的出入口一段距离内不需要布置照明灯具，而隧道出入口的照明灯具数量与功率远远大于基本段同等距离的照明灯具数量与功率，每年节约的照明费用是不菲的。

(5)相邻隧道的间距

因隧道的间距不同，隧道可分为独立隧道、连续隧道与毗邻隧道。前 2 种隧道，隧道的间距对于隧道机电设施的配置基本没有影响。对于毗邻隧道，在隧道通风、照明、监控、消防等系统的布置与运营管理上会产生较大的影响。由于隧道的间距较短，故火灾自动报警系统和监控系统的网络构造方式，可在按一个隧道或两个隧道进行设计上进行选择与优化；对于通风系统，在设计与运营时，都要考虑废气窜入到另一个隧道的多少；对于照明，可在以下 3 种方式中进行选择：

①按连续隧道进行设计。此时照明灯具最多，用电量最大，因为，有 2 个入口、2 个出口和 2 个过渡段的照明，而这 3 个段落的用电量是最大的。

②采用棚洞按 1 个隧道进行设计。此时入口段、出口段和过渡段的照明用电都减少了 1 倍，虽然基本段照明有所增加，但基本段单位长度用电量不足入口段的 5%，故照明投入与照明费用大大减少。

③采用横梁将 2 个隧道连接按 1 个隧道进行设计。在 2 个隧道之间采用横梁连接,横梁上搭盖藤类植物,则 2 个隧道之间的照明可以完全取消,是最节能的选择方式。

(6)车(人)横通道

车(人)横通道的位置与数量,主要影响火灾时诱导控制设施的配置与逃生救援策略的制订及选择。车(人)横通道越多,越利于逃生救援,相应地诱导控制设施越多,土建投资越大。

3.2.3 公路隧道机电设施对隧道土建的影响

除通风与照明外,隧道机电的其他设施对隧道土建基本没有影响。隧道的通风与照明设计人员有必要参加隧道土建设计的过程,实现交互式设计。这是因为,隧道的洞口形式对照明影响很大,而通风设计人员可以根据隧道的长度和其他设计参数,提供不同通风方式时特长隧道竖(斜)井的位置,以达到两者兼顾的目的。

3.2.4 公路隧道机电设施之间的关联性

公路隧道机电系统由通风子系统、照明子系统、闭路电视监视子系统、交通与环境信息检测子系统、紧急电话子系统、交通诱导与控制子系统、通风控制子系统、照明控制子系统、火灾报警子系统、消防子系统、通信子系统、广播子系统和中央控制子系统构成,各子系统之间有着紧密的联系。

(1)通风与照明

通风与照明之间存在着密切的关系。通风条件好,则照明灯具的污染量少,灯具清洁与维护量小,照明的效率高;反之,若通风条件差,则隧道内能见度低,视距差,则需要的光通量大,照明能耗高。

(2)信息采集与系统控制

环境与交通信息检测,是通风、照明与交通控制的基础,检测设施配置的合理性、长期工作的稳定性与检测的精度直接影响系统的控制方式与控制效果。

(3)系统软件与运营管理

系统应用软件包括:交通异常自动检测、通风控制、照明控制、交通控制、异常预案等软件。应用软件的质量对运营效果会产生直接的影响。

3.3 隧道土建特征对节能的影响

3.3.1 长度

隧道越长,通风、监控、照明与消防设施的数量越多,投资规模越大,运营中能耗,相应也就越高。

3.3.2 路面

隧道路面有沥青路面与水泥混凝土路面两种类型。路面类型对运营的影响体现在安全与节能两个方面。据统计与分析，沥青路面的安全性比水泥混凝土路面要好，隧道内噪声小且行驶舒适。但发生火灾后，沥青路面易造成污染，不利于救灾与逃生，而水泥混凝土路面不存在发生火灾时产生污染的问题，但正常工况时，隧道内的噪声大，舒适性较差。从节能来讲，水泥混凝土路面具有很强的优势，根据《公路隧道通风照明设计规范》，沥青路面的平均亮度与平均照度之间的换算关系，沥青路面为15～22lx/cd·m^{-2}，水泥混凝土路面为10～13lx/cd·m^{-2}，按平均值计算，水泥混凝土路面比沥青路面要节能61%。因此，提高路面的反射性，例如，在隧道内铺装彩色沥青路面是隧道照明节能的有效途径之一。

3.3.3 墙面

隧道墙面对运营的影响，主要体现在行车的舒适性与对照明效果的影响两个方面。隧道内的墙面和路面，本身为隧道的障碍提供背景，墙面的反射性越好，来自墙壁光的反射越能增加道路的照明度。未装饰的隧道墙面，由于不具备吸能与反射性较差，故洞内噪声较大，照到墙面的光线反射到路面上少，光通量的利用率低，能耗大。因此，提高墙壁的反射性是照明节能的措施之一，但在进行墙面装饰时，应遵守吸能好、反射强、便清洗、价格低并避免玻璃化以防止交通车辆灯闪烁不利于安全的原则。

3.3.4 隧道结构横断面尺寸

隧道结构横断面尺寸包括：隧道净高与净宽。隧道断面越大，土建投资越大，自然风阻力越小，通风规模越小，需要照明的区域越大，照明投资越多，运营费用越高。

3.3.5 隧道线形

直线隧道视距与通风条件好，曲线隧道，一方面视距差，需要的照明灯具与监控设施数量多，另一方面也不利于通风，通风与防灾减灾设施的规模也会增大。

3.4 隧道机电设施对节能的影响

隧道机电设施对节能的影响，主要体现在通风系统与照明系统两个方面。合理的供配电方案对节能也有一定的影响，而机电设施的选型是隧道节能的关键。

3.4.1 通风系统

通风系统设备选型主要有射流风机与轴流风机。

射流风机选型主要考虑能效与火灾工况时的耐火温度与耐火时间。一般来讲，射流风机的能效相差不大，香蕉型射流风机的风量利用率比其他类型风机能高一些。风机与电机的连接方式对节能也有影响，常用的连接方式有联轴器传动连接、三角胶带传动连接和尼龙平带传动连接。

轴流通风机是一种低压大流量通风机，对轴流风机的选型主要在变频技术与动叶可调之间进行选择。变频器调速能够根据现场检测来的信号(如CO、VI等参数)，及时反馈给中央控制系统，将原被整流过的直流电，通过逆变器改变电源频率输出，实现变频调速而节能。变频器调速主要具有如下特点：

(1)应用变频器后，电机的电压、电流明显下降，电机输入功率明显减少。

(2)风机转速调速范围不宜太大，通常应不低于额定转速的50%，最好在70%～100%之间。

(3)当转速低于额定转速的50%时，风机本身的效率明显下降，不经济。同时，应避免开机时机组的机械临界点，否则会损坏机组。

(4)运行工况点明显改善，风门可以全部打开，完全由转速调节流量，对生产操作极为方便，而且有利于风机的维护保养，延长使用寿命。

(5)变频器直接控制电机，通过调速来驱动风机工作，从而提高了风机的传动效率。

(6)由于变频器加减速时间可以任意设定，避免了风机全负荷启动时的大电流冲击，有利于延长设备使用寿命。

(7)操作方便，控制精度高，响应速度快，使整个系统工作平稳。

(8)节电率在20%～70%之间，具有巨大的节能效益。

动叶可调也能够根据现场检测来的信号(如CO、VI等参数)，及时反馈给中央控制系统，通过控制信号调节风机叶片角度而改变风机性能，从而实现节能。动叶可调主要具有如下特点：

(1)动叶可调风机是高效风机，在高效区范围内调节范围宽广，每个叶片角度对应一条性能曲线，叶片角度由最小角度调节到最大角度，几乎与流量全部呈线性关系。

(2)动叶调节是工作中随着管网阻力的变化，随时来适应流量的变化，调节的经济性最好。

(3)动叶可调风机结构复杂，可靠性较差，特别是国内厂商生产的风机，在应用中，事故率较高。

(4)动叶可调风机容易发生风机叶片裂纹、断裂事故。

3.4.2 照明系统

常用的隧道照明光源有:高压钠灯、荧光灯、陶瓷金属卤化物灯、金属卤化物灯、高压汞灯、电磁感应灯等。更节能的LED隧道照明灯,目前也已开始应用。选择高效低能耗灯,是照明节能的重要手段之一。照明效率取决于光源和灯具。高压钠灯有很高的效能,接近135 lm/W,寿命可达18 000h以上,但颜色性质差,有5～10min的起火时间,使用时应该控制在最大量的30%～50%,在被重新起火前必须使其冷却下来。荧光灯有颜色变化率,寿命大约为12 000h。电磁感应灯属于新型光源,其将汞蒸汽辐射的紫外光通过荧光物质在玻璃灯管内转变为可见光,具有高光效(>80lm/W)、可随时立即启动、可低温启动(−25℃)、发光平稳无频闪、可用于直流电源等特点,由于无电极,故不受频繁开关限制。与荧光灯不同之处在于,能量通过高频发生器被转移到了激发的中子而不是电加速器,但在其他方面,例如效能、光的颜色、颜色的变化等方面这两种灯是很相似的,寿命长达60 000h。

3.4.3 供配电系统

供配电系统不但对隧道节能有直接影响,而且供电的质量对隧道机电设施的稳定运行与寿命有很大影响。实现供配电节能,主要是在供电方式选择、供电质量保证两个方面做文章。

3.5 隧道交通特征对节能的影响

3.5.1 交通量

交通量是影响隧道节能的主要参数之一。交通量的大小,直接影响运营的服务水平、通风系统需风量的大小、照明与监控等级的确定以及通风、照明、监控与防灾设施的规模。

3.5.2 速度

速度对通风与照明系统的影响最大。设计速度不同,对于通风系统,其需风量的大小不同,系统的规模不同,甚至通风的方式也不同;对于照明系统,其采用的标准不同,照明设施的数量也不同,当设计速度为100km/h时,其比设计速度为80km/h时在照明设施上将增加61%的费用,在运营费用上将增加63%的费用。

3.5.3 车辆构成

车辆构成主要影响废气的排放量。当大车与重载车多时,汽车废气排放量多,需要的新鲜风量大,能耗高。

3.6 隧道环境特征对节能的影响

3.6.1 洞外亮度

洞外亮度对隧道照明的影响很大,从设计来说,洞外亮度的大小决定了 L_{20} 的取值,当交通条件(车辆设计速度、高峰小时交通量以及交通组织)一定时,L_{20} 的大小就决定了入口段的照明标准 L_{th},而 L_{th} 不但决定了入口段的照明标准,同时也决定了过渡段的照明标准,入口段与过渡段又是隧道照明用电最多的段落,根据《公路隧道通风照明设计规范》,对于 60km/h 以上的设计车速,L_{th} 取值在 30～270cd/m^{2}之间,相差高达 9 倍,因此,隧道洞口设计不当或照明设计的洞外亮度参数取值不当,不但会带来投资的增加,也造成运营中能耗的巨大浪费;从运营管理来说,照明控制是根据洞外亮度、交通量、车流速度与交通工况进行控制,当洞外亮度低时,需要的照明少,当洞外亮度高时,就需要开较多的灯以满足行车的需要。由此可见,降低洞口亮度可带来非常显著的节能效果,因此是照明节能的重要手段之一。

3.6.2 空气质量

大气中污染物的浓度对运营通风影响很大。由于隧道的洞门形式不同、隧道的间距不同、隧道所处的地理位置不同,空气质量相差可能很大。例如,隧道的间距太短,上游隧道出口的废气会窜入到下游隧道,隧道岩石中含有污染性物质,会增加新鲜风的需求量,这些都会增加运营通风的能耗。

3.6.3 自然风

自然风的风速与风向对通风运营节能影响很大。在通风设计时,自然风作为阻力予以考虑,取值为 2～3m/s。实际上,在运营过程中,自然风有时是阻力,有时是助力。当自然风与车流方向一致时,若自然风风速与交通风风速之和不大于 10m/s 时,则为助力,可以减少通风能耗;当自然风与车流方向相反或若自然风风速与交通风风速之和大于 10m/s 时,则为阻力,会增加运营通风的能耗。

3.7 隧道运营管理对节能的影响

3.7.1 通风控制

目前,我国运营中的隧道尚未发现CO浓度超过《公路隧道通风照明设计规范》的规定值,很多隧道基本上不用开风机。据不完全调查,隧道中的CO浓度最大值为100ppm左右,大多数情况下只有不足50ppm,但能见度经常会出现太差的情况。对于大交通量,特别是大货车较多的隧道,进行通风控制可达到显著降低能耗并提高风机运营寿命的目的。

3.7.2 照明控制

一方面,在照明设计时,考虑到光源在寿命的末期发出的光通量还应能满足照明的需求,故隧道照明的初装亮度比实际需要亮度会高出42.8%~66.7%;另一方面,由于隧道照明主要是为了解决白天人们进出隧道时,光线由明到暗和由暗到明的适应过程,而隧道外光线的强度,一年四季、一日十几个小时是不断变化的,故照明控制具有较大的节能空间。照明控制方式有手动控制、时序控制和亮度自动控制三种。不同的控制方式,适应于不同的交通工况与隧道等级。此外,应用节能控制设备,主要包括调光控制设备与调压控制设备,也是照明控制节能的重要手段,这两种方式分别在厦门海沧隧道、四川华蓥山隧道得到良好的应用。根据四川省节能中心的检测报告,调压控制可节能29.8%。

3.8 隧道机电设施分期实施对节能的影响

隧道机电设施的分期实施,不仅可以大量节约工程建设投资,而且由于机电设施的数量减少,会减少运营期的能耗浪费与设施闲置老化,其影响主要体现在通风、照明与监控系统的配置方面。

3.8.1 通风系统分期实施

目前,很多隧道通风机经常处于闲置状态,造成投资不经济,供配电系统过大,负荷率太小,空载能耗浪费。这主要有两个原因:一方面,我国正处于经济的高速发展期,交通量预测要准确到能满足工程需要比较困难,加之有很多断头路,路网未完全形成,汽车工业发展很快,车辆废气排放标准不断提高,造成需风量计算差异较大,通风系统配置过剩;另一方面则是因为通风系统未分期实施或分期不合理。

3.8.2 照明系统分期实施

公路隧道照明设施配置，与隧道交通量密切相关。隧道交通量在运营的初期一般不大，而大交通量与小交通量时的隧道照明需求差异很大，因此，采用分期实施，具有较大的节能空间，这主要表现在可以减少照明系统规模、减少空载能耗以及减少线路电损耗三个方面。

3.8.3 监控系统分期实施

监控系统分期实施，涉及监控系统在不同时期的目标、功能与控制策略，而这些都和隧道内交通事故的发生概率相关。在此主要论述基于安全度的监控系统规模确定方法。

1)隧道交通流特征

研究表明，交通流中在一定时间内到达的车辆数目规律属离散型分布。统计表明，泊松分布适用于低流量无干扰的车流状态；二项分布适用于交通比较拥挤、车辆行驶自由度较不大、较为均匀通过的交通流；负二项分布适用于车辆到达量波动较大的交通流。对于公路隧道，交通流一般服从泊松分布或二项分布，在洞内关闭一段时间车辆形成排队然后又放行时，交通流可能服从负二项分布。

2)交通事故概率计算

据统计调查，隧道内交通事故以尾撞为主，约占整个交通事故的50%左右。减少尾撞事故，则能达到提高交通运营安全的目的。在隧道运营的初期，交通量一般都不大。在低流量下车辆到达服从泊松分布：

$$P(x) = \frac{(\lambda t)^x e^{-\lambda t}}{x!}, x = 0,1,2,\cdots \tag{3-2}$$

$$P(0) = e^{-\lambda t}$$

$$P(1) = \lambda t P(0)$$

$$P(2) = \lambda t P(1)/2$$

式中：$P(x)$——t 期间内到达 x 辆车的概率；

λ——单位时间内到达车辆数的车辆值，辆/s。

t——每个计数周期的持续时间，s。

二辆及以上车同时到达概率 P 为：

$$P = 1 - P(0) - P(1) \tag{3-3}$$

根据交通流到达率来研究隧道交通安全性，主要是为了分析在某一时间间隔内有两辆以上车到达的概率，若其低于某一值，则认为一般不会发生车辆尾撞或侧

撞。随着交通量的增大，两辆及以上车辆在安全时间间隔内到达的概率增大，此时应降低侧撞事故率，并加强交通监控和紧急疏散措施。

3)公路隧道监控系统规模评价方法

(1)公路隧道监控系统评价指标可分为以下几个方面，采用AHP法确定权重大小：

①性能指标(简称P)见表3-8。

性能指标权重 表3-8

指　标	安全性(P_1)	交通流畅通性(P_2)	火灾报警(P_3)	恶劣环境报警(P_4)
权　重	0.35	0.2	0.35	0.1

②效能指标(简称E)见表3-9。

交通指标权重 表3-9

指　标	可靠性(E_1)	实时性(E_2)	维护方便性(E_3)
权　重	0.55	0.25	0.20

③效益指标(简称B)见表3-10。

效益指标权重 表3-10

指　标	事故减少效益(B_1)	出行时间节约效益(B_2)
权　重	0.6	0.4

④各系统设施权重(简称M)。

根据公路隧道特征、交通流特性及各系统设施性能体现能力，确定各系统设施权重(表3-11)。

各系统设施指标体现权重 表3-11

设施＼指标	安全性	交通流畅通性	火灾报警	恶劣环境报警	时间节约效益	事故减少效益
CCTV	0.2	0.3	0.4	0	0.2	0.15
车辆检测器	0.2	0.2	0	0	0.2	0.15
火灾报警检测器	0	0	0.6	0	0	0
能见度检测器	0.1	0	0	0	0	0.15
CO检测器	0	0	0	1	0	0
广播	0.1	0	0	0	0	0.1
可变情报板	0	0.25	0	0	0.25	0
可变限速标志	0.1	0.25	0	0	0	0.2

续上表

设施＼指标	安全性	交通流畅通性	火灾报警	恶劣环境报警	时间节约效益	事故减少效益
紧急电话	0.15	0	0	0	0.2	0.1
救援呼叫按钮	0.15	0	0	0	0.15	0.15
Σ	1	1	1	1	1	1

⑤设施性能指标满意度(简称 S)。

就系统达到某一功能而言,可由不同的设施来完成,因此,在评价时给出了各种设施性能体现能力,通过专家调查法确定(表 3-12)。

设施性能满意度 表 3-12

设施＼能性	安全性			交通流畅通性			火灾报警			恶劣环境报警			时间节约效益			事故减少效益		
	E_1	E_2	E_3	E_1	E_2	E_3	E_1	E_2	E_3	E_1	E_2	E_3	E_1	E_2	E_3	E_1	E_2	E_3
CCTV																		
车辆检测器																		
火灾报警检测器																		
能见度检测器																		
CO 检测器																		
广播																		
可变情报板																		
可变限速标志																		
紧急电话																		
救援呼叫按钮																		

注:E_1、E_2、E_3分别表示可靠性、实时性与维护便捷性。

(2)评价方法

①性能指数

以 i 表示第 i 项系统设施,k 表示第 k 项性能,j 表示第 j 项交通指标,P 表示性能,M_{ik} 表示第 i 项设施第 k 项性能权重,P_k 表示第 k 项性能权重,E_j 表示第 j 项交通权重,S_{ijk} 表示第 i 项设施第 k 项性能指标相对于第 j 项效能指标的满意程度,系统由 n 项组成,则整个系统性能指数 P_0 可按下式计算:

$$P_0=\sum_{i=1}^{n}\sum_{k=1}^{4}\sum_{j=1}^{3}P_k\cdot E_j\cdot M_{ik}\cdot S_{ikj} \tag{3-4}$$

②效益指数

可按以上同样方法计算效益指数 B_0。

$$B_0=\sum_{i=1}^{n}\sum_{k=5}^{6}\sum_{j=1}^{3}P_k\cdot E_j\cdot M_{ik}\cdot S_{ikj} \tag{3-5}$$

③评价结果(表3-13)

评价指数与满意程度对照表 表3-13

评价指数范围 (满意程度)	≤0.40	0.40:0.55	0.55:0.70	0.70:0.85	>0.85
评价结果	差	较差	一般	较好	好

4)示例

某隧道左洞长7 305m,右洞长7 350m,单向2车道,预测交通量见表3-14。

混合车型高峰小时交通量分车型构成表(辆/h) 表3-14

项目	2005年		2015年		2020年		2024年	
	标准小汽车	混合车型	标准小汽车	混合车型	标准小汽车	混合车型	标准小汽车	混合车型
合计	506	289	1 085	620	1 500	857	1 908	1 090

(1)隧道监控分级及监控设备配置

根据该隧道预测交通量及隧道长度,并依据《高速公路隧道监控模式》(GB/T 18567—2001)及《公路隧道交通工程设计规范》(JTG/T D71—2004)隧道监控等级划分图和 P 的计算值,该隧道监控等级划分见表3-15。

某隧道监控等级划分 表3-15

项目	2005年	2015年	2020年	2024年
预测交通量(辆/h)	506	1085	1500	1908
隧道分类 P 值	>1	>1	>1	>1
隧道监控级别	A级	A级	A级	A级

(2)隧道交通运行稳定性分析

假设该隧道车辆到达符合泊松分布,分别取安全车头时距为2s、2.5s(保守),考虑到该隧道为单向两车道,以及交通量在每车道分布的不均匀性,取不均匀系数 $K=0.55$(较保守),则流量较大车道上的交通量为:

$$Q_{max}=Q\times K \tag{3-6}$$

从表3-16中可以看出,到2024年以前,两辆及以上车在安全时间间隔内同时到达的概率较低,因此有理由相信发生尾撞或侧撞的概率较低,可不考虑尾撞或侧撞的事故。2024年以后,随着交通量的增大,两辆及以上车在安全时间间隔内到达的概率增大,此时应考虑车辆追尾、侧撞事故率,并加强交通监控和紧急疏散措施。

高峰小时交通量下安全时间间隔内车辆同时到达概率表 表 3-16

项目	2005 年	2015 年	2020 年	2024 年
	混合车型	混合车型	混合车型	混合车型
预测交通量(辆/h)	289	620	857	1 090
车道不均匀系数	0.55	0.55	0.55	0.55
两辆及以上车到达概率（$T=2$ s）	0.4%	1.5%	2.9%	4.5%
两辆及以上车到达概率（$T=2.5$ s）	0.6%	2.4%	4.3%	6.6%

(3)隧道监控设施配置方案评价

评价指标采用上述权值，设施性能满意度由专家调查法给出。

①性能指数

计算结果：$P_0=\sum_{i=1}^{n}\sum_{k=1}^{4}\sum_{j=1}^{3}P_k\cdot E_j\cdot M_{ik}\cdot S_{ikj}=0.90$。

②效益指数

可按以上同样方法计算效益指数 B_0 。

$$B_0=\sum_{i=1}^{n}\sum_{k=5}^{6}\sum_{j=1}^{3}P_k\cdot E_j\cdot M_{ik}\cdot S_{ikj}=0.91。$$

③评价结果

从上面计算结果看，无论是性能指数或效益指数都比较令人满意，故隧道监控方案可行。

第4章 通风节能设计

从宏观来讲，隧道通风设计应采用国内实际与国外经验相结合、理论计算与工程类比相结合、通风系统与监控系统相结合、正常运营与防灾救灾相结合的方法。设计的重点是通风方式的选择与需风量的计算。影响需风量大小的因素很多，其中最主要的因素就是交通量与车辆构成。本章将重点阐述通风设计参数、基于服务水平的通风设计法与风机选型。

4.1 影响因素

隧道需风量计算和隧道通风方式选择主要考虑的因素包括交通因素、环境因素和隧道结构特征。隧道通风需风量计算参数主要包括隧道长度、行车速度、海拔高度、大气压强、交通量、车辆汽柴比、车辆基准排放量折减率等，由于工程可行性研究报告和规范中没有直接给出上述参数，设计取不同的参数可能影响隧道的通风方案和风机配置数量。

4.1.1 交通因素

(1)交通量

交通量是确定道路是否需要建设以及建成什么等级的控制因素。公路隧道是否设置运营通风系统、设置规模、洞内空气质量等，都与洞内实际交通量密切相关。交通量的确定应该是一个严谨的科学推导过程。但由于主观或客观原因往往造成交通量预测不准确。一方面，在工程可行性研究阶段，为了工程立项，往往夸大交通量，导致通风、土建、设备、运营费用的浪费；另一方面，在一些经济发达地区，由于近些年经济发展较快，也出现了交通量的增长远远超出了原先的预测，导致通风设备不够或通风方式已不适宜。后面这种情况已在很多隧道显现出来，例如成渝高速公路的中梁山隧道，原设计远景交通量为 22 000 辆/d，现在实际交通量已超过 30 000 辆/d；浙江甬台温高速公路大溪岭隧道，原设计远景交通量大约 30 000 辆/d，现在实际交通量已接近 50 000 辆/d；并且二者的交通量还有很大的上升趋势。如何准确地预测交通量，是一个有待深入研究的课题。另外，如何处理交通量逐年增长与汽车排污量的下降之间的关系也是一个必须考虑的较为困难的问题。

(2)交通组成

交通组成主要影响隧道内废气的排放量与交通流的特性。当大车与重载车多时,隧道内废气的排放量大,需要的通风系统规模大,运营能耗也高,反之亦然。根据发动机的种类不同,汽车可分为汽油车和柴油车两种。柴油车将会产生大量的煤烟,这会对通风量造成很大的影响,而与之相比,汽油车排放的煤烟相对较少,且其排放的气体成分和柴油车也有很大的区别,为此在决定交通量的同时,对于汽油车和柴油车的构成比例(简称"汽柴比")这一问题应当尽可能作出准确的预测。不过,此类预测非常难以进行,隧道通风计算中车辆汽柴比取值合理与否,直接影响隧道具体风机数量。如果参数合理,隧道通风配置风机数量恰好满足隧道不同特征年交通量的需要,节约隧道通风设备电费和维护费用。从目前设计单位对隧道通风计算的车辆汽柴比来看,不同的设计单位对车辆的汽柴比完全不相同的,除与项目交通量的组成有关外,还有大家对汽车工业的认知不同有关。日本2001版《道路隧道技术标准(通风换气篇)及其解说》中给出了不同车种比率的平均排尾气量(表4-1)。

各车种比率及平均尾气量　　表4-1

车　程　表	车类别区分	比率(%)	平均排尾气量(m^3/km)
大型车	柴油车	100	8.2
	汽油车	0	2.8
小型车	柴油车	19	2.3
	汽油车	81	1.1

(3)交通组织

单向交通的隧道,车流会带动隧道中的空气顺着车辆前进的方向流动,这种风流叫做活塞风。当活塞风与自然风流方向相同时,活塞风加强了自然通风,在这种情况下自然通风隧道长度可以相应加长。当活塞风与自然风流方向相反,两者互相削弱,对自然通风不利。对于双向交通隧道,双向交通不存在活塞风。不同交通组织形式直接影响隧道自然通风适宜长度和机械通风需风量。

(4)设计速度

《公路隧道通风照明设计规范》(JTJ 026.1—1999)规定设计交通量为混合车高峰小时交通量,计算行车速度为洞内线形行车速度。在很多隧道的通风计算中,就直接按给出的交通量和行车速度取值,实际上这种做法是不科学的。根据交通工程学有关知识,车流密度、交通量和实际行车速度有一个对应关系:当车流密度与交通量较小时,车速可以达到最大值,即洞内线形行车速度;当车流密度、交通量逐渐增大，车速就随之逐渐减小，直至达到一个合理速度，这时交通量最大；当车流密度继续增大，交通量反而减小，车速也减小，直至形成阻塞。因此在通风计算中必须根据交通量科学地计算实际行车车速。

(5)排放标准

汽车排放控制最早起源于美国加州地区，1960 年美国加利福尼亚州颁布了世界上第一部汽车排放法规，1963 年美国在此基础上制定了《大气清洁法》，其后进行了多次修订和补充，逐步严格化。1968 年之前，美国一直采用加州标准，1968 年起美国才有了联邦标准，并且几乎是逐年严格化，但是直到现在加州排放法规依然是全世界最严格的法规。在技术标准制订方面，国外汽车排放法规形成和发展大约经历了三个阶段。

第一阶段(1966～1974 年)是排放法规的形成阶段。这一阶段日、美、欧分别制定了国家汽车排放法规，但是在 1971 年之前主要是对 CO、HC 的限值，1971 年起美国加州排放法规首先采用 7 工况连续对 NO_X实施控制；1973 年美国联邦和日本分别采用 LA-4C 和 10 工况 CVS 采样增加对 NO_X限值；1970 年欧洲经济委员会统一制定了 ECE 排放法规，主要是对 CO、HC 的限值。

第二阶段(1975～1992 年)是法规的加强和完善阶段。美国从 1975 年起实施《马基斯法》，采用 EPT-75 规程 LA-4CH 工况，不断加强对 CO、HC 的限值，几乎逐年加强对 NO_X限值，从 1975 年至 1991 年美国汽车排放法规中轿车的 CO、HC 和 NO_X排放量分别由原来的 15g/mile、1.5g/mile 和 3.1g/mile 降到 3.4g/mile、0.41g/mile 和 1.0g/mile；货车的 CO、HC 和 NO_X 排放量也由原来的 20g/mile、2.0g/mile 和 3.1g/mile 降到 10g/mile、0.8g/mile 和 1.7g/mile，法规的严格化大大提高了美国汽车排放的净化水平。

日本于 1991 年在原 10 工况的基础上增加了高速 15 工况试验，虽然表面上看其限值未变，但实际上由于增加了高速工况，其限值更加严格了。

欧洲在此阶段法规变化比较大，1975 年 10 月执行 R15/01 法规，只对 CO、HC 实施限制；1977 年 10 月执行 R15/02 法规，采用全量(即大袋采样)采样法增加了对 NO_X的限制；1979 年执行 R15/03 法规；1982 年 10 月执行 R15/04 法规，采样方法由原来的全量改为 CVS(定容采样)取样法，并将 HC 和 NO_X加在一起进行限制；1989 年执行 ECE-R83 新法规，按发电机排量划分限值，各污染物排放限值比 1982 年法规限值减少 40%。

第三阶段(1993 年以后)加强了对 HC 的限制进入低污染车时期。以美国为代表，1990 年美国大幅度修订了《大气清洁法》，要求到 2003 年对汽车排放的 CO、HC 和 NO_X限值分别降到 1992 年限值的 50%、25%和 20%。美国联邦法规规定从 1992 年到 2003 年，CO 限值由 3.4g/mile 降到 1.7g/mile，HC 限值由 0.41g/

mile 降到 0.125g/mile，NO_X 限值由 1.0g/mile 降到 0.08g/mile，达到低排放车(LEV)和超低排放车(ULEV)的要求。

欧洲于 1993 年 10 月起执行 ECE/MVEG-1 号法规，改用 ECE+EUDC(郊区高速)工况，即 15 工况加一个高速循环工况。CO、HC+NO_X颗粒物的颗粒物限值分别为 2.72g/km、0.97g/km、0.20g/km，1996 年 10 月执行 MVEG-2 号法规，将 CO 降低了 20%，HC+NO_X 降低了 50%，2000 年 10 月起执行 MVEG-3 号法规，CO、HC+NO_X 颗粒物的颗粒物限值分别降低到 1.0g/km、0.7g/km、0.08g/km，欧洲 2004 年开始执行 MVEG-4 号法规，达到超低排放车的要求。

我国控制汽车排放起步较晚，1983 年颁布了第一部《汽油车怠速污染物排放限值与测试方法》(GB 3842—1983)和《柴油车加速烟度排放限值与测试方法》(GB 3847—1983)，首次提出了对汽车排放的 CO、HC 和排气烟度的控制，1993 年是我国汽车排放标准健全和完善的一年，这一年不仅对原有的两个排放标准进行了严格化，同时制定了《轻型汽车排放污染物排放限值和测试方法》(GB 14761—1993)，采用 15 工况 CVS 采样增加了对汽车污染物排放中 NO_X 的控制，是我国第一个控制汽车实际运行工况排放污染物的标准，用于汽车产品的定型认证试验和一致性试验，此标准相当于欧洲 20 世纪 80 年代排放法规的控制水平。同时还制定了控制汽车曲轴箱窜气污染和汽油蒸发污染的标准等 7 部汽车排放法规。

20 世纪 90 年代以来，由于我国汽车拥有量的急剧增加，汽车排放对城市造成的污染已经越来越严重，因此北京市于 1998 年制定了控制汽车排放的地方标准《轻型汽车排放污染物排放标准》(DB 11/104—1998)，此标准等同于欧洲 91/441/EEC 的控制水平，CO、HC+NO_X颗粒物的颗粒物限值分别为 3.16g/km、1.13g/km、0.18g/km，尚未达到 ECE/MVEG-1 号法规控制水平。为了更加严格的控制汽车排放，尽早与国际接轨，国家环保局和国家技术监督局于 1999 年 3 月和 2001 年 4 月相继颁布和修订了汽车排放国家标准 GB 14761—1999、GB 3847—1999 和 GB 17691—1999 以及 GB 18352.1—2001、GB 18352.2—2001 和 GB 17961—2001，这些标准等效采用了欧洲经济委员会颁布的 ECE R24/03、ECE R49/02、ECE R83/02 和 ECE R85 的全部技术内容，相当于 ECE/MVEG-1 号法规和 ECE/MVEG-2 号法规的控制水平。同时颁布了《在汽车排放污染物限值及测试方法》(GB 18284—2000)，采用双怠速试验和加速模拟工况《ASM》试验，对在用车也增加了对 NO_X的控制。

图 4-1 和图 4-2 分别给出了欧洲、美国和中国的中、重型载货汽车柴油机 NO_x 和 PM 排放指标值的降低趋势。从图中可看出，目前中国也对柴油机制订了较严格的排放标准，第一阶段从 2000 年 9 月 1 日起实施，相当于欧洲 I 号排放法规；第

二阶段将从2003年9月9日起实施，相当于欧洲II号法规；2010年左右达到与世界水平基本接轨的目标。

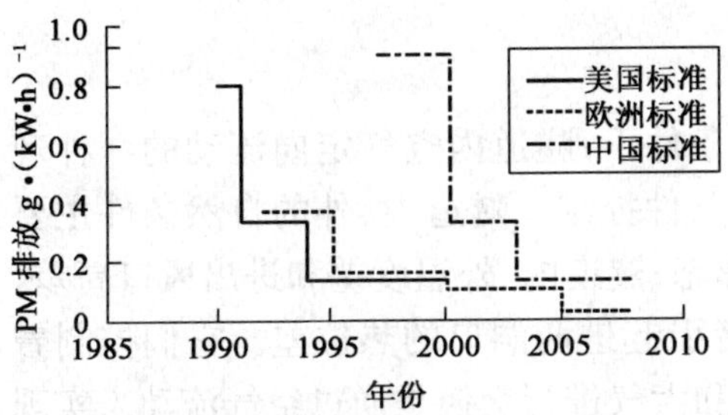

图4-1 美国、欧洲和中国柴油机汽车颗粒物排放法规趋势

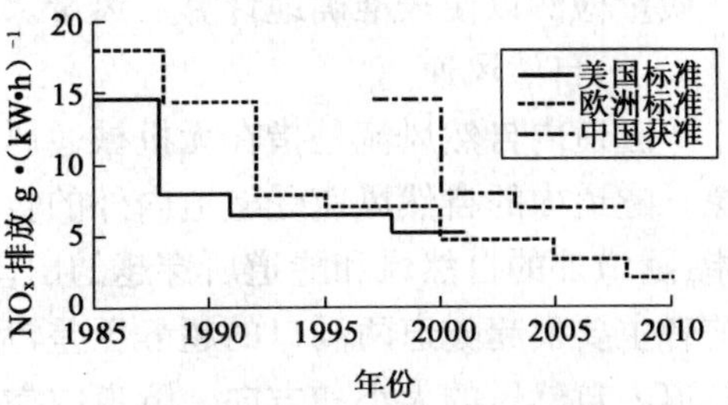

图4-2 美国、欧洲和中国柴油机汽车氮氧化物排放法规趋势

从图4-1、图4-2可以看出，无论是国际标准还是我国标准，烟雾、NO_x排放浓度呈现显著下降的趋势，我国2000年之前下降幅度较大，2000年之后下降幅度变小。由此看出，随着我国工业的发展，我国在烟雾排放方面要求将更加严格化，国际的趋势也在不断地严格化。

4.1.2 环境因素

(1)空气质量

在多种大气污染物同时存在条件下的空气质量可用空气质量指数I作为一种数学尺度来评价，I值兼顾到多种污染物的平均污染水平和某种污染物的危害程度，其表达式为：

$$I=\sqrt{\max\left(\frac{C_i}{S_i}\right)\frac{1}{n}\sum_{1}^{n}\frac{C_i}{S_i}} \tag{4-1}$$

式中：C_i——空气中某种污染物的实测浓度；

S_i——某种空气污染物环境质量标准；

n——参与评价的污染物种类数目。

表4-2所示为空气质量的分级、I值与空气污染水平之间的关系。

空气质量的分级、I值与空气污染水平之间的关系 表4-2

空气质量分级	清洁	轻度污染	中等污染	严重污染	极度污染
I	<0.6	0.6～1	1.1～1.9	2.0～2.8	>2.8

对隧道内空气污染物浓度分布的科学认知，能够为交通控制的管理和通风系统的设计改进提供重要资讯。一般隧道内的机械通风可能为了节约能源，并非全天候启动，仅凭借着车行活塞效应及自然风力稀释隧道内空气污染物，一旦隧道内空气质量恶化，监测出高浓度污染物值为时晚矣，损害驾乘人员的身体健康。只有

事前预防和准确预测隧道内的空气品质，才能达到合理启停风机，节约能源，保证隧道内驾乘人员健康。一些国外的通风规范中规定，在进行通风设计时，要进行空气质量检测以便较准确地计算需风量。

(2)自然风速

隧道内自然风流是指在无机械通风的条件下，隧道内空气定向流动的一种现象。隧道内的自然风速受隧道内外的自然条件控制。隧道内、外的自然条件主要指：隧道外的自然风和隧道所穿越的山体形态；隧道内、外温度差和进出风口高差，前者主要引起隧道两洞口的超静压差，后者引起进两洞口的热位差。它们控制着隧道内自然风的大小和方向。隧道内空气和大气进行交换是通过空气流动来实现的，空气流动的速度直接影响通风效果。当隧道内自然风速稳定时，就可以利用自然风进行隧道通风，隧道自然通风是一种最经济的通风方式。相反，如果隧道内自然风流不稳定且风量小，则需要利用通风机械进行隧道通风，称之为隧道机械通风。机械通风的隧道中，自然风对隧道正常通风的不利影响主要体现在以下两个方面：

①当自然风与机械风流相反时，会使隧道中通风量减小，停风或风向反转，使隧道通风条件恶化。

②当自然风变化较大时，会影响风机的正常工作。自然风超静压差的变化影响到风机的工况点变化。当工况点不合理时，可能造成较大电能浪费，严重者会造成风机损坏。为了使风机工况点始终处于合理的范围，需要随自然风速的变化对风机工况点进行及时调整。

在隧道机械通风情况下，隧道内自然风流可能给机械通风带来好处，也可能给机械通风带来麻烦，因此在隧道通风设计中应研究和充分认识自然风速。

(3)海拔高度

主要影响隧道通风系统的规模，是隧道需风量的计算参数之一。由于海拔高度的增加使大气压力降低，空气密度降低，使得汽车发动机进气量减少，发动机汽缸内的混合气浓度增高。这一现象直接导致车辆动力性能减低，而且使得柴油车和汽油车的污染物排放量发生变化，《公路隧道通风照明设计规范》(JTT 1999—26.1)给出了考虑CO和烟雾的海拔高度系数。另外高海拔条件下，空气稀薄，风机的工作性能发生改变，对于同一风机，转速和工作风量相同时，风机的工作量较低海拔地区降低，风机的电机功率也降低。

(4)环境温度

山体中埋深较大的隧道受地热影响，隧道内的温度可能高于地表大气温度，或者埋深较浅的隧道由于受风流影响可能明显低于地表温度。隧道内的空气的降温可以通过增大风量来实现，增温则需要采取空气加热方式，只有少数深埋特长隧道专门考虑地热的影响，如18km长的秦岭终南山公路隧道在贯通后专门开展了隧道内气温测试。

4.1.3 隧道结构特征

(1)洞门形式

隧道的洞门形式影响废气是否串流到另一隧道，以及是否把废气当新鲜空气吸入到隧道内，换句话说，直接影响隧道运营通风的能耗费用。

(2)隧道装饰

关于隧道的沿程摩阻损失系数一般可取0.015～0.025，但其值究竟多大，需要由隧道内壁的粗糙程度来决定，即由隧道衬砌装饰情况来决定。摩阻系数取值的大小直接影响风机的配置情况和运营费用，从隧道运营安全与节能方面考虑应十分重视隧道沿程摩阻损失系数取值，选取合适的隧道装饰。

(3)断面尺寸

隧道断面尺寸对隧道需风量影响较大，直接影响稀释空气中异味的需风量和火灾排烟需风量的大小。在换气次数和火灾排烟风速一定的情况下，断面尺寸越大，稀释空气中异味和火灾排烟的需风量越大，故影响到隧道需风量的大小，进而影响隧道通风方式的确定和风机的数量，影响隧道通风能耗。

隧道断面尺寸影响隧道通风阻力(摩阻阻力和局部阻力)。在自然通风中，当自然风等效压差一定时，自然风流量的平方与隧道风阻成反比，风阻越大，自然风越小，断面尺寸影响隧道自然通风适宜长度。另外，隧道断面尺寸也影响风机的布设位置。

(4)隧道间距

当空气从排风口排出后，它将在相当大的一个空间内进行扩散，这种进入大气后进行扩散的气流是一种自由射流运动，自由射流是一种不受固体边界限制，并在一个足够广阔的、与组成射流本身的物质相同的物质所组成的空间内自由扩散。普通的射流大多数是紊乱的，有部分射流跑到边界外面，也有部分卷入射流中来，这样就形成进风洞口处空气流动的情形和排风口处空气流动情形的不同。若相邻隧道间距较小，排风洞口的气流与进风洞口的气流必然相遇而发生作用。排风洞口附近存在的高压区和进风洞口的负压区是形成这种作用的内在原因，容易造成污染空气“洞口循环风”。隧道间距的大小对污染风混入的影响是十分明显的，随着隧道间距的增大，污染风流混入的比例快速减小。洞口循环风的存在降低了隧道机械通风的效果，浪费了电能。

(5)隧道纵坡

隧道纵坡对需风量影响很大，特别是以稀释烟雾的需风量作为控制需风量的上坡隧道。《公路隧道通风照明设计规范》(JTT 1999—26.1)表 3.4.4.2-2 考虑烟雾的纵坡—车速系数 fiv(VI)。例如当车速为 60km/h 时,1%的上坡 fiv(VI)取 1.45,2%的上坡 fiv(VI)取 2.2,多出 51.7%;而需风量 Qreq=*K*fiv(VI),也相应多出 51.7%;又由于通风功率 $W=K'Qreq^3$,功率相应增加了 249%。实际上国内在隧道建设过程中,隧道线形往往是路线工程师确定的。他们在决策时,一般没有考虑隧道纵坡对运营通风的影响。因此,建议在以后的隧道建设中,隧道通风工程师必须参与到路线的最初选线工作中,在确定隧道纵坡时,尽量合理取值。

(6)隧道长度

隧道长度是隧道需风量计算的重要参数,也是隧道通风方式选择的最主要因素。隧道长度直接影响隧道通风规模,是隧道通风设计中考虑的重要影响因素。

4.2 设计标准

隧道的通风,是一项环境保护工程,包括隧道内环境的保护和隧道外环境的保护,但公路隧道一般地处野外,故以隧道内环境的保护为重点。通风的主要对象限于 CO、烟雾和空气中的异味。世界各国隧道通风设计标准一般规定如下:对烟雾进行稀释的目的是保证行车安全;对 CO 进行稀释的目的是保证卫生条件;对异味进行稀释的目的是提高隧道内行车的舒适性。

4.2.1 安全标准

安全标准以"稀释隧道内烟尘至允许浓度 *K*"为依据,不同的烟雾年折减系数,对稀释烟雾的需风量影响很大。柴油车尾气中污染黑烟颗粒物主要为细微颗粒物(PM)、一氧化碳(CO)、氮氧化物 NO_X、碳氢化合构(HC)、二氧化硫(SO_2)等。其中影响基准排放量的最主要因素是 PM 的排放量,通过考虑柴油汽车 PM 排放量的变化趋势来考察柴油汽车基准排放量的变化,可得出可靠、经济的烟雾年折减系数。

我国机动车辆的排放体系都是采用欧盟的排放标准,根据欧盟关于柴油车 PM 排放标准的实施进度,每隔 4 年进行一次标准的修订,从欧盟的 EuroI 排放法规实施以来,目前已经制定了 EuroIV 排放法规。而我国国家的排放标准在 2000 年开始等同采用 EuroI 排放法规,目前与欧盟的差距在 6 年左右,这个差距估计在未来的 20 年内不会有太大的变化,因此预计我国的柴油车排放标准沿袭欧盟法规的进度如表 4-3～表 4-9 所示。

部分国家和地区的轻型汽车排放限值 表 4-3

国家和地区	生产日期	CO(g·km^{-1})	HC(g·km^{-1})	NO_X(g·km^{-1})
墨西哥	1993	2.11	0.25	0.62
巴西,阿根廷	1997	2.0	0.3	0.6
澳大利亚	1986	9.3	0.9	1.9
中国台湾	1990	2.11	0.25	0.62
韩国	1988	2.11	0.25	0.62
美国	1994	2.11	0.16	0.25
	ULEV*	1.06	0.25	0.12
中国	1993	24.4	3.4	2.9
	2002	2.72	0.97	

注:ULEV 为超低排放车辆。

欧 I 型认证排放限值(g/km) 表 4-4

车辆类别	基准质量 RM(kg)	CO	HC+NO_X	RM
第一类车	全部	2.72	0.97	0.14
第二类车	1 级 RM≤1 250	2.72	0.14	0.14
	2 级 1 250<RM≤1 700	5.17	0.19	0.19
	3 级 1 700<RM	6.90	0.25	0.25

欧 II 型认证和生产一致性排放限值(g/km) 表 4-5

车辆类别	基准质量 RM(kg)	CO			HC+NO_X	PM		
		汽油机	柴油机	汽油机	非直喷柴油机	直喷柴油机	非直喷柴油机	直喷柴油机
第一类车	全部	2.2	1.0	0.5	0.7	0.9	0.08	0.10
第二类车	1 级 RM≤1 250	2.2	1.0	0.7	0.7	0.9	0.08	0.10
	2 级 1 250<RM≤1 700	4.0	1.25	1.0	1.0	1.3	0.12	0.14
	3 级 1 700<RM	5.0	1.5	1.2	1.2	1.6	0.17	0.20

欧 III 型认证和生产一致性排放限值(单位:g/km) 表 4-6

车辆类别		基准质量 RM(kg)	CO		HC	NO_X		HC+NO_X	PM
			柴油机	汽油机	柴油机	柴油机	汽油机	柴油机	柴油机
第一类车		全部	2.3	0.64	0.2	0.15	0.50	0.56	0.05
第二类车	1 级	RM≤1 250	2.3	0.64	0.2	0.15	0.50	0.56	0.05
	2 级	1 250 <RM≤1 700	4.17	0.80	0.25	0.18	0.65	0.72	0.07
	3 级	1 700 <RM	5.22	0.95	0.29	0.21	0.78	0.86	0.10

欧 IV 认证和生产一致性排放限值(g/km) 表 4-7

车辆类别		基准质量RM(kg)	CO		HC	NO_x		HC+NO_x	PM
			汽油机	柴油机	汽油机	汽油机	柴油机	柴油机	柴油机
第一类车		全部	1.00	0.05	0.10	0.08	0.25	0.30	0.025
第二类车	1级	RM≤1 250	1.00	0.05	0.10	0.08	0.25	0.30	0.025
	2级	1 250＜RM≤1 700	1.81	0.63	0.13	0.10	0.33	0.39	0.04
	3级	1 700＜RM	2.27	0.74	0.16	0.11	0.39	0.46	0.06

我国的柴油车排放标准沿袭欧盟法规的进度情况汇总 表 4-8

阶　段	欧盟法规实施进度	预计我国的排放控制进度	我国相应的国家标准代号
EuroI	1994年	2000年	GB 18352.1—2001 GB 17691—2001
EuroII	1998年	2004年	GB 18352.2—2001
EuroIII	2002年	2008年	暂无
EuroIV	2006年	2012年	暂无

欧盟柴油汽车排放标准 PM 限制值汇总表 表 4-9

	EuroI	EuroII	EuroIII	EuroIV
柴油轿车	0.14	0.08	0.05	0.025
轻型柴油卡车 N1	0.14	0.10	0.05	0.025
轻型柴油卡车 N2	0.19	0.15	0.07	0.04
轻型柴油卡车 N3	0.25	0.20	0.10	0.06
重型柴油车＜85kW	0.61	0.25	0.10	0.02
重型柴油车＞85kW	0.36	0.15	0.10	0.02

图 4-3～图 4-5 为我国各种柴油车等效欧盟排放标准的示意图，相应阶段的标准请参见表 4-8。

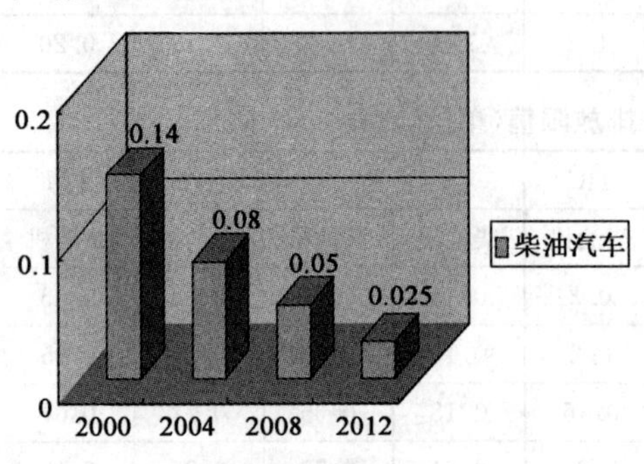

图 4-3　柴油轿车 PM 的排放限制值

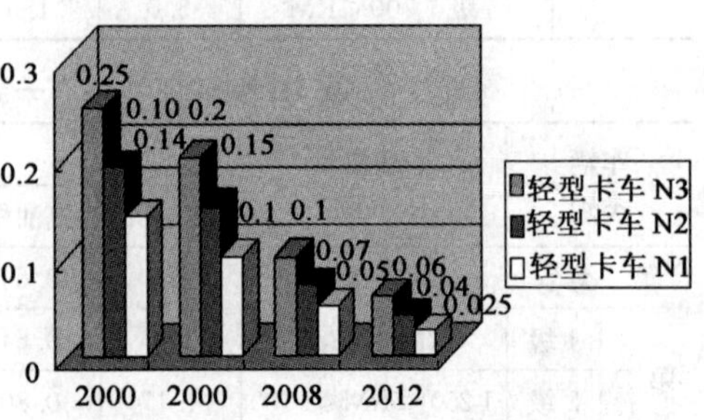

图 4-4　轻型卡车 PM 的排放限制值

从表4-9、图4-3～图4-5的数据可得：在2000～2012年之间的12年，柴油车的尾气排放限制值下降比例见表4-10。

2000年与预测的2012年PM的排放限制值对比表 表4-10

类　型	2000年PM限制值	2012年PM限制值	下降百分比
柴油轿车	0.14	0.025	82%
轻型柴油卡车 N_1	0.14	0.025	82%
轻型柴油卡车 N_2	0.19	0.04	79%
轻型柴油卡车 N_3	0.25	0.06	76%
重型柴车<85	0.61	0.02	97%
重型柴车>85	0.36	0.02	94%

从表4-10的计算结果来看，各类柴油车的PM限制值的降幅均大于75%。柴油汽车的PM排放量的快速降低使得烟雾基准排放量也呈快速下降趋势。

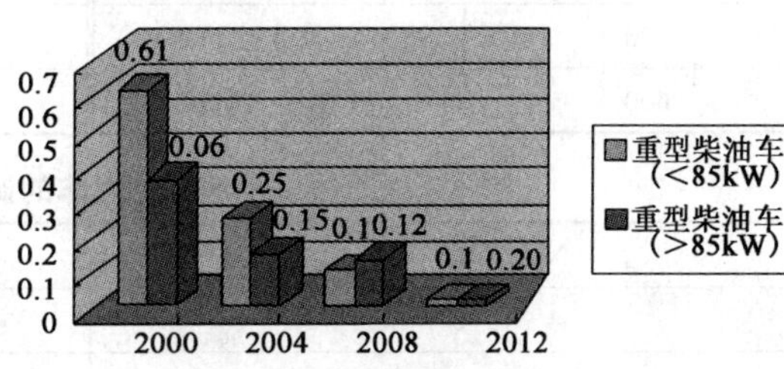

图4-5 重型柴油汽车和客车发动机PM的排放限制值

我国将于2012年实施等效EuroIV的排放标准，到2022年所有柴油车（包括在用车和新生产车）都将达到EuroIV标准，综合考虑各型柴油车烟雾排放的下降比例，即：从2000～2022年的22年间，柴油车的烟雾排放将累计下降至少76%，年平均3.45%。

PIARC推荐的烟雾基准排放量也有很大变化（表4-11），从1987～2000年的13年中降幅达到37.5%，年降幅高达2.9%。

PIARC推荐的烟雾基准排放量 表4-11

年　份	1987	2000
排放量 q_0（$m^3/h \cdot t$）	16	10

以颗粒物PM为主体的控制技术，比如：颗粒收集器也称微粒过滤器（DPF），它的滤除效果可达60%～90%；等离子治污技术，具有巨大的潜在应用前景，它能将NO_x降低60%～80%、PM降低80%、HC+CO降低40%。

为了促使柴油机更符合环保的要求，人们正在从各方面进一步降低柴油机的排放量：在燃油品质方面，设法提高柴油的十六烷值、不断降低柴油的疏含量、降低芳香烃的含量、限制柴油燃料的沉积物（它影响喷嘴清洁度）；同时设法提高润滑油的品质，这些都可以使PM排量大大减少。

基于以上的分析:无论是从国内外的环保要求,还是从柴油机本身的性能提高,都将使柴油车的烟雾排放量大幅降低。

4.2.2　卫生标准

(1)车辆污染物对人体的影响

卫生标准以“稀释隧道内 CO 至允许浓度 δ”为依据，机动车排放污染物主要有 CO、NO_x、HC 化合物、SO_2 以及颗粒物等,其中 CO 对人体健康和人的反应能力影响最突出,是威胁隧道内驾乘人员的卫生和健康、影响隧道营运安全的最重要污染物。主要污染物对人体的危害见表 4-12～表 4-16。

接触时间与 CO 浓度的乘积和症状的关系　　表 4-12

时间(h)×ppm	中毒症状	时间(h)×ppm	中毒症状
300	不发生症状	900	头痛、恶心
600	开始轻微症状	1 500	生命垂危

NO_2 对人体的影响　　表 4-13

NO_2含量(ppm)	对人体的影响
1	仅感到有臭气刺激味
3.5	接触 2h,嘴部细菌感染性增强
5	感到有强烈刺激臭味(类似臭氧)
10～15	刺激眼、鼻、上呼吸道
25	短时间接触的安全限度
50	在 1min 内引起鼻刺激及呼吸不全
80	在 3～5min 内引起呼吸不全
100～150	接触 30～60min,引起肺水肿,有死亡危险
200 以上	瞬时接触,招致生命危险症状,死亡

SO_2 对人体的影响　　表 4-14

SO_2含量(ppm)	对人体的影响
0.5～1	感到臭味
2～3	感到刺激味,感到不舒服
5～10	刺激鼻、喉、咳嗽
20	眼受刺激,咳嗽剧烈
30～40	呼吸困难
50～100	短时间(0.5～1h)的忍耐极限
400～500	短时接触,生命危险

H_2S 对人体的影响 表 4-15

H_2S 含量(ppm)	对人体的影响
0.025	能嗅到刺激味,因人而已
0.3	有明显的臭味
3.5	中等强度不舒适感
10	刺激眼黏膜
20～40	肺黏膜刺激下限,短时间尚能忍耐
100	2～15min 嗅觉麻钝,接触 1h 刺激眼睛与呼吸道,8～48h 连续接触往往造成死亡
173～300	接触 1h,不会引起健康损坏的下限
400～700	接触 30min～1h,有生命危险
800～900	迅速丧失意识,呼吸停止,死亡
1 000 以上	立即死亡

CO_2 对人体的危害 表 4-16

CO_2 浓度(%)	对人体的影响
0.55	接触 6h 尚无症状
1～2	引起不舒适感
3～4	刺激呼吸中枢,呼吸频率增加,血压升高,脉搏快,头痛,头晕
6	呼吸困难
7～10	几分钟内意识不清,易于死亡

(2)卫生标准

CO 之所以有害于人体健康,乃因其与血液中的血红蛋白 Hb 结合成 CO-Hb 的结合力特强,达三百倍于氧气与血红蛋白结合成 O_2-Hb 的结合力。一旦 CO 进入人体过多,氧气在血液中的输送量就不足。CO-Hb 饱和度(即 CO-Hb 取代 O_2-Hb 的百分率)超过 10%后,就会引起程度不同的症状;饱和度为 10%～20%时,将会引起轻度头痛;饱和度达到 20%～30%时,将引起剧烈头痛,如图 4-6 所示。

尽管 CO-Hb 饱和度达到 10%时,只会引起轻度的头痛,且返回正常空气中后,能全消除且不留后遗症,但有些国家(如荷兰)仍规定不能超越 CO 设计浓度—经历时间曲线,确保在乘车过隧道状态下,CO-Hb 饱和度不超过 5%,以备留 100%的保险余地,如图 4-7 所示。

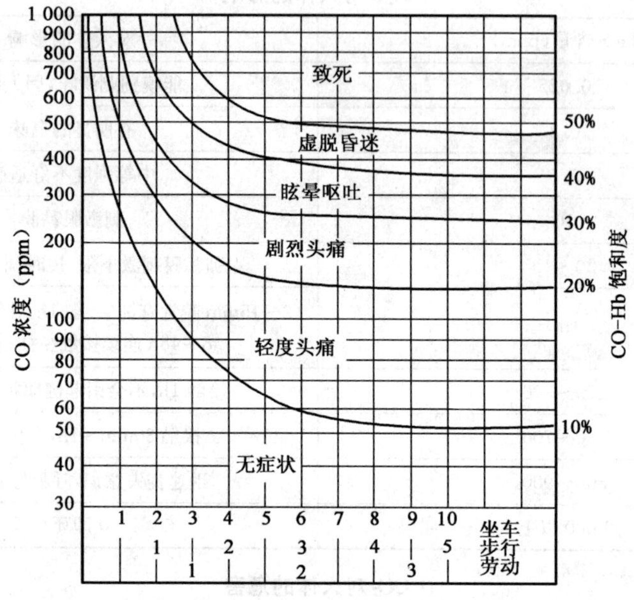

图 4-6　May 氏曲线

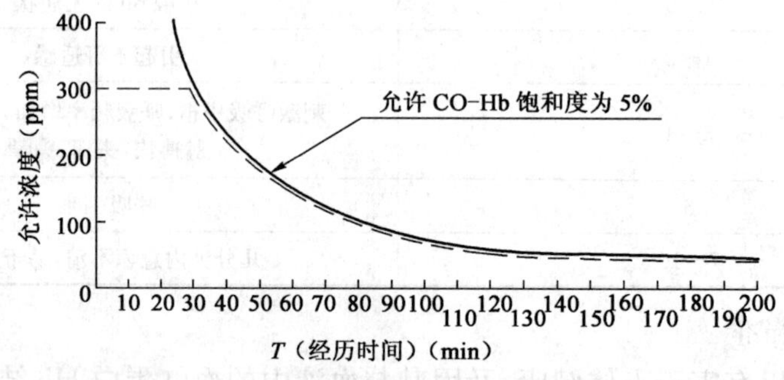

图 4-7　CO 设计浓度—经历时间曲线

(3)NO_2卫生标准

世界卫生组织(2005 年)对空气质量规定，NO_2阈值为年平均浓度 0.4mg/m^{3}和 1h 平均浓度 0.2mg/m^3；美国空气质量标准规定，NO_x24h 浓度的算术均值不得超过 0.1mg/m^3(0.053ppm)；瑞士与欧洲共同体均采用 0.05mg/m^{3}作为年平均限值；前联邦德国采用 0.08 mg/m^{3}作为空气NO_x的年平均限值。

2006 年，美国政府工业卫生学家会议(ACGIH)制定了NO_2的 TLVs 标准，规定NO_2的短时间接触阈值(STEL)为 5ppm(9.67 mg/m^3)。TLVs 值是基于人体对某些毒物具有一定的自我清除能力或某一浓度污染物产生的毒害作用难以察

觉，可以忽略来确定的，在规定的阈值（TLVs）内，对健康的影响小于通常大众健康的波动。

WHO 认为 NO_2 对实验动物产生危害的作用浓度大约在 0.94 mg/m³，并将此值作为制定 NO_2 卫生标准的参考基准值。大量动物实验结果表明，NO_2 对实验物产生危害作用的最低浓度大约在 0.80～1.00 mg/m³ 左右。

我国《室内空气质量标准》(GB/T 18883—2002)中规定，室内 NO_2 的 1h 平均浓度不能超过 0.24mg/m³ (0.13ppm)；《煤矿安全规程》(2005 年)规定矿井中有害气体 NO_2 的最高允许浓度为 0.00025%（约 2.5ppm 或标准大气压下 4.78 mg/m³）。

4.2.3 舒适标准

舒适标准以"稀释隧道空间空气中异味"为依据，按照《公路隧道通风照明设计规范》(JTJ 026.1—1999)（以下简称《规范》）第 3.4.6 条表示：隧道空间不间断换气频率，不宜低于每小时 5 次；交通量较小或特长隧道，可采用每小时 3～4 次。采用纵向通风的隧道，隧道内换气风速不应低于 2.5m/s。

4.2.4 现行标准

我国现行的通风设计标准采用《规范》的有关规定。

(1)CO 设计浓度

①全横向通风方式与半横向通风方式时，CO 设计浓度可按表 4-17 取值；纵向通风方式时，CO 设计浓度可按表 4-17 所列各值提高 50ppm 取值。

CO 设计浓度 δ 表 4-17

隧道长度 (m)	≤1 000	≥3 000
δ(ppm)	250	200

注：隧道长度为 1 000～3 000m 时，可按插入法取值。

②交通阻滞（隧道内各车道均以怠速行驶，平均车速为 10km/h）时，阻滞段的平均 CO 设计浓度可取 300ppm，经历时间不超过 20min。阻滞段的计算长度不宜大于 1km。

③人车混合通行的隧道，长度不宜超过 2 000m，其 CO 设计浓度应按表 4-18 取值。

CO 设计浓度 δ 表 4-18

隧道长度 (m)	≤1 000	≥2 000
δ(ppm)	150	100

(2)烟雾设计浓度

①采用钠灯光源时，烟雾设计浓度应按表 4-19 取值；采用荧光灯光源时，烟雾

设计浓度应提高一级。

烟雾设计浓度 K 表 4-19

计算行车速度(km/h)	100	80	60	40
K (m^{-1})	0.006 5	0.007 0	0.007 5	0.009 0

注：隧道长度为 1 000～2 000m 时，可按插入法取值。

②当烟雾浓度达到 0.012m^{-1}时，应按采取交通管制等措施考虑。

③隧道内进行养护维修时，应按现场实际烟雾浓度不大于 0.003 5m^{-1}考虑。

(3)稀释空气异味的需风量规定

隧道空间不间断换气频率，不宜低于每小时 5 次；交通量较小或特长隧道，可采用每小时 3～4 次。采用纵向通风的隧道，隧道内换气风速不应低于 2.5m/s。

(4)火灾排烟的有关规定

通风设计时必须考虑火灾对策，长度大于 1 500m 且交通量较大的隧道应考虑排烟措施。火灾时排烟风速可按 2～3m/s 取值。

4.2.5 发展趋势

目前，我国《规范》以 CO 和烟雾浓度作为环境控制参数，而作者在交通量将近饱和的重庆缙云山隧道、中梁山隧道以及广东、湖北等地的实测表明，CO 浓度仅有数十 ppm，远小于规范的规定值。随着技术和经济水平的发展，人们对其他污染物，特别是 NO_x对人体的危害也越发重视。NO_x对人体的危害远大于 CO，从 2000 年 6 月 1 日起，我国环境监测系统已统一以 NO_2代替 $N0_x$作为监测指标。鉴于《规范》在隧道环境质量控制中未考虑这一因素，本书就公路隧道 NO_2浓度参数的取值进行研究，以期对《规范》的修编起到借鉴作用。

4.2.6 关于 NO_2标准的讨论

国际道路协会 PIARC(2000)和法国 CETU 组织推荐采用的 NO_2浓度值，是基于在该浓度下，短时间内不会影响患有哮喘病等敏感人群的健康；挪威是一个多隧道的国家，其《公路隧道规范》对隧道 NO_2允许浓度值的规定，具有一定的参考价值；矿井中的环境和隧道的维修工况有相似之处，矿井需要工人在矿井中持续较长时间的作业，所以在选择公路隧道 NO_2浓度标准时，可以作为参考的重要依据。此外，我国《室内空气质量标准》(GB/T 18883—2002)是综合考虑人长期在室内居住，不会受到氮氧化物等有害气体影响而制定的卫生标准，而公路隧道的主要服务对象是汽车，车辆通过隧道的时间较短，因此公路隧道中 NO_2浓度应大于室内空气质量标准规定的浓度值。

《铁路隧道运营通风设计规范》(TB 10068—2000)中第 3.0.4 条规定：内燃机车通过隧道后 15min 内，空气中一氧化碳浓度小于 30mg/m^3，氮氧化物(换算成 NO_2)

浓度小于 10mg/m^3(5.3ppm)。由于铁路隧道营运车辆和环境的特殊性，车辆通常为密封性较好的空调车，所以其采用的标准较低。而目前公路隧道中存在大量车辆条件较差的货车，驾驶员通常直接暴露在隧道的有害气体中，因此公路隧道中 NO_2 的浓度控制标准应比铁路隧道更加严格。

(1)影响公路隧道 NO_2 浓度的因素分析

隧道内 NO_2 浓度主要受 5 个方面因素的影响：

①地质条件与当地空气质量：某些地质可能含有放射性物质或分解出氮氧化物，当地空气中氮氧化物高，都会影响 NO_2 的浓度。

②交通组成与车辆状态：车辆类型不同、车辆的运营状态不同，基准排放不同。

③交通状态：交通量与速度的大小极大地影响着 NO_2 的浓度。

④隧道结构：主要包括隧道长度、线形和墙壁摩阻系数的大小。

⑤通风系统：包括通风方式、风机布置与风机数量。

(2)公路隧道 NO_2 浓度阈值的确定方法

确定公路隧道 NO_2 的允许浓度，应从对象、边界条件、在隧道的滞留时间和稀释与排毒 4 个方面考虑。

①对象：包括驾乘人员及在隧道内进行维护的工作人员。

②边界条件：处于隧道环境的人员都是健康的，若考虑 NO_2 对本身不健康人员的影响，将使这一工作变得难以操作。

③在隧道的滞留时间：短期接触应不大于美国工业卫生学会(ACGIH)规定的 TLVs 值(5ppm)，长时间接触参照我国《煤矿安全规程》的规定值(约2.5ppm)，这是因为工人在矿下的工作时间远大于人们在隧道的滞留时间，故可考虑在 2.5～5ppm(4.78～9.57 mg/m^3)之间选择。

④稀释与排毒：考虑到高速公路中的特长隧道和连续隧道越来越多，故针对具体的工程，应按照式(4-2)进行人体 NO_2 吸收量的验算。

$$\text{有害剂量} = \int (\text{呼吸速率} - \text{人体排毒去除速率}) \times \text{时间} \tag{4-2}$$

(3)公路隧道 NO_x 浓度检测

2009 年 3 月 18 日，作者对重庆中梁山隧道、大学城隧道、缙云山隧道的高峰小时交通量与平均速度进行了观测，三座隧道的高峰小时交通量(辆/h)/平均速度(km/h)分别为 1 432/59.16、1 339/84.15、1 444/75.93。2009 年 5 月 20 日，作者与医疗专业机构一道，分别对重庆中梁山隧道、缙云山隧道、大学城隧道和青木关隧道的 NO_2 浓度进行了实地检测。中梁山隧道、大学城隧道和缙云山隧道，每个隧道设 3 个检测点，分别位于隧道中部(检测点 2)、进入隧道后 300m(检测点 1)以及距隧道出口 300m(检测点 3)处;青木关隧道,设 2 个检测点,分别位于隧道中部(检测点 1)以及距隧道出口 300m(检测点 2)处。检测结果如表 4-20 所示。

隧道内 NO_x 检测的浓度值　　表 4-20

编号	检测点		交通量(辆/h)	交通组成 大中小型车比例	隧道长度(m)	样本数	空气中有害物质浓度(mg/m^3)(氧化氮以 NO_2 计)
1	中梁山隧道(高峰期)	检测点 1	1 178.5	41∶08∶51	左:3 555 右:3 562	50	1.219
		检测点 2				50	4.639
		检测点 3				50	5.328
2	中梁山隧道(平均期)	检测点 1	925			50	0.737
		检测点 2				50	3.297
		检测点 3				50	3.631
3	缙云山隧道(高峰期)	检测点 1	1 164	52∶16∶32	左:2 529 右:2 476	50	1.092
		检测点 2				50	2.143
4	缙云山隧道(平均期)	检测点 1	875			50	0.412
		检测点 2				50	0.450
5	大学城隧道(高峰期)	检测点 1	1 251	50∶12∶38	左:3 885 右:3 880	50	1.704
		检测点 2				50	4.037
		检测点 3				50	3.904
6	大学城隧道(平均期)	检测点 1	962			50	1.973
		检测点 2				50	5.046
		检测点 3				50	6.079
7	青木关隧道	检测点 1	1 116	41∶11∶48	左:722 右:752	50	0.316
		检测点 2				50	0.185

由这 7 个隧道的检测结果可以看出,NO_2 浓度值在 0.185～9.044mg/m^3 之间,最高浓度值为 9.044 mg/m^3(约相当于 4.6ppm)。

(4)公路隧道 NO_2 允许浓度值建议

人们在隧道内的滞留时间与隧道长度是确定 NO_2 浓度值的主要因素。速度越高,驾乘人员在隧道内的滞留时间越短,吸收的 NO_2 量越少,允许的 NO_2 浓度值可以越大;隧道越长,驾乘人员在隧道内的滞留时间越长,吸收的 NO_2 量越多,允许的 NO_2 浓度值应该越小。根据本节(2)的分析,公路隧道 NO_2 的浓度值可考虑在 2.5～5ppm(4.78～9.57 mg/m^3)之间选择,考虑到运营工况(正常、阻塞、维护)

不同、隧道长度不同、设计速度不同，允许的NO_2浓度值应该不同，鉴此，参考挪威《公路隧道规范》规定NO_2浓度超过0.75ppm的时间应不大于15min，即允许的NO_2浓度值(ppm) $NO_{2允}$与车辆在隧道的行驶时间t(h)之积不大于0.187 5(ppm.h)，即

$$NO_{2允}=0.1875\,V_{设}/L \tag{4-3}$$

式中：$V_{设}$——设计速度，km/h；

L——隧道长度，km。

这一建议(见表4-21)满足美国政府工业卫生学家会议(ACGIH)对NO_2允许最大浓度值的规定，其比我国《铁路隧道运营通风设计规范》的要求严格，低于挪威《公路隧道规范》的要求，结合实际调查结果及我国经济水平，采用这一建议，既会提高环境质量水平，也不会对今后的隧道通风系统建设与运营控制带来太大的负担。

NO_2允许浓度建议值 表4-21

V=120km/h	≤4.5km	5.0ppm
	(4.5～9.0)km	按式(4-3)计算
	>9.0km	2.5ppm
V=100km/h	≤3.8km	5.0ppm
	(3.8～7.5)km	按式(4-3)计算
	>7.5km	2.5ppm
V=80km/h	≤3.0km	5.0ppm
	(3.0～6.0)km	按式(4-3)计算
	>6.0km	2.5ppm
V=60km/h	≤2.2km	5.0ppm
	(2.2～4.5)km	按式(4-3)计算
	>4.5km	2.5ppm
V=40km/h	≤1.5km	5.0ppm
	(1.5～3.0)km	按式(4-3)计算
	>3.0km	2.5ppm

4.3 通风方式

隧道通风方式主要是指隧道内风流在行车空间的流动方式，它包括两个方面的内容：一是风流在行车空间的流动方式；二是通风机的工作方式。在选定通风方式时，以隧道的长度、粗算需风量、周边环境条件等基本条件为基础，对通风方式进行大致选定。

4.3.1 横向通风

全横向式通风气体流动情况见图 4-8。从图上看出:风机抽取的新鲜空气,经送风道强行进入隧道,基本上不沿隧道轴向流动,而是经横断方向稀释污染物质后,流入排风道排向空中。这样,污染物质浓度沿车道方向的分布是一致的。排出的污染物质在空中继续扩散,浓度进一步降低,对隧道周围环境的污染作用减弱。火灾发生时,可以迫使烟雾经火灾发生地的横断面流入排风道排出,减少沿隧道轴向扩散的危险。

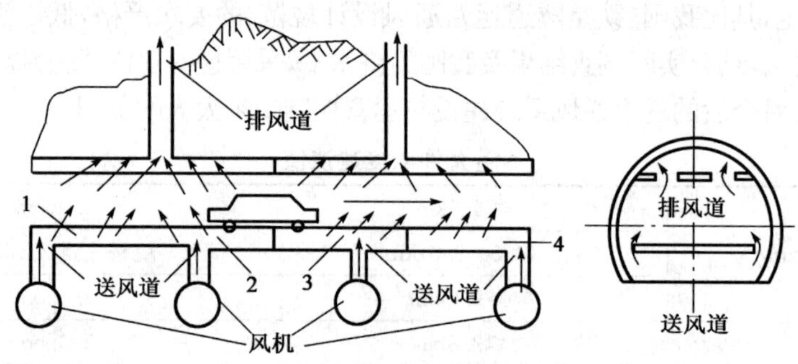

图 4-8　全横向式通风示意图

为了减少气体沿隧道轴向流动及控制送风量和风压的平衡,一般采取分段送风和排风的方法。

全横向通风虽然有很多优点,但需要建送风道和排风道,需要建设风机房和控制室,基建费用较高;同时,送、排风道中风压损耗较大,管理人员多,营运费用也要增加。因此,全横向通风方式宜用于交通量大的长隧道($L>2\ 000$m)和隧道出口大气环境保护有严格要求的隧道。上海黄浦江下的隧道及深圳某隧道都采用全横向式通风。

4.3.2 半横向通风

半横向式通风情况见图 4-9。它只设送风道,风机吸入新鲜空气,经送风道沿车道轴向各个横断面进入隧道,稀释污染物后,从隧道两个洞口分别排出。与全横向相比,它可以节省部分建设投资,污染物的分布沿轴向也比较均匀。这种送风方式对阻止或延缓烟火的扩散没有什么帮助,它适宜用于双向通行的长隧道。

4.3.3 纵向通风

1)单吸式通风

单吸式通风即纵向通风中的斜(竖)井集中排风,如图 4-10 所示为一竖井排风

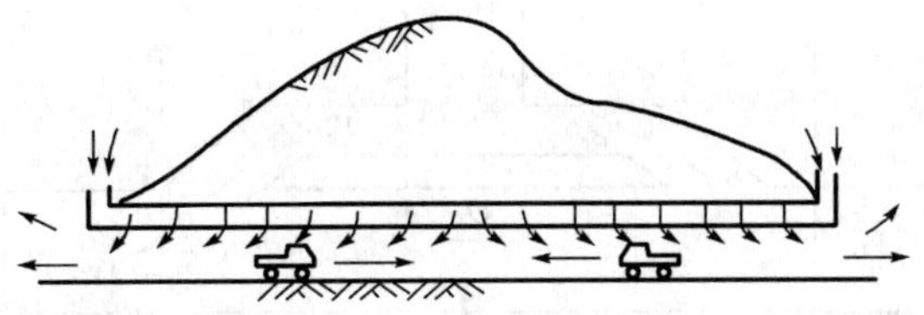

图 4-9 半横向式通风示意图

的纵向式通风系统图，通风设施是由竖井、风道和风机构成。竖井设在隧道全长的中点或尽量靠近中点，这样两边向竖井汇流的风量就会相等或相近，通风效果好。若受地表条件限制，竖井不能开在中部，这时要取得较好的通风效果，就需要采取其他措施（如在较长一段中设射流风机）。竖井可利用隧道施工井，也可以专门开凿。专门开凿时就需要考虑竖井的深度、开凿费用等。当然，在一些特定条件下。竖井也可能变为斜井或横洞，这要看哪个更方便、更经济；风道是为安装风机开凿的，工程量较小，可根据所选风机的安装要求施工；风机采用排风式工作方式，新鲜空气经隧道两端洞口进入隧道，在中央汇入竖井、污染空气经竖井，风机集中排入大气。

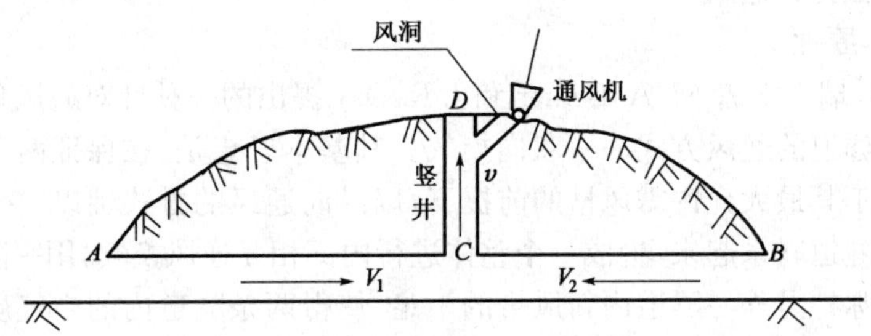

图 4-10 单吸式通风示意图

采用单吸式通风，隧道内有害气体浓度最大的地方是竖井处。在这里应该加强对有害气体的监测。

竖井排风式也可以变为竖井送风式，只要将风机的工作方式由排风式改变为送风式即可。竖井送风式隧道空气污染最严重的地方在隧道两洞口，在洞口的污染空气有时会产生光幕现象，影响行车安全，所以这种方式采用较少。

由上可见，单吸式通风方式，通风简单，当可以利用施工井作为通风井，或开凿通风井比较方便时也十分经济，所以条件具备时应考虑使用它。

2）送排式通风

竖井送排式通风模式如图 4-11 所示。采用该通风方式时排风口与送风口之间可能产生短道流动，设计中应考虑尽量减少这种短道流动，以利于空气交换。

采用一个直径较大的竖井，中间加一横隔板将竖井断面分为两部分，一部分用

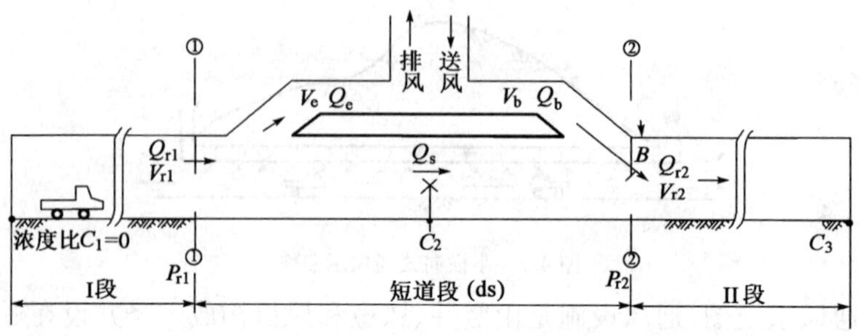

图 4-11　竖井送排式通风方式模式图

来向地面排风，另一部分则从地面向洞内送风；或是采用两个直径较小的竖井，分别用为排风竖井和送风竖井，如图 4-11 所示。

竖井送排式的风流方向与车行方向完全一致，可充分利用车辆的活塞作用，井位选择适宜时(一般以接近中部为宜)，通风所需总功率也较少，将是一种理想的节能方式。但由于井位选择在隧道中部时，往往会使竖井深度增加很多，大大增加了土建工程的投资，而且竖井中间加设横隔板大大增加了施工难度。

3)双洞互补式通风

(1)基本原理

1991 年，瑞士学者 M. A. Bemer 和 J. R. Day 提出的一种针对通风负荷不均匀的特长公路隧道的通风方式——双向换气。其基本思想是：在保证两条隧道内需风量都不大于其最大允许需风量的前提下，以纵向通风的方式辅以一个双向换气系统将两条隧道联系起来，构成一个整体进行内部相互通风换气，用一隧道内富裕的新风量去弥补另外一隧道内新风量的不足，使得两条隧道内的空气质量均能够满足通风要求。但该文献并没有给出此种通风方式的具体设计过程及计算方法。此通风方式仅在台湾的坪林隧道通风中做过简要的工程应用说明，并未给出具体的设计过程及计算方法，其理论研究还不够完善，尚未形成规范化的设计体系，在此对双洞互补式通风展开研究。

(2)适用范围

由双洞互补式换气方法构建的隧道通风系统并非适用于任何情况，它也有一定的适用范围。一般来说，采用此种通风方式进行通风的隧道需要满足以下条件：

①两条隧道的间距不能过大，能够有条件在隧道间开通横洞用以构建双洞换气系统。

②两条隧道的通风负荷有较大差异，单纯采用全射流纵向通风方式不能够满足通风的需求，采用竖井分段纵向式会造成不必要的经济浪费。

③两条隧道的通风总风量不大于其最大允许通风量之和。

(3)设计思路

在两条隧道的合适位置开通一定数量用于交换空气的通风横洞,构成双向换气系统。以开启两个通风横洞为例,如图4-12所示。该隧道左线通风负荷大于右线隧道通风负荷,当右线隧道气流经过换气系统时,其中一部分低浓度的新鲜空气通过换气系统进入左线隧道,用以稀释左线隧道内高污染浓度的污染空气,同时左线隧道内一部分高浓度的污染空气经过换气系统进入右线隧道,在保证两隧道污染物浓度都不超标的情况下,既降低了左线隧道内的风速,又充分利用了右线隧道的空气。

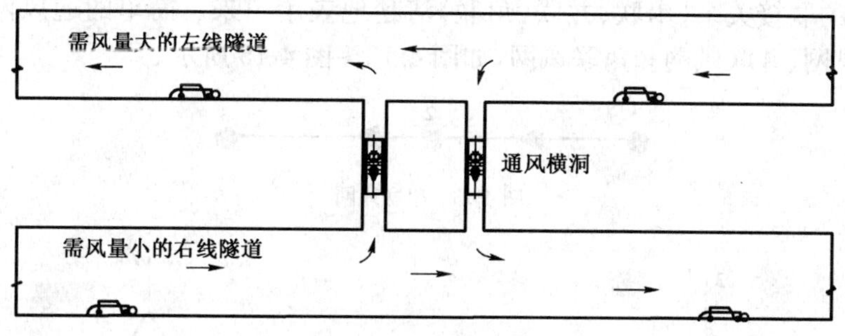

图4-12　双向换气系统简图

互补式通风系统隧道内污染物浓度如图4-12所示。从图中可以看出:右线隧道内气流在经过双向换气系统后,隧道内污染浓度较低的气流与左线隧道内污染浓度相对较高的气流混合,污染浓度增加;而左线隧道的高浓度污染空气在经过双洞互补式换气系统后与污染浓度较低的空气混合,污染浓度有一定比例的下降。在两条隧道的出口端,污染物的浓度均达到最大,且均小于污染浓度限制值。若不采用双向换气系统时,左线隧道内的污染物浓度在隧道的后半段会有部分超出限制值,而右线隧道内的污染物最大浓度会远低于限制值。

4)通风网络

通风网络,是由表示通风系统内各风流路线和分合关系的网状线路图与其赋权通风参数组成。将通风系统抽象成通风网络进行通风系统分析,是研究通风系统的重要手段和方法。隧道通风网络图有两大优点:首先它可以清晰地表示出隧道各段、各竖井(斜井)及连接风道风流的相互关系;其次由于它不反映各风流的平面和空间位置,也不反映支路的实际形状,从而可以避开实际各通风段、竖井及连接风道的空间位置关系,因而更便于分析和解算通风问题。

(1)通风网络图的绘制

通风网络图就是反映隧道通风系统中各风流分合关系的网络示意图,属于图论中图的范畴,不要求按比例,不遵守投影关系,是根据隧道通风系统图抽象而成的，其绘制步骤如下：

①节点编号，即将风流分合点加以编号。编号顺序通常是沿风流方向从小到大，节点编号不能重复。

②支路连线，即将有风流连通的节点用单线条连接，先连主干，后连支流。为便于区分，正常支路用实线表示，在井口节点及隧道出、入口节点间存在自然风压的支路用虚线表示。虚线所示支路根据实际确定风流的流向，其风阻为零。

③图形整理：通风网络图形状不唯一，可根据习惯和方便画成椭圆形、圆形或框形。利用点可位移及边可变形、翻转的特点，尽量避免或减少交叉支路的出现，要将风流的联接关系（串联、并联、角联）清楚地表示出来。简单的通风网络形式有：串联风网、并联风网和角联风网，如图 4-13～图 4-15 所示。

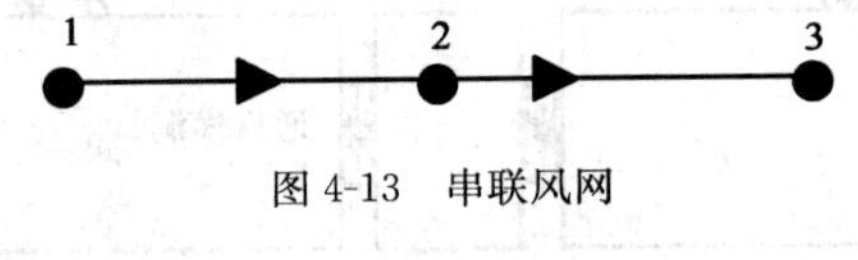

图 4-13　串联风网

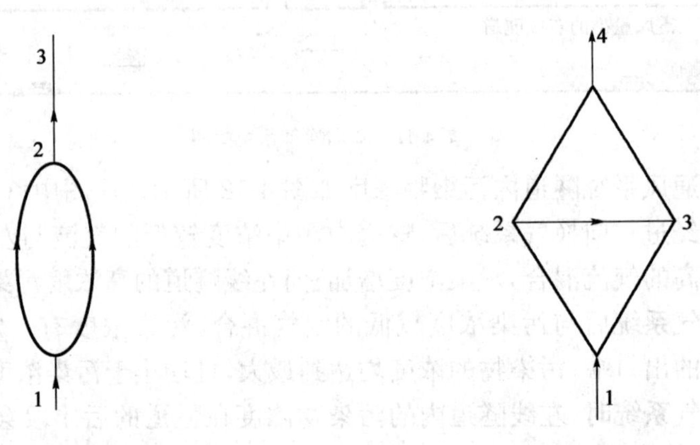

图 4-14　并联风网　　图 4-15　角联风网

(2)通风网络中的基本规律

在正常情况下，风流在风网中近似呈稳定连续流动，多属于紊流状态，在任何形式的风网中，风流都遵循以下 3 个基本定律。

①风量平衡定律

假定空气密度不变、无漏风、忽略空气中水蒸气的变化，则风网内任意节点（或回路）相关支路的风量代数和为零，即

$$\sum_{j=1}^{n} Q_{ij} = 0 \tag{4-4}$$

式中：Q_{ij}——与 i 节点相关联的支路 j 的风量。流入节点的支路风量为正，流出节点为负；

n——风网支路数。

②阻力定律

隧道支路中正常风流一般均为紊流，各支路的风压和风量均符合紊流阻力定律，即

$$\Delta P_j = R_j Q_i^2 \tag{4-5}$$

式中：ΔP_i——j 支路通风压力或通风阻力，Pa；

R_i——j 支路风阻，kg/m；

Q_i——j 支路风量，m^3/s。

③风压平衡定律

风网的任何闭合回路内，各支路风压代数和为零。支路风压包含通风阻力和通风动力两部分。

a. 对不含通风动力（包括自然风压或风机风压或交通通风力或火风压）的回路，如取顺时针方向为正、逆时针方向为负，则各支路阻力代数和为零，即

$$\sum_{j=1}^{n} C_{ij} \Delta P_j = 0 \qquad \lambda = 1,2,\cdots,n \tag{4-6}$$

式中：ΔP_i——j 支路通风压力或通风阻力；

C_{ij}——独立回路中支路的符号系数，顺时针为正、逆时针为负。

b. 对含通风动力（包括自然风压、风机风压、交通通风力或火风压）的回路，回路内各支路阻力代数和等于回路内风机风压、自然风压、交通通风力与火风压的代数和。即

$$\sum_{j=1}^{n} C_{ij} \Delta P_i - \sum_{j=1}^{n} C_i P_{j风} - \sum_{j=1}^{n} C_{ij} P_{j自} - \sum_{j=1}^{n} C_{ij} P_{j交} - \sum_{j=1}^{n} C_i P_{j火} = 0$$

$$\lambda = 1,2,\cdots,n \tag{4-7}$$

式中：ΔP_i——i 支路通风压力或通风阻力；

$P_{j风}$——j 支路风机风压；

$P_{j自}$——j 支路自然风压；

$P_{j交}$——j 支路交通通风力；

$P_{j火}$——j 支路火风压；

C_{ij}——独立回路中支路的符号系数。

4.4 公路隧道通风设计方法

4.4.1 按照规范进行通风设计存在的问题分析

目前，通风设计采用的交通量，以预测的远景高峰小时交通量为主，其主要存

在以下问题：

(1)基本假设不合理

按照远景高峰小时交通量进行需风量计算，事实上假定了车辆先通过隧道，至于按此交通量通过从运营考虑是否安全、是否容易引起阻塞与事故、隧道是一般隧道还是长大隧道或特长隧道、是城市隧道还是公路隧道等则没有考虑。

(2)忽视了交通流变化对应着通行能力的变化

目前通风设计中对不同车速时的需风量计算，都是采用同一交通量。事实上不同车速时的通行能力是不同的，应按照相应车速能通过的交通量计算需风量，都采用远景高峰小时交通量，势必造成需风量计算偏大。

(3)没有与监控系统有机结合在一起

一般说来，中、长隧道不需要机械通风，主要是长大隧道通风工程投资高、运营费用大。而长大隧道一般都设置较完善的交通监控系统，可以通过监控设施使隧道内交通流达到预期的服务水平。采用远景高峰小时交通量，事实上是假定了隧道内交通流与路段交通流一样，顺其自然变化，没有充分发挥交通监控系统的功能。当交通量较大、可能形成阻塞、由连续流变为间断流时，可通过洞外信号灯使洞内阻塞变为洞外停车等待，既保证洞内车流连续、通行能力大，又减少洞内污染，从而减少通风投资与运营费用。

(4)忽略了结构可靠性与通风可靠性要求之间的差异

在进行通风设计时，一般选择最不利工况组合确定需风量，其在原理上采用了结构设计的思想。事实上，二者存在很大差异，前者不具备可控性，一旦安全度不够，造成的危害是无法弥补的，后者具有可控性，一旦不能满足运营要求，可通过交通管制或增加风机来解决。

4.4.2 基于服务水平的通风设计方法

1)设计理念

基于服务水平通风设计方法的指导思想是当远景高峰小时交通量大于隧道的实际最大通行能力时，正常工况需风量计算采用的交通量取隧道实际最大通行能力或某一服务水平对应的通行能力(因为，虽然有交通需求，但实际上隧道通过不了所要求通过的交通量)，阻塞工况需风量计算采用的交通量取该车速对应的通行能力；当远景高峰小时交通量小于隧道的实际最大通行能力时，正常工况需风量计算采用的交通量取远景高峰小时交通量或某一服务水平对应的通行能力(该通行能力小于隧道实际最大通行能力，但不大于远景高峰小时交通量)，阻塞工况需风量计算采用的交通量取该车速对应的通行能力(当该通行能力小于远景高峰小时交通量时)或远景高峰小时交通量(当该通行能力大于远景高峰小时交通量时)。这一思想的核心是通过交通控制,保证隧道内车流的连续性,减少隧道内的废气污染,同时也减少了交通异常发生的可能性及通风系统工程投资与运营管理费用。

2)设计原则

通风方案设计与方案决策,涉及多方面的因素,设计的指导思想,既是难以量化的宏观因素,如何在决策中考虑的依据,又决定了设计方法与设计参数的选取。一般来讲,设计应遵循以下原则。

(1)法制原则

标准与规范是设计人员必须遵循的法规,原则上应严格执行。但由于我国隧道建设发展很快,现行通风设计规范不可避免地存在一些不适应性,特别是特长隧道与隧道群的通风问题,如秦岭终南山隧道、湖南雪峰山隧道等,都是通过科研、调查、模型实验、数字仿真、专家咨询决定通风方式与通风参数的取值。

(2)安全原则

以人为本,安全第一,以防为主,防治结合。设计方案除满足正常工况通风要求外,还应完全满足火灾工况通风要求。对于阻塞工况,由于长大隧道都设置较完善的交通监控系统,可通过交通控制保证隧道内不发生1km以上的阻塞,故仅满足阻塞1km时的通风要求即可,既符合规范要求,又满足运营需要。

(3)实用原则

实用性主要体现系统的设计目标,包括安全、环保、运营三个方面的因素。目前,设计一般仅提与安全、环保相关的要求,而没有涉及交通运营方面的要求。在设计的理念上,应明确对运营的要求,是首先保证通行能力还是首先保证运营的服务水平,其直接与通风参数的选取、通风方案的确定、工程投资规模相关,应由用户决定。

(4)可靠原则

可靠性反映系统对不同运营工况的适应能力。目前通风系统设计是按照最不利情况的组合确定需风量。事实上有些不利组合是根本不可能发生的,特别是隧道越长,纵向通风方式时通风的段落划分越多,这种情况越容易发生。因此,为了避免浪费,通风系统应采用可靠性设计,计算不同工况组合时的设计方案与对应的系统可靠性,根据工程实际,选择一定可靠度下的可行方案。

(5)求实原则

设计方案应与工程特点相结合。交通特性、地理特性、环境特性是工程特性的综合反映,应结合汽车工业的发展趋势较准确地确定柴油车的比例,根据工程是城市隧道还是公路隧道,是单向交通隧道还是双向交通隧道,是一般隧道还是长大隧道或特长隧道,确定通风质量、环境质量等设计参数与设计目标。

(6)经济原则

设计应追求性价比较高。主要性能指标包括通风质量指标与环境质量指标,可采用专家咨询法进行量化与评价。费用指标包括工程投资费用与运营管理费用两个方面。工程投资费用与运营管理费计算,都应采取经济评价的方法,将远期运营费用折现,按同一年份计算。

(7)环保原则

无论是城市隧道还是山岭公路隧道,都涉及到环保问题。对城市隧道,汽车排放污染主要影响居民生活,对山岭隧道,主要影响生态环境。设计应满足有关部门在这些方面的要求。

(8)满意原则

满意性包括两层含义,一方面是指用户、建设地政府与群众对设计方案在安全、环保、防灾、救灾、交通组织等方面的满意程度,另一方面是指对设计方案自身在实用性、可靠性、稳定性、经济性、先进性等方面的满意程度。前者通过专家咨询来评定,后者则受技术的发展、经济条件的变化及其他难以量化的宏观因素的影响,很难寻求最优方案,应追求一定条件下的满意方案。

3)边界条件

隧道通风计算是在有限的区域内进行的,因此需要在区域的边界给定边界条件。隧道通风计算边界类型及条件如下:

(1)隧道底部和上部设为壁面边界条件。

(2)隧道进口设为速度边界条件。

(3)隧道出口设为压力边界条件,压力与当地大气压力相等。

(4)风机的出口端设为压力阶跃条件。

4)高速公路的适应交通量分析

《公路工程技术标准》(JTG B01—2003)提出的高速公路服务水平分级见表4-22。

高速公路服务水平分级　表4-22

服务水平等级	密度[辆/(km·车道)]	设计速度(km/h)								
		120			100			80		
		速度	V/C	最大服务交通量V[辆/(km·车道)]	速度	V/C	最大服务交通量V[辆/(km·车道)]	速度	V/C	最大服务交通量V[辆/(km·车道)]
一级	≤7	≥109	0.34	750	≥92	0.31	650	≥74	0.25	500
二级	≤18	≥90	0.74	1 600	≥79	0.67	1 400	≥66	0.60	1 200

续上表

服务水平等级	密度[辆/(km·车道)]	设计速度(km/h)								
		120			100			80		
		速度	V/C	最大服务交通量V[辆/(km·车道)]	速度	V/C	最大服务交通量V[辆/(km·车道)]	速度	V/C	最大服务交通量V[辆/(km·车道)]
三级	≤25	≥78	0.88	1 950	≥71	0.86	1 800	≥60	0.75	1 500
四级	≤45	≥48	接近1.0	<2 200	≥47	接近1.0	<2 100	≥45	接近1.0	<2 000
	>45	<48	>1.0	0～2 200	<47	>1.0	0～2 100	<45	>1.0	0～2 000

注:V/C是在理想条件下,最大服务交通量V与基本通行能力C之比,基本通行能力C是四级服务水平上半部的最大交通量。

各级公路所能适应的年平均日交通量(AADT)是由公路所具有的通行能力决定的。通行能力是公路所能够疏导交通流的能力,反映了在保持规定的运行质量前提下,公路所能通行的最大小时交通量。从规划的角度,通行能力分为基本通行能力C和设计通行能力C_D两种。基本通行能力C是四级服务水平上半部的最大交通量;高速公路的设计通行能力是以二级服务水平作为通行能力的设计依据。《公路工程技术标准》(JTG B01—2003)提出的高速公路通行能力、适应交通量见表4-23、表4-24。实质上,表4-24中AADT是根据单向单车道的设计小时交通量C_D,结合单向车道数N、双向交通的方向分布系数D、设计小时交通量系数K综合计算并取整后所得;因此,表4-23、表4-24中的该二值实质上是一致的。

高速公路的通行能力 表4-23

项目	单位	高速公路			作干线的一级公路		
设计速度	km/h	120	100	80	100	80	60
基本通行能力C	辆/(km·车道)	2 200	2 100	2 000	2 000	1 800	1 600
设计通行能力C_D	辆/(km·车道)	1 600	1 400	1 200	1 400	1 200	900

高速公路能适应的年平均日交通量AADT 表4-24

高速公路			
设计速度(km/h)	四车道(辆/d)	六车道(辆/d)	八车道(辆/d)
120	40 000～55 000	55 000～80 000	80 000～100 000
100	35 000～50 000	50 000～70 000	70 000～90 000
80	25 000～45 000	45 000～60 000	60 000～80 000

5)设计步骤

基于公路服务水平分级的隧道通风计算方法是按照《公路工程技术标准》"公

路服务水平分级”方法，根据工程可行性研究报告提出的预测（设计）交通量，结合工程所在地区的经济发展水平，综合判断隧道未来可能交通状态属于“公路服务水平等级”的级别，然后根据该级别的最大服务交通量、平均行车速度和预测（设计）交通量来计算隧道需风量，综合确定隧道设计风量，从而进行隧道通风系统计算和设计，具体步骤如下。

（1）确定系统目标

结合工程特点，确定设计在远期应满足的服务水平，一般可按三级服务水平设计，远景高峰小时交通量与实际最大通行能力之比（即 V/C）取 0.67～0.85。

（2）通风方式比选

就纵向通风、横向通风、半横向通风、混合式通风进行比选。对山区公路隧道，一般采用纵向通风，主要应就单吸式、送排式等方式进行比选。

（3）设计参数确定

在此主要说明交通量的取值。首先应计算隧道实际最大通行能力，然后确定不同车速对应的服务水平，即设计 V/C，按照设计 V/C 和隧道实际最大通行能力可计算不同车速时需风量计算采用的交通量。

（4）工况分析

包括正常工况、阻塞工况和火灾工况。正常工况按规范规定 20km 一档计算。应对可能的工况进行分析，对特长隧道，应确定可能的工况组合，从而得到总的工况数 M。

（5）需风量计算

计算 M 个工况的需风量，分析每种工况出现的可能性，可用需风量计算采用的交通量与远景交通量之比粗略来反映。

（6）方案比选

将系统目标确定的 V/C 对应的需风量与其他工况的需风量进行比较，结合技术、经济、管理、环境等因素综合确定采用的需风量，从而确定通风方案。

6）交通波理论在特长隧道的阻塞工况不同车速组合区段长度计算中的应用

在一些基于道路线形、事故等原因易发生在隧道中拥堵情形的隧道，一般应设立相应的防止隧道内拥堵的交通组织模式，但是因隧道内发生事故或出口处有红绿灯等情况造成隧道内车辆滞留的情况亦不可避免。《规范》中关于阻塞工况的有关规定：“隧道内各车道均以怠速行驶，平均车速为 10km/h，经历时间不超过 20min，阻滞段的计算长度不超过 1km。”当进行阻塞工况需风量计算时，宜应用交通流有关理论，进行拥堵平均车速的交通量和隧道内存在的车辆数计算。一般情况下阻塞车流速度取 10km/h，至于存在隧道中车辆的台数可采取以下方法计算：

根据密度 k 与行车速度 v 关系曲线图（图 4-16）求解。

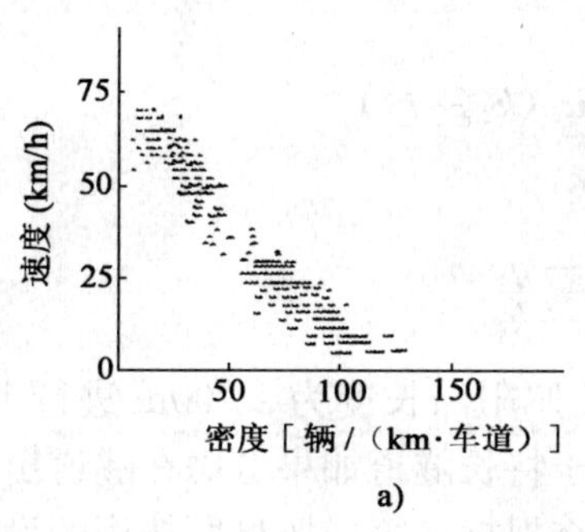

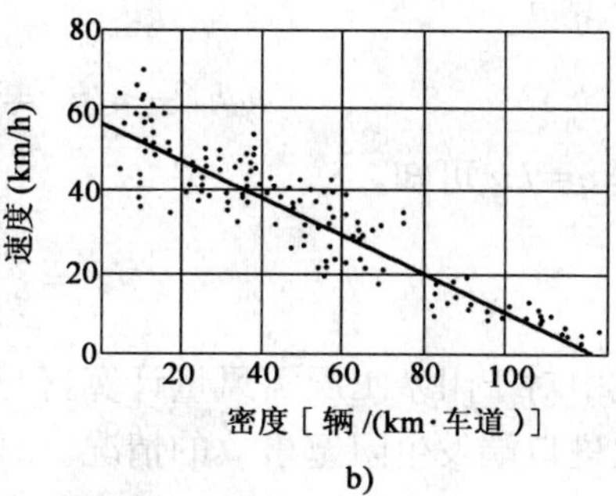

图4-16 密度k与行车速度v关系曲线图

a)例1;b)例2

还可以根据车头间距来求出交通量,车头间距按照下式计算:

$$s = 5.7 + 0.14 v_t + 0.0022 v_t^2 \tag{4-8}$$

式中:s——最小车头间距,m;

v_t——车速,km/h;

根据车头间距,求得交通量。

$$q = 1000 \frac{v_t}{s} \times n \tag{4-9}$$

式中:q——交通量,辆/h;

v_t——车速,km/h;

s——最小车头间距,m;

n——车道数。

交通波理论的描述:假设隧道内两个相邻的不同交通密度区域(k_1和k_2),用垂直线S分割这两种密度,称为S波阵面,设S的速度为u_w,并规定交通流按照图4-17箭头的正方向运行。

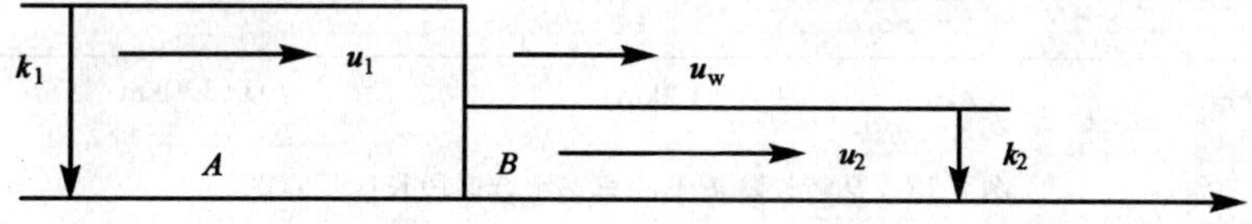

图4-17 两种密度的车辆运行情况

由交通流量守恒可知,在时间t内通过界面S的交通量N可以表示如下:

$$N = u_{r1} k_1 t = u_{r2} k_2 t \tag{4-10}$$

$$(u_1 - u_w) k_1 = (u_2 - u_w) k_2 \tag{4-11}$$

式中:$u_{r1} = u_1 - u_w$——在A区相对于垂直分界线S的车辆的速度;

$u_{r2} = u_2 - u_w$——在B区相对于垂直分界线S的车辆的速度。

整理可得：

$$u_2k_2 - u_1k_1 = u_w(k_2 - k_1) \tag{4-12}$$

根据 $q=ku$ 可知，

$$u_w = \frac{q_2 - q_1}{k_2 - k_1} \tag{4-13}$$

规范中对于阻塞工况需风量计算，仅按照阻滞长度为 1 000m 进行考虑，相当于在隧道进口端发生阻塞事故的情况。对于特长隧道如果考虑在隧道出口段发生阻塞，很难立即阻止后续车辆尾随上行，那么根据计算通风量所选用的设备不能使隧道内的空气质量达到设计标准，在这种情况下，保留 1 000m 阻滞长度，并将余下隧道长度以不同车速组合来反映实际情况比较合理。如果采用全长阻滞计算模式，需要进行阻塞区段划分，包括各区段的设计车速与区段长度。

下面以某单洞 2 车道长度为 L 的隧道为例，介绍交通波理论的应用。

根据 k-v 关系曲线得出不同速度时的密度：$k_{10}=100$ 辆/(km · 车道)，$k_{20}=80$ 辆/(km · 车道)，$k_{40}=40$ 辆/(km · 车道)，$k_{80}=0$ 辆/(km · 车道)（说明 $u=60$km/h 与 $u=80$km/h 车流形式状态相类似，受交通波影响较小）。

根据上述公式，计算 $s_{10}=7.32$ m，$s_{20}=9.38$ m，$s_{40}=14.82$ m，$s_{80}=30.98$；计算 $q_{10}=2\,733$ 辆/h，$q_{20}=4\,265$ 辆/h，$q_{40}=5\,399$ 辆/h，$q_{80}=5\,165$ 辆/h。

$u_1=-38.3$km/h，$u_2=-14.2$km/h，$u_3=2.9$ km/h

根据保留 1 000m 阻滞长度，波传递时间为：$t=0.026$h，20km/h 的区段长度为：$L_{20}=1.365$km≈1.4km，40km/h 的区段长度为：$L_{40}=1.289\,6$ km≈1.3km。

不同车速组合区段长度可以表示如图 4-18 所示。

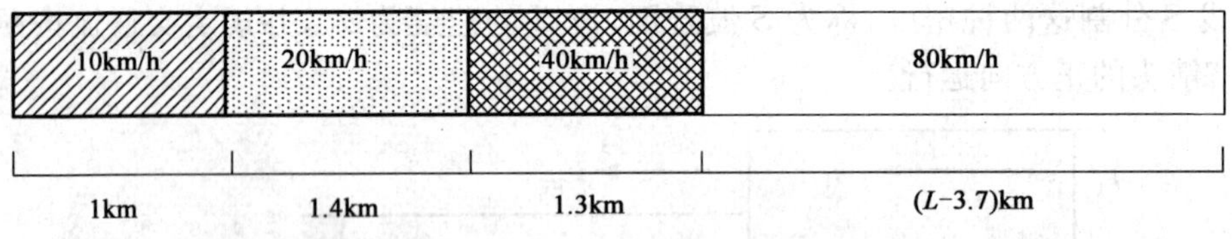

图 4-18　某特长隧道不同车速组合区段长度示意图

7)《规范》通风设计方法

(1)《规范》中隧道需风量计算

规范对稀释汽车尾排中 CO、烟雾和空气中异味的需风量作出了具体规定，其中稀释 CO 和烟雾的需风量与交通流直接相关，二者的计算公式结构模式、参数选取方式基本相同。规范所说交通量都是指混合交通绝对车型交通量。这里列举“稀释烟雾的需风量”计算方法，见式(4-14)。

$$Q_{req(VI)} = \frac{1}{3.6 \times 10^6} \cdot q_{VI} \cdot f_{a(VI)} \cdot f_d \cdot f_{h(VI)} \cdot f_{iv(VI)} \cdot L \cdot \sum_{m=1}^{n_D} (N_m \cdot f_{m(VI)}) \cdot \frac{1}{K} \tag{4-14}$$

式(4-14)各参数代表的数学意义见《规范》式3.4.4和式3.4.5；车密度系数f_d见表4-25(即《规范》中表3.4.2-2)，其余各修正系数见《规范》。

车密度系数 f_d　　表4-25

工况车速(km/h)	80	70	60	40	30	20	10
f_d	0.75	0.85	1.0	1.5	2.0	3.0	6.0

式(4-14)中与交通流密切相关的参数为各车型的设计交通量N_m、车型系数$f_{m(VI)}$、车密度系数f_d、纵坡—车速系数$f_{iv(VI)}$、烟雾设计浓度K，其基本计算思路是：①无论隧道内车型组成、车速如何，都假定单位小时内通过同一断面的交通量是一定的；②隧道内可能的车辆数以车密度系数f_d的概念来定义，同时假设隧道内的车辆是以$v_t=60$ km/h的速度均匀行驶，并定义这时的$f_d=1.0$；当车流的平均行驶速度增大或降低时，隧道内实际车辆数就减少或增加，车密度系数f_d就相应减小和增大，如表4-25所列；③其他参数也根据不同计算车速10～80km/h(取10的整数倍)，按《规范》查表取值。

该计算方法对交通量、行车速度、隧道内可能车辆数的考虑不符合道路实际运营情况，即：①以平均行车速度$v_t=60$km/h为标准定义$f_d=1.0$，既不符合隧道的设计车速，也不符合隧道的实际运营车速；目前高速公路隧道设计车速一般不小于80km/h，有的达到100km/h；实际运营车速要根据道路的交通量、交通组成确定，一般为45～100km/h；②随着隧道内交通状态变化，由于车流的平均行驶速度不同，在单位小时内通过同一断面的交通量是不一样的；并不是“在平均行车速度$v_t=60$km/h时，假设隧道内可以通过$N=2\ 000$辆/h，那么当平均行车速度降低为$v_t=40$km/h或者升高为$v_t=80$km/h，仍然可以通过$N=2\ 000$辆/h，只是隧道内的车辆密度就升高到$v_t=60$km/h时的1.5倍或者0.75倍”；③该计算方法没有考虑“当预测交通量大于隧道的通过能力时，如何进行需风量计算”。《公路工程技术标准》(JTG B01—2003)的“公路服务水平分级”理论就很好地将这些因素结合在一起统一考虑。

(2)《规范》中隧道交通通风力计算

《规范》对隧道运营通风“系统设计”各参数的计算方法作出了详细规定，包括“自然风阻力Δp_m”、“交通通风力Δp_t”、“通风阻抗力Δp_r”，以及各种通风方式的计算模式，总的数学关系可总结为式(4-15)：

$$\Delta P_r + \Delta P_m + \Delta P_d = \Delta P_t + \sum \Delta P_W \tag{4-15}$$

式中：ΔP_d——隧道各专用风道的沿程摩阻和局部摩阻形成的总阻力，Pa；

$\sum \Delta P_W$——隧道通风系统提供的机械总动力，Pa。

其中“交通通风力 Δp_t”是非常重要的计算参数，该值计算的正确与否，可以决定设置的机械通风系统是否有效。当隧道为单向交通时，若设计风速小于平均计算车速，“交通通风力 Δp_t”表现为通风动力；若设计风速大于平均计算车速，该值表现为通风阻力。当隧道为双向交通时，“交通通风力 Δp_t”表现为通风阻力。这里列举单向交通的计算公式，见式(4-16)：

$$\Delta P_t = \frac{A_m}{A_r} \cdot \frac{\rho}{2} \cdot \frac{N_r \cdot L}{3\,600 \times V_t}(v_t - v_r)^2 \tag{4-16}$$

式(4-16)各参数代表的数学意义见《规范》式 3.5.2-1、式 3.5.2-2、式 3.5.3-1。显然，式(4-16)与交通量、交通组成、计算车速相关，而且洞内设计风速 v_r 由设计风量来确定。该计算方法的主要问题也是对交通流的分析没有将交通量、行车速度、隧道内可能的车密度统一起来。

8)基于公路服务水平分级的隧道通风设计方法

(1)基于公路服务水平分级的隧道需风量计算

这里列举“稀释烟雾的需风量”计算方法，将式(4-14)隧道全长烟雾排放量变更为式(4-17)：

$$Q_{req(VI)} = \frac{1}{3.6 \times 10^6} \cdot q_{VI} \cdot f_{a(VI)} \cdot f_{h(VI)} \cdot f_{iv(VI)} \cdot L \cdot \sum_{m=1}^{n_D}(N'_m \cdot f_{m(VI)}) \cdot \frac{1}{K} \tag{4-17}$$

式中：N'_m——按公路服务水平等级确定的最大服务交通量和预测(设计)交通量分解而来的各车型交通量(辆·混合车/h)。

其余各参数与式(4-14)相同。

式(4-17)取消了“车密度系数 f_d”。

具体计算方法是：第一步，根据工程可行性研究报告提出的预测(设计)交通量、混合车(或者标准小客车)的交通组成，结合工程所在地区的经济发展水平，综合判断在设计目标年份近期、中期、远期隧道可能的交通状态属于“公路服务水平等级”的级别；第二步，查表 4-22 得到对应“服务水平等级”的最大服务交通量，并根据工程可行性研究报告提供的各车型交通组成比，将最大服务交通量(辆/h)和预测(设计)交通量换算成各车型的绝对交通量 N'_m，得到($\sum N'_m \cdot f_{m(VI)}$)；第三步，根据对应的“服务水平等级”，查表 4-22 得到交通流的“平均行车速度 v_t”，然后采用内查法，结合隧道行车纵坡得到 $f_{iv(VI)}$；第四步，根据工程实际情况和规范规定得到其他参数，计算“稀释烟雾的需风量 $Q_{req(VI)}$”以及其他相关需风量；第五步，根据各需风量综合考虑“设计风量 Q_r”。

(2) 隧道交通通风力计算

隧道交通通风力计算的公式结构与《规范》完全一样，不同的是，对式(4-16)中的 N_r、v_t的取值有所区别，从而导致计算结果差别较大：①《规范》中的交通量 N_r

是采用工可报告提出的设计(预测)交通量;本节中的 N_r 是将道路不同服务水平等级的“最大服务交通量”和工可报告的预测(设计)交通量综合考虑;②《规范》中的平均计算车速 v_t 是采用 10～80km/h(取 10 的整数倍)共八个级别;本节中的平均计算车速 v_t 是按照“公路服务水平分级”的概念,按照不同的道路设计车速,共分四个服务水平等级的计算平均车速。

(3)基于服务水平与《规范》的隧道通风设计方法的区别

该计算方法与《规范》计算方法的区别是:①式(4-14)是对不同计算平均车速均采用工可报告的设计(预测)交通量;式(4-17)是按照不同的道路设计车速,将不同服务水平等级的“最大服务交通量”与工可报告的预测(设计)交通量结合起来考虑,并按照不同服务等级对应不同计算平均车速计算;②式(4-14)是按照《规范》规定,计算平均行车速度从 v_t=10～80km/h(取 10 的整数倍)共八个级别;式(4-17)是按照“公路服务水平分级”的概念,按照不同的道路设计车速,共分四个服务等级的计算平均车速;③由于式(4-14)的交通量是固定的,当平均行车速度变化时,隧道内的交通量就对应等量成反比变化,因此存在“车密度系数 f_d”概念;而式(4-17)的交通量是随道路的服务水平等级变化而变化的,当平均车速变化时,其就对应着一个“最大服务交通量”,因此不存在“车密度系数 f_d”概念。

9)示例

这里通过某具体工程实例来说明两种计算方法结果的不同,仍以计算“稀释烟雾的需风量”为例。

(1)隧道基本概况

我国东部沿海某城市附近按照高速公路设计标准的双洞 6 车道单向行车隧道,工程概况见表 4-26,工程可行性研究报告提供的交通量和交通组成分别见表 4-27 和表 4-28。

(2)隧道通风设计标准

隧道通风设计标准共分为四个标准,即卫生标准、安全标准、舒适标准、防灾标准。卫生标准以“稀释隧道内 CO 至允许浓度 δ”为依据,按照《规范》第 3.3.2 条设计;安全标准以“稀释隧道内烟尘至允许浓度 K”为依据,按照《规范》第 3.3.3 条设计;舒适标准以“稀释隧道空间空气中异味”为依据,按照《规范》第 3.4.6 条设计;防灾标准以“排出火灾工况产生的热量和提供火灾时的排烟风速”为依据,按照《规范》第 3.9 节设计。

(3)隧道实际通行能力与可能的服务水平等级

根据表 4-22 和隧道车道数,得到各级服务水平等级下隧道实际通行能力,见表 4-29。表中,f_{cw} 为行车道宽度对隧道通行能力的修正系数,f_{sw} 为路肩宽度对隧道通行能力的修正系数,f_{HV} 为绝对交通组成对隧道通行能力的修正系数,根据相关计算公式和规定取值。综合表 4-27 和表 4-29，得到表 4-30。

隧道工程概况表 表 4-26

项目	单位	右洞		左洞	
车道数/车道宽/隧道设计车速	个/m/(km/h)	3/3.75/80		3/3.75/80	
进/出口设计高程	m	−2.90/−9.0		−2.76/−9.47	
隧道净空断面积/当量直径/长度	m^2/m/m	97.94/10.10/5 964		97.94/10.10/5 956	
纵坡(行车方向)		坡度	长度	坡度	长度
		$i_1=-2.8\%$	$L_1=1\,624m$	$i_1=+2.8\%$	$L_1=1\,640m$
		$i_2=-2.5\%$	$L_2=800m$	$i_2=+2.5\%$	$L_2=800m$
		$i_3=+0.549\%$	$L_3=1\,800m$	$i_3=-0.549\%$	$L_3=1\,800m$
		$i_4=+3.0\%$	$L_4=1\,000m$	$i_4=-3.0\%$	$L_4=1\,000m$
		$i_5=+2.5\%$	$L_5=450m$	$i_5=-2.5\%$	$L_5=450m$
		$i_6=+3.0\%$	$L_6=290m$	$i_6=-3.0\%$	$L_6=266m$

工程可行性研究报告提供的预测交通量表 表 4-27

年份		2010 年	2020 年	2030 年
日交通量	当量小客车(辆/d)/ 绝对数(veh/d)	37 531/22 757	64 651/40 546	94 550/ 60 721
高峰小时交通量	左洞/右洞绝对数(veh/h)	956/1 161	1 662/2 027	2 339/2 863

工程可行性研究报告提供的预测交通组成表(绝对车型) 表 4-28

车型	汽油车						柴油车							
	小客	中客	大客	小货	中货	合计	中客	大客	小货	中货	大货	拖挂	集装	合计
2010 年	35.5%	9.5%	2.1%	9.5%	2.6%	59.2%	4.1%	5.0%	9.5%	6.0%	6.9%	1.4%	7.9%	40.8%
2020 年	41.4%	9.2%	2.2%	8.9%	2.0%	63.7%	4.0%	5.0%	8.9%	4.7%	5.6%	1.1%	7.0%	36.3%
2030 年	46.1%	8.5%	2.1%	8.4%	1.7%	66.8%	3.7%	4.8%	8.4%	3.9%	4.8%	0.9%	6.7%	33.2%

该隧道实际通行能力计算表(绝对车型) 表 4-29

服务水平等级	最大服务交通量 V (辆/h)	2010 年				2020 年				2030 年			
		通行能力修正系数			实际通行能力(辆/h)	通行能力修正系数			实际通行能力(辆/h)	通行能力修正系数			实际通行能力(辆/h)
		f_{cw}	f_{sw}	f_{HV}		f_{cw}	f_{sw}	f_{HV}		f_{cw}	f_{sw}	f_{HV}	
一级	1 500	1	0.96	0.50	720	1	0.96	0.53	763	1	0.96	0.54	778
二级	3 600	1	0.96	0.50	1 728	1	0.96	0.53	1 832	1	0.96	0.54	1 866
三级	4 500	1	0.96	0.50	2 160	1	0.96	0.53	2 290	1	0.96	0.54	2 333
四级	6 000	1	0.96	0.50	2 880	1	0.96	0.53	3 053	1	0.96	0.54	3 110

该隧道各设计目标年份可能的服务等级 表 4-30

服务水平等级	2010年		2020年		2030年	
	实际通行能力（辆/h）	隧道可能的交通量（辆/h）	实际通行能力（辆/h）	隧道可能的交通量（辆/h）	实际通行能力（辆/h）	隧道可能的交通量（辆/h）
一级	720	左洞：956 右洞：1 161	763	左洞：1 662 右洞：2 027	778	左洞：2 339 右洞：2 863
二级	1 728		1 832		1 866	
三级	2 160		2 290		2 333	
四级	2 880		3 053		3 110	
通风设计等级	预测交通量完全满足二级服务水平隧道通行能力，近期通风可按二级服务水平设计		左洞预测交通量满足二级服务水平隧道通行能力，右洞的接近三级；中期左右洞通风可按三级或者四级服务水平设计		左洞预测交通量基本接近三级服务水平隧道通行能力，右洞的接近四级，远期左右洞通风可按四级服务水平设计	

(4)不同计算方法的隧道计算需风量

通过全面计算，该工程“稀释烟雾的需风量 $Q_{req(VI)}$”为隧道最大需风量，因此，可设 $Q_r = Q_{req(VI)}$。从表 4-31 和表 4-32 可以看出，对于相同的计算车速，两种计算方法的结果相差较大。

按规范计算方法的隧道需风量 Q_{req}(VI) (m^3/s) 表 4-31

项目	左洞						右洞					
计算车速(km/h)	30	40	50	60	70	80	30	40	50	60	70	80
2010年	368	369	488	406	487	585	428	422	548	457	539	653
2020年	482	485	640	533	639	768	564	556	722	602	710	861
2030年	539	541	714	595	713	858	633	623	809	675	796	965

基于公路服务水平分级计算方法的隧道需风量 Q_{req}(VI) (m^3/s) 表 4-32

项目	左洞								右洞							
服务等级	二级		三级			四级			二级		三级			四级		
计算车速(km/h)	70	65	65	60	55	50	45	40	70	65	65	60	55	50	45	40
2010年	573	504							634	562						
2020年	752	662							755	669	691	602	602			
2030年	670	589	690	596	596				610	541	631	550	550	562	430	416

(5)隧道通风方式选择

隧道采用什么样的通风方式，最终由隧道计算需风量决定；隧道通风的摩擦阻力，与风量的二次方成正比；若隧道采用大型轴流风机通风，则风机的功率与风量的三次方成正比。可见，隧道需风量计算合理与否，直接关系到隧道运营通风系统的可靠性和经济性。

4.5 风机选型与布设

通风机是依靠输入的机械能提高气体压力并排送气体的机械，它是一种从动的流体机械。从能量观点看，它是把原动机的机械能转变为气体能量的一种机械。通风机广泛用于工厂、矿井、隧道、冷却塔、车辆、船舶和建筑物的通风、排尘和冷却，通风机的工作原理与透平压缩机基本相同，只是由于气体流速较低，压力变化不大，一般不需要考虑气体比容的变化，即把气体作为不可压缩流体处理。

通风机历史悠久，我国在公元前就已制造出简单的木制砻谷风车，它的作用原理与现代离心通风机基本相同。1862 年，英国的圭贝尔发明离心通风机，其叶轮、机壳为同心圆型，机壳用砖制，木制叶轮采用后向直叶片，效率仅为 40%左右，主要用于矿山通风；1880 年，人们设计出用于矿井排送风的蜗形机壳和后向弯曲叶片的离心通风机，结构已比较完善了；1892 年法国研制成横流通风机；1898 年，爱尔兰人设计出前向叶片的西罗柯式离心通风机，并为各国所广泛采用；19 世纪，轴流通风机已应用于矿井通风和冶金工业的鼓风，但其压力仅为 100～300Pa，但效率仅为 15%～25%，直到 20 世纪 40 年代以后才得到较快的发展。1935 年，德国首先采用轴流等压通风机为锅炉通风和引风；1948 年，丹麦制成运行中动叶可调的轴流通风机；此外，旋轴流通风机、子午加速轴流通风机、斜流通风机和横流通风机也都获得了较快发展。

4.5.1 风机选型

1)风机的分类

风机按所产生的风压高低分类，在标准进气状态下，风机的全压小于 15kPa 的称为通风机；风机的出口表压力在 1.5kPa～0.2MPa 之间的称为鼓风机；而风机的出口表压力大于 0.2MPa 的为压缩机。

通风机又可按所产生的风压大小分为：

(1)低压离心通风机：在标准进气状态下，通风机的全压小于 1kPa 的离心通风机。

(2)中压离心通风机:在标准进气状态下,通风机的全压在1～3kPa之间的离心通风机。

(3)高压离心通风机:在标准进气状态下,通风机的全压介于3～15kPa之间的离心通风机。

(4)低压轴流通风机:在标准进气状态下,通风机的全压小于0.5kPa的轴流通风机。

(5)高压轴流通风机:在标准进气状态下,通风机的全压介于0.5～15kPa之间的轴流通风机。

通风机按气流在风机叶轮中的运动方向分为:

(1)轴流式通风机:在轴向剖面上,气流在叶轮流道中沿大致平行于通风机旋转轴的方向流动。

(2)离心式通风机:在轴向剖面上,气流在叶轮流道中沿大致垂直于通风机旋转轴的方向流动,也称为径流式通风机。

(3)混流式通风机:它的情况介于前二者之间,其气体流动方向与通风机旋转轴成某一角度,也称斜流式通风机。

通风机也可按其使用用途分类,例如引风机、纺织风机、烧结风机、消防排烟风机、排尘风机等。

2)通风机的特性参数

通风机的性能参数主要有流量、压力、功率,效率和转速。另外,噪声和振动的大小也是通风机的主要技术指标。流量也称风量,以单位时间内流经通风机的气体体积表示;压力也称风压,是指气体在通风机内压力升高值,有静压、动压和全压之分;功率是指通风机的输入功率,即轴功率。通风机有效功率与轴功率之比称为效率。通风机全压效率可达90%。

3)通风机选型方法

通风机选型主要包括选择通风机的种类、通风机的型号、通风机的联合运转方式以及通风机的机号、转速和叶片安装角度等。在满足通风要求时,工作效率较高的通风机即是合理的通风机。通风机选择的依据是隧道的通风阻力要求的通风量以及其它的隧道条件。公路隧道运营通风机械可采用轴流风机、射流风机,也可以采用静电吸尘装置。

通风机选型步骤如下:

(1)根据离心式和轴流通风机的优缺点(表4-33)选择通风机的种类

选择通风机时,要着重把握离心式和轴流通风机的优缺点,结合隧道通风条件和要求进行具体分析和计算,应达到安全、可靠、方便、经济、高效、节能的要求。

离心式和轴流通风机的优缺点比较表　表 4-33

比较项目		离心式风机	轴流风机
结构	优点	结构简单、造价低、维护方便、坚固耐用、运行可靠等	体积小、质量轻、动轮直径小、转速高、可与电动机直接相连等
	缺点	动轮直径大,机体大,转速低,一般不能与高速电机直接相连	结构复杂、故障多、各部件均装在机壳内部检修不方便,噪声大
性能		风机特性曲线比较平缓,当风量变化,风压变化不大,适合于阻力变化小而要求风量变化大的隧道中	风机特性曲线的工作段比较陡斜,当风量有较小变化时会引起风压较大变化,适合于阻力变化大而要求风量变化小的隧道中
性能调节		通过改变前导叶的角度和转速调节性能,调节不方便并且调节幅度小	可通过改变叶片安装角度和转速调节性能,调节简单、经济,调节幅度大

(2)根据通风机的类型特性曲线选择通风机的型号

隧道通风机型号选择是通风机选型的关键。同一种的通风机,按照叶轮和前导器的形式、叶片的安装角度不同可分成多种型号。每一种型号的通风机的特性均可以通过它的类型特性曲线来描述,不同类型的通风机的特性曲线不同,其中区别最大的是合理的工况点的范围,主要是通风量和通风压力的范围不同。选择通风机型号的实质就是选择特性曲线适宜的通风机型号,使得该型号的通风机的工况点既能满足隧道通风量的要求,又能落在合理的范围内,使得通风机运转高效、节能。

(3)根据通风机的个性特征曲线选择通风机的机号

选择机号主要依据隧道需风量。对于同一种类型的通风机,按照叶轮直径的大小又分为不同的规格,即通风机的机号。在通风机类型选定以后,就能保证通风机的效率能够满足要求的范围,为了使风机具有一个更加理想的工况点,发挥更好的效率,需要选择合适的叶轮直径,即合理通风机机号的确定。

(4)根据隧道需风量要求,选择是否采用多机并联运转

在隧道通风阻力小、要求的隧道需风量大时,单台通风机不能满足满足隧道通风要求,采用多机并联效果较好,两台通风机并联运转一般可比单机通风量增大70%左右。随着并联运转风机台数的增多,风量增加效果呈降低趋势,一般以2～3台为宜。并联运转的风机型号从选型、管理与维护角度考虑一般采用同一型号。

(5)射流风机的选型

射流风机应选择具有消音装置且可逆转的公路隧道专用风机,宜选用大推力

射流风机，并满足下列要求：①对于双向交通隧道，逆转反向风量大于正转风量的70％，单向交通隧道可不做此要求，特殊情况下，射流风机的逆转反向风量达到正转风量的95％；②当隧道内发生火灾时，在环境温度250℃情况下，射流风机应能正常可靠运行60min；③在野外距风机出口10m且45°处测量射流风机的噪声级应小于77 dB(A)；④射流风机电机防护等级应不低于IP55。

(6)静电吸尘装置的选型

静电吸尘装置的选型主要是集尘元件的选择，一般考虑通用性、兼容性、便清洗性，保持静电吸尘装置的集尘性能。

4.5.2 风机布设

轴流风机宜并联设置，每一通风系统一般设置2～3台，当安装面积不大时，一般采用立式轴流风机，如果没有安装面积上的限制，或是需要大型大输出机型时，则可采用卧式轴流风机。

射流风机应设置于建筑限界以外15～20cm处，风机轴线与隧道轴线平行。设置方法宜采用固定式或悬吊式，支承风机的结构强度应保证在实际静荷载的15倍以上，风机安装前应作支承结构的载荷试验。同一断面上射流风机设置数量应视隧道断面形状、大小而定。射流风机纵向布置及设置间距应综合考虑风机效率、交通通风力的利用、火灾对策、经济性等因素。

静电吸尘装置的设置方式主要有旁路式和设置于隧道上部的天花板式。旁路式是与集尘设备有关的所有机器都被设置于与隧道车行道分开建设的另一条旁路隧道中，其结构可以集中配置大量的静电吸尘装置。天花板式是集尘器与集尘风扇配置在隧道上方，置于辅机、控制盘类内另行配置于隧道上方天花板外的其它位置。此种设置方法不便于机器搬入搬出，管理复杂，一般只有大截面隧道上部空间足够利用时采用，如盾构隧道类难以与车行隧道分开来建设一条旁路隧道的场合。

4.5.3 土壤净化法

土壤净化法是一种生态型空气污染处理新技术，其实质是按照仿生学的原理对于自然界恢复能力和自进化能力的强化，是人与自然和谐相处的一种治污思路，其可用于城市隧道的空气质量改善与毗邻公路隧道出口污风串流的减少，是近年来环境保护领域的热门课题之一。

日本的土壤净化系统主要关注了对氮氧化合物(NO_x)的处理。该法是将污染空气由引风机经通气区进入土壤层，其间注入臭氧使一氧化氮(NO)氧化成二氧化氮(NO_2)。然后，将气体通入土壤，经土壤颗粒表面吸附、土壤水溶解、土壤微生物代谢以及植物吸收而得到净化。该法在去除氮氧化合物(NO_x)的同时，还能去除 SPM、CO、苯等污染物。与机械式的低浓度脱氮技术不同，土壤净化法易于管理，处理过程中不产生废气物，同时还能长期运行(至少 7 年)。在日本，土壤净化系统应用的场所主要有：隧道、道路沿线、下穿道、地下停车场。

土壤净化系统主要关注了对氮氧化合物(NO_x)的净化，采用了臭氧灭菌与氧化、土壤自然净化、植物吸收，其原理如下：

①臭氧杀灭与氧化：通过臭氧将污染空气中含有的有害菌类杀灭，同时将 NO_x 氧化成 NO_2。

②土壤吸附和植物吸附：NO_2 等能被捕捉在土壤粒子表面，溶解于土壤水分中生成 NO_3^-、NO_2^-，NO_3^- 等可作为土壤微生物和植物的营养组分被吸收。

③土壤微生物代谢(吸收与分解)：土壤中的硝化菌、反硝化菌的代谢转换作用可将土壤中的 NO_3^-、NO_2^- 转化生成土壤有机物，以及生物还原转化，分解脱氮，使得最后排除的是无害 N_2。

(1)土壤净化系统构成

土壤净化系统由 PC 管、风机、空气混合室、土壤柱、变频器、仪器、电脑构成，见图 4-19。

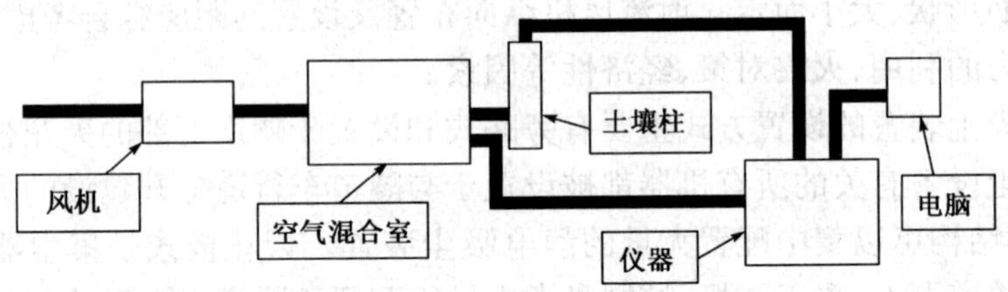

图 4-19　土壤净化系统构成图

(2)土壤净化系统布设

土壤净化系统一般布设于隧道群中相邻两个隧道的进、出口之间，防止两个隧道的废弃串流，具体设置位置一般由模拟试验确定。

(3)土壤净化系统选型

土壤净化系统主要依靠微生物的作用来去除气体中的污染物，微生物的活性决定了系统的性能，因此土壤净化系统的选型主要考虑影响微生物生长的因素，包括填料的选择、填料内的温度、填料的 pH 值、补充给微生物的营养物质、填料的湿度、填料内的氧气含量和需要处理的污染物浓度等。

理想填料应具有的性质：最佳的微生物生长环境、较大的比表面积、一定的结构强度、高水分持留能力、高孔隙率、较低的体密度。常用的土壤净化系统填料有泥炭、高肥力的土壤、堆肥和黑土等，可加入木屑、稻草等作为碳源并同时提高间隙率。填料的湿度是保持生物过滤器最佳性能的最重要参数，对于堆肥水分宜保持在30％～60％，对憎水性的待处理气体水分保持在40％左右，对亲水性的气体水分保持在60％或者更多。选择合适的填料压降，对于堆肥为填料的土壤净化系统，要间断地对填料进行搅拌。作为土壤净化系统的填料要求有比较大的表面积，通常需要在填料中添加木屑或者其他无机质，如珍珠岩、陶粒、多孔陶瓷等。大部分的土壤净化系统都是利用嗜温菌来降解有机废气，嗜温菌的活动温度范围一般在15°～40°为宜。填料的pH值保持在6～8之间为宜，可保持微生物的良好活性。土壤净化系统应在平稳工作期要采取措施始终保持填料内有适量的氧气。对于填料间隙率的选择主要受进气流量、进气浓度、进气湿度、进气温度和填料内的生物群的种类和数量等。土壤净化系统的规模必须与进气流量和进气浓度相适应，不能超过土壤净化系统极限处理值。

4.5.4 风机发展趋势

随着科学技术的不断发展，人们对风机使用的要求也愈来愈高，就目前国内外风机技术发展趋势而言，将朝着风机容量不断增大、高效化、高速小型化和低噪声方向发展。

(1)大型风机容量增大化

随着各种工业装置规模的大型化，需要的各类风机的容量也在不断增加，大机号的风机在未来几年的市场中将会有所增加。

(2)高效化

为提高效率，三元流动叶轮已在通风机中得到越来越广泛的应用，其他的如斜流风机等特殊用途的风机发展将会更有市场。

(3)高速小型化

各类风机采用三元流动叶轮后，在提高效率的同时，压力也可提高，所以在同等条件下，叶轮外径可减少10％～30％，这样就取得缩小体积和减轻重量的明显效果。提高转速也是风机小型化的重要途径之一。

(4)低噪声化

风机的噪声是工业生产中噪声污染的最主要来源之一，风机大型化和高速化使噪声问题更加突出。对低频噪声，风机主要通过改进风机结构设计，降低本体噪声，若达不到要求，可采取加装消声器等措施。

总体来说，通风机未来的发展将进一步提高通风机的气动效率、装置效率和使用效率，以降低电能消耗；高效率风机代替低效率风机；降低通风机噪声；提高排烟、排尘通风机叶轮和机壳的耐磨性。

第5章　散射光光源照明节能设计

光源选择是节能的重要途径之一。隧道照明光源有球型发光(即散射光光源)与定向发光(如LED照明光源、光钎照明)两种类型。本章主要论述隧道照明需要解决的问题,即如何进行隧道照明段落划分,以便于驾驶者适应隧道内外光强度的变化,研究隧道照明标准的发展与变化以及照明光源的选择方法与经济性比较。

5.1　隧道照明系统

5.1.1　隧道照明的必要性

20世纪50年代中期以前,隧道照明技术一直不为人们所注意。50年代中期起,由于隧道交通量日增,车速也迅速提高,行车安全逐渐成为一个问题并日趋突出,人们开始认识到在隧道里随意、简单地安装一些灯,并不能解决问题。在车辆驶到离隧道洞口不远处时,驾驶者所见仍只是黑乎乎的一片,无法发觉并辨明隧道洞口处的障碍物。1957年英国J. M. Waldram首先指出该现象的危险性和严重性,并着手对之进行研究,且形象地称之为"黑洞现象"。而在隧道出口附近,驾驶员突然面对一个明亮的洞口,就会产生"白洞效应",白洞效应的结果是使洞口附近前车背后的小型车常难以发现、视认,容易发生车祸。此外,由于隧道是半封闭体,驾驶员在隧道内行驶有恐惧感,因此在隧道入口外一般都会减速,然后加速,这两个现象也被挪威等国家的研究成果,以及作者对国内部分隧道1 003个驾驶员的调查及重庆—成都的高速公路中梁山隧道、缙云山隧道的车速调查所证实。因此,隧道照明主要解决以下3个方面的问题:

(1)进出隧道的视觉适应性

解决黑洞效应与白洞效应问题,其基本原理是使驾驶员视觉的动态适应性曲线尽量与洞内外亮度的变化曲线相匹配,减小或消除驾驶员对隧道内外道路因光线的明暗而引起的视觉上的差异,目的是确保在白天和夜间行驶的车辆能够以设计速度安全地接近、穿越隧道,且驾乘人员具有的安全度和舒适程度应不亚于与隧道毗连的明线路段。

(2)隧道内安全行车的基本亮度需求

虽然隧道内行车宽度与明线路段相同,但由于不像明线路段全线设有紧急停车带,空间狭窄,故车辆为躲避路面障碍物而碰撞隧道墙壁、追尾等事故时有发生,甚至造成火灾。因此,设置隧道照明,有利于驾驶人员看清路面障碍物,保证行车安全。

(3)减少驾驶员在隧道内行车的心理压抑感

通过隧道照明,使驾驶员明了周围的行车环境,提高行车安全感。

5.1.2　隧道照明段落的划分

驾驶员白天在隧道内行驶的视觉变化特性,是隧道照明段落划分需要考虑的主要因素。国内外隧道照明段落划分,都是以 CIE 适应曲线 $L_{tr}=L_{th}(1.9+t)^{-1.4}$ 作为过渡段亮度与长度划分的依据,亮度级差越大,所需要的视觉适应时间越长,那么在速度确定的前提下,驾驶员的视觉系统处于变化状态下的行驶距离越长。因此,隧道照明定义为五个照明段,如图 5-1、图 5-2 所示。

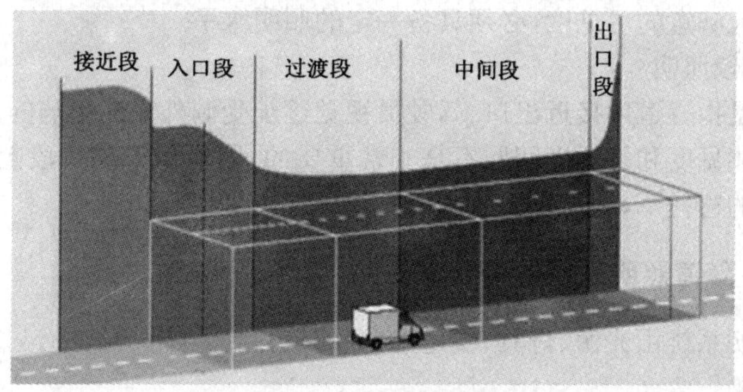

图 5-1　隧道照明段落划分图

(1)接近段照明

接近段是指与隧道入口相连的路段,在该路段上正在接近隧道洞口的驾驶员必须能够看到隧道内。从接近段路段来看,有几种因素影响隧道内路面的能见度,其中包括入口段上的照明不足使驾驶员在接近段的位置看道路上的物体时,由于大气的漫射光减小洞内外道路上物体的亮度差,造成一种令人一时模糊看不清的眩光。

图 5-2　隧道需要照明区域图

(2)入口段照明

入口段是进入隧道口后的第一段。入口段的照明应根据洞外驶近隧道洞口驾驶员的视觉对光线反应情况来确定，同时还取决于接近段的亮度状况。入口段的长度取决于设计的车辆行驶最大速度，且与该速度所对应的停车视距相等。这是因为在入口段的远端必须提供衬托观察物体的背景，使驾驶员从这个停车视距到进入隧道能看清楚这些物体。

(3)过渡段照明

过渡段是隧道内紧接入口段的一段。入口段末端及过渡段的照明强度降低到中间段的照明水平。这种变化逐级完成，以便于驾驶员有足以适应较低亮度的时间。过渡段长度根据设计的最大车速而定，且过渡段上的照明水平与入口段末端和中间段上的照明水平是有区别的。现行《公路隧道通风照明设计规范》中，过渡段分别由过渡段 1、过渡段 2 和过渡段 3 构成。

(4)中间段照明

中间段是在前进方向紧接过渡段洞内端的一段。中间段全段内的照明强度通常都保持在一个恒定不变的水平上。根据行车速度，不允许过渡段上的照明亮度逐步减小而导致达到中间段属低亮度水平的完全黑暗状况，因此，在白天为使中间段上具有令人满意的可见度，必须具备一定的照明水平。

(5)出口段照明

出口段是指隧道内接近出口、驾驶员视觉逐步受洞外光线影响的一段。白天，出口段有关能见度和舒适度问题不是非常重要的，因为位于出口段上的物体在出口明亮背景的衬托下，会显示出清晰的轮廓。

5.1.3 隧道照明系统的构成

隧道照明系统由光源、灯具、隧道墙壁和隧道路面 4 部分组成。

(1)光源

目前常用的隧道照明光源有高压钠灯、荧光灯、(金属、陶瓷)卤化物灯、LVD 灯等，LED 灯作为新型光源也开始在隧道中得到应用。光源与灯具形成主动发光体，不同的产品，其配光曲线、色温、显色指数、每瓦发光效率不同，因此节能效果与照明效果也不同。

(2)灯具

灯具对照明效果的影响很大，主要体现在灯具的反射特性，包括反射率和形成的光斑，光斑的大小、形状直接影响照明的均匀度。

(3)隧道墙壁

隧道墙壁的反射性对照明效果影响很大。目前，部分隧道墙壁已开始应用装饰材料。隧道墙壁装饰有利于通风与照明。综合考虑，隧道装饰材料应满足反射强、无眩光、吸能好、成本低、便于清洗的要求。

(4)路面

调查表明,隧道内铺筑沥青路面的事故率低于铺筑混凝土路面的,因此,铺筑沥青路面有利于隧道交通安全,但沥青路面反射率低,亮度与照度换算系数为15～22lx/(cd·m^{-2}),混凝土路面反射率高,亮度与照度换算系数为10～13lx/(cd·m^{-2}),前者比后者高37.8%,也就是说,照明投资和能耗多37.8%以上。

5.2 设计参数

公路隧道照明设计参数,包括坡度(S,%)、净宽(W,m)、长度(L,m)、路面反射性能(F,以亮度与照度的换算系数表示)、墙面反射性能(F_q,以亮度与照度的换算系数表示)(统称隧道土建特性参数),洞外亮度(L_{20})(环境参数),设计期末高峰小时交通量(Q,辆/h)、设计速度(V,km/h)、交通组织(单向交通或双向交通)(统称交通参数),光源的光效(E,lm/W)、每盏灯的功率(P,W)和灯具利用系数(N)(统称隧道照明灯参数),以及维护系数(养护管理参数)5个方面。设计参数取值不合理,是造成目前我国公路隧道负荷率仅10%～30%、能源浪费的主要原因之一。本节主要分析照明设计的一些主要参数对节能的影响。

5.2.1 基本概念

(1)光通量

光通量是光源在单位时间内发出的光量,也即辐射功率(或辐射通量)能够被人眼视觉系统所感受到的那部分有效当量。光通量的符号为Φ,单位为流明(lm)。根据光谱辐射通量$\Phi(\lambda)$,由下式可确定光通量。

$$\Phi = K_m \int_{380}^{780} \Phi(\lambda) \cdot V(\lambda) \mathrm{d}\lambda \tag{5-1}$$

式中:$V(\lambda)$——相对光谱光视效率;

K_m——辐射的光谱光视效能的最大值,lm/W,1977年国际计量委员会确定其值为683lm/W($\lambda_m=555$nm)。

(2)光强度

光源在给定方向上的发光强度是该光源在该方向的立体角元dΩ内传输的光通量dΦ除以该立体角元之商,即

$$I = \frac{\mathrm{d}\Phi}{\mathrm{d}\Omega} \tag{5-2}$$

发光强度的单位是坎德拉(cd),1cd=1lm/sr。空间各个方向的光强之和就是光通量。

(3)光亮度

光源发光表面上某一点处的亮度是该面元 dS 在给定方向上的发光强度除以该面元在垂直于给定方向的平面上的正投影面积之商(cd/m^2),即

$$L=\frac{dI}{dS \cdot \cos\theta} \tag{5-3}$$

(4)光照度

表面上一点的照度是入射在包含该点面元上的光通量 $d\Phi$ 除以该面元面积 dS 之商。即

$$E=\frac{d\Phi}{dS} \tag{5-4}$$

光照度的单位为勒克斯(lx),$1lx=1lm/m^2$。

(5)显色性

太阳光和白炽灯均辐射连续光谱,在可见光的波长(380~760nm)范围内,包含着红、橙、黄、绿、青、兰、紫等各种色光。物体在太阳光和白炽灯的照射下显示出它的真实颜色,但当物体在非连续光谱的气体放电灯的照射下,颜色就会有不同程度的失真。光源对物体真实颜色的呈现程度称为光源的显色性。

为了对光源的显色性进行定量的评价,引入显色指数的概念。以标准光源为准,将其显色指数定为 100,其余光源的显色指数均低于 100。显色指数用 Ra 表示,Ra 值越大,光源的显色性越好。

(6)色温

光源色温、照度的高低变化及组成,不但影响人的视觉偏好,进而影响空间的氛围。且在不同照度的环境下,应运用不同色温的光源,才能获得舒适的照明效果。

将一标准黑体加热,温度升高到一定程度时,颜色开始由深红-浅红-橙黄-白-蓝逐渐改变,某光源与黑体的颜色相同时,我们将黑体当时的绝对温度称为该光源之色温,其以绝对温度 K 来表示(表 5-1)。

不同光源环境的相关色温度 表 5-1

光　源	色　温	光　源	色　温
北方晴空	8 000~8 500K	高压汞灯	3 450~3 750K
阴天	6 500~7 500K	暖色荧光灯	2 500~3 000K
夏日正午阳光	5 500K	卤素灯	3 000K
金属卤化物灯	4 000~4 600K	钨丝灯	2 700K
下午日光	4 000K	高压钠灯	1 950~2 250K
冷色荧光灯	4 000~5 000K	蜡烛光	2 000K

光源色温不同,驾驶者的心情也不同,不同环境的色温及色温与驾驶者心情的关系分别如表 5-2 所示。

色温、照度与驾驶者心情的关系　　表 5-2

照度(lm)	暖色<3 300	中间色 3 300～5000	冷色>5 000
<500	舒适	自然	清冷
500～2 000	刺激	舒适	自然
>2 000	闷热	刺激	舒适

5.2.2　洞外亮度 L_{20}

洞外亮度 $L_{20}(S)$是指在接近段起点 S 处，距地面 1.5m 高正对洞口方向 20°视场实测得到的平均亮度。CIE 规定，对建设地全年的 $L_{20}(S)$从大到小进行排序，以第 75 个测试值作为 L_{20}。

隧道内各段照明除与设计车速有关外，更重要的是入口段亮度 L_{th}、过渡段亮度 L_{tr}。如果入口段 L_{th}、过渡段 L_{tr}的取值过低，路面和隧道侧壁下部的亮度不够，路面上亮度分布的均匀度不好，则会直接影响进洞车辆驾驶人员的安全性和舒适性；如果入口段 L_{th}和过渡段 L_{tr}取值过高，则会对隧道营运照明造成不必要的浪费。而洞外亮度 L_{20}的大小，则直接决定了入口段与过渡段的照明设施配置与运营费用的大小，对工程投资和营运电费都有极大的影响。我国的相关规范规定，可采用黑度法进行 L_{20}测定，以确定入口段与过渡段的亮度标准，在 CIE2004 版的《隧道与地下通道照明准则》中则建议采用光幕亮度法确定入口段亮度。2005 年 10 月，Jim Degnan，P. E. 在 Roads and Bridges 上发表了《Lighting Mountains》，文中对俄勒冈州几十条隧道照明系统的改造做了详细的论述。在改造中，俄勒冈州利用 IES 提出的 L_{seq}(等效光幕亮度)的方法来确定入口段的亮度，结果表明，它比用 L_{20}确定的所需亮度低。日本东京湾海底隧道曾于设计中做过详细比较，在其他条件(包括车速)相同的情况下，如 $L_{20}(S)$分别设定为 4 000cd/m^2 与 6 000cd/m^2，则设备费相差 34%，年耗电量相差达 30%。因此，照明设计应在洞口土建工程完工时进行洞外亮度实测，实测值与设计值的误差如超出±25%，应调整照明系统的设计。

可采取合适的减光措施降低洞外亮度实现节能。挪威的研究结果表明，植树和灌木可降低洞口亮度值 5%～7%，洞门外表作成深暗颜色可降低亮度 5%～7%，洞门外至少一个停车视距长的路面(约 100～150m)采用黑暗的颜色可降低亮度 12%～27%。

2005～2007 年，重庆交通科研设计院分别对福建、重庆、广东、贵州地区的部分隧道进行了洞外亮度的实际测量，结果发现，隧道洞外亮度 $L_{20}(S)$ 一般不超过

4 000cd/m^2。因此，设计中 $L_{20}(S)$ 一般不宜大于 4 000cd/m^2。

5.2.3 设计速度

(1)设计车速与费用

计算行车速度在公路隧道照明中是个极为敏感的参数，对整个照明系统的投资与营运电费影响很大。日本东京湾海底隧道曾做过详细比较，如其他参数相同，仅是车速由 80km/h 提高到 100km/h，其结果照明设备费提高 60%～61%，营运电耗提高 63%～66%。

俄罗斯、日本等国曾做过现场实测，车辆进入洞口前会很自然地降速，速度普遍下降 30%左右，进洞后再行回升。作者 2003 年对重庆成渝高速公路中梁山隧道、缙云山隧道的调查也证实了上述结论。这一现象对隧道照明影响较大，故 PIARC1995 报告建议，凡通行货车的公路隧道，计算行车速度不超过 80km/h。因此，在选用计算行车速度时应慎重。

(2)设计车速与安全

美国运输部关于行车速度及速度限制的交通安全研究综合报告指出：交通事故发生几率或交通事故严重程度，通常会随着限速值的降低而减小，反之，随着限速值的提高而增加；车速每增加 1km/h，交通事故的数量增加约 3%，交通事故造成的后果通常会更严重(图 5-3)，在高速公路上这一现象更为明显(表 5-3)。

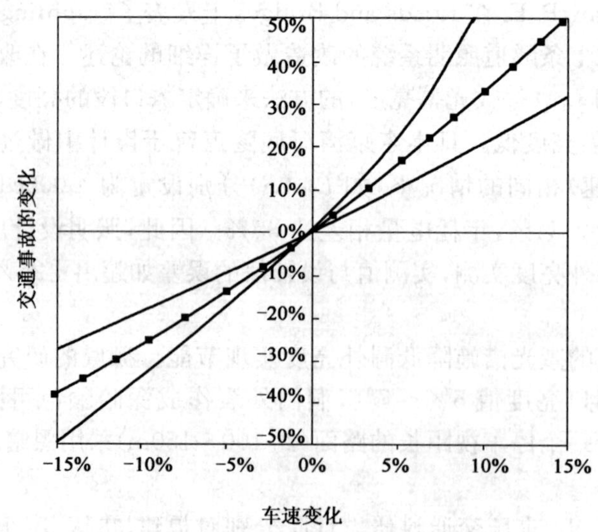

图 5-3 车速变化对交通事故的影响

限速值对交通事故的影响　　表 5-3

参考文献	国家及地区	限速变化情况	对速度和事故的影响	参考文献	国家及地区	限速变化情况	对速度和事故的影响
		限速值降低				限速值增加	
Nilsson 1990	瑞典	110km/h 到 90km/h	速度降低 14km/h，死亡事故下降 21%	Streff、Schultz 1991	美国密歇根州	89km/h 到 105km/h	乡间高速公路死亡和伤害事故明显增加
Engel 1990	丹麦	60km/h 到 50km/h	死亡事故下降 24%伤害事故下降 9%	Pant，Adhami、Niehaus	美国俄亥俄州	89km/h 到 105km/h	伤害和物损交通事故增加
Peltola	英国	100km/h 到 80km/h	速度降低 4km/h 死亡事故下降 14%	Sliogeris 1992	澳大利亚	89km/h 到 105km/h	伤害交通事故增加 25%
Sliogeris 1991	澳大利亚	110km/h 到 100km/h	伤害事故下降 19%	Lave、Elias 1996	美国 40 个州	89km/h 到 105km/h	全国范围内致死率下降 3%～5%，40 个州中有 14 个州下降明显
Finch 1994	瑞士	130km/h 到 120km/h	速度降低 5km/h 死亡事故下降 12%	Lowe Safety TaskForce 1996	美国爱荷华州	89km/h 到 105km/h	死亡交通事故增加 36%
Scharping 1994	德国	60km/h 到 50km/h	交通事故下降 20%	Parker 1992	美国密歇根州	各种增加	无明显变化
Newste、Mwllan	澳大利亚	降低 5～20km/h	无明显变化	Newstead、Mullan 1996	澳大利亚	提高 8～24km/h	事故增加 8%，限速由 60km/h 提高到 80km/h 时减少了 35%
Parker 1997	美国 11 个州	降低 5～20km/h	无明显变化	Parker 1997	美国 22 个州	提高 8～24km/h	无明显变化
Garber Grahan 1990	美国 40 个州	88km/h 到 104km/h	事故死亡人数上升 15%，有 12 个州降低或无明显变化	Mcknight Kleinang tippets 1990	美国	89km/h 到 105km/h	死亡事故增加 20%，速度增加 48%

5.2.4 设计交通量

设计交通量取值的大小,对运营费用有直接的影响。以双车道单向交通为例,根据我国《公路隧道通风照明设计规范》(JTJ 026.1—1999)(以下简称《规范》),设计交通量≥2400 辆/小时与设计交通量≤2400 辆/小时相比,入口段照明设施要多投入 40%,而入口段照明功率一般占隧道照明总功率的 40%以上。换句话说,前者比后者运营费用至少高出 16%。对于新建隧道,分期实施是解决这一问题的主要方法,应根据光源类型决定如何进行分期。对于光效发展不大的光源,分期是否合理将影响初期投资的大小、资金的利用率和空载造成的电能额外消耗,初期时间太短,会造成过早更换变压器,反之,则会造成变压器长期空载率太大,加大运营成本;对于光效发展较快的光源(光效增加的速度大于交通量增加需要照明照度增加的速度),初期时间取光源的平均寿命时间比较合理,可以最大限度地提高初期投资的利用率,减少不必要的空载,降低运营成本。

5.3 国内外照明设计标准比较

5.3.1 国内标准

《规范》将照明段落分为引入段、入口段、过渡段、中间段与出口段 5 个段落。入口段亮度取决于洞外亮度与折减系数,过渡段的长度和亮度则以 CIE 的视觉适应曲线 $L_{tr} = L_{th}(1.9+t)^{-1.4}$ 为依据,其中 t 为车辆从过渡段开始所经历的行驶时间。TR_1、TR_2、TR_3 三个过渡照明段的亮度比例按 3∶1∶0.35 划分,入口段折减系数与中间段亮度要求如表 5-4、表 5-5 所示。

入口段亮度折减系数 表 5-4

设计交通量 N(辆/h)		k			
		计算行车速度 v_t(km/h)			
双车道单向交通	双车道双向交通	100	80	60	40
≥2 400	≥1 300	0.045	0.035	0.022	0.012
≤700	≤360	0.035	0.025	0.015	0.01

注:当交通量为其中间值时,按内插考虑。

中间段亮度 L_{in} 表 5-5

计算行车速度 v_t(km/h)	L_{in}(cd/m²)	
	双车道单向交通 $N>2400$ 辆/h 双车道双向交通 $N>1300$ 辆/h	双车道单向交通 $N\leqslant 700$ 辆/h 双车道双向交通 $N\leqslant 360$ 辆/h
100	9.0	4
80	4.5	2
60	2.5	1.5
40	1.5	1.5

注:当双车道单向交通满足 700 辆/h$<N\leqslant$2400 辆/h,双向交通 360 辆/h$<N\leqslant$1300 辆/h,且通过隧道的行车时间超过 135s 时,可按本表的 80%取值。人车混合通行的隧道,中间段亮度不得低于 2.5cd/m²。

5.3.2 CIE 标准

CIE 在 2004 年对《公路隧道与地道照明准则 NO. 26/2,1990》做了修正,并出版了修正报告,以下简称 CIE2004,这里主要介绍其与 CIE 88—1990 的变化。

1)入口段照明

建议将来使用光幕亮度法。这种改变能比以前的文件更精确地决定隧道入口处的亮度,特别适应于缺乏标准的隧道。入口段亮度折减系数 k 的取值如表 5-6 所示。等效光幕亮度及入口段亮度计算如下。

CIE 中 k 的取值(E_v 是垂直照度) 表 5-6

制动距离(m)	对称配光照明系统($L/E_V\leqslant 0.2$)	逆光照明系统($L/E_V\geqslant 0.6$)
60	0.05	0.04
100	0.06	0.05
160	0.1	0.07

(1)大气层和风挡玻璃的影响

如果无实测数据,一般假设大气层的外部传播系数 τ_{atm} 为 1.0,而风挡玻璃的传播系数 τ_{ws} 为 0.8,光幕水平取值见表 5-7。

目前,可以得到决定大气层和风挡玻璃亮度的方法和量度标准,当然也有很多可以大幅度改变这些值的变量。

光幕水平 表 5-7

光幕水平	高	中	底
大气层损失(cd/m²)	300	200	100
风挡玻璃损失(cd/m²)	200	100	50

(2)L_{seq}的确定

等效光幕亮度 L_{seq} 可以直接用仪器在隧道中来测定。根据视野范围内各种表面的最高亮度来计算等效光幕亮度 L_{seq}，将会导致入口处需要很高的照明水平，建议在每年可能发生的至少 75 个白天使用这个最高亮度。

可以将隧道的洞口放在图 5-4 的中心，根据表 5-8 的角度关系，将极坐标图添加到在一个停车视距处观测到的隧道洞口图上，用图解法来测算光幕亮度。

角 度 关 系　　表 5-8

圈	中心	1	2	3	4	5	6	7	8	9
角度	2.0°	3.0°	4.0°	5.8°	8.0°	11.6°	16.6°	24.0°	36.0°	56.8°

2°外围的边缘地区细分为若干个地带，这些地带被看作是单独的发光源 i，可以在人眼的视网膜上产生等于 E_{Gli}/θ_i^2 的眩光。这些地带的大小，根据各个区域的平均亮度产生等量眩光的原则来确定。把视野范围内可见地带的光加起来，可以得到等效光幕亮度。隧道开口的中心放在表格的中点。表格的中心部分(2°)的光必须排除在计算 L_{seq} 值之外。然而，它对视网膜中央凹视力的适应性有影响。

不同地带的平均亮度应该叠加，等效光幕亮度可以通过下式计算：

$$L_{seq} = 5.1 \times 10^{-4} \sum L_{ije} \tag{5-5}$$

$$L_{ije} = (\tau_{ws} \cdot L_{ij}) + L_{ws} \tag{5-6}$$

式中：L_{seq} ——等效光幕亮度；

L_{ije} ——每个地带的亮度；

L_{ij} ——每个地带的平均亮度(在汽车外面的风挡玻璃前测试)；

L_{ws} ——风挡玻璃损失亮度，计算中经常忽略不计。

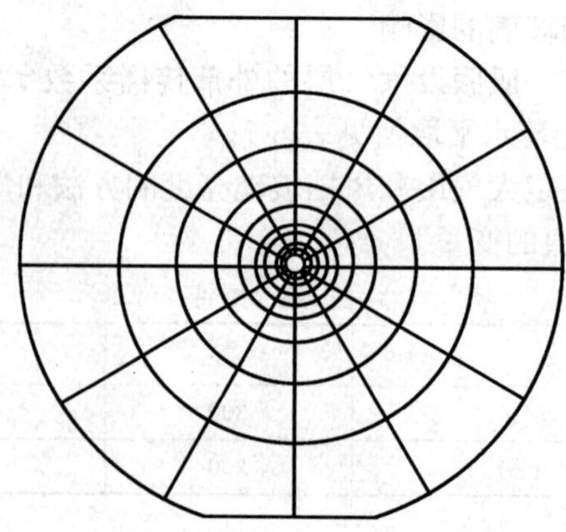

图 5-4　极坐标图表示了那些在中心产生等量眩光的地方

(3)最小亮度对比度的确定

建议把28%作为对照度的最小值。

(4)入口段亮度的计算

入口段亮度的计算公式如下：

$$L_{th} = \frac{L_m}{\frac{1}{C_m}(\frac{\rho}{\pi \cdot q_c} - 1) - 1} \tag{5-7}$$

$$L_m = \frac{\tau_{ws} \cdot L_{atm} + L_{ws} + L_{seq}}{\tau_{ws} \cdot \tau_{atm}} \tag{5-8}$$

式中：C_m——亮度对比度的最小值，其大多数是负值；

ρ——物体的反射系数，一般取0.2；

q_c——显示对比系数，$q_c = L/E_v$，对称系统里取0.2，在CBL系统里取0.6；

L_{atm}——大气层损失亮度，参考表5-7取值。

为了找到一个精确的入口段亮度值，需要进行迭代计算。选择了一个估计值q_c后，计算出相关的L_{th}，然后可以计算出真实的平均值q_c，再和估计值进行核对。

2)中间段照明

CIE2004对长隧道和特长隧道中间段的照明有了新的标准。中间段路面的平均亮度取决于停车视距和交通流量大小。特长隧道包括两个不同的附属区域：第一个附属区域有30s的行车长度，其照明强度符合普通长隧道的标准(表5-9)；第二个附属区域的亮度水平应达到特长隧道标准(表5-10)。

长隧道中间段的亮度值(cd/m^2) 表5-9

停车视距(m)	长隧道交通流量	
	低值	高值
160m	6	10
60m	3	6

特长隧道中间段第二个附属区域的亮度值(cd/m^2) 表5-10

停车视距(m)	特长隧道交通流量	
	低值	高值
160m	2.5	4.5
60m	1	2

当停车视距和交通量在上述数值的中间时，按线性内插考虑。上述表中的交通流量定义如表5-11所示。

交通流量等级划分 表 5-11

交通流量	单向交通(辆/h)	双向交通(辆/h)
高值	＞1500	＞400
低值	＜500	＜100

5.3.3 英国标准

英国 2005 年 10 月出版的《道路照明设计准则》(BS-5489-2:2003)将隧道照明等级按交通组成和交通量分为 4 类,并规定:①200m 以上的隧道应进行照明,照明设计速度不大于 102km/h;②入口段照明长度与停车距离相等,在停车距离的一半处,亮度从 L_{th}开始线性下降到 0.4L_{th}(入口照明段落的终点);③过渡段按照 CIE 视觉适应曲线过渡,台阶状递减时减少比例不宜大于 3∶1(图 5-5);④隧道墙壁照明亮度和隧道照明等级相关,是路面亮度的 25%～100%;⑤夜间照明和路段是否有照明及隧道长度相关;⑥出口段照明长度值与设计速度值相等。

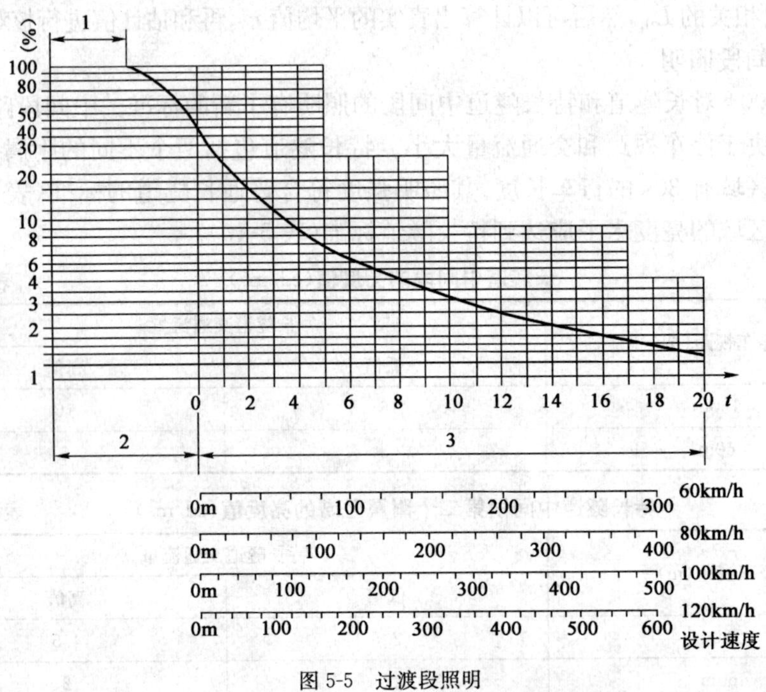

图 5-5 过渡段照明

不同设计速度时的停车距离、交通量分类、隧道照明等级、入口段折减系数、基本段亮度、墙壁照明、夜间照明的要求分别见表 5-12～表 5-18。

停 车 距 离　　表5-12

设计速度(km/h)	停车距离SD(m)	设计速度(km/h)	停车距离SD(m)
120	215	70	90
100	160	60	70
85	120	50	50

交 通 量 分 类　　表5-13

交通量类型	交通量[辆/(h·车道)]	
	单向交通	双向交通
高	＞1500	＞400
中	500～1500	100～400
低	＜500	＜100

隧 道 照 明 等 级　　表5-14

交通组成	高		中		低	
	混合交通	汽车交通	混合交通	汽车交通	混合交通	汽车交通
照明等级	4	3	3	2	2	1

入口段折减系数　　表5-15

隧道照明等级	k		
	(48～64)km/h	(80～96)km/h	102km/h
4	0.05	0.06	0.1
3	0.04	0.05	0.07
2	0.03	0.04	0.05
1	—	—	—

基 本 段 亮 度　　表5-16

隧道照明等级	平均亮度(cd/m²)		
	(48～64)km/h	(80～96)km/h	102km/h
4	3	6	10
3	2	4	6
2	1.5	2	4
1	—	0.5	1.5

隧道墙壁照明亮度　　表 5-17

隧道照明等级	高度(m)	亮度
4	2	路面亮度的 100%
3～2	2	路面亮度的 60%
1	2	路面亮度的 25%

隧道夜间照明亮度　　表 5-18

洞 外 照 明	隧道长度(m)	隧道内路面亮度
有	—	路段亮度的 1～3 倍
无	≤25	0
	25～200	由地方政府决定
	>200	≥1.0cd/m^2

5.3.4　结论

将我国的《规范》与 CIE2004 和英国 BS-5489-2:2003 相比较可以看出：

(1)隧道照明段落划分不同

对于中间照明，CIE2004 特长隧道的中间段由中间照明第一区域和中间照明第二区域构成，前者长度为设计速度 30s 内的行程，我国未进行区分，因此，特长隧道中间段与出口段的照明要求高于 CIE。

(2)照明设计理论有差异

CIE2004 和英国 BS-5489-2:2003 都是将刹车距离与交通量作为隧道照明需求的主要依据，我国是以设计速度与交通量作为隧道照明需求的主要依据，前者考虑了路面类型与气候状况对安全的影响，后者没有考虑这种影响。

(3)短隧道定义不同

CIE2004 和英国 BS-5489-2:2003 都是认为 125m 以上的隧道应进行照明，对于 200m 以下的隧道根据视距区别对待，我国是 100m 以上隧道应进行照明。

(4)亮度标准不同

我国《规范》隧道照明亮度标准，无论是墙体照明、隧道路面照明还是夜间照明，都普遍高于 CIE2004 和英国 BS-5489-2:2003 的要求。

(5)照明方式的考虑不同

CIE2004 考虑了逆光照明在入口段的影响，采用逆光照明，亮度水平可降低 17%～30%，我国则不考虑这一影响。

(6)照明设计参数还有待研究

这主要表现在显色性和色温两个方面。国内外隧道照明规范都没有考虑这一影响，英国道路照明规范考虑了显色性的影响，但没考虑色温的影响，而色温与驾驶安全有密切的关系。

(7)照明等级划分不同

英国BS-5489-2:2003将隧道照明等级根据交通体、交通量等参数划分为4级，每级的路面与墙面的照明要求不同，我国未进行照明等级的划分。

5.4 光源选择

5.4.1 隧道照明光源的主要类型与特点

隧道照明中一般选用的光源主要有荧光灯、高压钠灯、低压钠灯和高压汞灯，一些新型光源，如电磁感应灯、LED灯等也开始在隧道中进行试点应用。

(1)低压钠灯

低压钠灯光效高于其他光源，但是它的显色性差，使用寿命短。

(2)高压汞灯

高压汞灯是利用汞放电时产生的高气压获得可见光的电光源，它由荧光泡壳和放电管两部分组成。它的发光效率与普通荧光灯差不多，使用寿命却比较长。缺点是显色性差，发出蓝绿色的光，缺少红色成分，除照到绿色物体上外，其它多呈灰暗色，而且不能瞬时启动，吸引蚊虫，不能调光。

(3)高压钠灯

高压钠灯具有高效、节能、光通量高、透雾性强、光色柔和、寿命长等优点，是目前公路隧道照明中使用最多的光源。

(4)紧凑型荧光灯

紧凑型荧光灯发光效率比普通荧光灯高5%，光效和寿命均为普通白炽灯的5倍以上，加之显色性高，在城市隧道中也有使用。功率因素达到0.98，谐波失真总量小于10%，灯的寿命提高到10 000h。

(5)金属卤化物灯

金属卤化物灯又称金属卤素灯，发出纯白色光，显色指数为65～90，光效为80～100lm/W，平均寿命8 000～20 000h，用汞量仅为汞灯的1/10，对环境污染非常小，在相同照度下，比荧光灯节电30%。

(6)电磁感应灯

高频无极灯亦称高频等离子体无极放电灯或高频等离子体放电无极灯，主要特点是无灯丝或电极，其采用了有源功率因数补偿(APFC，$\eta \geq 0.98$)，在电源电压大范围变动(160～265V)下恒压供电，输出稳定的光通量。由于灯泡的发光涂层为三基色粉，发光柔和，也使眩光大大降低。发光效率≥60lm/W，显色性≥80，寿命≥5 万 h，无频闪(工作频率 2.65MHz)，真环保(不含液态汞)，可调光(调光范围：30%～100%)，可立即启动和再启动。该种灯在江西九景高速公路雁列山隧道的使用效果如表 5-19 所示。

驾驶员照明效果调查结果　　表 5-19

调查项目	效果评价	选择的人数	占总数比例%
光线强弱对比(感觉)	电磁感应灯强	172	89.12%
	钠灯强	16	8.29%
	二者差不多	5	2.59%
安全性对比	电磁感应灯安全	171	88.60%
	钠灯安全	15	7.77%
	二者差不多	7	3.63%
总体效果	电磁感应灯好	165	85.49%
	钠灯好	22	11.40%
	二者差不多	6	3.11%

(7)陶瓷金属卤化物灯(CDM)

其是将金属卤化物灯的石英放电管改成陶瓷材料的放电管的金属卤化物灯，光电性能一致性和稳定性较好，光效为 90lm/W，显色指数为 83，有效寿命达 12 000h。其性能优于一般金卤灯。

(8)白光 LED 灯

白光 LED 灯具有高光效、高显色性、电压低、电流小、亮度高、寿命长(50 000～100 000h)、快速响应、运行成本低等优点；但是推广使用中还存在光通量有待进一步提高、散热不好、成本过高等问题。

隧道常用光源性能对比如表 5-20 所示。

常用隧道照明光源性能汇总表　　表 5-20

光源种类	光效(lm/W)	显色指数(Ra)	色温(k)	平均寿命(h)
高压钠灯	100～120	23/60/85	1 950/2 200/2 500	24 000
低压钠灯	200	23	1 750	28 000
金属卤化物灯	75～95	65～92	3 000/4 500/5 600	6 000～20 000
高压汞灯	50	45	3 300～4 300	6 000
紧凑型荧光灯	60	85	全系列	8 000
电磁感应灯	55～70	85	3 000～4 000	40 000～80 000
白光 LED 灯	107～114	90	6 400	100 000

注：光效未考虑灯具的利用系数。

5.4.2　隧道照明光源比选指标

隧道内环境差、污染大,清洗隧道墙壁的表面需要用到的化学溶剂、加压的热水流以及机械清洗设备都可能对隧道的照明系统产生有害作用。对隧道照明光源比选,可从安全、环保、可靠、经济、高效及维护管理 6 个方面进行评价指标选择,为了提高评价的可操作性,将这些指标分为定性指标和定量指标。

1)定性指标

用于光源是否满足工程需要的基本性能分析,主要包括安全性(适应的最高温度是否满足消防要求)、电网的适应性(电压与频率范围)、环境适应性(防护与防腐等级)、环保性(发光体有毒气体的排放量和电磁辐射、废旧灯具和光源的可回收性)和维护管理的可操作与方便性(包括光源的可控性——在运营过程中,是否能根据气候、交通量、速度、交通工况的实时状态进行照明控制,以及油烟与尘埃的免粘附能力)。

2)定量指标

用于判别光源的优劣,可用下述指标来描述。

(1)光源的色温

光源色温、照度的高低变化及组成,不但影响人的视觉偏好,进而影响空间的氛围。且在不同照度的环境下,应运用不同色温的光源,才能获得舒适的照明效果。

(2)光源的光通量

光源发出的光通量是以流明(lm)来度量的,它表示光源在单位时间内发射出的以人眼感觉为基准的能量,通常可不必考虑它的时间概念。由于人眼对不同波长的电磁波具有不同的灵敏度,我们就不能直接用光源的辐射功率或辐射通量来衡量光能量,必须采用以人眼对光的感觉量为基准的基本量——光通量来度量。光通量是进行隧道照明设计时首要考虑的问题,即对于所要设计的道路,究竟需要多少流明的光才能达到所需的亮度水平。由于隧道所需亮度较高,因此需要较大发光效率的光源,才能得到所需要的光通量。

(3)光源的发光效率

发光效率,以每瓦流明(lm/W)表示,即每瓦电能所能发出的光通量,简称光效。从节约能源的角度考虑,光效是隧道照明光源选择中最重要的指标。影响发光效率的因素主要有每瓦的流明数、灯具的养护系数、灯具的利用系数和光效的叠加性。值得说明的有两点,一是散射光(荧光灯、高压钠灯等)光源与定向光(LED 灯)光源的灯具利用系数相差很大,二是不同的光不能进行数字叠加,且现有灯具的光效都是基于明视觉来计算的,适应于入口段和出口段,不适应于中间段。

(4)光源的光衰减

光衰减,通常以流明衰减系数表示,含义为:经过一定数量的运行小时后初始光通量下降的百分数。除了要考虑光源的初始光通量,还需要考虑光源在使用中的光通量,即燃点 100h 甚至 1 000h 后的光通量。隧道照明应选择光衰减量小的光源。

(5)光源的显色性

显色性是光源对于物体颜色的显现程度,用显色指数 Ra 表示。目前,对照度与显色性关系的研究结果表明,从视觉心理角度来看,在相同照度下,显色性好的光源比显色性差的光源在感觉上要亮。因此,采用显色指数较高的光源照明时,可以适当降低照度标难。

(6)电源效率

包括功率因素与谐波两个指标,二者对节能都有较大的影响。

(7)寿命

在一定光衰率条件下的平均无故障工作时间。

5.4.3 隧道照明光源比选方法

在专家定性评价后可进行定量计算比较。定量计算包括光源经济性计算和照明系统全寿命周期成本估算等。照明经济性计算主要是计算各个照明方式的初次设备投资费用、寿命期内用电费用和维护费用。

1)光源经济性计算

为了计算光源的经济性,必须采用一些适当的比较单位。这里,比较单位取为 C(元/Lm·h),即光源在额定寿命(经济寿命,以下相同)期内,每单位时间和单位光通量所需要的照明费用。C 的计算公式如下:

$$C_{光源} = \frac{P + C_L}{\Phi \cdot T} \tag{5-9}$$

式中:C_L ——光源单价,元/只;

Φ——光源光通量,lm;

T——光源寿命,h;

P——光源寿命期内消耗的电费,元。

P 的计算公式为:

$$P = \frac{(W_L + W_B) \cdot T}{1000} \rho \tag{5-10}$$

式中:W_L——光源输入功率,W;

W_B——镇流器或变压器损失功率,W;

ρ——电费单价,元/(kw·h)。

2)灯具的经济性

影响灯具经济性的因素很多,它包含使用照明灯具的数量、灯具的单价、灯具装配线的单价、折旧年数、灯具清扫费单价、灯具所耗电费等等。因此,在比较灯具的经济性时,必须将上述因素一起考虑,灯具产生单位光通量每月所需的照明费用C为:

$$C_{灯具}=\frac{C_a \times t + C_c}{\Phi_0(1-gt/2)\cdot t} \tag{5-11}$$

式中:C_a——灯具的折旧费、所耗电费、光源价格费,元/月;

C_c——平均每清扫一次所需费用;

t——清扫周期,月;

Φ_0——光源初始光通量,lm;

g——由于污染灯具输出光通量减光的比例,1/月。结合式(5-12)可知,t和g是一对矛盾,在灯具寿命期内,我们要求得到尽量多的光通量而花最少的费用。图5-6为灯具清扫周期与光输出的关系,可以看出,增加清扫次数即可增加光通量的输出,但也增加费用。

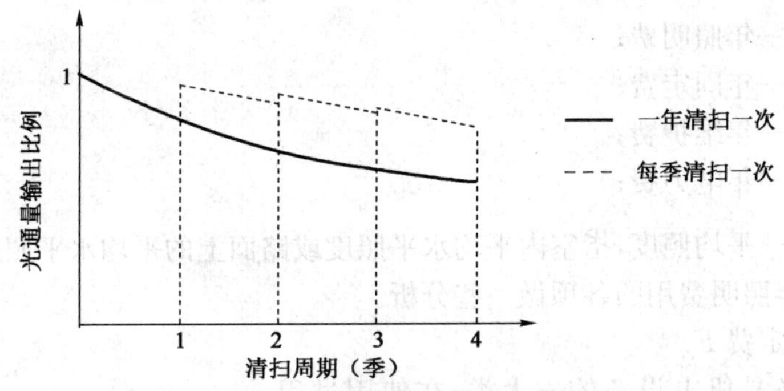

图5-6 清扫周期与光输出的关系

在求清扫周期时需将C对t求导,并令其等于零,得:

$$\mathrm{d}C/\mathrm{d}t=0,\ t^2+2\frac{C_c}{C_a}\times t-2\frac{C_c}{C_a g}=0 \tag{5-12}$$

因其中第二项的值相当小,可省略,从而得

$$t=\sqrt{2C_c/C_a g} \tag{5-13}$$

式中,光通量下降比例g可实测得出或查表,它与使用地周围环境条件和灯具形式有关,对一般近似计算,可取:开启式灯具$g=0.024$,密封式照明$g=0.020$。

式(5-13)表明,若清扫人工费用C_c很低,并且与每月所需的照明费C_a相差很多时，则清扫周期 t 可短些；反之，清扫周期则应长些。污染严重时 g 值大些，清扫周期也应短些。可见，低于或高于用式(5-13)求出的 t 值，都是不经济的。

3)照明方案的经济性

对两种或两种以上的照明设计方案作经济比较时，都应在照明条件近似和照明效果基本相同的条件下进行。如果两个方案的照明条件与效果相差很大，例如，某一方案照明设备很简陋、灯具数量不足、照明质量很差、投资很低，而另一方案采用价格较高的照明设备、灯具数量足够、照明效果相当好，但其投资较高，那么我们对这两种方案作经济比较就没有什么意义。

照明经济比较分析应包括照明设备投资、电力费和维护运行费，以下就几个主要因素的计算方法做一些介绍。

进行照明经济比较分析时，由于不同照明方案的照度值不尽相同，因此必须采用单位照度的年照明费用来进行比较。单位照度的年照明费用

$$C_{TE}=\frac{F+M+P}{E}=\frac{C_T}{E} \tag{5-14}$$

式中：C_{TE}——年照明费；

F——年固定费；

M——年维护费；

P——年电力费；

E——平均照度，指室内平均水平照度或路面上的平均水平照度。

下面对年照明费用的各项做一些分析。

(1)年固定费 F

照明设备是机电设备的一大类，在使用过程中有消耗。一般情况下，取照明设备初投资的一定比例 K 作为固定费用，这些费用需计算到年投资费用中去，并按预设年份逐年回收，即为以后的设备更新费用。系数 K 也称为年折旧系数，它随折旧年数不同而变化，可根据照明设备的耐用性选取 K 值(图 5-7)。从图中可见，当折旧年限为 3 年时，K 取 0.33；若折旧年限为 5 年时，K 为0.27；若折旧年限为 6 年时，K 为 0.25；若折旧年限为 8 年时，K 为 0.20；若折旧年限为 12 年时，K 为0.16 等。

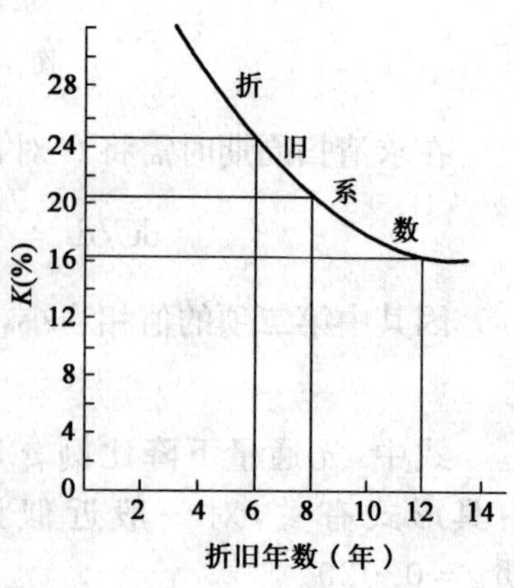

图 5-7　折旧系数 K 与折旧年数的关系

年固定费用即为

$$F = K(C_E + C_B + C_1) \tag{5-15}$$

式中：C_E——灯具价格；

C_B——镇流器或变压器及触发器等的价格；

C_1——配线安装施工费。对道路照明而言，C_1包括灯杆、电缆配线等很大部分，往往比灯具费用还大。

(2)年维护费 M

年维护费包括更换光源时的人工费和光源本身的价格，还包括清扫灯具所消耗的清洁剂等材料及人工费用，表示为

$$M = E + D \tag{5-16}$$

式中：E——年更换光源费用；

D——年清扫费用。

$$E = (C_L + a)N_1 = (C_L + a)nN\frac{t_E}{T} \tag{5-17}$$

式中：C_L——光源单价，元/只；

a——平均每更换一支光源的人工费用，元；

N_1——一年内更换光源的次数；

n——每个灯具内的光源数；

N——整个设施内灯具的数量；

t_E——每年点灯的时间，h；

T——光源寿命（经济寿命）。

$$D = (b + d)C_f \times N \tag{5-18}$$

式中：b——每个灯具的平均清扫人工费，元；

d——每个灯具清扫时所需的材料费，元；

C_f——年清扫次数，即为12/t。

(3)年电力费 P

$$P = \rho(W_L + W_B)Nnt_E/1\,000 \tag{5-19}$$

式中：ρ——电力费单价，元/(kW·H)。

根据上述各项费用，可综合为年运行费 R 和设备初次投资费 I，即

$$R = M + P = E + D + P \tag{5-20}$$

$$I = N(C_E + C_1 + nC_L) \tag{5-21}$$

4)照明系统全寿命周期成本估算

对两种或两种以上的照明设计方案作经济比较时，都应在照明条件近似和照明效果基本相同的条件下进行。目前，在对隧道照明方案进行经济计算时，大多数只关注初期的投入，而忽视了后期的运营电费和维护费用。对新兴光源，如电磁感应灯和白光LED灯等，由于目前技术水平的限制，初期的投入成本就相对较高，但是这些光源的寿命长、能耗低，这样在后期的运营和维护费用就会很低。因此，在进行光源的经济性分析时，应该对整个照明系统的全寿命周期成本进行计算，包括照明设备初期投资费、全寿命周期内的电力费和维护运行费。

$$C_q = C_{cs} + (M + P) \cdot S \tag{5-22}$$

式中：C_q——全寿命周期照明费用；

C_{cs}——系统初始投入费用；

M——年维护费；

P——年电力费；

S——系统寿命周期。

$$C_{cs} = C_E + C_B + C_1 \tag{5-23}$$

式中：C_E——灯具价格；

C_B——镇流器或变压器及触发器等的价格；

C_1——配线安装施工费。

$$C_{qe} = C_q / \bar{E} \tag{5-24}$$

式中：C_{qe}——全寿命期照明系统单位照度的照明费用；

$\bar{E}$——系统平均照度。

5.5 照明功率计算

本节以设计速度V=80km/h为例，探讨照明功率与隧道长度、洞外亮度等参数的关系，分析各照明段落占隧道照明总功率的比例，为照明节能方案选择打下基础。

5.5.1 入口段长度与坡度的关系

以D_S代表照明停车视距(m)，h代表洞口内净空高度(m)，根据《规范》，隧道入口段长度D_{th}(m)可按下式计算：

$$D_{th} = 1.154D_S - (h - 1.5)/\tan 10^\circ \tag{5-25}$$

根据《规范》表4.3.2-2的数据，回归可得照明停车视距D_{th}(m)与坡度S的关系如下：

$$D_s = -0.0008(S+5)^3 + 0.0689(S+5)^2 - 3.3826(S+5) + 115.7$$

$$(V = 80，最大误差为 0.796) \quad (5\text{-}26)$$

把式(5-26)代入式(5-25)可得 $V=80$ 时的入口段长度为：

$$D_{th} = -0.00092(S+5)^3 + 0.080549(S+5)^2 - 3.90352(S+5) - 5.6713h + 142.0247 \quad (5\text{-}27)$$

5.5.2 照明计算模型

设布灯间距为 D(m)，亮度折减系数为 K，则入口段间距 D 内需要的照明功率为：

$$P_{入} = L_{20} \cdot K \cdot W \cdot D \cdot F/(M \cdot E \cdot N) \quad (5\text{-}28)$$

设基本段需要达到的亮度为 B(cd/m^2)，则基本段间距 D 内需要的照明功率为：

$$P_{基} = B \cdot W \cdot D \cdot F/(M \cdot E \cdot N) \quad (5\text{-}29)$$

同理，出口段 D 内需要的照明功率为：

$$P_{出} = 5B \cdot W \cdot D \cdot F/(M \cdot E \cdot N) \quad (5\text{-}30)$$

亮度折减系数与交通组织、设计速度及交通量相关。《规范》中给出了不同速度时亮度折减系数随交通量变化的最大与最小值，当交通量处于最大与最小交通量之间时，采用内插计算亮度折减系数，据之可按以下公式计算亮度折减系数(当交通量大于公式中的最大值时按最大值计算，当交通量小于公式中的最小值时按最小值计算)。

(1)双车道单向交通，$V=100$km/h，$2400 \geqslant Q \geqslant 700$，

$$K_{100双单} = 0.045 - 0.01 \cdot (2400 - Q)/1700 \quad (5\text{-}31)$$

(2)双车道双向交通，$V=100$km/h，$1300 \geqslant Q \geqslant 360$

$$K_{100双双} = 0.045 - 0.01 \cdot (1300 - Q)/940 \quad (5\text{-}32)$$

(3)双车道单向交通，$V=80$km/h，$2400 \geqslant Q \geqslant 700$

$$K_{80双单} = 0.035 - 0.01 \cdot (2400 - Q)/1700 \quad (5\text{-}33)$$

(4)双车道双向交通，$V=80$km/h，$1300 \geqslant Q \geqslant 360$

$$K_{80双双} = 0.035 - 0.01 \cdot (1300 - Q)/940 \quad (5\text{-}34)$$

对于过渡段照明，仍可按式(5-28)计算需要的照明功率，此时，过渡 1、过渡 2、过渡 3 的折减系数 K_1 分别为 $0.3K$、$0.1K$ 与 $0.035K$。

5.5.3 照明功率与隧道特性、交通量及洞外亮度的关系

在此主要探讨高速公路隧道交通量、隧道长度与照明功率的关系。由于采用

$V=100\text{km/h}$ 远较 $V=80\text{km/h}$ 所用的照明设施多、运营费用高，隧道内又是事故多发区，故《规范》要求，采用 $V=100\text{km/h}$ 时要进行专题论证，而 $V=60\text{km/h}$ 又是高速公路最低车速要求，不利于高速公路效益的发挥，所以，本节仅对 $V=80\text{km/h}$ 时的情形进行讨论。

1)过渡段设置与交通量和洞外亮度的关系

以设 $2\,400\geqslant Q\geqslant 700$ 时，基本段的亮度需求为 $Q=2\,400$ 和 $Q=700$ 需要的亮度的线性内插(参照 CIE 16x:2004[2])，从而，隧道基本段亮度 B 与交通量的关系如下：

$$B=X[2.5+(2Q-1\,400)/1\,700]\quad (\text{若 } L\geqslant 3\,000, X=0.8,\text{ 否则}, X=1) \tag{5-35}$$

设过渡段 3 的要求亮度 B_3 与基本段的照明 B 之比为 R，即 $R=B_3/B$，设 $R\leqslant R_1$ 时可以不设过渡段 3，即不设过渡段 3 的条件为：

$$0.035L_{20}\cdot K_{80\text{双单}}/B\leqslant R_1 \tag{5-36}$$

将式(5-33)、式(5-35)代入式(5-36)，则可得过渡段 3 设置与交通量和洞外亮度关系的表达式。根据《规范》，过渡段 i 与下一段落的递减比例约为 1/3，即 $R_1\leqslant 1/3$ 时，可不设过渡段 3。取 $R_1=1/3$，则当实际 L_{20} 小于下式的 l_{20} 计算值时，不需要设置过渡段 3：

$$l_{20}=X[38.021(0.02Q-13)+308\,7.1]\quad (R^2=0.992\,1) \tag{5-37}$$

对于过渡段 2，由于 L_{20} 一般都大于 1 524，故在设计中，一般过渡段 1 和过渡段 2 的设置是不可避免的。

2)照明功率与隧道长度、坡度、宽度、交通量和洞外亮度的关系

根据式(5-28)可得入口段需要的照明功率：

$$P_{\text{入}}=D_{\text{th}}\cdot L_{20}\cdot[0.035-0.01\cdot(2\,400-Q)/1\,700]\cdot W\cdot F/(M\cdot E\cdot N) \tag{5-38}$$

《规范》规定了过渡段 1、过渡段 2、过渡段 3J 和出口段的长度分别为 72m、89m、133m、60m，因此，当不设过渡段 3 与设过渡段 3 时，隧道基本段长度 L_j 分别为$(L-D_{\text{th}}-221)$m 与$(L-D_{\text{th}}-354)$m，从而过渡段 1 的功率：

$$P_{\text{过}1}=22.6L_{20}\cdot[0.035-0.01\cdot(2\,400-Q)/1\,700]\cdot W\cdot F/(M\cdot E\cdot N) \tag{5-39}$$

过渡段 2 的功率：

$$P_{\text{过}2}=8.9L_{20}\cdot[0.035-0.01\cdot(2\,400-Q)/1\,700]\cdot W\cdot F/(M\cdot E\cdot N) \tag{5-40}$$

过渡段 3 的功率：

$$P_{\text{过}3}=4.655L_{20}\cdot[0.035-0.01\cdot(2\,400-Q)/1\,700]\cdot W\cdot F/(M\cdot E\cdot N) \tag{5-41}$$

(1)不设过渡段 3

这时,基本段的功率为:

$$P_{基} = (L - D_{th} - 221) \cdot X \cdot [2 + (2Q - 1\,400)/1\,700] \cdot W \cdot F/(M \cdot E \cdot N) \tag{5-42}$$

过渡段的功率之和为:

$$P_{过总} = 31.5L_{20} \cdot [0.035 - 0.01 \cdot (2\,400 - Q)/1\,700] \cdot W \cdot F/(M \cdot E \cdot N) \tag{5-43}$$

(2)设过渡段 3

这时基本段的功率为:

$$P_{基} = (L - D_{th} - 354) \cdot X \cdot [2 + (2Q - 1\,400)/1\,700] \cdot W \cdot F/(M \cdot E \cdot N) \tag{5-44}$$

过渡段的功率之和为:

$$P_{过总} = 36.155L_{20} \cdot [0.035 - 0.01 \cdot (2\,400 - Q)/1\,700] \cdot W \cdot F/(M \cdot E \cdot N) \tag{5-45}$$

(3)出口段的功率 $P_{出}$

$$P_{出} = 300X[2 + (2Q - 1\,400)/1\,700] \cdot W \cdot F/(M \cdot E \cdot N) \tag{5-46}$$

5.5.4　讨论

《规范》规定,$h=6\sim8$m,隧道照明灯一般安装高度为 6m 左右,而 h 取值越大,入口段长度越小。从偏保守来考虑,下面就 $h=6m$,$V=80$km/h 时,入口段、过渡段、基本段照明功率关系、参数变化对照明功率的影响等进行讨论。

(1)计算表明,隧道入口段长度随坡度的变化在 78.3～103.7m 范围内,不设过渡段 3 时,入口段、过渡段与出口段的长度之和在 299.3～324.7m 范围内;设过渡段 3 时,入口段、过渡段与出口段的长度之和在 432.3～457.7m 范围内。因此,本文的计算公式一般不适合 500m 以下的隧道,从此也可以看出,对 500m 以下隧道的照明,《规范》应该进行补充。

(2)不设过渡段 3 与设过渡段 3 时,过渡段照明的总功率分别是入口段照明总功率的 30%～40%和 35%～46%;基本段与入口段功率之比为$B.L_j/[(2.740\,5\sim3.629\,5)L_{20}]$。

(3)按沥青路面与水泥路面反射值的中间值考虑,隧道路面采用水泥路面比沥青路面照明功率少 60.8%,因此,采用水泥路面更节能。

(4)入口段与过渡段的照明功率,随洞外亮度的增加而线性增加,随交通量的增加而线性增加;基本段照明功率随隧道长度的增加而线性增加,随交通量的增加而线性增加;出口段照明功率,随交通量的增加而线性增加。

(5)对于3 000m以上的隧道，根据《规范》，基本段亮度要求为1.6～3.6cd/m^2，其与CIE 16x：2004的规定(大约为1.75～3.25cd/m^2)基本相当，因此，对于特长隧道，现行规范仍然适应。

(6)由于LED隧道照明灯是定向光，其灯具利用系数N为0.8～0.9，而其他光源灯具利用系数N为0.4～0.5，故无论对于哪个照明段落，当LED灯光源的光效(lm/w)与其他光源光效相同时，采用LED照明可节约47.06%的照明功率。

(7)由于基本段和出口段照明需求仅随交通量的增加而增加，而入口段与过渡段照明需求不但随交通量的增加而增加，而且随洞外亮度的增加而增加，故入口段与过渡段在运营中照明功率需求变化范围远大于基本段和出口段的照明需求，换句话说，入口段与过渡段的节能率远大于基本段和出口段的节能率。对于LED照明，采用调光控制必然增加工程投资，因此，应从全寿命期运营的经济性出发，根据工程特点，论证基本段、出口段调光控制的必要性。

5.6 照明设计

照明设计包括照明方式、光源、照明计算、布灯等的选择。照明计算有利用系数法与采用光强表计算2种方法。由于在照明设计时，一般不允许指定厂家的产品规格型号，而不同厂家的产品在配光、光效、光利用率等方面不同，故适宜采用利用系数法进行设计。当产品定型后，如在联合设计阶段，可采用光强法进行设计验算与优化。

5.6.1 照明方式

照明方式是根据显示对比系数q_c来定义的。显示对比系数是指路面亮度和隧道某一特定地点的垂直亮度E_V之间的比值，即

$$q_c = L/E_v \tag{5-47}$$

根据对比系数来定义的隧道照明方法有三种：对称照明法、逆向照明法和同向照明法。

对称照明法：光线沿交通流的同向和反向相同地落在障碍物上的照明。对称照明法的特征是所使用的光源关于交通流方向的法平面对称地发光。

逆向照明法：光线沿交通流相反方向落在障碍物上的照明。逆向照明法的特征是所使用的光源关于交通流方向的法平面不对称地发光，其最强的光线落在与交通流相反的方向。这个术语只涉及正常的交通流的方向。其原理图见图5-8。

同向照明法：光线沿交通流方向落在障碍物上的照明。同向照明法的特征是所使用的光源关于90/270的平面(交通流方向的法平面)不对称地发光，其最强的

光线落在与交通流相同的方向。

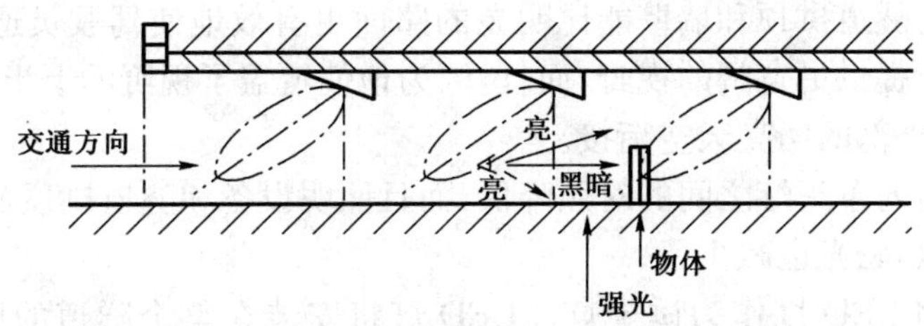

图 5-8　逆光照明技术原理图

同向照明在国外基本不用，对称照明与逆光照明比较见表 5-21。

对称照明与逆光照明的比较　　表 5-21

比较项目	对称照明（常用方式）	逆光照明
特征	在道路纵断面方向（车辆行进方向）上，灯具的配光大致对称，灯具安装在侧壁上	在道路纵断面方向（车辆行进方向）上，灯具的配光不对称，在 60°处出现光强峰值
图示	车辆行进方向 障碍物	车辆行进方向 障碍物 这个部分的光被遮挡而变暗（变黑）
道路纵断面方向的灯具配光	行进方向 灯具	行进方向 灯具
道路横断面方向的灯具配光	在灯具的中心轴方向具有最大的光强 灯具　灯具	在灯具的中心轴左右光强大致对称 灯具 在 2 车道的各条车道上方安装灯具

除过以上三种方式外，还有一种特殊的光线投射照明方式，这就是反射照明。2005 年 5 月 9～11 日在上海召开的“2005 中国绿色照明国际会议暨 Right Light 6”上，挪威的照明专家 Per Ole Wanvik 介绍了挪威公路局在南部的 E18 线路上修建了一座长 2km 的两车道隧道，该隧道宽 10m，单向交通量在 2008 年隧道完工时将达到 10000 辆/日。这座隧道提出了三种照明方案，而且这三个方案有以下几个共同的特点：

(1)一个主要的特点就是用比较明亮的混凝土来装饰隧道的墙壁，表面必须有很好的反射能力，并且易于清洗。在这种情况下，较少的照明也能提供足够的能见度，因为明亮的墙壁和拱顶的贡献，在入口区域和过渡区域，较少的能量消耗也能使驾驶员很好地适应光线的变化。

(2)明亮的隧道拱顶和墙壁能比明亮的路面更有效地使驾驶员适应亮度的变化,因为它们能提供更宽阔的视野,而且,因为他们覆盖了视野的上半部分,所以能很好地和隧道外部的明亮天空衔接。

(3)由于对向车头灯之间的对照降低,而且照明设备和隧道拱顶及墙壁的对照也降低了,所以,眩光也减少了。

(4)都使用 LED 灯作为诱导灯。LED 灯将安装在整个隧道的墙壁上,间隔 30m。这即为日常的交通提供道路线形诱导,同时,也作为逃生诱导标志。

三种方案的具体布置如下。

方案一:用 CDM、LED 或日光等光源照亮隧道拱顶和墙壁,路面被从拱顶和墙壁反射的光线间接照亮,如图 5-9 所示。(CDM 为陶瓷金属卤化物灯)

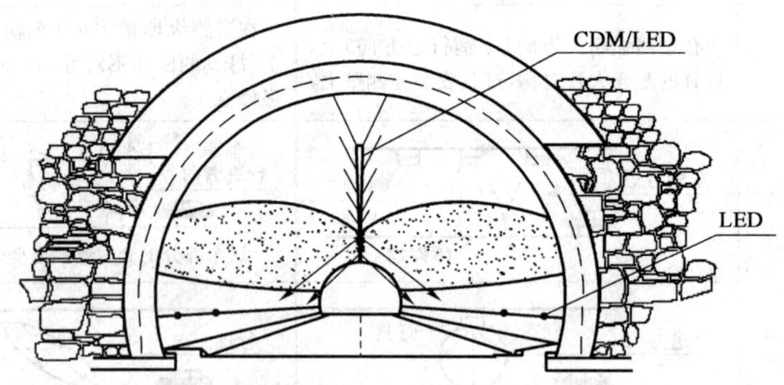

图 5-9 方案一照明示意图

方案二:在拱顶上安装反射板,同行车方向垂直。光源 CDM、LED 或者日光照射在反射板上,路面则由反射板、拱顶和墙壁的反射光线间接照亮,如图 5-10 所示。

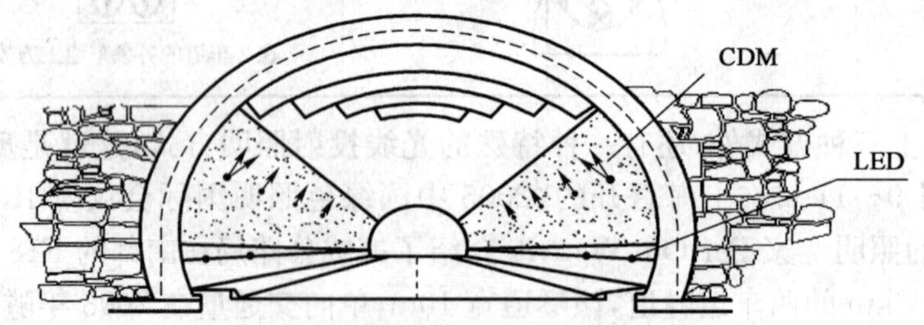

图 5-10 方案二照明示意图

方案三:同方案二一样,反射板安装在拱顶上。但是,反射板是透明的,而且,通过反射板发射光线照亮,光源可能是 OLED、LED、CDM 或者日光,如图 5-11 所示。

这三个方案相互之间进行了比较,而且,也同传统的照明方案进行了比较。这需要在实际隧道和试验室里进行一些测试。全规模的试验是在 E18 线上的 Fosskollen 隧道进行的，试验目的是比较隧道拱顶和墙壁的间接照明同传统的路面照明的外观。而间接照明在隧道墙壁上增设了 LED 诱导灯。

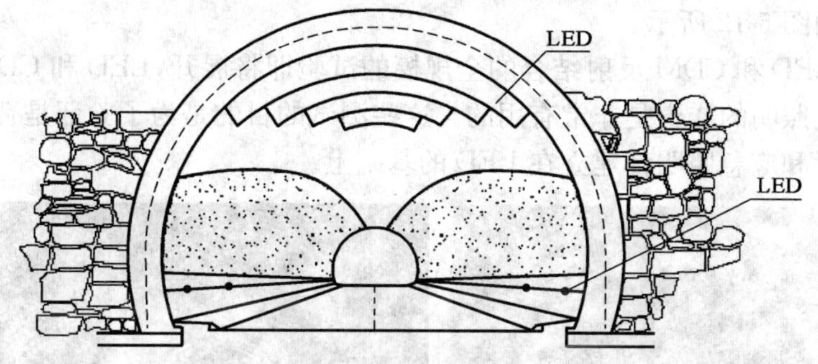

图 5-11 方案三照明示意图

Fosskollen 隧道里的测试装置是建立在 CDM(70/150W)照明基础上的，3 个测试装置安装在隧道的两侧，间隔为 10m，距路面的高度为 2.8m。另外，在隧道两侧墙壁距路面 0.8m 的地方安装了 LED 诱导灯，间距为 47m。测试装置显示 LED 灯之间 47m 的间距太长了，必须降到 25～30m。隧道的拱顶和墙壁在测试期间积满灰尘，所以，光线反射很差。

然而，测试的效果仍然良好，结果是：

0.8cd/m^2——18lx(150W 的 CDM 光源)

0.4cd/m^2——10lx(70W 的 CDM 光源)

而且，照明的光线很平滑，视觉效果非常好。

由前面车辆的尾部频繁反射的光线通常被视为干扰。这些反射是由安装在拱顶上的灯具发出的直接光线引起的。如果隧道内设计的是间接照明系统，而且隧道表面的亮度较高的话，这种干扰就可以避免。

经过测试表面，间接照明系统的耗电量不会超过传统照明的 60%，但是，实际上，间接照明的隧道在光线上有了很大的改进。在这个全规模测试的技术上，在实验室进行了方案二和方案三的测试。根据技术设计、经济性和维护因素，最后选择了方案二。

方案三中的透明金属板要在一块有着很好的光学性质和物理电阻的金属上获得足够的亮度，不论是在建造上还是在制造上，都要复杂得多。

在对用 CDM 和 LED 照射在反射板上的系统进行测试时发现，这两种光源都能满足要求。CDM 发出的光强仍然比 LED 要高，但是小规模的测试表明，建立在 LED 基础上的设备和反射体更加经济，而更容易和建筑物相适应。这个系统的效率比 CDM 高得多。

在测试基础上的计算表明，和传统的照明方案相比，间接照明系统节约的能源是相当高的。在入口区域的表面亮度将达到 400cd/m² 左右，这足够满足挪威规范规定的行车速度(前灯开启)为 80km/h 时的亮度要求。传统照明与间接照明效果对比图如图 5-12 所示。

针对 LED 和 CDM 反射结合的全规模的试验即将展开，LED 和 CDM 的结合在需要泛光照明的隧道是非常有用的。这些测试的目的是为了验证是否可以把主要照明装置和应急照明都建立在 LED 的基础上。

图 5-12 传统照明与间接照明效果对比图

5.6.2 布灯方式

隧道照明布灯方式有中间布灯、双侧对称布灯、双侧交错布灯、单侧布灯、中偏侧布灯等多种方式。

布灯方式的选择，主要取决于单位隧道长度需要的光通量、光源的光效、光源的功率、灯具的光利用率以及灯具的配光特性。

由于光线照到路面上的照度与距离的平方成反比，故在选择照明方式时，在均匀度能满足的条件下，在建筑限界外布灯，离隧道路面距离越短，需要的照明功率越小。因此，同等条件下，中间布灯需要的照明功率最大，其次为中偏侧，再次为双侧对称布灯、双侧交错布灯与单侧布灯。

5.6.3 照明计算

1)照度计算

(1)利用光强表的数值计算方法

某一灯具在洞内路面计算点产生的水平照度可按下式计算，隧道内灯具光强示意见图 5-13。

$$E_{Pi}=\frac{I_{c\gamma}}{H^2}\cos^3\gamma\cdot\frac{\Phi}{1\,000}\cdot M \tag{5-48}$$

式中：E_{Pi}——灯具在洞内路面计算点 P 产生的水平照度，lx；

γ——P点对应的灯具光线入射角,°;

I_{cr}——灯具在计算点P的光强值,cd,按灯具光强表取值,光强表由灯具厂家提供;

M——灯具的养护系数,无资料时可取0.6~0.7;

Φ——灯具额定光通量,lm;

H——灯具光源中心至路面的高度,m。

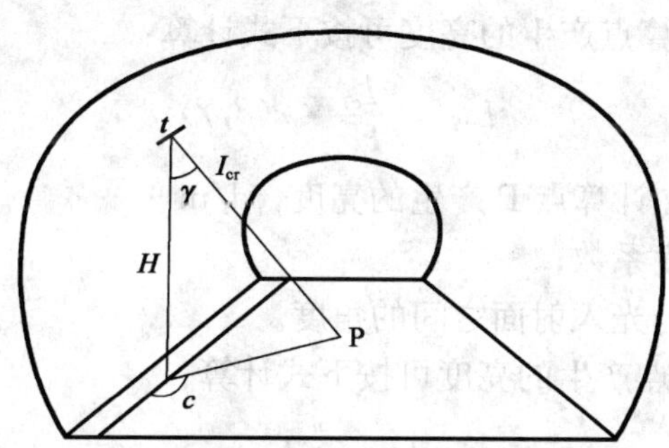

图5-13 灯具光强示意图

数个灯具在计算点所产生的照度可按下式计算:

$$E_P = \sum_{i=1}^{n} E_{Pi} \tag{5-49}$$

式中:E_P——P点的水平照度,lx;

n——灯具数量,计算时可取计算区域前后各一组灯,约2~4个。

路面平均水平照度可按下式计算:

$$E_{av} = \frac{\sum_{P=1}^{m} E_P}{m} \tag{5-50}$$

式中:E_{av}——路面平均水平照度,lx;

m——计算区域内计算点的总数。

(2)利用系数曲线图的计算方法

路面平均水平照度可按下式计算:

$$E_{av} = \frac{\eta \cdot \Phi \cdot M \cdot N}{W \cdot S} \tag{5-51}$$

式中:N——灯具布置系数,对称布置时取2,交错及中线布置时取1;

η——利用系数,由灯具厂家提供的利用系数曲线图查取,无资料时高压钠灯可取0.4~0.5,LED灯取0.6~0.7,其他类型的灯具可作参考;

W——隧道路面宽度,m;

S——灯具间距,m。

2)亮度计算(图 5-14)

亮度计算应满足下列条件：

计算区域不小于灯具间距；

观察点距计算区域取 60～160m,距路面边缘为 1/4 路面宽,距路面高度 1.5m。

计算区域内纵向计算点间距不宜大于 1.0m,横向计算点应不少于 5 点。

计算灯具应包括计算区域前后各一组约 2～4 个。

某灯具在路面计算点产生的亮度可按下式计算：

$$L_{Pi}=\frac{I_{c\gamma}}{H^2}\cdot r(\beta,\gamma) \tag{5-52}$$

式中：L_{Pi}——灯具 i 在计算点 P 产生的亮度,cd/m^2；

$r(\beta,\gamma)$——简化亮度系数；

β——观察面与光入射面之间的角度。

数个灯具在计算点产生的亮度可按下式计算：

$$L_P=\sum_{i=1}^{n}L_{Pi} \tag{5-53}$$

式中：L_P——P 点的亮度,cd/m^2。

计算区域内路面的平均亮度可按下式计算：

$$L_{av}=\frac{\sum_{P=1}^{m}L_P}{m} \tag{5-54}$$

式中：L_{av}——计算区域内路面的平均亮度,cd/m^2。

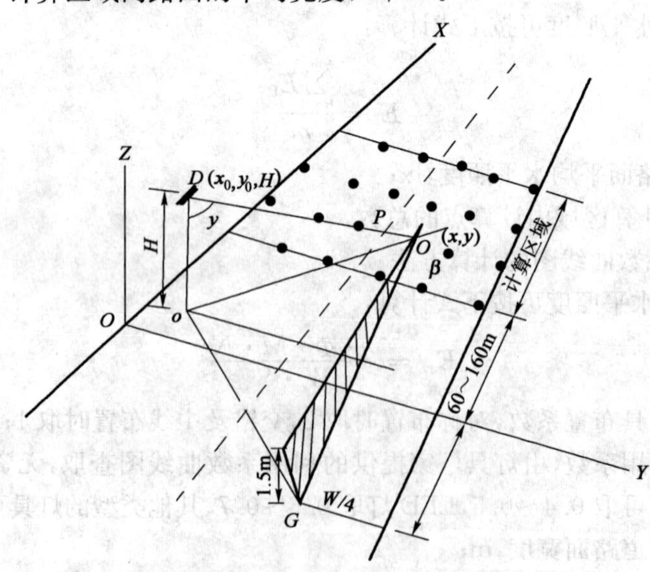

图 5-14 亮度计算示意图

3)照度与亮度的换算

路面平均亮度与平均照度间的换算率,不仅与路面材料有关,还与路面的使用龄期有关。一般可按沥青路面 15～22lx/(cd·m^{-2}),水泥混凝土路面 10～13lx/(cd·m^{-2})取值。具体如图 5-15 所示。

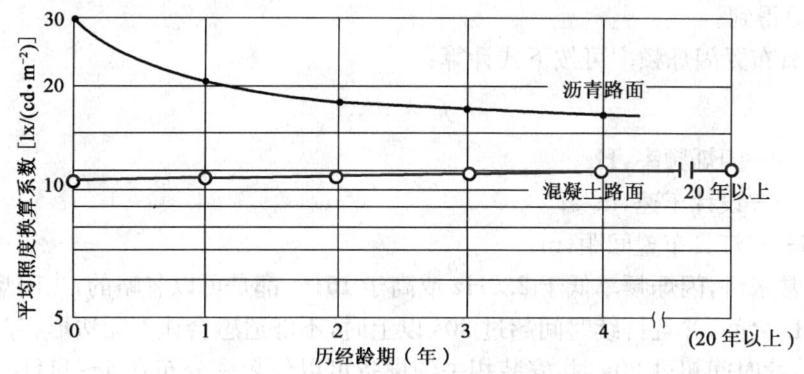

图 5-15 平均照度换算系数的历年变化

4)均匀度计算

(1)路面亮度总均匀度可按下式计算:

$$U_0=\frac{L_{min}}{L_{av}} \tag{5-55}$$

式中:U_0——路面亮度总均匀度;

L_{min}——计算区域内路面最小亮度,cd/m^2。

(2)路面中线亮度纵向均匀度可按下式计算:

$$U_1=\frac{L'_{min}}{L'_{max}} \tag{5-56}$$

式中:U_1——路面亮度总均匀度;

L'_{min}——路面中线最小亮度,cd/m^2;

L'_{max}——路面中线最大亮度,cd/m^2。

5)闪烁频率计算

驾驶汽车通过不同的空间区域时,亮度随之变化,眼睛会觉得有闪烁感,就像由于日光屏(包括遮阳屏和非遮阳屏)或单独设置的光源所产生的现象。在一些特定的情况下,这些闪烁会让人感到不舒适,有时还比较严重。

由于闪烁效应所引起的视觉上不舒适的程度依赖于以下几个方面:

(1)每秒钟内的亮度变化值(闪烁频率)。

(2)闪烁的总共持续时间。

(3)一个单循环内的亮度差。

(1)、(2)和(3)项依赖于车辆的行驶速度和亮度的分布范围;(3)项也和亮度测定仪的特性及亮度的分布空间有关。在一个区域内的亮度结束到另一个区域的亮度开始的中间段距离少于连续变化光线所需要的距离时,这种不舒适的闪烁光将会产生一个独立的频率,那么闪烁频率能够很容易地由行车速度(m/s)除于灯具间距(m)得到。

灯具布置闪烁频率可按下式计算:

$$f = v / S \tag{5-57}$$

式中:f——闪烁频率,Hz;

v——设计车速,m/s;

S——灯具布置间距,m。

通常来讲,闪烁频率低于 2.5Hz 或高于 15Hz 都是可以忽略的;当闪烁频率在 4~11Hz 之间,并且持续时间超过 20s 以上时,不舒适感会让人无法形容。推荐认为,当持续时间超过 20s 时,安装相关的设备可以使频率分布在 4~11Hz 之外,尤其是当使用亮度值很高的小光源时。轻度坡度上采用高亮度值的光源(例如长大隧道里采用的荧光管)通常会让人感到不适。考虑到高亮度的成分,推荐避免使用所有频率都低于闪烁频率的没有遮阳功能的日光屏,例如大于 50Hz。

6)灯具养护系数计算

灯具的养护系数 K 是指灯具在工作了一段时间后,其产生的光输出与刚开始工作时光输出的比值,又称为光衰减系数 LLF(light loss factor)。路灯的养护系数首先与光源的光衰减 LLD(lamp lumen depreciation)有关;其次和灯具上由于灰尘的进入和堆积造成的光衰减 LDD(luminaire dirt depreciation)有关,并和设备因素 EF(equipment factor)及隧道表面(隧道壁和顶棚)的反射递减都有关系。简化处理,可用光源的衰减系数 LLD 乘以灯具的肮脏光衰系数 LDD 得出 LLF ,即

$$\mathrm{LLF} = \mathrm{LLD} \times \mathrm{LDD} \tag{5-58}$$

式中,LLD 可由表 5-22 查出,LDD 可由灯具的防护等级 IP 值、环境的污染情况,以及灯具的清洁频率等因素得出经验值,见表 5-23。

光衰减系数 表 5-22

光源类型	工作时间(kh)				
	4	6	8	10	12
高压钠灯	0.98	0.97	0.94	0.91	0.90
金属卤化物灯	0.82	0.78	0.76	0.74	0.73
高压汞灯	0.87	0.83	0.80	0.78	0.76
低压钠灯	0.98	0.96	0.93	0.90	0.87

续上表

光源类型	工作时间(kh)				
	4	6	8	10	12
三基色直管荧光灯	0.95	0.94	0.93	0.92	0.91
卤粉直管荧光灯	0.82	0.78	0.74	0.72	0.71
紧凑型荧光灯	0.91	0.88	0.86	0.85	0.84

注:在针对某具体光源进行计算时,要向生产厂家索取准确数据。

灯具肮脏光衰系数和IP值的关系 表5-23

清洁间隔(月)	不同防尘和污染情况下的光衰减系数								
	最低IP2—			最底IP5—			最低IP6—		
	污染状况			污染状况			污染状况		
	高	中	低	高	中	低	高	中	低
12	0.53	0.62	0.82	0.89	0.90	0.92	0.91	0.92	0.93
18	0.48	0.58	0.80	0.87	0.88	0.91	0.90	0.91	0.92
24	0.45	0.56	0.79	0.84	0.86	0.90	0.88	0.89	0.91
36	0.42	0.53	0.78	0.76	0.82	0.88	0.83	0.87	0.90

7)眩光计算

因为眩光降低了能见度,所以控制眩光是非常重要的。隧道照明必须考虑不舒适(失能)眩光的影响。

(1)失能眩光

失能眩光的效果由阈值增量TI来衡量,在白天,入口段、过渡段和内部段的阈值增量TI必须小于15%,而出口区白天的阈值增量没有严格限定,下面的公式可以用来计算TI:

$$\mathrm{TI}=65(L_v/L_r^{0.8}) \quad L_r\leqslant 5\mathrm{cd/m^2} \tag{5-59}$$

$$\mathrm{TI}=95(L_v/L_r^{1.05}) \quad L_r>5\mathrm{cd/m^2} \tag{5-60}$$

式中:L_r——道路表面的平均亮度值;

L_v——等效光幕亮度,经验公式如下式所示。

$$L_v=k\sum_{i=1}^{n}\frac{E_{eyei}}{\Theta_i^2} \tag{5-61}$$

式中:E_{eyei}——由第i个眩光源在垂直于视线方向上的人眼视网膜上的照度,lx;

Θ_i——视线方向和第i个眩光源的光射入观察者眼睛方向的夹角,°;

k——年龄系数(为计算目的取为10);

n——眩光源总数。

L_v是由相关区域内固定轴线在水平面以下 1°的视野范围内的所有灯具产生的光幕亮度。计算值应该基于一个初始计算值以及以汽车顶棚的视线以上 20°范围内的观察值为准。当前，还没有办法给定一个精确的数值来限定过渡区的眩光。

(2)不舒适眩光

不舒适眩光用眩光指数 G 来衡量，是一个主观感受值，其定标依据如表 5-24 所示。

不舒适眩光指数的定标和主观评价 表 5-24

眩光指数 G	眩光描述	主观评价
1	无法忍受的	感觉很坏
3	有干扰的	感觉不好
5	刚好容许的	感觉一般
7	令人满意的	感觉好
9	感觉不到的	感觉非常好

8)灯具布置间距的初步确定

在进行隧道布灯计算时，都应该先假定灯具的布置间距。而灯具的布置间距主要受光闪烁限制和亮度(照度)要求的约束。因此，可以建立一个以所需光通量最小为目标函数，光闪烁限制和亮度(照度)要求为约束条件的规划模型，用来初步确定布灯间距，模型如下：

$$\mathrm{Min}Q = \Phi \cdot \frac{L}{S} \cdot N \tag{5-62}$$

$$S \cdot T \cdot \frac{V}{3.6 \cdot S} \geqslant 15 \tag{5-63}$$

$$\frac{V}{3.6 \cdot S} \leqslant 2.5 \tag{5-64}$$

$$\frac{\eta \cdot \Phi \cdot M \cdot N}{W \cdot S} \geqslant E_{av} \tag{5-65}$$

式中：Q—— 隧道内需要的总的光通量，lm；

Φ——光源光通量，lm；

L——需要安装灯具的隧道长度，m；

V——车辆在隧道内的行驶速度，km/h；

N——灯具布置系数，对称布置时取 2，交错及中线布置时取 1；

η——利用系数，由灯具的利用系数曲线图查取；

M——灯具的养护系数，无资料时可取 0.6～0.7；

W——隧道路面宽度，m；

S——灯具间距，m；

E_{av}——给定车速和交通量的条件下所需要的照度，lx。

这是一个非线性规划模型，通过数值计算软件 MATLAB 中的优化工具箱可以很容易求得最优解。通过该模型求出所需的光源光通量 Φ 和初步布灯间距 S 后，再根据相应光源的光通量选择光源功率进行后续计算。

5.6.4 隧道照明的三维计算

最新的研究可以把隧道照明的计算建立在三维的基础上，由于必须要考虑光的多次反射所产生的照明效果，导致计算复杂化。Einhorn 法假定灯具的光通量必须被隧道表面最终吸收，因此

$$L_a = r_a F/[(1-r_a)PS\pi] \tag{5-66}$$

式中：L_a——隧道表面的平均亮度，cd・m^{-2}；

r_a——隧道表面的平均反射比；

F——一个灯具发出的光通量，Lm；

P——隧道内横剖面的周长，m；

S——灯具设计间距，m。

$$r_a = (r_f F_f + r_w F_w + r_c F_c)/F \tag{5-67}$$

式中：r_f、r_w、r_c——分别为隧道内路面、墙面和天棚的反射比；

F_f、F_w、F_c——分别为一个灯具在路面、墙面和天棚的直射光通量。

所以，式(5-66)可以改写成

$$L_a = (r_f F_f + r_w F_w + r_c F_c)/[(1-r_a)PS\pi] \tag{5-68}$$

路面的平均照度由直射照度和多次反射照度组成，表达式为

$$E_f = F_f/(W \cdot S) + \pi L_a \tag{5-69}$$

式中：W——路面宽度，m。

假定路面具有漫反射特性，则路面亮度

$$L_f = r_f E_f/\pi \tag{5-70}$$

隧道照明的三维计算能更好地反映光线在隧道内的分布，更精确地计算出隧道路面亮度，值得大力推广。

对照明质量的评价方法有实测法和数值分析法。实测法是采用照度计和亮度计对现场进行实测的照明质量数据(主要为照度和亮度)，因测试基准的一致性较难达到，故主要用于工程后评估及维护之用；对于前期则基于数值分析法。

CIE(国际照明委员会)从 1982 年起提出了道路照明应采用逐点精确法计算(如 CIE NO. 30.2，1982)，并在标准中规定了一套数值计算准则。1990 年 CIE 提

出了隧道照明分析要考虑隧道壁面反射对照明的影响(CIE NO. 88 ，1990)，隧道照明数值分析涉及壁面三维问题。德国标准 1992 年规定了壁面模型(DIN67524，1992)来模拟隧道管状空间照明，但未提出壁面三维分析方法。

由于照明灯具设备与安装、道路几何与路面状况、观察点与计算域设置、隧道形状与墙壁反射特性等多方面的因素需要考虑，使道路和隧道的照明计算问题变得很复杂，而且计算工作量十分巨大，用手工加计算器的方式往往难以完成整个设计计算。尤其隧道照明分析如要考虑隧道壁面反射对照明影响因素，实际上手工计算是无法实现的。

隧道是管状三维空间，照明光线受路面壁面相互反射影响，壁面背景影响视觉。道路从照明角度为路面上半无限体，光线除路面反射外，其余空间可视为黑洞。将道路照明计算方法代替隧道照明不能反映隧道壁面反射三维影响等复杂技术问题，不能反映实际照明质量，不能评价或使用逆光照明系统。

照明光源及灯具的合适选择是保证隧道照明质量的关键。隧道照明的光源除应满足在隧道特定环境下的光效、光通量、寿命及工作特性、光色、显色性和控制配光的难易程度等主要要求外，还应保证在汽车排烟形成的烟雾中仍能保证有良好的能见度。目前，应用在隧道照明中的光源有高压钠灯、低压钠灯、高压汞灯、金属卤化物灯、荧光灯、电磁感应灯，以及最新的 LED 灯。其中，应用最为普遍的是高压钠灯和荧光灯，这两种光源的工程应用效果好，实践经验较多。

第 6 章　定向光光源照明节能设计

对照明系统改造前后的能量消耗研究表明，新的照明系统所消耗的能量低于被替代的白炽灯、荧光灯和高压钠灯所消耗能量总和的 48%。当考虑采用 LED 照明技术时，亮度、成本和寿命是首先要评估的因素。对能量效率的考虑目前已上升为第一位，这是由于在能源保护领域有许多政府资助的研究，以及人们对高效率照明意识的增强，这反映在标准规范的开发和对高效光源需求进行的立法。将传统照明改造成 LED 照明每年将节能数十亿美元的事实已经促使人们启动了许多政府资助的项目，例如，下一代照明启动项目和 21 世纪照明项目等。这些项目将政府机构、工业组织、大学和实验室召集在一起，以加速开发和实现固态照明。在全球，许多国家和地区正逐渐意识到大量现有照明技术的效率太低了。很多国家的政府部门，如美国、加拿大、欧洲和澳大利亚通常都以一定期限的“白炽灯禁令”、立法调节，或者废除白炽灯和卤素灯的形式来响应照明变革。人们对这些低效率光源的意识的增强有助于增加对 LED 照明灯的采用。

本章主要论述 LED 隧道照明技术，包括 LED 隧道照明的节能原理、LED 隧道灯的特点、性能要求、评价指标以及 LED 隧道照明设计方法。

6.1　LED 隧道照明灯

6.1.1　LED 的工作原理

LED 是一种能把电能转化为光能的固体器件，它的结构主要由 PN 结芯片、电极和光学系统等组成。LED 的基本工作原理是一个电光转换过程，当一个正向偏压施加于 PN 结两端，由于 PN 结势垒的降低，P 区的正电荷将向 N 区扩散，N 区的电子也向 P 区扩散，同时在两个区域形成非平衡电荷的积累。由于电流注入产生的少数载流子是不稳定的，对于 PN 结系统，注入到价带中的非平衡空穴要与导带中的电子复合，其中多余的能量将以光的形式向外辐射，电子和空穴的能量差越大，产生的光子的能量就越高。能量级差大小不同，产生光的频率和波长就不同，相应的光的颜色就不同(图 6-1)。

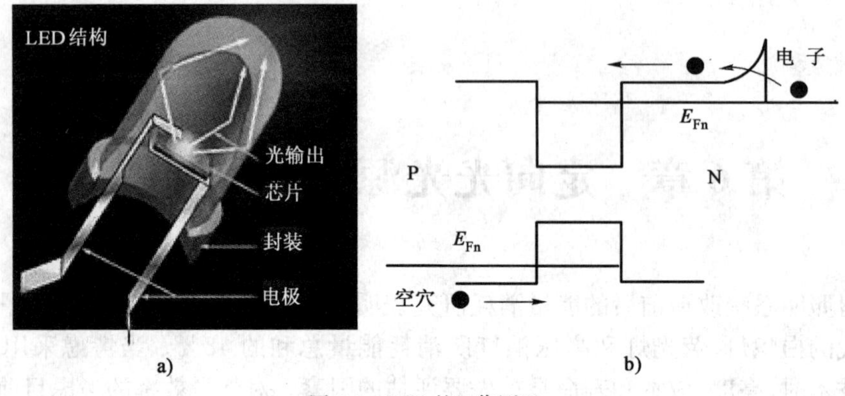

a)　　　　　　　　b)

图 6-1　LED 的工作原理

a)LED 曲型结构；b)PN 结原理

LED 属于冷光源，工作电压大多为 1.5～4V，耗电少（10mA 以下即可在室内得到适当的亮度），可通过调节电流（或电压）来对发光亮度进行调节，且响应速度快，并可直流驱动；LED 比普通光源的单色性好；发光亮度和发光效率均较高，容易与集成电路配合使用。

6.1.2　LED 的发展

1907 年 Henry Joseph Round 第一次在一块碳化硅里观察到电致发光现象，20 世纪 50 年代，英国科学家在电致发光的实验中使用半导体砷化镓发明了第一个具有现代意义的 LED，该产品于 20 世纪 60 年代面世。第一个商用 LED 仅仅只能发出不可视的红外光，但迅速应用于感应与光电领域。60 年代末，在砷化镓基体上使用磷化物发明了第一个可见的红光 LED。到 70 年代中期，磷化镓被使用作为发光光源，随后就发出灰白绿光。LED 采用双层磷化镓蕊片（一个红色，另一个是绿色）能够发出黄色光。就在此时，俄国科学家利用金刚砂制造出发出黄光的 LED，在 70 年代末，它能发出纯绿色的光。80 年代早期到中期对砷化镓磷化铝的使用使得第一代高亮度的 LED 诞生，先是红色，接着就是黄色，最后为绿色。到 20 世纪 90 年代早期，采用铟铝磷化镓生产出了橘红、橙、黄和绿光的 LED。第一个有历史意义的蓝光 LED 也出现在 90 年代早期。90 年代中期，出现了超亮度的氮化镓 LED，随即又制造出能产生高强度绿光和蓝光的铟氮镓 LED。超亮度蓝光芯片是白光 LED 的核心，在这个发光芯片上抹上荧光磷，然后荧光磷通过吸收来自蕊片上的蓝色光源再转化为白光。就是利用这种技术制造出任何可见颜色的光。最近开发的 LED 不仅能发射出纯紫外光而且能发射出真实的“黑色”紫外光。LED 的发展像计算机一样，遵守摩尔定律的发展。每隔 18 个月它的亮度就会增加 1 倍（图 6-2）。

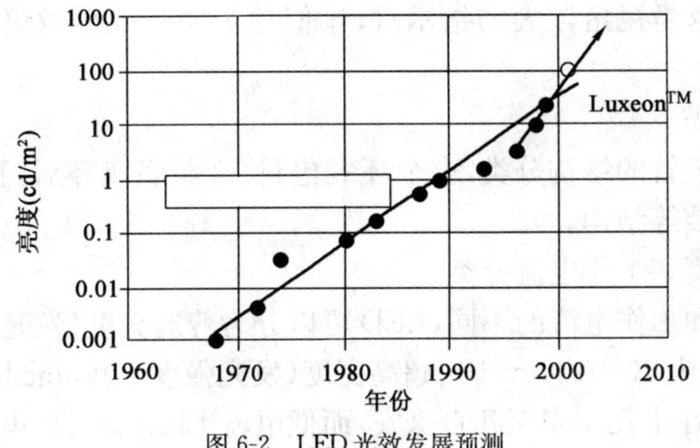

图6-2 LED光效发展预测

6.1.3 LED隧道照明灯的构成与开发

1)LED隧道照明灯的构成

每套LED隧道灯包括LED光源、电器、灯口、灯罩与其他配件等，其主要由以下三部分构成。

(1)光源

光源优劣在很大程度上主要取决于LED芯片的选择。市场上的LED芯片通常有大功率(1～3W/颗)与小功率(＜1W/颗)两种，也可根据LED的发光颜色、出光面特征、结构、发光强度和工作电流等参数的不同进行分类。

①按发光管发光颜色分类

LED按其发光颜色，可分成红色、橙色、绿色(又细分有黄绿、标准绿和纯绿)、蓝色等。另外，有的发光二极管中包含二种或三种颜色。根据发光二极管出光处掺或不掺散射剂、有色还是无色，上述各种颜色的发光二极管还可分成有色透明、无色透明、有色散射和无色散射四种类型。散射型发光二极管适合做指示灯用。

②按出光面特征分类

按出光面特征分，LED可分为圆灯、方灯、矩形、面发光管、侧向管、表面安装用微型管等。圆形灯按直径分为2mm、4.4mm、5mm、8mm、10mm及20mm等。国外通常把ϕ3mm的发光二极管记作Tl；把ϕ5mm的记作T-1(3/4)；把ϕ4.4mm的记作T-1(1/4)。LED的半值角大小可以估计圆形发光强度角分布情况，所以从发光强度角分布图来分可以将LED分为三类。

a.高指向型。一般为尖头环氧封装，或是带金属反射腔封装，且不加散射剂。半值角为5°～20°或更小，具有很高的指向性，可作局部照明光源用，或与光检出器联用以组成自动检测系统。

b.标准型。通常作指示灯用，其半值角为20°～45°。

c. 散射型。这是视角较大的指示灯，半值角为 45°～90°或更大，散射剂的量较大。

③按结构分类

按照发光二极管的结构分类，有全环氧包封、金属底座环氧封装、陶瓷底座环氧封装及玻璃封装等结构。

④按发光强度和工作电流分类

按发光强度和工作电流的不同，LED 可以分为普通亮度（发光强度＜10mcd）、高亮度（发光强度为 10～100mcd ）、超高亮度（发光强度＞100mcd ）等类型。一般 LED 的工作电流在十几毫安至几百毫安，而低电流 LED 的工作电流在 2mA 以下（亮度与普通发光管相同）。

(2)电源

电源是 LED 隧道灯最重要的组成部分之一。与应用于建筑物、办公场所的电源不同处在于，应用于隧道照明的电源，由于隧道内的振动、废气的污染等，都对电源高温状态下的长期连续工作寿命造成不利的影响。

电源由驱动、通信与控制三个模块构成，一般采用外置式以利于散热。大多数 LED 隧道照明灯生产厂家都不专门生产电源，而是由专业电源生产厂家进行配套，因此，对于大功率 LED 灯一般采用分组驱动与控制，每盏灯可能会携带 2 个以上的电源；对于具有电源生产能力的 LED 隧道照明灯生产企业，可针对不同型号的 LED 灯进行专门的电源设计，在保证安全的条件下降低电源的最大功率，达到节能的目的。

可采用多种方法对电源进行分类。按其构成电源可分为有电解电容与无电解电容两类，前者的寿命取决于灯具自身的散热效率与电解电容的寿命、性能与使用条件，寿命一般在 10 000～20 000h 左右，后者的寿命一般大于前者；按其功能可分为仅具备驱动功能电源、具备驱动与 LED 灯调光控制功能电源及集驱动、控制和在线检测于一体的智能型电源三类。智能型电源的核心功能在于可判别并自动反馈光源的状态（正常与故障），以便于维修管理，可与隧道监控中心联网，实现基于隧道洞外亮度、实时交通量与速度的调光控制。

(3)灯具

灯具按光源布置形式及反光器形式可分为对称光带灯具、非对称光带灯具、逆光光带灯具。在材料方面，灯具的材料和保护层应单独并作为一个系统耐各种大气条件，包括隧道中遇到的运营状况引起的各种腐蚀，并应避免材料有毒或能释放有毒气体，当不同的材料接触时，应当考虑腐蚀效应，所有插销、铰链、螺钉和其他外部构件应用不锈钢或其他耐腐蚀（废气、盐和隧道中的烟雾）材料制成，灯具及其安装构件不应受混凝土的化学反应腐蚀；在结构方面，同一企业相同型号的公路隧

道照明灯具应有良好的互换性,灯具应坚固耐用,反光器应结构牢固,表面应进行抛光、氧化或镀膜处理。为便于灯具使用中的维护,便于更换光源和附件,宜采用前开门式,灯具的安装系统应能承受所有设备和安装系统本身3倍的重力,应有特设的导线出(入)口密封装置。

2)LED隧道照明灯的需求

LED隧道照明灯的开发,应从工程需要出发,将隧道照明的特点与LED的特点相结合进行研究与试验,这主要包括以下7个方面。

(1)满足隧道的土建结构特征

随着我国经济实力的增强和交通技术的进步,高速公路隧道不但有大量的单向两车道和单向三车道隧道,而且单向四车道特大断面隧道也越来越多。隧道的横断面不同,对LED灯的配光要求也不同,不根据公路隧道常见的横断面特征进行LED灯的开发,会造成光通量能的浪费。

(2)满足隧道的环境要求

隧道是半封闭体,汽车行驶引起的振动、排出的废气造成的污染,都对照明灯连续工作的可靠性与稳定性提出更高的要求。

(3)满足隧道电网的性能

我国的电网质量较差,加上隧道内各种通风、消防等大型电器设备启停频繁的影响,使电压波动范围大,这就要求LED隧道照明灯具备更强的电气环境适应性。

(4)满足不同的安装方式

隧道照明灯具安装,有单侧中间布灯、单侧中偏侧布灯、单侧拱腰布灯、双侧对称布灯、双侧交错布灯、双侧加中间布灯等多种布灯方式。不同的照明区段,不同的照明设计速度和交通量,布灯方式也不相同,对LED灯的纵向光束角、横向光束角的要求也不相同。

(5)满足运营管理的需求

隧道照明设计采用的洞外亮度较大,而一天当中能达到设计采用的洞外亮度值的时间段落较短,若不能实现基于实时洞外亮度、交通量与速度的调光控制,仅采用时序控制法进行照明控制,则会造成较大的电能浪费;此外,隧道内车辆长期通行,人工检测灯具是否完善极为不便,而由于灯具故障造成的照度不足,不仅影响交通安全,而且发生交通事故时还可能引起民事诉讼。因此,灯具是否正常以及照明的自动调光控制是运营管理者非常关心的问题。

(6)满足维护管理的需求

照明灯具的更换与清洗是不可避免的。灯具在使用中一般温度都比较高,灯具面板能否承受高压冷水的冲洗,是LED隧道照明灯开发中必须考虑的问题。此外，虽然 LED 照明灯的光源寿命比较长，但发生故障是不可避免的，是仅更换故障部分光源还是整个光源整体更换，是打开面板更换故障部件并立即投入使用，还是整体拆除换新，是 LED 隧道灯开发必须考虑的问题。

(7)满足行车舒适性的需求

隧道是道路中半封闭的特殊路段，车辆驶入、驶出隧道时亮度的突变使视觉产生"黑洞效应"与"白洞效应"，司机心理压抑，不利于交通安全。而 LED 不仅具有定向性、光输出可调性，而且具有色温可调的特点。色温对司机行车心情有重大的影响，当然也影响到交通安全。如果能实现色温可调，则能大大提高安全性和舒适性，使在不增加额外投资的条件下，将照明标准由基于制动距离的安全标准提高到舒适标准。

3)LED 隧道照明灯的开发

根据隧道照明的特点，针对 LED 隧道照明的需求，进行配光、散热与集驱动、控制和在线检测于一体的智能型电源的开发，是 LED 隧道照明灯必须解决的三大关键技术。

(1)配光

LED 隧道灯的配光，应着重考虑 LED 光源发光后的空间光强分布，力争使计算机模拟的结果与实际 LED 所测得的光强分布相似；使光斑尽可能是矩形，以提高均匀度与光线的利用率。这就要求进行配光研究时，不但要解决眩光问题，更重要的是考虑隧道的土建结构特征与安装方式对配光的影响，选择合理的横向光束角与纵向光束角。为此，应建立 LED 光源的光学模型，使模拟的结果与实际 LED 的光强分布相似；采用光学设计软件对光路进行光线追迹，设计照明光学系统；采用光学设计软件对光路进行光线追迹，设计照明光学系统并仿真；根据隧道照明的特殊性以及道路的构造，将隧道不同区域的光设计成不同投射角度的矩形效果；依据建立的光度学模型、色温模型，针对隧道灯在不同区域的使用，选择不同的功率与色温，确定隧道灯的规格。

(2)散热

解决散热问题，需要对光、热、电、结构等性能统一考虑，依据配光、散热、安装的特点，进行灯具的光、热、机一体化结构设计，包括灯结构外观的美学设计、结构的优化与定性设计等。LED 光源、模块及光源系统的热流传导模型，隧道内部的结构、气流、环境与对 LED 灯散热的影响关系模型，散热材料、结构的关系特性，特种基板及材料的热传导模型，LED 光源模块尺寸效应，光源系统的散热结构及面积优化等，都是散热需要解决的主要技术问题。

此外，封装技术也非常重要。大功率 LED 封装结构和工艺复杂，并直接影响到 LED 的使用性能和寿命。LED 封装的功能主要包括：①机械保护，提高可靠性；②加强散热，以降低芯片结温，提高 LED 性能；③光学控制，提高出光效率，优化光束分布，确定不同隧道断面特征与安装方式时的纵向光束角与横纵向光束角，以提高光效。封装过程所选的材料（散热基板、荧光粉、灌封胶）对系统的稳定性与可靠性有很大的影响。封装结构中应尽可能减少热学和光学界面，从而降低封装热阻，提高出光效率。

进行散热研究，应通过计算机三维组装仿真模型，进行灯具的互换性、通用性设计，依据光源模块特点，根据建立的 LED 热传导模型，通过仿真与试验验证的方式，确定材料与工艺；通过测试，检验成果的实用性。

（3）电源

为了节能和满足运营管理的需要，提高电源的效率，集驱动、在线检测与控制于一体，是电源开发的难题。这主要涉及电路拓扑结构优化及软开关技术，输出过压、过流、短路、断路保护技术，调光控制技术，LED 光源的状态实时监测及上传通信技术等。在高效性方面，应以优化系统效率为主要目标，确定直流母线电压等级，研究前级模块的零电压转移以及后继模块谐振软开关技术，减小开关损耗；在可靠性方面，应研究分布式 LED 驱动电源系统结构，基于状态空间平均、相量平均建模等方法，建立前后级模块的平均模型，根据阻抗比判据，分析系统稳定性，提出系统稳定性判据，确保系统稳定工作，进行输入欠压、输出过压、过流保护设计；在测/控智能化方面，为了实现 LED 光源运行状态的实时检测，检测/控制信号双向传输通信技术与电源的智能无级调光控制技术则是其核心技术。

6.2　LED 隧道照明灯的特点

LED 作为新型光源，具有寿命长、发光效率高、功耗低、启动时间短、显色指数高、工作温度低、结构牢固、不怕震动、方向性好、工作电压低、无紫外辐射、质量轻等众多优点。

6.2.1　寿命

LED 的使用寿命可以长达 10 万 h，传统的光源在这方面无法与之相比。一般来讲，普通白炽灯的寿命约为 1 000h，荧光灯、金属卤化物灯的寿命不超过 1 万小时，高压钠灯是有电极的放电灯中寿命较长的，为 2 万多小时，射频或微波激发的无极放电灯放电管的寿命虽然可达到 6 万小时，但整灯的寿命要受制于激励电路中的电子元器件和微波振荡管的寿命。因此，在一些维护和换灯困难的场合，使用 LED 作为光源可大大降低人工费用。LED 属于半导体器件，是一种固态光源，发光原理完全有别于传统光源，它内部没有灯丝，而是通过半导体材料中不同载流子之间的交换发光。美国 CREE 等公司公布其大功率白光 LED 的寿命超过 5 万小时(光衰小于 30%),如果按照每天使用 8h 计算,一盏 LED 灯可以使用 17 年。

6.2.2 启动

气体放电光源从启动至光辐射稳定输出需要几十秒至几十分钟的时间,这是由气体放电光源本身的特性决定的,因为多数气体放电灯的工作物质在常温下是液体或固体,启动后需要一个加热气化的过程才能达到稳定的工作状态。白炽灯是热辐射光源,给人的感觉是一点就亮,实际上白炽灯启动后也有约零点几秒的上升时间。而 LED 的响应时间只有几十纳秒,因此在一些需要快速响应或高速运动的场合,应用 LED 作为光源是很合适的。

6.2.3 结构

LED 是用环氧封装的半导体发光的固体光源,其结构中不包含玻璃、灯丝等易损坏的部件,是一种实心的全固体结构,因此能够经受得住震动、冲击而不致引起损坏。LED 的这一特性使它可以应用于使用条件较为苛刻和恶劣的场合。

6.2.4 发光体

LED 的发光体芯片尺寸很小,在进行灯具设计时基本上可以把它看作点光源,这样能给灯具设计带来许多方便。白炽灯的发光体是灯丝,有一定的长度,荧光灯管的尺寸更大,这些照明光源都不能看成点光源,在灯具设计时首先要建立一个光源辐射模型,处理起来有一定的难度。而点光源的光源辐射模型是最简单的,这有利于 LED 的灯具设计。

6.2.5 厚度

传统的照明光源向空间的几乎每一个方向发光,在设计照明灯具时,为了提高光线的利用效率,通常要用曲面反射器来收集光线,使之向所需要的方向照射。由于反射器离光源有一定的距离,反射器的曲面又有一定的曲率,因此整个灯具就有一定的厚度。而 LED 发光的方向性很强,很多情况下只需用透镜将其发出的光线进行准直、偏折,而不需要使用反射器,这样设计的灯具厚度较小,可以做成薄型美观的灯具,尤其适合于没有太多灯具安装空间的场合应用。

6.2.6 显色指数

国际照明委员会(CIE)制定了一种评价光源显色性的方法,用显色指数

表示光源的显色性。光源的显色指数用被测光源下物体的颜色与参照光源下物体的颜色相符程度来衡量。光源的显色性是由光源的光谱功率分布所决定的，光谱连续的光源显色性好，物体在该光源下所呈现的颜色就较逼真。实验表明：在相同照度下，采用显色性好的光源则主观亮度较高，采用显色性差的光源主观亮度则较低。若采用显色性较差的光源时，应相应地提高照度水平，用以提高主观亮度。LED的显色指数可以达到75～85，高压钠灯显色指数为20～25。

6.2.7 色温

LED光源的发光颜色和色温都可以灵活选择。一般白光LED的色温可以在3 500～9 000K之间选择，同时也可以选择其他发光颜色，比如红、绿、蓝、黄等，为不同应用环境的灯具设计提供了便利。

6.2.8 光源有效利用率

高压钠灯的光效目前来讲还是比较高的，用于照明的高压钠灯灯具一般设计为遮光型，因为照明要求不能产生眩光；而高压钠灯的光源却是球型发光体，大概有60%左右的光要通过反光从40%的出光口射出，为了防止眩光的出现，反光罩必须采用亚光面反射。而LED是定向光，光通量的利用率高。

6.3 LED隧道照明灯的优势

LED照明灯是定向光源，它们通常比基于全向光源，例如CFL球形灯，具有更高的效率。美国能源部建筑技术项目的照明项目经理Jim Brodrick指出："在LED照明性能方面的持续改进没有一点放缓的迹象。当性能和效率得到改善的时候，LED照明将对减少全国的能源消耗做出极大的贡献。"

国际上，挪威等国都开展了LED隧道灯的研究与应用。我国虽然在LED的封装设计、芯片研发方面落后于发达国家，但在LED隧道灯的研发、实验、工程试点等方面却走在世界的前列。据不完全统计，国内从事LED隧道灯开发的企业已达百余家。长期以来，由于LED光效低的原因，其应用主要集中在各种显示领域。随着超高亮度LED，特别是白光LED的出现，其在照明领域的应用成为可能，特别是世界各国都注意到，其他光源光效已基本达到顶峰，而LED的光效具有更大潜力(图6-3)，从而在节能领域有更广的发展前景，其在隧道照明中的应用主要具有以下优势。

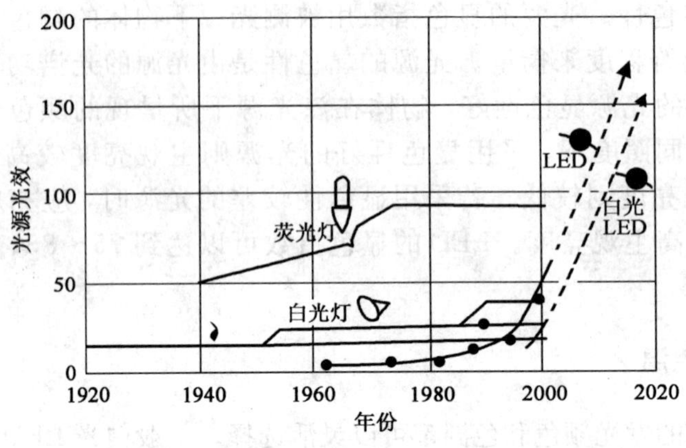

图 6-3 照明器件光效比较

6.3.1 光通量利用率高

公路隧道光源可分为定向光与散射光两种类型。除 LED 灯外，其他光源基本上都是散射光。光源效率是光源选择最关心的指标之一。影响发光效率的因素主要有每瓦的流明数、灯具的养护系数、灯具的利用系数和光效的叠加性。假设 LED 光源光效与其他灯相当，由于 LED 隧道灯是定向光，其灯具利用系数为 0.8～0.9，而其他光源的灯具利用系数只有 0.4～0.5，换句话说，即使光源的每瓦流明数相同，光源采用 LED 比采用其他光源会节能 1 倍。

6.3.2 显色指数高

LED 隧道灯的显色指数一般达到 70 以上，而隧道照明中采用的高压钠灯的显色指数只有 23 左右。良好的显色性，保证在相同的照明条件下，更容易辨清远处的物体，有效保障交通安全。根据试验，当内部段亮度的要求值小于 3cd/m^2 时，用中间视觉理论分析其等效光效将远高于实际光效。

6.3.3 色温可调

LED 含有 3 000～6 000 各色温范围的产品，可根据不同照明要求选择并可在使用中根据需要进行控制，而高压钠灯一般只有 2 000 多 K，为暖黄色，选择单一。

色温可调有利于提高行车的舒适性，减少交通事故。主观亮度受色温及显色性的交互影响，人在低照度的环境下偏好低色温，人对色光环境的舒适区域范围如图 6-4、表 6-1 所示。由表 6-1 可见，不同的色温对人的感觉影响不同，当然人的心情也就不同。结合隧道照明特点，不同速度与路面类型时的光源色温建议见表 6-2。

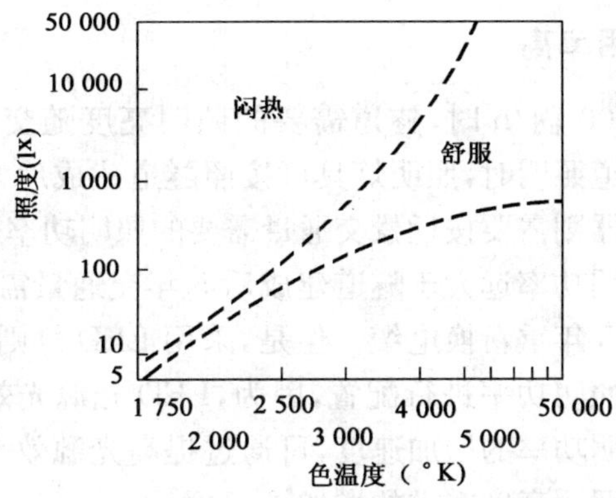

图 6-4　光源色温与照度的关系

心理感觉与光源色温、照度的关系　　表 6-1

色温(K) 照度(lx)	光源色温		
	暖色<3 300	中间色 3 300～5 000	冷色>5 000
<500	舒适	自然	清冷
500～2 000	刺激	舒适	自然
>2 000	闷热	刺激	舒适

不同速度与路面类型时的光源色温建议　　表 6-2

类型		设计速度(km/h) 色温	100	80	60	40
入口段	沥青路面	大交通量	冷色	冷色	中间色或冷色	中间色或冷色
		小交通量	中间色或冷色	中间色或冷色	中间色或冷色	暖色或中间色
	水泥路面	大交通量	中间色或冷色	中间色或冷色	中间色或冷色	暖色或中间色
		小交通量	中间色或冷色	中间色或冷色	暖色或中间色	暖色或中间色
中间段	沥青路面	大交通量	暖色或中间色	暖色或中间色	暖色或中间色	暖色或中间色
		小交通量	暖色或中间色	暖色或中间色	暖色或中间色	暖色或中间色
	水泥路面	大交通量	暖色或中间色	暖色或中间色	暖色或中间色	暖色或中间色
		小交通量	暖色或中间色	暖色或中间色	暖色或中间色	暖色或中间色
出口段	沥青路面	大交通量	暖色或中间色	暖色或中间色	暖色或中间色	暖色或中间色
		小交通量	暖色或中间色	暖色或中间色	暖色或中间色	暖色或中间色
	水泥路面	大交通量	暖色或中间色	暖色或中间色	暖色或中间色	暖色或中间色
		小交通量	暖色或中间色	暖色或中间色	暖色或中间色	暖色或中间色

6.3.4 投资利用率高

当交通量小于 2400 辆/h 时，隧道需要的照明亮度随交通量的增加而增加。采用高压钠灯进行隧道照明时，照明灯具可按照隧道建成后 5 年的预测交通量进行设计，但电缆、变压器则需要按远景交通量需要的照明功率进行配置，这是因为，远景交通量需要的照明功率远大于隧道建成后 5 年交通量需要的照明功率，而运营单位不可能在通车 5 年重新换电缆。但是，采用 LED 灯则不需要电缆、变压器按远景交通量需要的照明功率进行配置，因为，LED 光源光效的提高速度远大于交通量增加需要的照明功率的增加速度，可通过提高光源效率但不增加功率来满足交通量增加产生的照明亮度需求的增加。

6.3.5 易于控制

可采用 PWM 技术或调流技术进行调光控制，进一步实现节能。

6.3.6 维护少

由于 LED 的寿命较长，故可以大大减少维护工作量，节约维护成本。

6.3.7 环保

属于国家支持的节能产品，可享受财政部补贴 30%的政策优惠。

6.3.8 经济

根据挪威对入口区采用陶瓷金属卤化物灯（CDM）、LED 灯的比较结论（图 6-5），LED 灯全寿命周期成本最低。

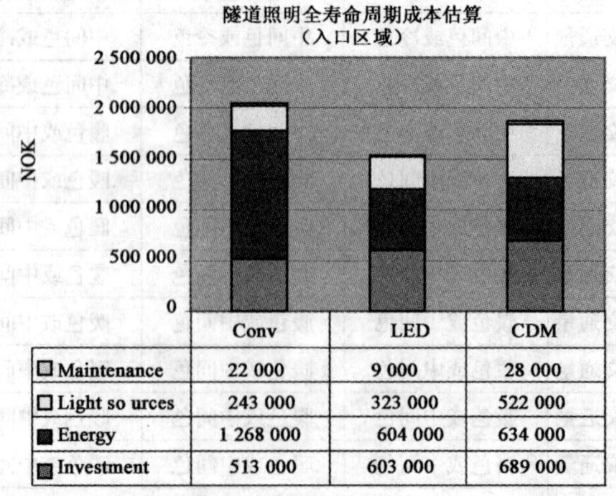

	Conv	LED	CDM
Maintenance	22 000	9 000	28 000
Light so urces	243 000	323 000	522 000
Energy	1 268 000	604 000	634 000
Investment	513 000	603 000	689 000

图6-5 隧道照明全寿命周期成本估算（1 挪威克朗＝ 1.28 885 014 人民币）

6.4 LED隧道照明灯的光束角

LED隧道照明灯的光束角是否适当，直接影响到照明的效果与照明费用。光束角包括横向光束角与纵向光束角，前者指沿隧道横断面光线的分布范围，后者指隧道纵断面光线的分布范围。

6.4.1 影响光束角确定的因素

照度需求、隧道横断面特征与照明灯的安装方式，是影响LED隧道照明灯光束角确定的三个主要因素。

(1)照度需求

隧道照明所需照度，受洞外亮度、交通量、行车速度、路面类型、隧道宽度与照明段落的影响。在这些因素确定后，可以确定不同隧道宽度、不同照明段落单位隧道长度所需的光通量。

(2)隧道横断面特征

隧道横断面特征决定了照明的区域范围，这意味着两层意思：其一，对光通量的需求；其二，对横向光束角的需求。

(3)照明灯的安装方式

照明灯的安装方式很多，不同的安装方式所需的照明区域不同，相应地所需的光通量不同，所需的纵向光束角与横向光束角不同。

6.4.2 横向光束角的确定方法

确定隧道照明灯的横向光束角，主要包括以下步骤。

步骤1：根据光源特点，假定LED照明灯系列的光束角 α_1、α_2、α_3、$\cdots\alpha_n$。

步骤2：确定布灯方式。

步骤3：计算不同断面隧道所需横向光束角。

步骤4：将计算值与假定值对比，取相近者作为确定不同断面隧道、不同安装方式所需横向光束角。

步骤5：对步骤4的结果进行优化，为确定灯具规格提供基础。

6.4.3 纵向光束角的确定方法

本步骤是解决纵向光束角与LED灯功率的最佳匹配问题。功率太大，纵向光束角太小，为了保证均匀度，会带来实际亮度远大于设计亮度的问题，不但浪费，而且可能会对安全带来不利的影响，因为，隧道照明并不是越亮越好，按照英国隧道照明规范，若实际亮度大于规范规定亮度的10%，则认为不合适。因此，可通过选定照明灯的功率P，光源的光效ζ，获取隧道宽度w，路面需要的平均照度E_{av}，灯具的维护系数M，灯具利用系数η，灯具布置系数N，假定纵向布灯间距s，从而确定纵向光束角。

6.5 LED照明灯的技术指标要求

目前，尚没有隧道LED照明灯的行业或国家标准，这对于LED照明的推广极为不利。本节就LED灯在安全性、环境适应性、电网适应性、工程适应性等方面，按光源、电源和整灯三个部分，提出其定量与定性指标要求。

6.5.1 LED光源

(1)LED工作额定电流≤700mA。

(2)LED工作结温≤75℃。

(3)发光效率≥75lm/W。

(4)显色指数≥75。

(5)色温要求：

入口段：中间色或冷色；

中间段：暖色或中间色；

出口段：暖色或中间色。

(6)光衰不大于30%条件下，正常使用不小于50 000h。

(7)LED产品必须为防静电产品，厂方应提供LED产品防静电等级。

6.5.2 电源

(1)输入电压：AC170～250V。

(2)工作频率：50Hz±2。

(3)功率因数≥0.95。

(4)电源效率≥88%。

(5)电源寿命≥15 000h。

(6)绝缘电阻：输入对外壳DC1 000V≥200MΩ。

(7)具有过流、过热、短路保护功能。

(8)需通过EMC测试，总谐波≤20%。

(9)防护等级：IP65以上。

(10)电源采用外置式，并具有良好的抗振动性。

(11)能防止开关冲击。

6.5.3　整灯

(1)显色指数≥80。

(2)色温 T:$T \leqslant 3\,000\mathrm{K}$ 为暖色温,$3\,000\mathrm{K} < T < 5\,000\mathrm{K}$ 为中间色温,$T \geqslant 5\,000\mathrm{K}$为冷色温。

(3)光束角:根据工程实际情况,按 6.4 节相关公式计算。

(4)出光效率≥80%。

(5)功率因数≥0.95。

(6)配光曲线:非对称(蝙蝠翼形)。

(7)外壳材料:铝合金。

(8)防护等级≥IP65。

(9)包含电器部分功率在内的灯具照射到路面的平均发光效率≥67lm/W。

(10)工作环境温度范围:−10～+55℃。

(11)工作环境湿度范围:10%～90%。

(12)抗冲击性能≥6J。

(13)腐蚀与老化:满足 WF1。

(14)在隧道内正常环境温度条件下,光衰减不大于 30%的条件下,使用寿命≥30 000h。

(15)灯具(含电源)功率与光源功率比≤1.2。

(16)外壳打开方式:前开门式。

(17)颗粒物与油烟免黏附性强(承诺实际工程条件下,正常工作的年最大维护次数)。

(18)在隧道内正常环境温度条件下灯具温升≤25℃。

(19)电气保护类别:I 类。

(20)湿态介电强度:3 000V、50Hz、1min。

(21)湿态绝缘电阻>2MΩ。

(22)噪声低于 55dB(A)(距灯具 1m)。

(23)具有在线自动检测 LED 灯工作状态并自动反馈功能。

(24)具有自动调光控制功能。

(25)用于应急照明的灯具还应满足表 6-3、表 6-4 的要求。

6.5.4　光电性能

检测配光曲线、节温、横向光束角、纵向光束角、电源效率、功率因素、适应的电流与电压范围以及不同电流条件下,单颗LED芯片的光通量。

消防应急照明灯具应耐受气候条件下的各项试验　　表6-3

试验名称	试验参数	试验条件	工作状态
高温试验	温度	55±2℃	主电状态
	持续时间	16h	
低温试验	温度	−10±1℃	主电状态
	持续时间	16h	
恒定湿热试验	相对湿度	$(92^{+2}_{-3})\%$	主电状态
	温度	40±2℃	
	持续时间	4d	

消防应急照明灯具应能耐受机械环境条件下的各项试验　　表6-4

试验名称	试验参数	试验条件	工作状态
振动(正弦)试验	频率循环范围	10～55Hz	非工作状态
	加速幅值	0.5g	
	扫频速率	1倍频程 min	
	每个轴线循环扫频次数	20	
	振动方向	X、Y、Z	
冲击试验	加速度 g	100～20m*	非工作状态
	脉冲持续时间	11ms	
	冲击次数	3个面,3次	
	波形	半正弦波	

*:m为试样的质量(kg)。

6.5.5　其他

(1)其他外露支撑件均应采用内外热浸锌做表面防腐、喷塑处理。热浸锌层厚度≥86μm,喷塑应采用优质户外纯聚酯塑粉,厚度≥80μm。

(2)灯具采用防护等级不小于IP65的优质型灯具,硅橡胶密封;灯罩采用热稳定性高的安全钢化玻璃;反射器采用经氧化处理的纯铝板。

(3)内部配线在工作温度范围内应具有热稳定性。外部配线进口应密封以防进入水气。

(4)外露线夹、螺钉和其他固定物应由适应工作环境条件的不锈材料制成。

6.6 LED隧道照明灯的分类与标识

6.6.1 LED隧道照明灯的分类

LED作为一种新颖的半导体光源，在隧道照明上，许多企业都进行了研制开发。目前，市场上商用芯片的光效为107～114lm/W，光通量大大提高。开发的隧道LED照明灯有多种形式，可按以下方法进行分类。

1)按形状分类

有矩形产品、梯形产品和圆形产品三类。

(1)矩形产品

芯片排列采用平面排列，是市场上的主流产品。在配光方面，该类产品比较容易产生矩形光斑，均匀度一般较好，容易满足规范的要求。

(2)梯形产品

芯片排列采用多个平面进行排列，市场上同类产品较少。在配光方面，该类产品亦比较容易产生矩形光斑，均匀度一般较好，但横向光束角一般较小，对于单向两车道隧道，横向光束角一般能满足规范要求。

(3)圆形产品

由于隧道是长方形，要求对路面和隧道墙壁2m高度进行照明，在光源配光设计达到同样水平的情况下，圆形产品要达到规范规定的亮度标准，必然需要的灯要多，均匀度要差。

2)按结构分类

(1)按芯片组合方式分类

按光源构造方式可分为串联分组连接与串并联连接两类，串联结构电压一致性较差，对抗光衰减不利。对于非专业电源生产厂家，有利于将多个小功率灯(例如，50W的LED灯)组合成一个大功率灯(例如，200W的LED灯)，并实现单灯分组控制。

(2)按灯体结构分类

有一体化结构、模块化结构与半模块化结构三种形式。一体化结构隧道照明灯将光源、灯具、电源三者结合为一体，维护不便；模块化结构将光源、灯具、电源三者相分离，光源中的芯片或电源出现故障，可进行更换，方便维护；半模块化结构将电源与光源和灯具相分离，方便电源更换，但若芯片出现故障，需整体更换光源。

3)按光源分类

按芯片来源可分为国产芯片隧道LED照明灯(含台湾芯片)与进口芯片隧道

LED照明灯，进口芯片在稳定性、可靠性方面具有优势。目前，市场上的LED隧道灯以采用进口光源为主，但价格较高。

4）按单颗芯片功率分类

按芯片功率可分为大功率隧道LED照明灯与小功率隧道LED照明灯。市场上大功率隧道LED灯居多。大功率隧道LED照明灯的关键是如何提高可靠性，解决散热问题，小功率隧道LED照明灯的关键是提高亮度。

5）按配光方法分类

可分为无配光、局部配光和全配光三类，按配光采用的元器件可分为采用光杯与采用透镜两类。

6.6.2　LED隧道照明灯的标识

LED隧道灯是新型光源，其性能不但与生产厂家的技术水平、工艺水平、质量保证体系等相关，而且与材料的选择密切相关。例如，同样是50W的LED隧道灯，假设是同一厂家生产，选用的LED芯片不同，其价格相差很大，采用国产芯片的价格将远远小于采用进口芯片的价格，即使采用同一外国企业的芯片，选用不同的型号，例如，选用60lm颗的芯片和选用100lm/颗的芯片制造的LED隧道灯，其价格也相差很大。对于建设与运营管理单位，60lm/颗制造的50W的LED隧道灯，只能产生3 000lm的光通量，而100lm/颗制造的50W的LED隧道灯，却能产生5 000lm的光通量，若前者每盏灯的价格是1 500元，后者每盏灯的价格是2 500元，看起来后者价格要高，而实际上采用后者的投资费用更省，因为，前者达到同样的光通量，所需功率大于后者，对建设来说，在电缆与变压器的建设上需投资更多，对运营来说，需消耗更多的电能。因此，为了便于隧道建设与运营管理单位进行比较，应在以下方面对LED隧道照明灯进行标识。

(1)适应范围

描述适应于隧道照明还是道路照明，适应于环境腐蚀性较大的水下或海边隧道，还是环境腐蚀性较小的山岭隧道。隧道灯的代号为S，防腐能力用WF加数字来表示。例如，S-WF1表示可用于环境腐蚀性较大的隧道照明灯。

(2)功率与光效

描述单盏灯的总功率(含电源)以及光效[含电源，lm/W·盏)]。

(3)光源

描述单盏灯采用的LED芯片的数量以及光源的来源。目前，尚无LED隧道照明灯的标准，在结构上，各生产厂家各有特点，有些是若干个LED芯片组合成一个光源，整盏灯由若干个合成的光源所组成。描述清楚合成光源的数量，有利于维护管理。

(4)型号

描述单盏灯的光源代号(N—钠灯,Y—荧光灯,L—LED灯)及变型代号(序号用阿拉伯数字表示,位数不限;变型代号用汉语拼音小写字母表示)。

6.7 LED隧道照明灯的发展

6.7.1 LED隧道照明灯的试验

1)试验的必要性

隧道照明具有特殊性。与路段相比,其工作环境更加恶劣,汽车排放的废气的污染、汽车行驶中造成的振动、隧道自身的半封闭性、风机等大型设备频繁停启造成的电网的不稳定性、每天24h连续工作等,都对LED照明灯的性能提出了更高的要求。因此,只有通过实际检测,才能了解LED照明灯的特性是否满足工程需要。

2)试验的内容

由于LED隧道灯厂商的技术与工艺水平相差较大,大多数工程在选用产品前都进行了比较深入的调研与比较。目前,进行的工程现场试验主要包括以下6个方面:

(1)光学性能测试

包括光强度曲线、纵向光束角、横向光束角等。

(2)电气性能测试

包括功率因素、谐波、电网适应性、电压一致性等内容。

(3)散热性能测试

由于节温难以测试,故工程中主要通过测试温升率来了解散热性能。

(4)照明效果测试

包括衰减测试、隧道不同照明段落的亮度与均匀度测试、控制效果测试等内容。

(5)环境适应性测试

包括防护等级、防腐等级、高温适应性(用于应急照明)、工作温度范围等。

(6)元器件品质测试

包括随电流变化光衰减的变化、光源色温的一致性。

3)示例

某工程为南方沿海地区单向三车道公路隧道,设计速度为80km/h,采用沥青路面,预测的远期单向高峰小时交通量大于2400veh/h。为了探讨LED隧道照明灯在该工程中应用的可行性及节能效果，选择了 A、B、C、D 四个 LED 隧道灯生产厂商的产品进行试验。实验在实体工程中进行，按照基本段照明的要求布灯。根据《规范》，基本段照度要求为 9cd/m^2（沥青路面平均亮度与照度的换算系数为 15～22，则要求的照度为 67.5～99），总均匀度不低于 0.4，纵向均匀度不低于 0.6～0.7，墙面 2m 高范围内照度与路面照度相同（墙面为水泥，水泥墙面平均亮度与照度的换算系数为 10～13，则要求的照度为 45～58.5）。试验内容如下：

①测试平均照度随时间（周）的变化；

②测试总均匀度随时间（周）的变化；

③测试纵向均匀度随时间（周）的变化；

④测试墙面照度随时间（周）的变化；

⑤测试用电量随时间（周）的变化。

(1)试验结果分析

①平均照度

根据平均照度测试结果的统计分析及随时间的变化可知：

a. 四个厂商的产品经 20 周的运行，都满足照度要求。

b. 平均照度的发展变化都经历了下降、上升、再下降、再上升的过程，但总体呈下降趋势。

c. 相对初始照度（最大值）下降量为 7%～11%。

d. 在第 17 周下降到最小值（20 周内），然后开始回升，回升量（相对于平均照度最小值）为 4%～6%。

②总均匀度

根据总均匀度测试结果的统计分析及随时间的变化可知：

a. 四个厂商的产品经 20 周的运行，都满足总均匀度要求。

b. 总均匀度的发展变化总体呈下降趋势。

c. 相对初始总均匀度下降量为 2%～18%。

③纵向均匀度

根据纵向均匀度测试结果的统计分析及随时间的变化可知：

a. 四个厂商的产品经 20 周的运行，都满足纵向均匀度要求。

b. 纵向均匀度的发展变化，总体呈下降趋势，其变化过程与总均匀度的变化过程相似。

c. 相对初始纵向均匀度下降量为 4%～10%。

④墙面照度

根据墙面照度测试结果的统计分析及随时间的变化可知：

a. 四个厂商的产品经 20 周的运行，仅一家产品不满足要求，其余三个厂家的产品都满足要求。

b. 墙面照度的发展变化，都在第17周达到最小值，然后都开始上升。

⑤周用电量

根据周用电量测试结果的统计分析及随时间的变化可知：

a. 周用电量的发展变化，在前15周总体呈上升趋势，在第19周达到最大值，然后开始下降。

b. 相对初始总用电量下降量为－110%～34%。

c. 典型统计值之比分别为：最大值/最小值2.78～5.44；最大值/平均值1.81～1.98；最大值/中值1.70～2.17；平均值/最小值1.54～2.75；平均值/中值1.03～1.20，中值/最小值1.28～2.53。

(2)讨论

①光衰减问题

根据有关资料，国外某LED供应商产品在350mA电流，环境温度为25℃时，35 000h的光衰减为7%～8%，但LED隧道灯在连续运行约4 000h后衰减约7%～12%，这说明在灯的结构和散热方面还应该进行更深入地探讨。此外，若将测试数据分为三个段落，每个阶段的时间长度为7周，可以发现光衰减在下降，各厂商都是在第一阶段(基本相当LED的老炼时间，即1 000h)光衰减最大，此后减小。也就是说，当LED隧道灯通过1 000h的老炼期后，光衰减曲线逐步收敛，基本稳定，衰减率逐步下降。

②墙面照明问题

个别厂商的产品照明效果不满足《规范》对墙面照明的要求。这说明两个问题，第一，厂商在进行LED隧道照明灯的配光设计中存在问题，横向光束角太小，照到墙上的光线太少；第二，《规范》要求的合理性值得探讨。墙面照明主要是为了减少驾驶员在隧道内行驶的心理压力，不同的交通与隧道条件，应该对墙面照明的照度要求不同。

③均匀度问题

无论是纵向均匀度还是总均匀度，试验结果表明，各厂商的产品都远远高于《规范》的要求，不像钠灯容易产生斑马纹，具有较强的优势，有利于行驶安全。这说明各厂商的产品在纵向光束角的配光上能满足隧道照明的需求。

④用电量变化问题

用电量的变化能说明两个问题。第一，用电量的变化，说明了LED光源正压V_f的变化，曾对某个厂商(串联结构)的测试表明，电压的变化范围为2.1～4.1V，这么大的变化范围必然导致用电量的大幅震荡，这说明用电量和灯的结构相关，是采用串联结构好，还是先串再并好，怎样串和并更优，值得研究；第二，电压的一致性差，对衰减、均匀度也产生影响。因此，进行 LED 灯选择，进行电参数测试非常必要。

⑤光源与灯具的衰减对比

a. 30 000hLED 光源的衰减大约 7%，而 LED 隧道灯 20 周的衰减大约 7%～10%。

b. LED 隧道灯在经历 17 周的衰减后，光通量略有回升，3 周内相对于第 17 周的回升量为 4%～6%。

6.7.2 LED 隧道照明灯的应用

我国 LED 隧道照明工程应用起步于 2006 年 2 月，截至目前，已有百余公里的 LED 隧道照明工程案例。总的来看，LED 隧道照明逐步走向成熟期。贵州贵黄高速公路东苗冲隧道是我国应用 LED 灯最早的隧道，该隧道总长 420m，设计行车速度 80km/h，首期工程于 2006 年 2 月完成，第二期工程于 2006 年 6 月完成。此后，贵州贵开二级公路蔡家关隧道（隧道总长 310m，双向 2 车道，设计时速 40km/h，2006 年 12 月完成）、陕西前义坪隧道（隧道左线全长 528m，右线全长 398m，双向 2 车道，2007 年 10 月通车）、安徽黄榜岭隧道（全长 424m，双向 2 车道，2007 年 10 月通车）、贵州镇胜高速公路五龙山隧道（左线 3179m，右线 3210m，双向 4 车道，设计时速为 80km/h。2007 年 12 月 26 日完成）、广州林和中路隧道（隧道长 327m，设计时速为 30km/h，2007 年 12 月 26 日完成）、江西景德镇－鹰潭高速公路黄竹山隧道（隧道长 460m）、云南董来隧道（隧道长 1 500m）、云南孟腊 1 号隧道（隧道长 399m）、广州龙头山隧道等都进行了应用实践。重庆也进行了实践，采用的是圆形 LED 灯，但效果不好，已经撤换。

由于 LED 隧道灯目前处于初期发展阶段，所以一些工程为了安全起见，采用了先试验对比再应用的做法。典型工程有上海的长江隧道（单向三车道，长 8.9km）、广东的龙头山隧道（单向四车道，长 1.02km）。以下 2 个案例说明了 LED 照明的节能效果。

(1)贵州镇胜高速公路五龙山隧道 LED 照明工程

于 2006 年 12 月 26 日竣工，这是全国首例完全采用 LED 照明的特长隧道。该隧道全长 6389m，其中左线 3179m，右线 3210m，隧道断面净宽为 10.50m，双向 4 车道，设计时速为 80km/h。该隧道照明的设计方案完全按照 LED 隧道灯的参数设计，共安装灯具 1639 套，其中 80W 356 套、65W 100 套、48W 52 套、40W 1131 套，该方案同比高压钠灯可实现节能约 54%。

(2)广州珠江黄埔大桥龙头山隧道

左、右线长度分别为 1010m 和 1002m，是我国目前最长的上下行双向分离式 8

车道大断面公路隧道，位于同三、京珠国道主干线绕广州公路东环段的咽喉路段，交通量大，照明设施众多。对该隧道基本段的两个照明方案（荧光灯与LED灯）进行全寿命周期的成本估算。在计算中，左、右洞基本段的长度均按500m计算，则整个隧道的基本段按1000m计算。计算结果表明，在设计车速为100km/h时，荧光灯照明方案全寿命期照明系统费用C_q比LED照明方案高48%，比全寿命期照明系统单位照度的照明费用C_{qe}高37%。因此，可以认为，在达到规范要求的照度和保证隧道安全运营的前提下，LED照明方案的经济性要优于高压钠灯照明方案。

6.7.3　LED隧道照明订存在的主要问题

目前，LED隧道灯的应用，主要存在以下问题：

(1)没有根据人眼中间视觉理论、针对隧道照明区域划分特点，以及从驾驶员对洞内外亮度变化的适应性出发，建立隧道照明的光学模型。

(2)没有针对隧道环境差、电网质量差、消防要求高、维护难的特点，在结构设计上进行专门的研发。

(3)没有考虑运营管理中对灯具状态进行实时检测与自动调光控制的需求。

(4)没有针对电网质量差、LED隧道灯连续工作时间长、工作环境差等问题，研究如何从驱动电源系统结构的角度提高LED隧道灯驱动的可靠性。

(5)没有将隧道照明灯与照明系统相结合，考虑色温对驾驶员行车心情与行车安全的影响。

(6)灯具的散热设计、原材料质量等存在瑕疵，导致产品质量存在实际光效不理想、光衰快、寿命短等各种缺陷。

(7)LED隧道照明的设计标准、设计方法、产品标准与检测方法还有待解决。

(8)部分厂家在产品上存在3不同，送检产品、重点工程产品、一般工程产品各不相同，影响了LED隧道灯的声誉及推广。

6.7.4　LED隧道照明灯的发展趋势

虽然LED隧道灯已在我国蓬勃发展，贵州、陕西、江西、浙江、云南、重庆、安徽、上海、广东等地都已进行了LED隧道灯的试点应用，但仍存在一些问题，今后的发展将主要表现在以下六个方面。

(1)定型化

目前市场上的LED灯，既没有统一的规格，也没有统一的规格标准。有的厂家标注的功率含电源，有的不含电源，有的采用80lm/W的芯片，有的采用100lm/W的芯片，从而形成不同厂家的产品难以进行对比。因此，有必要规定LED隧道灯的规格型号。建议以最大允许电流条件下，不含电源的功率作为LED灯的功率标注，在该条件下照到路面的总的光通量作为光效的标注，针对不同的隧道断面，形成统一的规格型号。

(2)通用化

主要表现在灯具大小、电源以及电源接口方面。由于各家的散热处理、配光等水平不同，所以灯具的形状不同，至于电源，有的电源采用标准电源，有的根据灯的功率进行专用电源设计与制造，有的可实现调光控制，有的不能实现调光控制，从而使得灯具与电源不同的厂家不能替换，不便于维护使用。

(3)标准化

目前没有LED隧道灯的通用标准，使得有的采用单颗LED芯片为0.25W，有的是0.5W，有的是1～3W，有的采用串联分组连接，有的采用并串联连接，有的标称可达到80lm/W，而实际只有50lm/W等等，均不利于LED隧道照明的发展。

(4)智能化

智能化主要表现在智能控制与智能检测方面。智能控制已有部分厂家可以实现，但是，LED灯运营中的状态在线检测(是否完好)与反馈，大多数厂家的产品尚不能实现。

(5)多元化

作为隧道LED照明灯，应有用于应急照明、横通道照明、隧道引道照明以及基本段与进出口段的照明灯，但现在尚没有经济实用的横通道照明灯，大多数厂家的产品都没有应急灯检测报告，至于隧道引道照明，属于路灯照明范畴，在公路隧道中尚未见应用。

(6)国产化

所有厂家的产品，目前都基本采用进口LED芯片，至于封装，大多数采用国外封装好的LED芯片，部分厂家自己封装。LED隧道灯的全国产化，将是今后的发展趋势。

6.8 LED隧道照明灯的比选

可以从性能、功能、效果与价格四个方面进行比选。值得说明的是，产品的光学、机械、电气等合格，不一定说明该产品对具体的工程适用。这是因为，单盏照明灯不能构成照明系统，单盏照明灯的光学、机械、电气、防护等测试合格，不能说明照明系统的均匀度与亮度合格，更无法进行单位照明区域功耗比较。因此，对LED隧道照明灯的比较，应在产品合格的前提下，在满足通用条件要求的前提下，结合具体工程，比较其适用性与优劣。

6.8.1 通用条件

(1)应具有国家或行业权威部门出具的灯具照度检测报告。

(2)应具有国家或行业权威部门出具的 IP 防护与防腐等级检测报告。

(3)应具有国家或行业权威部门出具的灯具环境温度适应性检测报告。

(4)应具有国家或行业权威部门出具的配光曲线检测报告。

(5)用于应急照明的灯具应满足《消防应急灯具》(GB 17945—2000)相关要求。

6.8.2 必要条件

由于隧道照明的特殊性，LED 隧道灯应该在寿命、光效(单颗 LED 芯片在一定电流条件下的光通量(lm/W)、光斑形状、横向光束角、纵向光束角、在一定高度与电流条件下整灯(不包括电源功率)照到路面平均每瓦的照度(lm/W))、节电率、环境适应性等方面有比普通道路照明更加特殊的要求。因此，合格的 LED 隧道灯，应通过光电性能检测(检测配光曲线、结温、横向光束角、纵向光束角、电源效率、功率因素、适应电流与电压范围以及不同电流条件下，单颗 LED 芯片的光通量)、耐高温检测(进行高低温情况下 LED 灯的稳定使用试验，检测适应的最高温度与最低温度)、防腐检测(对于一般隧道不需进行该检测；对于应用于水下和靠近海边的隧道，由于腐蚀性强，应进行该项检测)、环境检测(检测灯具的防护能力，应满足 IP65 的要求)、照度检测(根据应用的隧道段落测试其适应性)等 5 个方面的检测。

6.8.3 评价指标

LED 隧道照明灯的比选，应从行车舒适、运营环境、运营管理、维护管理、运营成本等方面综合考虑，指标的选择应遵循可测、独立、直观的原则。据此，可将这些指标分为两类，一类为性能指标，用于进行宏观比较，判断满足工程需要的程度；另一类为效能指标，用于进行微观评价。

1)性能指标

从产品的环境适应性方面进行评价，主要包括以下几个指标。

(1)配光

评价配光曲线的形状。配光曲线越接近矩形，产品配光性能越好，应用中体现在均匀度好、同等条件下需要的灯具数量少。

(2)散热

测量表面温升,比较相对于环境温度,灯具表面与背面的相对温度值。散热越好,越有利于提高使用寿命。

(3)衰减

灯具安装后,定期测量光衰减情况,将测量的光衰减曲线与芯片生产厂家的光衰减曲线进行比较,分析差异性。

(4)寿命

指一定最高温度限制条件下,光衰小于30%时的正常工作时间。

(5)色温

反映不同行驶条件(隧道不同段落、不同的交通量与速度、不同的路面反射性能)下,驾驶员行车的舒适性。

(6)电网适应性

满足电压、频率波动的能力,可用电压与频率的允许波动范围来表示。

(7)环境适应性

满足抗腐蚀与老化的能力,和产品结构相关,特别是和密封等材料的性能相关。密封性能:应满足IP65。

(8)维护适应性

指易损件更换方便的程度。一体化结构不方便更换。

(9)颗粒物免黏附性能

隧道内油烟、尘埃多,灯具颗粒物免黏附性能强,则需要的冲洗次数少,维护费用低。

(10)经济性

指同等光效(lm/W)与寿命条件下每瓦灯具的价格。与一般灯具不同的是,不同光效时,LED灯的价格相差较大,即使120lm/W灯具的价格是60lm/W灯具的价格的1倍,也可能120lm/W的灯具更经济。

(11)可控性

应能实现调光控制。理论上讲,荧光灯、LED灯都能实现独立调光控制。目前,我国公路隧道尚未实现基于交通量与速度的照明智能控制,而不同交通量和速度时,行车需要的亮度不同,通过自动调光控制,可进一步实现节能。

(12)可测性

指运营过程中,LED灯状态的自动检测与反馈。

(13)驱动电流

LED灯的驱动电流一般为350~700mA,驱动电流太大,则会影响产品的寿命。

2)效能指标

从产品的应用经济性方面进行评价,主要包括以下几个指标。

(1)理论光效

指光源自身在一定驱动电流条件下的光效。

(2)功率因素

主要反映了电路线损的大小,功率因素越大,线损越小。

(3)灯具利用系数

反映了配光设计中光的利用率。折射越多、光线射在不需照明的地方越多,灯具利用系数就越小。

(4)照明功率富余系数

指照明设计用电功率与实际用电功率之比。该值越小则越不经济。

6.8.4 LED隧道照明灯的比选

目前市场上的LED隧道灯,少部分能实现调光控制,调光控制有调流控制与调幅控制两种。不同的LED隧道灯,其性能差异主要体现在以下4个方面。

(1)寿命

寿命可从光源寿命、电源寿命与构件寿命三个方面来考察。光源寿命主要取决于LED芯片、连接方式与散热处理。现有产品都声称在-20~+55℃、光率不大于30%的条件下,光源寿命可达到50 000h,电源寿命达到15 000h。事实上,光源的寿命与构件寿命、生产工艺等密切相关。例如,焊接的质量(部分厂家采用人工焊接),导线、硅橡胶、所采用透镜的材料等在高温条件下使用老化,都会对寿命与光质量产生影响。

(2)光效

光效可从单颗LED芯片在一定电流条件下的光通量(lm/W)、光斑形状、横向光束角、纵向光束角、在一定高度与电流条件下整灯(不包括电源功率)照到路面平均每瓦的照度(lm/W)5个方面来评价。单颗LED芯片的光通量主要和所选芯片的质量及封装相关,至于光斑,其越接近矩形,则照明效果与工程投资的经济性越好。对于横向光束角,其反映了隧道LED灯在与隧道行车相垂直方向的配光特性。横向光束角越大,适应的隧道断面越大。当隧道断面一定时,存在着最佳横向光束角,大于该角度则降低光的利用率,降低光效,小于该角度则不能满足要求。鉴于该角度的大小反映是否能满足路面与墙面的照明要求,而墙面的照明要求不高,因此,建议把光强曲线中大于10%的范围定义为横向光束角,而纵向光束角则反映了隧道LED灯在与隧道行车相平行方向的配光特性。纵向光束角越大,布灯间距越大。鉴于该角度的大小主要影响布灯间距与亮度的均匀性,因此,建议把光强曲线中大于75%的范围定义为纵向光束角。

(3)节电率

建设单位在进行LED隧道灯选择时，大多数都是对相同功率LED隧道灯的价格进行比选，而忽略了节电率与节能效益。事实上，LED隧道灯的价格比较，应该从照到路面上每瓦流明的价格和节电率两个指标来评价。节电率和电源效率与电流大小相关。目前，大多数生产厂家的LED隧道灯都是在350mA电流下使用，部分产品在350～700mA下使用。虽然没有电流变化对LED灯寿命影响的数值分析，但是，电流越大，节电率越小，对散热要求越强，LED灯的成本越低，对寿命与衰减越不利却是不争的事实。因此，照到路面上每瓦流明的价格相同时，选择恒流产品比选择变流产品更利于LED灯的稳定使用。

(4)环境适应性

LED灯的环境适应性，包括对电网的适应性、对外场环境条件的适应性、对维护管理的适应性以及火灾情况下使用的适应性4个方面。LED灯要作为应急灯使用，则必须满足+55℃条件下连续使用16h的要求。

6.8.5 检测方法

LED的主要光参数如图6-6所示。

LED的光色测量如下：

(1)光通量

①积分法：测得LED在各个方向的光强，然后由这些光强值计算得到LED的总光通量(图6-7)。

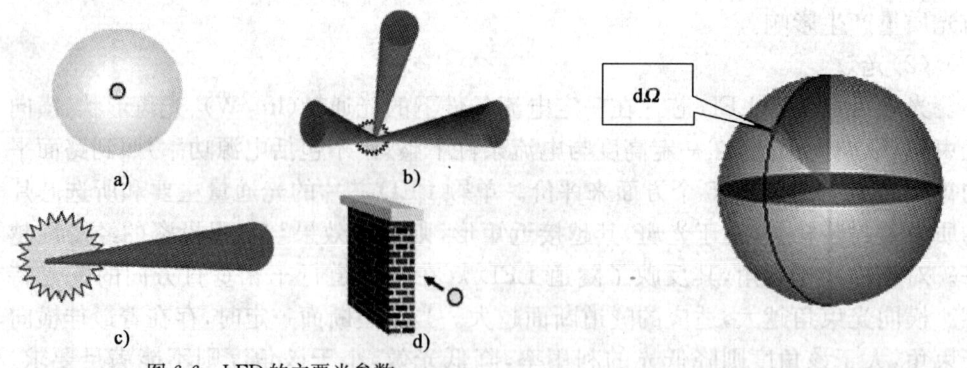

图6-6 LED的主要光参数

a)光通量；b)发光强度；c)光亮度；d)光照度

图6-7 积分法测LED光通量

②积分球法：积分球又称为光通球，是一个中空的完整球壳。内壁涂白色漫反射层，且球内壁各点漫射均匀。光源在球壁任意一点产生的光照度是由多次反射

光产生的光照度叠加而成的。由积分学原理可得，球面上任意一点的光照度与光源光通量成正比，因此可利用已知光通量的标准灯与被测灯进行比较得到被测灯的光通量，如图 6-8a)所示。但是由于标准灯与被测灯的物理结构以及性质的不同，积分球法测试光通量时光源对光的自吸收会对测试结果造成影响，因此，需要对测试结果进行修正，可采用辅助灯的方法，如图 6-8b)所示。

③2p 立体角光通量的测试：利用积分球法测试 LED 光通量时还有一种测试结构，如图 6-9 所示，称为前射光通量的测试或 2p 立体角光通量的测试。该测试并不是测试 LED 的总光通量，但是人们常常将其与测试 LED 的总光通量混淆。

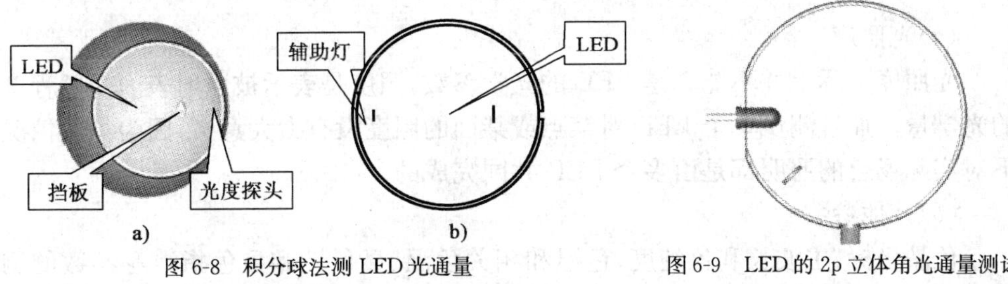

图 6-8 积分球法测 LED 光通量
a)无锚助灯；b)有锚助灯

图 6-9 LED 的 2p 立体角光通量测试

(2)光强度

对于 LED 光强的测试，CIE-127 规定了两种测试条件，如图 6-10 和表 6-5 所示。

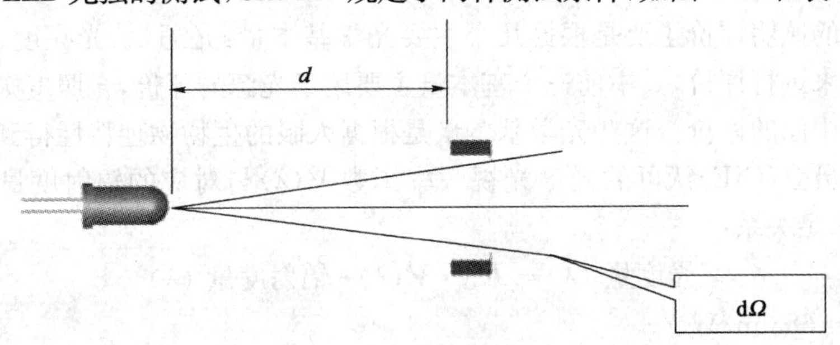

图 6-10 LED 光强测试

CIE-127 规定了两种测试条件 表 6-5

测 试 条 件	d	dΩ
条件 A	31.6cm	0.001m
条件 B	10cm	0.01m

(3)光亮度

LED 亮度的测试一般应用于测试 LED 芯片的亮度和评价 LED 光辐射安全性的过程中。测试一般采用成像法，对于芯片的测试可以采用显微成像进行[图 6-11b)]。

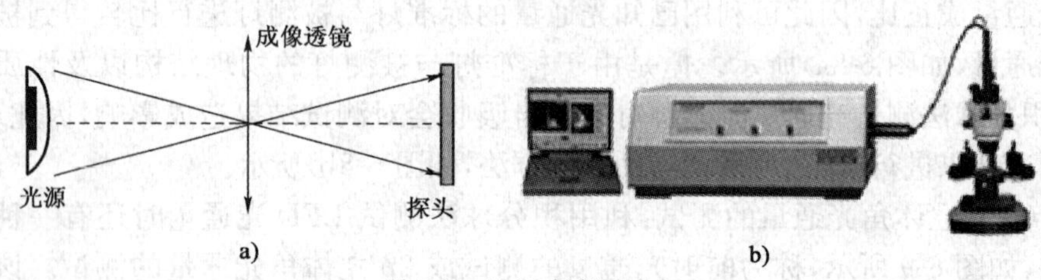

图 6-11　LED 亮度测试

a)成像法测亮度;b)浙大三色的 LED 芯片发光性能测试系统

(4)光照度

光照度实际上并不能算是 LED 的光学参数,照度是表示被照射表面受照程度的光学量。而且测试单个 LED 对某点或某面的照度没有太大意义,因为一般情况下对实际场合的照明都是由多个 LED 共同完成的。

(5)其他参数

色品坐标、主波长和色纯度、色温和相关色温、显色性和显色指数等参数的测试可以利用相关色度计或者光谱仪进行测试。

6.8.6　LED 照明评价

现行的照明评价主要是根据几个主要光学基本量:光通量、光亮度、光强度和光照度等来进行评价,其中前三个基本量主要用于光源的评价,光照度则是对光源光辐射作用面的评价。这些光学基本量是根据人眼的生物物理特性得到的一个国际照明委员会(CIE)认可的光谱光视效率函数 $V(\lambda)$ 与对应的辐射度量加权积分的结果,满足关系:

$$\text{光度量}(\lambda) = K_m \cdot V(\lambda) \cdot \text{辐射度量}(\lambda)$$

式中:$K_m = 683\text{lm/W}$。

人眼的生物物理机理非常复杂,不同情况下对光刺激的响应也不同,大体上可以分为明视觉、暗视觉和中间视觉,其中中间视觉尤其复杂,因此上述的光谱光视效率并不能确切地表示照明的实际效果。另外,国内现行的照明评价缺乏对光生物安全性的考虑,这可能会对人体造成不同程度的危害。

可以从两个方面进行评价:

①照明效果根据不同视觉条件采用不同的光谱光视效率函数加权 LED 光谱分布数据,得到被测光源光辐射在对应视觉条件下的实际照明效果。例如,暗视觉时采用暗视觉光谱光视效率函数,明视觉时采用明视觉光谱光视效率函数,中间视觉采用中间视觉光谱光视效率函数。

②光生物安全性根据危害的种类采用对应的效果函数加权 LED 光谱分布数据得到实际危害效果。总之，LED 照明评价应该符合人体实际的生物物理需求。

事实上，自 1924 年以来 CIE 对测光与测色系统就基本没有改变。对 LED 的光色评价，现行评价系统有一定的不适应性，这可从以下方面进行讨论：

(1)光度测定与色度测定的原理

测光法就是建立 $V(\lambda)$ 的函数。早在 1951 年，Judd 提出了这个函数的修正形式，但是没有被接受，这是因为应用专家对于白色光的普遍意见是认为太细小而不会有实际的重要性。CIE 在 1990 年发表了修正 $V(\lambda)$ 函数和 $V_M(\lambda)$ 函数[10]，但是测量仪表公约仍然没有把它作为一种测光的光化学函数包含在它的系统中；因此没有仪器能被合法标定来显示基于 $V_M(\lambda)$ 函数的测光值，尽管它可以更好地描述我们得到的 LED 发射蓝色光的可见印象。不同点不大，但是不能忽略，正如表 6-6 列举的红色、绿色和蓝色 LED 的例子。下表也显示了把磷涂在蓝色 LED 上产生白光的影响。

基于 $V(\lambda)$ 函数和 $V_M(\lambda)$ 函数计算的光通量　　表 6-6

LED 光源	用 $V(\lambda)$ 函数计算的光通量	用 $V_M(\lambda)$ 函数计算的光通量
红色 LED	12.7	12.7
绿色 LED	62.5	62.5
蓝色 LED	6.71	6.79
白色 p-LED	99.8	100.21

注：表中 LED 发射的白光，如果它是由发射红色、绿色和蓝色部分光谱的三块发光片产生的就称为 GRB-LED，如果它是由一块蓝色发光片和一块黄色磷光体产生的就称为 p-LED。

事实上，由于彩色光的亮度与它的发光无关[即使用 $V_M(\lambda)$ 函数]，并且蓝色 LED 将不会用于作业照明，这样可能会使亮度成为额外增加量，所以在它里面这仍不是改变测光系统可信服的论点。

然而，如果色度测定的特征也被考虑进来，这种情况就很不同了：如果以发白光的 RGB-LED 和荧光灯为例相比较并测量这两者的光的三色值，所得到的不同值是不可忽视的。表 6-7 给出了两种灯光相应颜色的测定色度坐标。为了适应荧光灯的光线，计算出的 CIE-LAB 颜色不同是 $\Delta E_{ab}^{*}=10.8$。

RGB-LED 和荧光灯发出的光在相应可见色的色度坐标　　表 6-7

灯 的 类 型	x	y
荧光灯	0.4513	0.4100
RGB-LED	0.4431	0.3991

CIE TC 1-36 扩展了 L,M,S 视锥基本原理,使它能更好地与人眼平均光谱灵敏度相关联。基于这些基本原理,Wold 计算出了颜色匹配函数(CMFs),我们不仅对单一白色光做了测试,而且还对许多彩色光做了测试,得出的结论是基于视锥基本原理的 CMFs 相比于 CIE1931 年的 CMFs,能给视觉匹配提供更好的一致性。

图 6-12 给出了一个 GRB-LED 群和一盏荧光灯的相应可见光线的色度,图 6-12a)是基于 CIE1931 年的 CMFs,图 6-12b)是基于视锥基本原理的 CMFs。菱形表示提到的荧光灯的色度;圆点表示九位观察者相应的平均色度坐标;他们的平均坐标是矩形。椭圆显示了观察者的许多标准的平均分布。

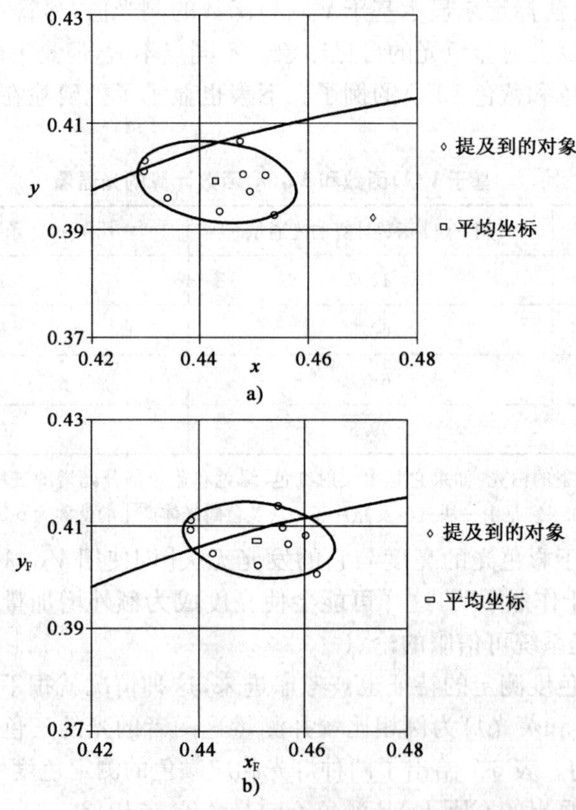

图 6-12　一个 GRB-LED 群和一盏荧光灯的相应可见光线的色度

a)基于 CIE1931 年的 CMFs 的色度;b)基于视锥基本原理的 CMFs 的色度

图 6-13 给出了第二个试验的结果。在这个试验中,荧光灯用许多滤光器进行了滤光,RGB-LED 是通过调节 LEDs 的电流来得到匹配的光。图 6-13a)给出了相应可见光源的色度,u',v'坐标系中是用基于 CIE1931 年的 CMFs,图 6-13b)用的是基于视锥基本原理的 CMFs。

从图中可以看出，在图的圆形和菱形部分中，颜色匹配变得很好，但是在矩形部分中，它们确实不是 100%。通过用新提出的 CMFs，在相应可见光源中全部测定的不同点变得更小了。在这个领域内就需要进一步的工作，很明确 CIE 应该解决这个问题，不光是从视锥基本原理理论方面的观点，还要提出一个(可供选择的或辅助的)也能够用于 LED 照明的测色系统。

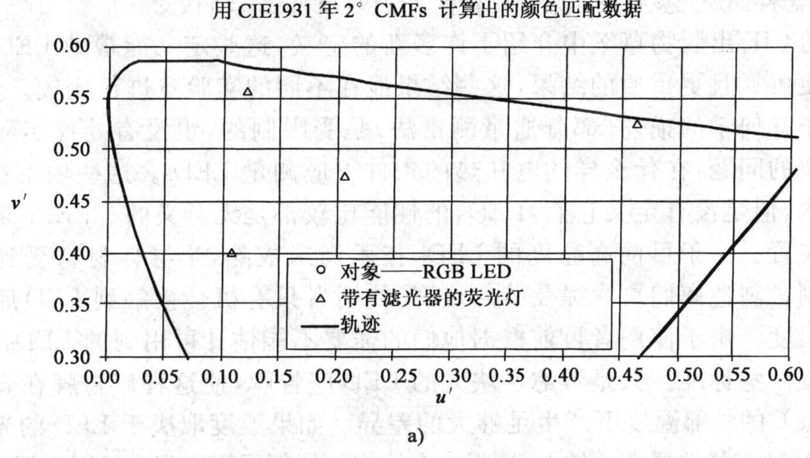

a)

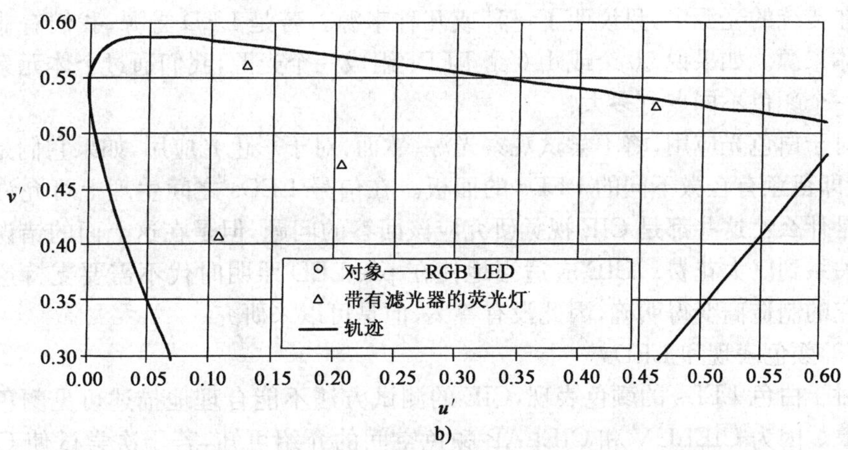

b)

图 6-13 一个 GRB-LED 群和一盏荧光灯的光线对应的许多可见颜色的色度

a)基于 CIE1931 年的 CMFs 的色度；b)基于视锥基本原理的 CMFs 的色度

还有要解决的问题，如中间视觉光度学和小光源的闪光，因为它们和 LED 的照明密切相关。在中间视觉光度学中，有相当长的时期是聚焦在与中间视觉条件匹配的亮度上，因为视敏度随着亮度的下降而减少。在道路照明应用中反应时间、阈值对比度和光谱闪光灵敏度是很重要的方面。

(2)实用光度学和色度学

在光度学和色度学中要面对的一个问题是:通过使用商业设备来测量LED光线所期望的不确定性。虽然国家实验室已经同意当测量LEDs时由他们的测量法所得到的结果,若实用的测量法得到了结果但是应用工程师缺少足够的指导。关于在使用LED测量法时怎样描述光度计的光谱误配有若干建议,没有被CIE接受。

新的CIE出版物草案中介绍了许多新的定义,这些定义能帮助LED使用者得到更可靠且更重要的结果,这些结果能在不同的实验室进行比较。然而,这些对于几何学的描述(部分通量测量法)是受限制的,也没有处理实际应用中很重要的问题:在什么样的电和热的条件下应测量LEDs。这些项不在CIE的范围内,但是没有定义它们,LEDs的性能比较都是无意义的。LEDs是高度灵敏的装置。由于目前高亮度的LEDs技术尚未成熟,半导体材料受到了很大的限制。制造商们喜欢提及节温,但是使用者只有机会接触到LED底部金属板的温度。由于使用者目前根据他们的需要不能估计可用到的LEDs,因此迫切需要一些标准。只是考虑一块大的LED广告牌,使这种广告牌在直接太阳光即35℃的外部温度下产生足够大的差异。如果温度取决于LED的光通量(或亮度),那怎样选择合适的LED呢?在给定的外部温度和基本温度之间其关系怎样?

在传统的光源中,只说明了一种或几种来源。若是LED光源,我们有非常多的个体来源。如果说50个或100个LEDs组成一个光源,我们通过个体元素认识到的一个颜色不同点有多大?

对于白色光应用,将不尝试观察光源;然而,对于彩色光应用,如果它们是信号灯,立即留意有轻微不同的LEDs的面板。在信号LEDs之间生理上可允许的不同点是什么?这些都是CIE视觉研究应该回答的问题,但是在这上面的错误决定可能关系到巨大花费。CIE应适当地使在pre-LED照明时代不需要支持这个领域研究的制造商变得明确,因此没有答案,但是可以来研究。

(3)颜色表现和LEDs

对于白色LEDs的颜色表现,CIE的测试方法不能合理地描述可见颜色表现的印象。因为CIELUV和CIELAB颜色空间的介绍可知,若干次尝试使CIE测试样本的方法都没有大的成功。

为了可靠地对灯源的颜色性质扩展出一个新描述符,CIE TC1-69认为新指标不应立即取代当前颜色表现指标,但是应该补充它,并当它明确给出一个比现行CIE测试法更好的灯光颜色性质描述符时,就有希望取代它。接下来的一些想法可能有助于了解新的现行衡量标准的必要条件。这些一部分是基于文献数据,一部分是基于实验室做的实验，并且不反映CIE认可的思想。

为颜色表现补充更进一步的性质描述符的希望已经有了。Judd在1967年已经提出了舒适性指标。这个舒适性指标是用来描述光源表现出的颜色是否比其他的颜色更舒适。Jerome详细地讨论了舒适性和再现性之间的不同点。随后就取代了舒适性。Thornton的计算表明，颜色表现和颜色优先选择指标在同样的光谱分布中没有它们的最佳值。若测试的来源与所提到的光源具有相同的SPD，则可以通过以最大限度保留颜色再现的方式来进行联合颜色优先选择和颜色再现，但是若样本采用测试源的灯光与采用所提到的更高色度的灯光，或者例如更红的颜色，则会因为指标的恶化变慢而难以实现了。

其他的观念正着眼于扩展颜色描述指标，最终基于在统一色度衡量图中测试样本的全部范围，因为有许多微小颜色变化的工作是很重要的。所有这些都能通过实验进行仿真。还有一些关于颜色性质衡量标准的观念在Davis和Ohno的文章中能找到。

Bellchambers调查研究了视觉清晰度，并发现了视觉清晰度、光源和颜色表现之间的联系。其他的研究也曾试图找出不同照明质量方面的联系。

一个有趣的新方法是基于大量颜色的色调转换。这表明哪些色调与参考相比较出现了高度扭曲，哪些色调表现正常。在全部范围内它的扭曲可能被用作衡量标准。

(4)结论

固态照明已有100年的历史。虽然第一次观测资料在产品中已经无法体现出来，但是Destriaux的作用仍然应用于实践之中。已有40年的注入发光在照明中产生了重大改革，其结果仍未被CIE建议完全吸收：

LEDs在不同照明应用中的介绍对CIE产生了许多挑战。为了避免错误的色度评价，有必要有个更好的基本视觉功能描述。这样也能影响亮度评价，在彩光亮度合适描述中仍未解决的问题是信号传输中的关键问题。

颜色表现，或者更详细地说是光源颜色性质描述，包括LEDs，是个热点。我们认为仿真实验为这样的研究提供了很好的起点。他们清楚地表明当前仿真处于不同光源下的场景图像的方法——但是在颜色适应后——对于研究灯光颜色性质是有效的方法。许多可见颜色表现实验是在我们的实验室和许多其他实验室做的，这样以致在不久的将来期望得到一些重要的结果。

下一代光源，有机LEDs(OLEDs)已经出现在市场上，并将肯定产生新的问题，这些新问题是CIE必须回答的。这些光源——现在已经用于小显示器——能变成大面积极限照明的光源(曾有人提出使用Destriaux作用面板)。像这样的应用可能会质疑现在的内部闪光评价方法。

6.8.7 示例

由于隧道LED灯各厂家采用的光源不同、驱动功率不同、灯具利用系数不同、配光曲线不同，使得很难进行LED灯的比较。为了比较科学地给出比较结论，关键是计算照明功率富余系数与理论光效的大小。

(1)照明功率富余系数的计算

计算照明功率富余系数很有必要。由于各厂家产品性能与规格不同，有的适应于大断面隧道，有的适应于一般断面隧道，有的适应于基本段，有的适应于加强段与出口段，而目前LED隧道照明灯产品规格较少，厂家没有针对不同设计速度与交通量、不同的隧道段落专门开发对应的产品规格，应用时难以做到最经济。为了满足规范中的亮度与均匀度的要求，不同厂家产品相对于规范要求富余量不同。富余越多，越不经济，隧道过亮，会造成眩光，不利于交通安全。换句话说，隧道并不是亮度越大越好，规范是在满足安全要求的情况下确定亮度标准，设计与实际越接近，规范要求就越好。因此，对于在应用前进行实际测试的工程，可通过计算照明功率富余系数来比较产品的优劣。

(2)理论光效的计算

设单个芯片驱动电压为X_1V，驱动电流为X_2A，这时的流明数为Y，则该芯片的理论光效(未考虑灯具利用系数)Z(lm/W)为$Y/(X_1 \cdot X_2)$。

例如，某两种品牌的光效计算参数如表6-8所示，设品牌1的光效取平均值，则品牌1与品牌2的理论光效分别为68.3 lm/W与74.1 lm/W。

光效计算参数表　　表6-8

项目 \ 芯片	品牌 1	品牌 2
光效	81～87lm/W	80lm/W
驱动电流	350mA	300mA
驱动电压	3.5V	3.6V
实际功率	1.23W	1.08W

又假设品牌1驱动电流为0.7A时，光输出为121～130lm，取中间值125lm，则这时单个芯片的功率为2.45W，这时理论光效为51 lm/W。由此可见，虽然单个芯片在电流增加时光输出也增加，但由于电流增加时，光输出增加值减少，故与不增加驱动电流相比，反而用电更多。

6.9 LED 隧道照明设计

LED 隧道照明设计与散射光光源隧道照明设计的区别在于，LED 是定向照明。在亮度计算方面，考虑显色性的影响；在光源选择方面，注重光束角的要求，以及一定高度单位照明区域的功耗与光通量；对于安装方式，则尽可能减少“无效”照射区域；至于照明计算方法，与散射光照明区别不大。

6.9.1 设计参数

LED 隧道照明设计参数，除包括 5.2 节中论述过的隧道土建特性参数、交通参数、环境参数、灯具特性参数与养护管理参数外，还包括等效亮度、等效光幕亮度等几个参数。

1)等效亮度的计算

通过试验，研究中间视觉状态下明视觉和暗视觉的相同点、不同点以及各影响因素，对中间视觉下的照明进行正确评价；根据人眼在不同状态下的生理变化，用视觉功效法对现行的光度学计算、测量和设计进行修正，找出适用于中间视觉状态下的光度学修正值，建立光度学模型；依据统计与调查的方法，建立隧道照明不同路段色温、照度与驾驶员视觉、心理舒适性关系模型。试验旨在通过模拟夜间驾驶条件下的视看环境，测量人眼在道路照明条件下观测视标的反应时间，来获得反应时间与各种道路照明因素（试验参数）之间的变化关系。在光屏蔽的光学试验室里，利用反应时间试验装置模拟夜间驾驶的视看环境：

(1)分别采用 250W 的 HPS、250W 的 MH、105W 的 CFL 和 75W 的 LED 提供背景亮度，并可以任意调节其亮度至所需的亮度范围（1.0～4.0 $cd \cdot m^{-2}$），以模拟夜间道路照明水平。

(2)用随机出现的光斑模拟夜间驾车行驶过程中可能出现的障碍物，光斑直径为 26mm，相对受测者眼睛的视角为 2°左右。

(3)光斑作为测试的视标，其亮度与背景亮度由同一种光源提供，以保证视标亮度和背景亮度具有相同的光谱分布，不存在颜色对比；视标亮度也可以任意调节，以与背景成不同的亮度对比。

(4)光斑可以在任意视角出现，以保证不仅有中央视觉，而且有周边视觉，与实际的道路照明视看环境相符。

取高压钠灯的显色指数为 60，另选一种显色指数为 80 的光源，则相对于高压钠灯而言，采用的照度标准应是《规范》规定的 1.41/1.6=0.88 倍。在隧道照明光源的选择和隧道照明的设计上，到底测量数据更为重要，还是人的因素更为重要，如何将两者更好地结合在一起，需要我们对隧道照明的目的和特点作进一步分析，并在人类功效学理论的基础上进行综合考虑和研究。

对照度与显色性关系的研究结果表明，从视觉心理角度来看，在相同照度下，显色性好的光源比显色性差的光源在感觉上要亮。因此，采用显色指数较高的光源照明时，可以适当降低照度标准。根据赵振民主编的《照明工程设计手册》，照度降低的倍数与显色指数 Ra 的关系图量化后如表 6-9 所示。

标准显色指数表 表 6-9

平均显色指数	100	90	80	70	60
照度相对值	1	1.19	1.41	1.54	1.6

值得说明的是，表 6-9 的相对照度，只适应明视觉的范围（隧道的入口段与出口段），而不适应中间视觉（隧道的中间段）。以 y 表示相对照度值，z 表示显色指数，命 $x=z/10^{-5}$，则表 6-9 的回归公式如下：

$$y = 0.0083x^3 - 0.1x^2 + 0.1917x + 1.498 \quad (R^2 = 0.9989) \qquad (6\text{-}1)$$

《工业企业照明设计标准》(GB 50034—92)规定，对颜色识别有要求的场所的光源显色指数较低，且原来使用照度在 500lx 以下时，为了有效地识别颜色，照度应当适当提高，提高幅度如表 6-10 所示。

由表 6-10 可见，照度要求越高，提高幅度越小；显色指数越大，提高幅度越小。

光源显色指数与相对照度系数的关系 表 6-10

显色指数 \ 相对照度系数 \ 照度(lx)	$300 \leqslant E \leqslant 500$	$E < 300$
$80 > Ra \geqslant 60$	1.20	1.25
$60 > Ra \geqslant 40$	1.30	1.40

由上述分析可见，照明光源的显色性和色温是影响照明效果的主要指标。目前，国内外的标准中，既没有考虑色温对隧道照明安全的影响，也没有考虑显色性对照明亮度的影响。虽然其他行业对显色性的问题研究很久并有相应的成果，但没有用到隧道照明中。作为隧道照明，其目的是通过应用光源来解决行车安全的问题，而光源的发展很快，采用不同的光源，通过合理的设计，都能达到提高安全性的效果。然而，光源不同，其初期投资和运营过程的经济性往往相差很大。因此，有必要采用等效亮度的概念进行隧道照明设计与方案比选。根据以上分析，隧道照明等效亮度可定义为：达到同一舒适性、安全性时，不同光源相对标准光源照度

需求的换算关系。

等效亮度可按以下步骤来计算：

(1)根据式(6-1)计算标准光源的照度相对值 $R_{a标}$ 与比选光源的照度相对值 $R_{a比}$。

(2)计算比选光源与标准光源的换算系数 R，$R=R_{a比}/R_{a标}$。

(3)将 R 与标准光源所需的照度相乘，得到比选光源所需照度标准。

在《规范》中，入口段都是按高压钠灯设计，若采用的光源的显色指数高于高压钠灯，由于提高幅度低于高压钠灯，则采用同一照度标准会显得偏亮；若考虑显色指数的影响，例如，取高压钠灯的显色指数为 60，另选一种显色指数为 80 的光源，则相对于高压钠灯而言，采用的照度标准应是《规范》规定的 1.41/1.6=0.88 倍。

目前，对照度与显色性的关系的研究结果表明，从视觉心理角度来看，在相同照度下，显色性好的光源比显色性差的光源在感觉上要亮。因此，采用显色指数较高的光源照明时，可以适当降低照度标准。根据赵振民主编的《照明工程设计手册》，照度降低的倍数与显色指数 Ra 的关系见图6-14。

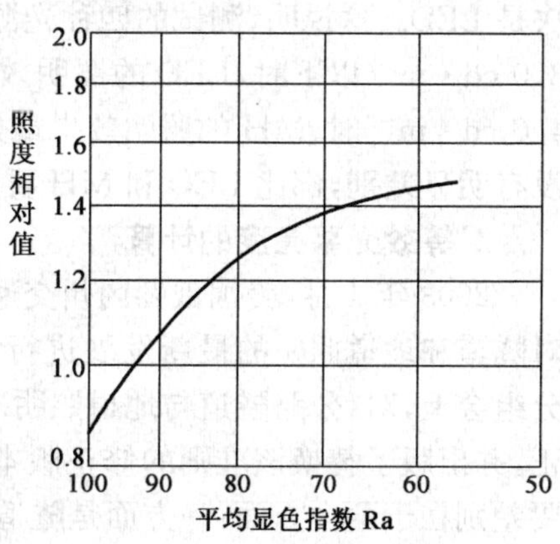

图 6-14 平均显色指数 R_a 与照度的关系

对图(6-14)进行量化后，可以得到表 6-11。

平均显色指数 R_a 与照度的关系 表 6-11

平均显色指数	100	90	80	70	60
照度相对值	0.9	1.07	1.27	1.39	1.44

将显色指数 Ra 为 100 的光源的照度相对值取为 1，则可以得到其他显色指数对应的照度相对值，如表 6-9 所示。

《工业企业照明设计标准》(GB 50034—92)规定，对颜色识别有要求的场所的光源显色指数较低，且原来使用照度在 500lx 以下时，为了有效地识别颜色，照度应当适当提高。提高幅度见表 6-10。

因此，可以看出，光源的显色性和照度之间存在着一定的关联，显色性较高的光源在同等条件下可以降低一定的照度，所以，在选择隧道照明光源时，应把光源的显色性作为条件之一。隧道加强段照明属于明视觉范畴，由表 6-9 和表 6-10，可得表 6-12，即考虑显色性后隧道加强段照明照度换算系数。

隧道加强段光源显色指数与照度的换算关系　表 6-12

平均显色指数	100	90	80	70	60
换算系数	0.625	0.744	0.881	0.962	1

表 6-9 意味着若洞口采用光源显色指数为 60，若将光源改为显色指数为 80，在背景亮度大约 3.0 cd・m^{-2}以下时，测试者在 LED 下的反应时间最短，其次是 MH；在背景亮度大约 3.0～4.0 cd・m^{-2}时，测试者在 MH 下的反应时间最短，其次是 LED。这说明，测试的四种光源中，若以反应时间作为指标，在背景亮度大约 3.0 cd・m^{-2}以下时，LED 的照明效果最好，其次是 MH；在背景亮度大约 3.0～4.0 cd・m^{-2}时，MH 的照明效果最好，其次是 LED，而 HPS 和 CFL 的照明效果没有明显差别，都比 LED 和 MH 要差一些。

2）等效光幕亮度的计算

2003 年 1 月，美国俄勒冈州交通部出版了《Traffic Lighting Design Manual》，对隧道和地道照明的最新发展进行了论述。同年 12 月，CIE 隧道照明 TC4－35 分组会上，对《公路隧道与地道照明准则》（CIE No. 26/2，1990）进行了进一步的修正，并出版了替换该准则的修正版本（简称 CIE2004）。该修正版本同原准则的主要差别在于两个方面：一方面是隧道入口段第一部分的亮度建议使用光幕亮度法，其能更精确地决定隧道入口处的亮度，俄勒冈州利用 IES 提出的 Lseq（等效光幕亮度）的方法来确定入口段的亮度，结果表明它比用 L_{20} 确定的所需亮度低；另外一个差别就是在长隧道和特长隧道内部推荐使用的亮度值，它是由根据 CIE 88—1990 进行设计的成千上万条隧道的实践经验总结出来的，即交通流的影响比预期的要大一些。

根据视野范围内各种表面的最高亮度来计算等效光幕亮度 L_{seq}，将会导致入口处需要很高的照明水平，建议在每年可能发生的至少 75 个白天使用这个最高亮度。

等效光幕亮度 L_{seq} 可以直接用仪器在隧道中来测定，也可以用图解法来测算，把视野范围内可见地带的光加起来，可以得到等效光幕亮度。计算公式如下：

$$L_{seq}=5.1\cdot10^{-4}\sum L_{ije} \tag{6-2}$$

$$L_{ije}=(\tau_{ws}\cdot L_{ij})+L_{ws} \tag{6-3}$$

式中：L_{seq}——等效光幕亮度；

L_{ije}——每个地带的亮度；

L_{ij}——每个地带的平均亮度（在汽车外面的风挡玻璃前测试）；

L_{ws}——风挡玻璃损失亮度，在式中经常忽略不计。

3)常用光源对比

影响光源光效的指标有光源的光通量、灯具利用系数和显色性三个参数。显色性对照明的影响在《照明工程设计手册》中有明确的论述。以 y 表示相对照度值，z 表示显色指数，命 $x=z/10^{-5}$，将其结果回归分析后可得相对照度与显色指数的关系如下：

$$y = 0.0083x^3 - 0.1x^2 + 0.1917x + 1.498 \quad (R^2 = 0.9989) \tag{6-4}$$

光源对比按以下步骤来计算：

(1)计算光通量：计算各光源1W时发光的流明数。

(2)计算光效：光通量与灯具利用系数之积。

(3)计算相对照度：按式(6-4)计算，其意义为相对于显色指数为100的光源，照度标准应提高的系数。

(4)计算不考虑显色性时的光效系数 E_1：以高压钠灯为标准，将各光源的光效值与高压钠灯的光效值相比。

(5)计算相对照度对比系数 P：将各光源按式(6-4)计算的结果与高压钠灯按式(6-1)计算的结果相比，其反映了相对于高压钠灯而言，各光源考虑了显色性后照度标准应降低的系数，该值的倒数 P 则反映了相对于高压钠灯光效提高的系数。

(6)计算考虑显色性时的光效系数 E_2：将 E_1 与 P 相乘，则得到相对于高压钠灯的各光源的光效系数，其意义为采用其他光源代替高压钠灯时在功率配置上应提高或降低的系数。

公路隧道照明常用光源对比计算表 表6-13

光源种类	高压钠灯	金属卤化物灯	紧凑型荧光灯	电磁感应灯	白光LED灯
显色指数	60	78.5	85	85	90
光通量	110	80	60	62.5	80
灯具利用系数	0.45	0.45	0.45	0.45	0.85
光效	49.5	36	27	28.125	68
相对照度	1.598	1.424	1.300	1.300	1.196
E_1	1	0.727	0.545	0.568	1.374
P	1	1.122	1.229	1.229	1.336
E_2	1	0.816	0.671	0.699	1.835

由表 6-13 可见，按照目前的 LED 隧道照明灯的水平，其是高压钠灯光效的 1.37～1.83 倍。

6.9.2 照明段落划分

CIE2004 对长隧道和特长隧道中间段的照明有了新的标准。中间段路面的平均亮度取决于停车视距和交通流量大小。特长隧道包括两个不同的附属区域：第一个附属区域有 30s 的行车长度，其照明强度符合普通长隧道的标准；第二个附属区域的亮度水平应达到特长隧道标准。具体规定如表 6-14 和表 6-15 所示。

长隧道中间段的亮度值(cd/m^2)　表 6-14

停车视距(m)	长隧道交通流量	
	低值	高值
160	6	10
60	3	6

特长隧道中间段第二个附属区域的亮度值(cd/m^2)　表 6-15

停车视距(m)	特长隧道交通流量	
	低值	高值
160	2.5	4.5
60	1	2

当停车视距和交通量在上述数值的中间时，按线性内插考虑。表中的交通流量定义见表 6-16。

交通流量等级划分　表 6-16

交 通 流 量	单向交通(辆/h)	双向交通(辆/h)
高值	＞1500	＞400
低值	＜500	＜100

6.9.3 应急照明

大部分驾驶者在进入隧道时一般会开启车灯，但是还有部分驾驶者在进入一般照明全开启的隧道后会关闭车灯，这样做存在着很大的危险。虽然我们前面所说的一般照明是按照一级负荷来供电的，但是也不排除两路电源同时故障的可能。如果一般照明断电的话，没有开启车灯的车辆在隧道这样一个狭小的空间高速行驶其危险性就不言而喻，会发生由于驾驶员的恐慌而引起追尾、碰壁等一系列交通事故。而设置了应急照明的隧道就完全可以降低此类事故的发生，当一般照明断电时，还有一部分应急照明灯具继续工作，虽然亮度较一般照明低，但是足以使驾驶员采取一系列的安全驾驶措施，如开启车灯、减速等。

应急照明的设置有以下几种方案：

(1)从布灯方式上分为利用基本照明灯作为应急的方案和单独设置应急灯的方案。这两种方案都可以满足要求，由于大部分隧道采用高压钠灯照明，而高压钠灯(包括其他气体放电灯)断电后再起动时间较长(5～8min)，很难作为应急照明灯。国内外采用高压钠灯作为照明光源时的常规做法是单独设置应急灯，但这样会造成重复投资，并且影响美观，因此目前采用的是利用基本照明灯作为应急照明的方案。平时应急照明作为基本照明的一部分，当基本照明出现故障后应急照明灯继续工作，以保证隧道内行车安全。

(2)从应急电源选用上有集中应急电源和分散应急电源方案。分散应急电源一般应用于规模较小的建筑中，而在大型建筑中由于应急灯具数量较多，考虑到维护和投资方面的因素，一般采用集中应急电源装置。集中应急电源装置一般有EPS(应急电源)、UPS(不间断电源)和发电机几种。

自启动发电机启动时间较长，不满足《规范》第4.9.1条"长度大于1 000m的隧道应设置应急照明系统，并保证照明中断时间不超过0.3s"的规定，因此设计中发电机作为应急电源的方案不予考虑；而由于隧道的特殊环境要求，并且从节能、寿命的方面考虑，最终应急电源选用了EPS装置。

采用高压钠灯等气体放电光源作为隧道应急照明尚无先例，通过试验证明高压钠灯在中断供电时间大于5ms的情况下，部分产品有熄灭现象，一旦熄灭，再启动时间更长。基于常规的EPS装置切换时间(市电转应急)为0.1s，为了满足隧道应急照明能正常可靠地工作，设计要求EPS装置的切换时间小于5ms。

6.9.4 疏散及诱导照明

当隧道内发生火灾时，产生的大量烟雾将笼罩在隧道顶部，并且随着气流方向向前推进。大量烟雾将会使隧道内亮度急剧下降，因此对人员、车辆的疏散极为不利，可能使疏散的人员及车辆发生二次灾害。基于上述原因，隧道内应设置疏散及诱导照明。采用LED光源，间距为10m，其中每40m设一盏疏散指示灯，以便火灾状态下指示人员安全快速地离开现场。每120m设一盏蓝色疏散指示灯，提醒驾驶员保持与前车之间的安全距离。

疏散灯为长明灯，不受控制；诱导灯正常情况下常亮，当发生事故时，通过隧道监控中心下发指令，将诱导灯调为闪烁状态以提醒司机谨慎驾驶。疏散及诱导照明电源由EPS提供。

6.9.5 特殊灯光照明

在一般照明灯的安装高度，于隧道两侧各安装一排蓝色的投光灯向洞顶投射，将洞顶整体照亮，形成“蓝天”的基本色调。再用图案灯将预先制作的“白云”等图像投射到隧道顶部，来形成“蓝天白云”的效果。道路两侧，合理设置了一些仿真植物等景观，并给以适当的泛光照明，目的是更能逼真地再现室外自然环境。这样，一幅美妙绝伦的“蓝天白云”效果就形成了，驾车穿过有穿越时空的感觉，同时，这些仿真植物等景观的设置，还可以起到行车诱导作用。

第 7 章　短隧道照明节能设计

短隧道照明是目前隧道照明节能的突出问题之一。由于隧道中间段单位长度照明用电一般不足入口段的 5%，故两个 100m 长的短隧道照明用电，比一个 2 000m长的长隧道用电还多。基于此，本章主要阐述短隧道的概念、分类、设施配置与新技术在短隧道照明中的应用。

7.1　短隧道的概念与特点

7.1.1　短隧道的概念

CIE2004 将隧道划分为长隧道和短隧道两种。有一些隧道，驾驶员在隧道的前方看不到隧道的出口，虽然出口让人觉得应该是个短隧道，但仍应该像长隧道一样进行照明设计。和那些接近的驾驶员能够看透的隧道（“光学短隧道”）相反，这些隧道是按“光学长隧道”设计的。根据照明的要求，隧道被划分为三个类别：

(1)几何长隧道；

(2)光学长隧道；

(3)短隧道。

125m 以下隧道照明的差异，取决于隧道长度、交通量、出口的通透性等，详见图 7-1。

由图 7-1 可见，25m 以下隧道不需要照明，25～75m 的隧道是否照明，取决于出口的通透性、交通量等因素，即使照明，也只需要入口区域正常照明水平的 50%，75～125m 的隧道需要照明，根据出口的通透性、交通量等因素，照明水平为入口区域正常照明水平的 50%～100%。换句话说，CIE2004 认为长度为 25～125m 的隧道为短隧道。

在我国，《公路隧道设计规范》(JTG D70—2004)将隧道分为特长隧道、长隧道、中隧道、短隧道四个等级，隧道长度以 500m、1 000m、3000m 为分界点。《规范》中规定“长度大于 100m 的隧道应设置照明”，据此，可将长度为 100～500m 的隧道称为短隧道。

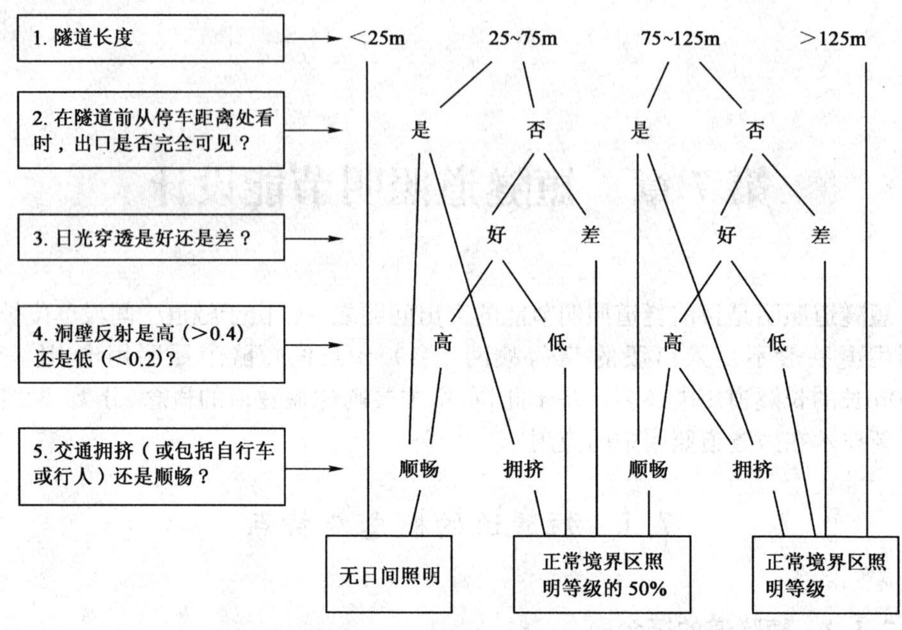

图 7-1　不同长度隧道的日间照明

7.1.2　短隧道的特点

(1)穿越时间短

根据短隧道的定义,长度小于500m,穿越时间不会超过半分钟。

(2)洞外环境影响大

由于洞外日光的投射,隧道洞口以内一定范围内会有较高亮度,隧道洞口的投射自然光可以作为入口段加强照明的组成部分,隧道洞口以内10～15m范围内可利用自然光取代照明灯具。隧道洞门形式对隧道照明而言,分为两种形式:端墙式、削竹式。端墙式洞门的自然光对洞内照明的影响较小,削竹式洞门的自然光对洞内照明的影响较大,因此,应根据洞门形式确定布灯的起点位置。

(3)无中间段照明

短隧道照明一般只包括入口段、过渡段1、过渡段2、过渡段3、出口段,无中间段照明,照明用电量集中在加强照明上。

(4)照明是主要用电设施

短隧道一般均采用自然通风,无机械通风设施,隧道的用电主要体现在照明系统中。

(5)处理交通异常速度快

由于隧道短的特点,发生交通事故或火灾时,逃生救援比长隧道更容易,处理交通异常速度快。

7.1.3 短隧道照明应解决的主要问题

短隧道应综合考虑设计(实际)营运车速、交通量、隧道线形等因素,并注意驾乘人员的安全性和舒适性,特别要注意隧道入口的视觉适应过程。根据短隧道的特点,需要解决以下问题:

(1)黑框效应

在隧道出入口的外部,白天自然光的照度可达100 000 lx(勒克斯);而隧道内,在无电照明的情况下,除隧道口部有几十勒克斯的自然光照度外,洞内几乎一片漆黑。如果隧道较长,在洞口处有黑洞穴一样的感觉,即"黑洞效应";如果隧道较短,则好似要通过一个黑暗的框子一样,即"黑框效应"。

(2)视觉适应滞后

汽车由明亮的外部环境进入隧道后,即使隧道内不太暗,但由于与洞外亮度有较大差异,要经过一定时间才能够看清楚隧道内部的情况,即"视觉适应滞后"。

(3)基本视觉问题

隧道内部与一般道路不同,其为一个相对狭小的封闭空间,当汽车在该空间高速行驶时,虽然行驶时间较短,也会给人较强的压抑感;同时,由于交通流排出的废气在隧道内会形成烟雾,烟雾可将汽车灯头和电光照明器发出的光吸收和散射,从而降低了隧道内的能见度。

(4)隧道出口的亮洞效应

由于视觉基本适应了洞内的暗环境,短时间又需适应洞外的亮环境,出现极强的眩光,让驾乘人员感觉十分不舒服;在夜间,与白天正好相反,形成黑洞效应。

上述这些现象均会对驾驶员的视觉生理产生影响;在隧道中同时还会产生管状视觉现象和闪烁现象等,这些现象也均会对驾驶员的视觉心理产生影响,会使驾驶员产生心理上不适应感,从而对安全产生隐患。所以隧道照明设计必须解决好隧道照明特有的视觉问题,这样才能创造出良好的视觉环境,从而更有利于隧道照明安全和节能。

7.2 短隧道照明分类

7.2.1 主要影响因素

短隧道照明需求主要由通透率、停车视距、交通量和交通类型三个因素决定。其中通透率主要由隧道平曲线及停车视距确定。停车视距由隧道纵坡、设计车速和路面摩擦系数确定。交通量和交通类型影响照明需求,其根据设计前期搜集的资料来确定。

7.2.2 分类方法

根据光线通透能力可将短隧道分为三类:

I类:通透率 $LTP<20\%$ 的短隧道。

II类:通透率 $20\%\leqslant LTP\leqslant 50\%$ 的短隧道。

III类:通透率 $LTP>50\%$ 的短隧道。

7.2.3 照明需求

照明需求根据照明方式分为两类:功能照明和诱导照明。功能照明是隧道照明的主要照明方式,应满足规定亮度要求的照明系统;诱导照明是隧道照明的辅助照明方式,主要用于视线诱导,是区别于功能照明的一种照明方式。

不同类型的短隧道照明需求不同,根据大量的短隧道调研情况,短隧道应根据实际情况设置诱导照明系统或功能照明系统,结合国外规范的设计标准,短隧道照明需求建议按照以下规定执行:

I类短隧道:应设置功能照明系统,设计标准按照长隧道照明标准设计。

II类短隧道:根据交通量大小和交通类型确定是否设置功能照明,功能照明设计标准按照长隧道照明标准的50%设计。若不设置功能照明系统,应设置诱导照明系统。

III类短隧道:通透率 $LTP>50\%$ 的短隧道,可不设置功能照明系统,应根据交通量大小和交通类型设置诱导照明系统。

7.3 短隧道照明参数计算

短隧道影响因素中的交通量和交通类型根据设计前期资料搜集。通透率、停车视距按照下面提供的方法计算。

7.3.1 通透率的计算

1)通透率的概念

通透率(Look Through Percentage)指的是,在隧道入口前一个停车视距的主车道位置,驾驶员在1.5m高度看到的隧道出口面积占入口面积的百分比。

2)通透率的计算

通透率可以根据现场照片或者隧道土建设计资料计算，计算方法分为可视角度计算法和照片面积计算法。两种计算方法适用于不同的设计阶段，可视角度计算法在隧道未建成的情况下，一般适用于初步设计阶段；照片面积计算法在隧道建成后，一般适用于施工图设计阶段。

(1)可视角度计算法

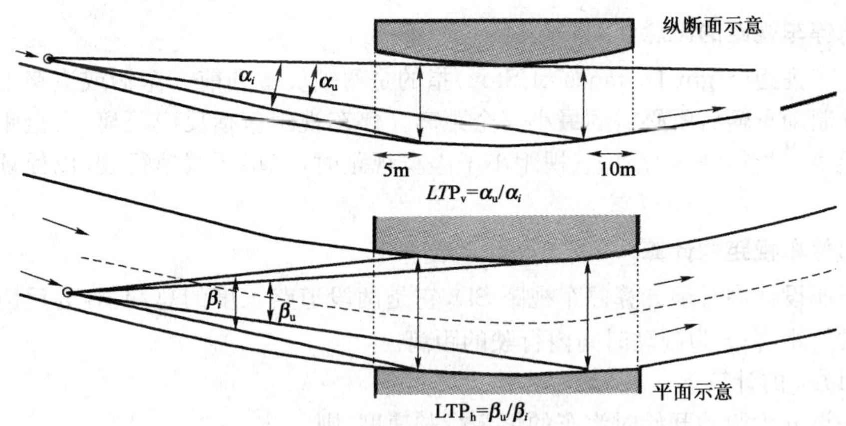

图 7-2 可视角度计算法示意图

根据式(7-1)计算：

$$\mathrm{STP} = 100 \cdot \frac{\beta_u}{\beta_i} \cdot \frac{\alpha_u}{\alpha_i} \tag{7-1}$$

α_i，α_u，β_i，β_u 如图 7-2 所示，图中的隧道为端墙式洞门形式，入口和出口的距离按照 5m 和 10m 考虑；若隧道洞口为削竹式洞门形式，入口和出口的距离按照 10m 和 15m 考虑。

(2)照片面积计算法

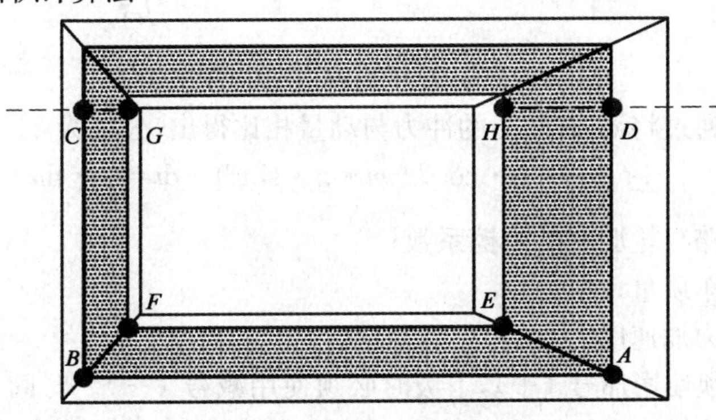

图 7-3 照片面积计算法示意图

根据式(7-2)计算：

$$\mathrm{STP}=100\cdot\frac{\text{面}EFGH}{\text{面}ABCD}=100\cdot\frac{EF\cdot FG}{AB\cdot BC} \tag{7-2}$$

A、B、C、D、E、G 和 H 点标注见图 7-3。

7.3.2 停车视距的计算

1)停车视距的概念

停车视距(Sight Distance of Stop)指的是驾驶员看到前方车辆或道路上的障碍物并制动车辆后所必需的最小安全距离。停车视距包括反应距离、安全距离和制动距离。当行驶在弯道上、视距小于停车视距时，汽车要减速行驶，以保证行车安全。

2)停车视距的计算

照明设计中必须计算停车视距 SD，它是两段道路长度的总和：x_0 为反应时间内行驶的距离；x 为制动时间内行驶的距离。

(1)x_0 的计算

假设 u 为制动开始时汽车的恒定行驶速度，则

$$x_0=u\cdot t_0 \tag{7-3}$$

式中：t_0——反应时间，如果没有任何特殊值，可以假定 t_0 取 1.5s。

(2)x 的计算

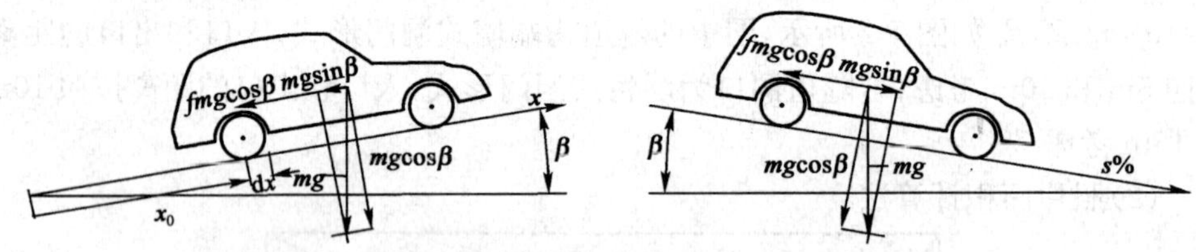

图 7-4　不同坡度上汽车的作用力

距离 x 可通过将 dt 时间内的冲力与动量相比得出，公式为：

$$-(f\cdot m\cdot g\cdot\cos\beta\pm m\cdot g\cdot\sin\beta)\cdot \mathrm{d}t=m\cdot \mathrm{d}u \tag{7-4}$$

式中：f——道路与轮胎间的摩擦系数；

m——汽车质量；

g——重力加速度。

上坡时必须使用加号（+），下坡时必须使用减号（−）。时间 dt 可以表示为 dx/u。引入坡度 $S=\tan\beta$，式(7-4)变为：

$$-\cos\beta\cdot g\cdot(f\pm s)\mathrm{d}x/u=\mathrm{d}u \text{ 或 } \mathrm{d}x=-\frac{u}{\cos\beta\cdot g\cdot(f\pm s)}\mathrm{d}u \tag{7-5}$$

由于 $\cos\beta$ 通常接近单位值，因此可以忽略不计。

等号左边为距离 0 到 x 的积分，等号右边一定是车速 u 到 0 的积分。因此，

$$\int_0^x \mathrm{d}x=-\int_u^0\frac{u}{g\cdot(f\pm s)}\mathrm{d}u \tag{7-6}$$

由于摩擦系数 f 是车速和其他依赖于车速的参数（如大气状况、轮胎状况等）的未知函数，因此等号右边不可积分。

但是，如果假定 f 为相对于 u 的常量，则式(7-6)变为：

$$x=\frac{u^2}{2\cdot g\cdot(f\pm s)} \tag{7-7}$$

在这个假设的基础上，如果实际测量出摩擦系数，则可使用式(7-7)确定 x，并作为车速的函数显示在以下图表中。

摩擦系数应根据土建设计资料或实际测量取值，在无资料情况下可按图 7-5 典型取值。

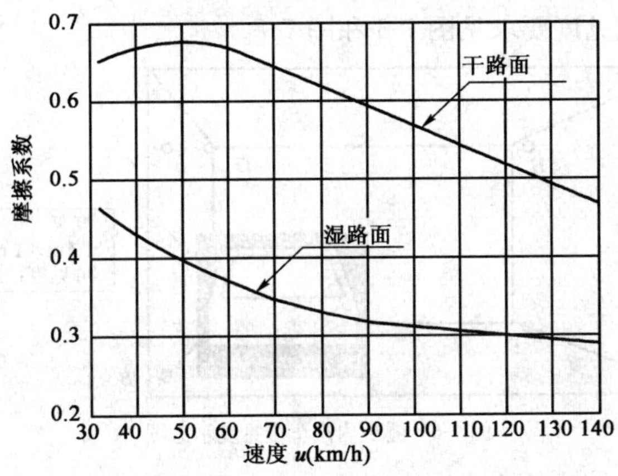

图 7-5 干、湿路面情况下车速的摩擦系数函数的典型图表

(3) SD 的计算

将反应距离式(7-3)和制动距离式(7-7)相加，即可得出停车视距的公式如下：

$$SD=u\cdot t_0+\frac{u^2}{2\cdot g\cdot(f\pm s)} \tag{7-8}$$

7.3.3 交通量的取值

设计阶段应按工可报告预测交通量对近、远期实施年限做初步规划，近期宜以工程

实施后第5年的交通量为准进行设计，远期应根据隧道运营情况进行维护、改造。隧道照明设计所采用的设计交通量为近期和远期目标设计年份平均昼夜交通量换算的混合车型每小时每车道绝对交通量（车辆/h/车道）。交通量按照表7-1进行分类。

交通量分类 表7-1

交通流量	单向交通（车辆/h/车道）	双向交通（车辆/h/车道）
大交通量	＞1 200	＞650
小交通量	＜350	＜180

7.3.4 特殊情况分析

短隧道照明应以安全为前提进行照明系统设计，在隧道能见度低或者混合交通的情况下应保证汽车和人的可见度。

若隧道为汽车交通时，汽车应被看作关键对象，汽车可被认为是一个宽1.6m、高1.4m的长方形，汽车应保证30%的可见度。

若隧道为混合交通时，行人应被看作关键对象，行人可被认为是一个宽0.5m、高1.0m的长方形，行人应保证30%的可见度。

汽车与人的可见度要求见图7-6和图7-7。

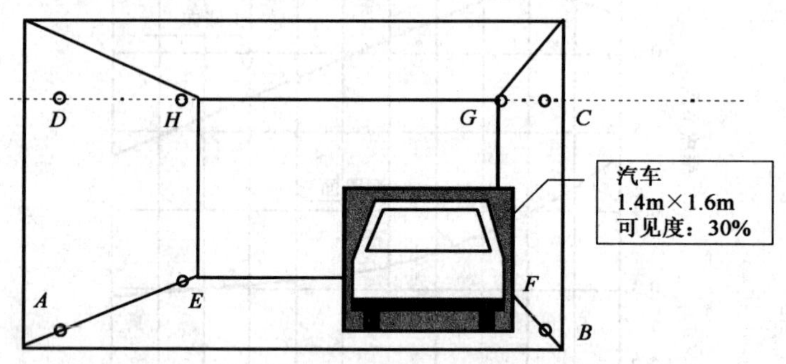

图7-6 隧道内汽车可见度示意图

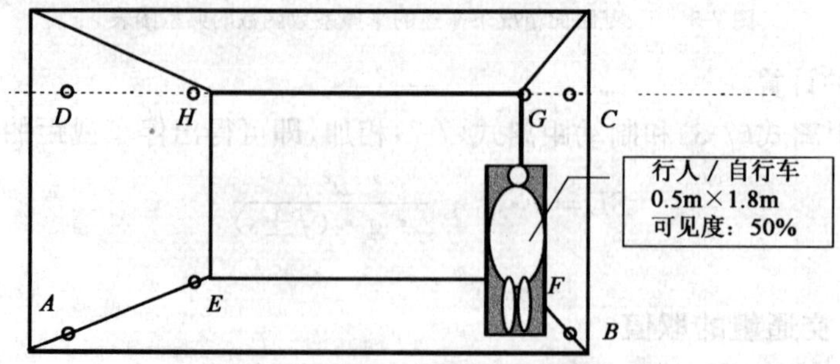

图7-7 隧道内行人可见度示意图

7.4 短隧道照明设计

7.4.1 概述

照明系统按照照明方式分为诱导照明和功能照明，根据不同的照明需求和工程情况设置。

7.4.2 诱导照明

1)诱导方式分类

从眼生理学理论基础可知，在驾驶员驾驶车辆通过隧道的过程中，人的视觉经历了一系列的变化。

首先，当驾驶员白天驾车从隧道外进入隧道内时，相当于眼从强光下进入暗处，起初会一无所见，以后随着光敏感度的增进，逐渐能看清暗处周围的物体，这就是从明视觉向暗视觉的一个转化过程。车辆驶入隧道的过程中，眼处于锥体细胞的工作区域，当逐渐进入黑暗处时，是锥体细胞的适应过程，其后部分就是杆体细胞的适应阶段。

通过暗适应过程，我们可以分析得出，如果暗适应是非完全的，也就是说在进入隧道口的过程中，特别是在未设计功能照明的短隧道内，采用LED诱导灯设置出一系列凸现的亮点，根据视觉的诱导以及视觉的双重理论，在由视锥细胞向视杆细胞的转化过程中，尽量通过人为的手段，使进入隧道入口处时人眼的锥体细胞保持继续工作的状态，也就是增加视觉的强度与长度。同理，隧道出口处也采用同样原理来安排隧道内亮度的分布。

诱导系统就是从以上这些眼生理学的理论出发，来确定诱导系统所需的相关设施的参数。根据诱导设施发光的特点可分为主动诱导设施和被动诱导设施。

主动诱导设施指需要用电并主动发光的诱导设施，根据其外观特点分为点式和线式。比如LED轮廓标属于点式主动诱导设施，LED灯管属于线式主动诱导设施。

被动诱导设施指通过逆反射被动发光的诱导设施，根据其外观特点分为点式和线式。比如突起路标、轮廓标属于点式被动诱导设施，安装于隧道侧壁的反光标线带属于线式被动诱导设施。

2)主动诱导设施

主动诱导设施中应用较多的是LED轮廓标，也叫LED诱导灯。LED灯管在隧道内应用并不多，主要用于桥梁的景观照明。

LED诱导灯种类形状比较多，LED主动发光轮廓标见图7-8。

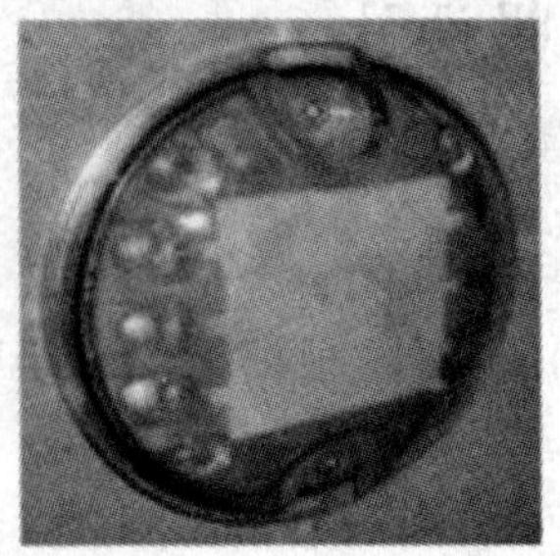

图7-8 LED主动发光轮廓标

由于LED诱导灯的光色特性和光损失小的特点，使其能在有空间限定和需要引导的场合发挥优势，且其维护成本低、尺寸小、抗冲击力和抗震能力强，适合于隧道内对驾驶员进行行车诱导。

(1)分组接线方式

理论上讲，LED主动发光轮廓标可有两种分组方式，一种为组内串联方式，一种为组内并联方式。组内串并联接线方式根据其电路特性各有优缺点。

根据隧道长度不同，LED诱导灯供电采用“组内串联，组间并联”的形式连接时，一般200m左右设置一个分线盒，实现各组独立供电，每组串接LED诱导灯个数根据AC/DC转换器输出电压及LED诱导灯单体额定电压确定，原理见图7-9。

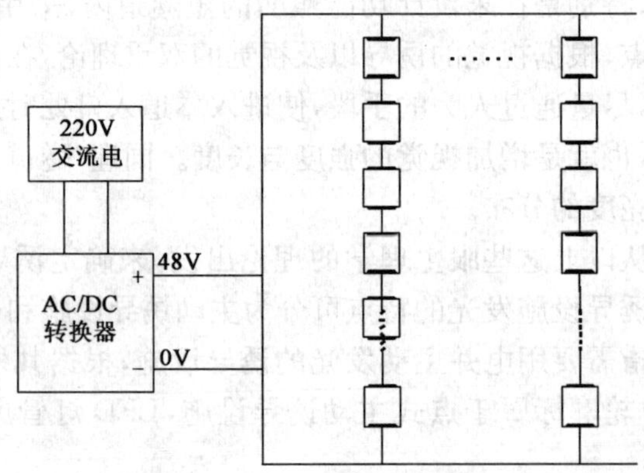

图7-9 组内串联方式

组内串接接线方式的优点是电源利用率较高，省电；缺点是可靠性差，一旦断路，一组都处于故障不发光状态。

组内并联接线方式是指LED诱导灯供电采用“组内并联，组间也并联”的形式连接，一般也是200m左右设置一个分线盒，实现单体独立供电，AC/DC转换器输出电压根据LED诱导灯单体额定电压确定，原理见图7-10。

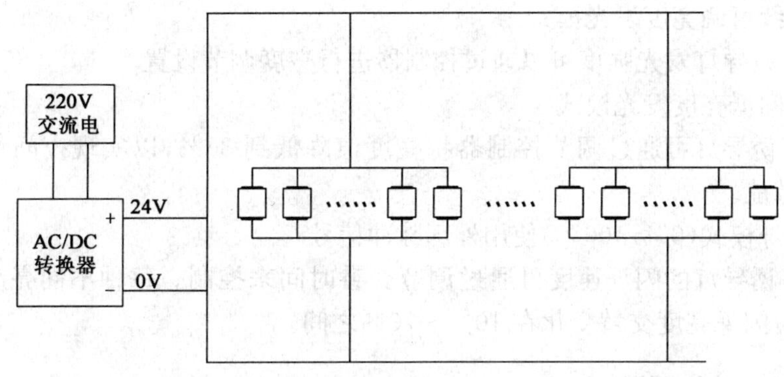

图7-10 组内并联方式

组内并联接线方式的优点是可靠性高,组内一个或多个LED诱导灯损坏,不会影响组内其他诱导灯的正常发光,施工、接线简便;缺点是电流大,线路损耗大。

通过串并联电路特性可以定性分析出,相同数量相同规格的LED诱导灯,采用组内串联方式要比组内并联方式线路里的电流要小的多,因此线损也小的多。但是,在其他条件相同的情况下,仅因LED诱导灯受损而造成单组诱导系统不能正常发光工作的几率:串联方式是100%,并联方式是0。综合考虑两种接线方式,比较两种方式的节能和维护费用及因系统不能正常发光工作所造成的潜在损失,组内并联方式更合理。

(2)供电方式

隧道供配电系统高昂的供电电网建设及运营费用已成为导致我国中短隧道及偏远山区隧道无照明设施或采用部分照明设施的主要原因,要从根本上解决该问题,可尽可能考虑采用降低建设费用和运营成本的供配电方式。目前,太阳能光伏发电技术供电就是一种较理想的供电方式。

对于隧道内LED主动发光轮廓标,供电方式主要有两种方式选择,优先选择用隧道照明监控电网供电,将LED主动发光轮廓标接入UPS供电系统,这样可节约建设成本,若隧道无常规供配电电网系统,特别是偏远山区的短隧道,则采用太阳能光伏发电技术进行供电,这样也可大大节约常规供配电电网建设费用。

常规电网建设费用主要包括输电工程费用(主要包括线路工程建设费和材料费)、配电工程费用(主要包括增容费、配电房建设费、材料费和供电工程费)等。

采用太阳能光伏发电系统作隧道诱导系统的供电来源,其输电投资成本主要包括太阳能电池组、储能装置(蓄电池组)、直流—交流逆变器、控制装置、连接装置和输电隧道诱导设施(目前应用的均为LED发光二极管形式的诱导设施)等的购置与安装费用。

(3)运行模式

①连续可调亮度发光模式

LED 诱导灯发光强度可以通过控制器进行亮度调节设置。

②夜间低亮度发光模式

LED 诱导灯可通过调节控制器将亮度值降低到 35%，以实现夜间低亮度发光，进而节能。

③闪烁模式(0%/100%)使用外部脉冲信号

LED 诱导灯的闪烁速度可通过调节交替时间来控制。每种不同亮度模式可自由选择，闪烁亮度交替变化在 10%～70%之间。

7.4.3 功能照明

需要设置功能照明的短隧道应按照长隧道设计，设计参数见其他章节，需要做好以下几个方面的工作。

1)设计基础资料

隧道照明设计基础资料应包括以下几个方面的内容(表 7-2)。

隧道照明设计调查表 表 7-2

调查内容	描述
环境条件	隧道附近地形、洞口朝向、洞口附近视野情况、植被条件、洞外路段的平纵线形和气象条件
洞外亮度	洞外亮度是隧道照明设计的主要参考参数，各个项目隧道口亮度均不一致，应到现场进行亮度评估或测试
土建结构物的设计方案	隧道长度、平纵线形、洞口结构形式、横断面布置及建筑限界
交通状况	设计交通量、设计速度、交通组成、单向或双向交通、汽车交通或混合
供电条件	配电所位置、容量、电源电压等
运营管理方式	管理机制、管理水平

2)设计工作流程

隧道照明设计可按下列流程进行：

(1)收集隧道设计有关资料，初勘现场自然环境。

(2)初步判定或现场测定洞外亮度，制定洞外减光方案。

(3)确定入口段、过渡段及出口段的亮度与长度指标。

(4)选择光源与灯具，并确定灯具安装位置及角度。

(5)根据路面材料与利用系数法，计算各段亮度、均匀度。

(6)洞口土建完工后，对洞外亮度及洞内照明设计亮度标准进行验核，必要时

修正照明设计。

3)设计说明与图纸要求

(1)设计说明

设计说明应简单实用,并包括以下内容:

①工程概况。简要说明工程概况,包括隧道长度、设计交通量、设计车速、隧道断面尺寸等基础数据。

②设计依据、遵循的设计规范/标准。简要说明设计参考的资料及遵循的设计规范/标准。

③设计原则。简要说明设计原则,突出照明设计的特点。

④设计界面。简要说明照明系统与其他专业的设计界面,包括照明系统与土建专业的界面、照明系统与供配电专业的界面、照明系统与监控专业的界面等。

⑤照明系统设计方案。简要说明照明系统各段的设计标准及灯具布设方案。

⑥照明系统配电及控制方案。简要说明照明系统配电方案及照明控制方案。

⑦技术要求。简要说明产品的技术要求、施工注意事项等。

(2)设计图纸

设计图纸详细完整,应包括以下内容:

①隧道照明系统工程量汇总表。

②隧道照明灯具平面布置图、接线图。

③横洞及洞外引道照明布置图、接线图。

④照明配电箱配线图。

⑤隧道照明系统 0.4kV 主接线图。

⑥隧道照明供电电缆清册。

⑦隧道照明系统控制流程图。

⑧隧道照明控制系统构成图。

⑨相关设备安装图。

⑩相关的照明管线预留、预埋图纸。

第8章 供配电系统节能设计

供配电系统的设计质量，对隧道机电设施的正常使用、使用寿命、无功能耗等影响很大。本章主要阐述供电方式、隧道用电标准、设计方法、系统可靠度计算与设施选择。

8.1 系统构成

供配电是指电能的供应和分配。隧道接受从电力系统送来的电能，并进行检测、计量、变换，然后向用电设备分配电能的系统就称之为隧道供配电统。它是从电源引入线开始到所有用电设备入线端为止的整个网络，由高低压配电线路、变电站（包括配电站）和用电设备组成。

8.1.1 交流供电系统

隧道所用的电能，除少数外场监控设备外，绝大部分都是交流电。交流供电系统主要包括变电站提供交流市电、柴油发电机供给的自备交流电源以及由整流器、蓄电池和逆变器组成的交流不停电电源。为了提高供电的可靠性，高压输入一般应由两个变电站供给，并采用专线引入，一路为主用，一路为备用。

8.1.2 直流供电系统

直流电源主要满足监控、通信系统中某些直流设备的用电需要。直流供电系统一般由交流电源经整流器整流后得到，直流供电系统的不间断电源可由蓄电池组构成。

8.1.3 备用电源

为保证供电电源因故中断时隧道运营管理设施的重要设备能够正常工作，系统需配备备用电源，一般多采用柴油发电机组。当供电停电时，能在规定时间内启动柴油发电机组供电。

8.1.4 系统结构形式

1)高压供配电系统

(1)配电电压

高压配电是指变电所变压器高压侧的配电设置,高压电源由附近高压网引入。供电电压的高低,一般取决于用电区域的范围、用电设备电压的高低、用电负荷的大小等因素。配电电压的选择应考虑输送距离及输送功率的影响,在同样输送功率的条件下,电压越高,线路电流越小,则可选用小截面的电缆,从而可降低输电线路的成本。隧道高压配电电压一般多采用10kV,也有同时采用6kV和10kV两种电压配电。

(2)配电方式

放射式。其特点为每一变电所分别由母线单独供电,若其中一个干线故障不会影响其他干线。因此,放射式供电的可靠性较高,一旦发生故障,其影响范围小,便于切换,保护较简单,便于实现自动控制,只是成本较高。

树干式。其特点是多个变电所的引入线均来自一个主线,这种方式投资少,但故障的影响范围大。

2)低压供配电系统

(1)配电电压

公路隧道的用电设备电压多为380V/220V,所以其低压配电电压也多为380V/220V。其中线电压为380V,主要接三相动力设备(如射流风机、水泵等);相电压为220V,主要接220V的单相用电设备及一般的照明灯具。

(2)配电方式

类似于高压配电系统,其形式有:

放射式。其特点是许多干线分别供给各处负荷用电,使得配电干线故障互不影响,供电可靠性较高,而且便于检修。但系统灵活性较差,有色金属消耗较多,一般射流风机和水泵配电采用这种方式。

树干式。其特点是每一干线可以供给沿线许多负载用电,所用线缆节省。但一旦干线出故障,其影响面很大。由于隧道内照明灯具较多且分散,常常采用树干式配电方式。

变压器干线式:除了具有干线式系统的优点外,还有接线更为简单,并能够大量节省低压配电设备的优点。对启动频繁、容量较大的冲击负荷及对电压质量要求严格的场合,不宜用此方式。

8.2 设计标准

8.2.1 隧道电力负荷分级

根据供配电的可靠性以及中断供配电在经济、社会上造成的损失和影响程度，隧道电力负荷划分为3个等级：

(1)一级负荷中断供配电将造成人身伤亡，在社会效应、经济上造成重大损失。

(2)二级负荷中断供配电将在社会效应和经济上造成较大损失，如引起主要设备损坏、大量产品报废、连续生产被打乱需较长时间才能恢复、重要产品大量减产等。

(3)凡不属于一级和二级负荷的均属于三级负荷。

公路隧道重要电力负荷的分级见表8-1。

隧道重要电力负荷分级 表8-1

序号	电力负荷名称	负荷级别
1	应急照明 电光标志 交通监控设施 通风及照明控制设施 紧急呼叫设施 火灾检测、报警、控制设施 中央控制设施	一级①
2	消防水泵 基本照明 排烟风机	一级
3	通风机②	二级
4	其余隧道电力负荷	三级

注：①该一级负荷为特别重要负荷。

②此处系指除作为一级负荷以外的其他通风机。

8.2.2 隧道供电要求

(1)隧道一级负荷应由两个电源供电，当一个电源发生故障时，另一个电源应不致同时受到损坏。一级负荷容量不大时应优先采用从临近的电力系统取得第二低压电源，亦可采用应急发电机组作为备用电源。

(2)对于隧道一级负荷中特别重要负荷，除上述两个电源外，还必须设置不间断电源装置(UPS)作为应急电源，并严禁将其他负荷接入应急供电系统。

(3)隧道二级负荷的供电系统宜由两回线路供电。

8.2.3 隧道供电电源及变配电所

(1)变配电所宜设置在空气流通的环境中。

(2)长度不大于1.3km及以下的隧道可在入口或出口处设置一座变配电所为隧道供电。

(3)长度为1.3～3km的隧道宜在入口与出口处各设一座变配电所。两个变配电所宜优先考虑由上一级不同变电站的供电回路供电。

(4)长度大于3km的隧道宜根据隧道的长度、负荷等级、负荷分布情况在洞中合理设置变配电所。

(5)两回线路供电的隧道,应采用同级电压供电,当一回路中断供电时,另一回路应能满足全部一级及二级负荷用电需要。

8.2.4 隧道电压选择和电能质量

(1)隧道的高压配电电压宜采用10kV;当6kV用电设备的总容量较大,宜采用6kV。低压配电电压应采用220V/380V。

(2)为了减少电压偏差,隧道供配电系统的设计应符合下列要求:

①正确选择变压器的变压比和电压分接头。

②合理减少系统阻抗。

③合理补偿无功功率。

④尽量使三相负荷平衡。

⑤隧道通风机宜设置降压启动装置。

8.3 供电方式

8.3.1 公路隧道供配电系统的主要矛盾

由于隧道所有的负荷均呈线形分布在狭长的隧道区域内,造成公路隧道供配电的主要矛盾是低压配电距离长,线路上的电压损失大。通常采用加大电缆截面的办法来解决,但这种方法既增加了有色金属消耗,又增加了工程投资。

解决电压损失大的矛盾,最好是缩短低压配电的距离。这对长大隧道尤其是特长隧道来说,要缩短供电距离,意味着增加变电所的数量,即一方面需增加高、低压电器设备的数量,另一方面还要在隧道内开凿安装这些电气设备的空间和场地,代价和投资同样很大。因此,在实际工程中该方法的使用受到很大的限制。

8.3.2 公路隧道供配电系统的设计方案

一个好的设计方案不仅应安全可靠，还应力求经济合理，即投资少、运行费用低。隧道用电设备大多为一、二级负荷，在设计时，要进行技术和经济性分析，根据公路隧道的实际情况选择合适的供电方式。

(1)整个供电系统由来自电力部门不同变电所提供的两路独立电源供电，此两路独立电源互为备用。

(2)整个供电系统由来自电力部门变电所提供一路独立电源供电，另一路采用柴油发电机组备用。

(3)整个供电系统由来自电力部门同一变电所不同母线提供的两路电源供电，配合埋地式变压器供电。

以上三种方式均可以保证一、二级用电负荷的供电。但是第一方式的两路电源是取自电力部门的不同变电所，难度较大且供电距离长；第二方式要增加备用柴油机组和升压变压器的资金投入；第三方式较为容易实现，且节能省电，线路损耗最低。目前，国内应用最多的是第二种方式。

8.3.3 供配电系统的节能设计

供配电系统应根据公路隧道负荷容量、供电距离及分布、用电设备特点等因素合理设计，做到系统尽量简单可靠，操作方便。变配电所应尽量靠近负荷中心，以缩短配电半径，减少线路损耗。合理选择变压器的容量和台数，以便于负荷季节性变化时能够灵活投切变压器，实现经济运行，减少由于轻载运行造成的不必要的电能损耗。

1)供电电压等级与节能

根据负荷容量、供电距离及用电设备等因素，合理设计供配电系统和选择供电电压等级。供电电压越高则线路电流越小，线路上损耗的电能就越少。变电所应尽量靠近负荷中心，以缩短供电半径，减少线路损失。在供电电压的范围内，提高供电电压的等级可以达到节能的目的，但却要增加投资，对此必须进行方案经济比较。供电电压与负荷大小、输送距离有一定的关系，见表8-2。

线路电压、输送功率与输送距离关系表 表8-2

线路电压(kV)	线路结构	输送功率(kW)	输送距离(km)
0.38	架空线	≤100	≤0.25
	电缆线	≤175	≤0.35

续上表

线路电压(kV)	线 路 结 构	输送功率(kW)	输送距离(km)
6	架空线	≤2 000	3～10
	电缆线	≤3 000	≤8
10	架空线	≤3 000	5～15
	电缆线	≤5 000	≤10
35	架空线	2 000～15 000	20～50
63	架空线	3 500～30 000	30～100
110	架空线	10 000～50 000	50～150
220	架空线	100 000～500 000	200～300

2)线路设计的选择与节能

输电线路有架空线路与电缆线路两种，导线电缆的截面选择过大，虽然可以达到节能的目的，但却会增加投资；而选择太小又会影响可靠运行，缩短使用寿命、危害安全并带来经济损失。设计时，架空导线截面应按经济电流密度合理选择，较长距离的大电流回路或 35kV 以上的高压电缆应选择经济截面。

线路设计时应遵循"减少线路损耗"的原则。由于配电线路有电阻，有电流通过时就会产生功率损耗，其公式为：

$$\Delta P = 3IR^2 \times 10^3 \qquad (8\text{-}1)$$

式中：ΔP——三相输电线路的功率损耗，kW；

I——线电流，A；

R——线路相电阻，Ω。

其中线路电阻 R 在通过电流不变时，线路长度越长则电阻值越大。如果在一个工程中，由于线路上下纵横交错(一般工程的线路总长不低于万米，大工程更是不计其数)，所造成的电能损耗是相当可观的，所以，减少线路能耗必须引起设计人员的足够重视。在具体工程中，线路上的电流一般是不变的，那么，要减少线损，就只能尽量减少线路电阻。而线路的电阻 $R=PL/S$，即与导线电阻率 P、导线长度 L 成正比，与导线截面 S 成反比。要减少电阻值，应从以下几个方面考虑：

(1)尽量选用电阻率 P 较小的导线，如铜芯导线较佳，铝线次之。

(2)尽可能减少导线长度。在设计中，线路应尽量走直线而少走弯路。另外，在低压配电中，尽可能不走或少走回头路。变电所应尽可能地靠近负荷中心，以减少供电半径。

(3)增大导线截面积。对于较长的线路，在满足载流量、热稳定、保护配合及电压降要求的前提下，在选定线截面时加大一级线截面。这样做虽然增加了线路费用，但由于节约能耗而减少了年运行费用，综合考虑节能经济时还是合算的。

3)变压器的节能设计

减少变压器的有功损耗。变压器的有功损耗按下式计算：

$$\Delta P = P_0 + P_k \tag{8-2}$$

式中：ΔP——变压器的有功损耗，kW；

P_0——变压器的空载损耗，kW；

P_k——变压器的短路损耗，kW。

(1)P_0 作为变压器的空载损耗，又称铁损，它由铁芯涡流损耗及漏磁损耗组成，其值与铁芯材料及制造工艺有关，与负荷大小无关。所以，在选用变压器时，最好选择节能型变压器。

(2)P_k 是变压器的短路损耗，又称变压器线损，它取决于变压器绕组的电阻及流过绕组电流的大小，并与负荷率平方成正比。因此，在选择变压器时应选用阻值较小的绕组，如铜芯变压器。β^2Pk 用微分求其极值时，是在 β=50%时每千瓦的负荷。此时，变压器的能耗最小，但在 β=50%负载率时，仅减少了变压器的线损，而并未减少变压器的铁损，因此也不是最节能的。综合初装费、变压器、高低压柜、土建投资及运行费用，又要使变压器在使用期内预留适当的余量，变压器最经济节能运行的负载率一般在 75%~85%之间。

(3)在选择变压器容量和台数时，应根据负荷情况，综合考虑投资和年运行费用，对负荷合理分配，选取容量与电力负荷相适应的变压器，使其工作在高效低耗区内。

4)电动机配电节能设计

减少电动机损耗的主要途径是提高电动机的工作效率和功率因数。在工程设计中应选用高效率的电动机，但是在公路隧道机电工程中电动机通常都是和风机及水泵等专业设备配套，由设备制造商统一供应的，所以节能措施主要贯彻在运行过程中。

(1)无功就地补偿

隧道供配电系统中的风机、水泵、变压器、高压钠灯的镇流器等都具有电感性，会产生滞后的无功电流，它要从系统中经过高低压线路传输到设备末端，无形中又增加了线路的功率损耗，所以无功功率补偿是实现节电节能的重要措施。

目前的公路隧道机电设计中，一般是将无功补偿装置设于变电所的低压母线上进行集中补偿，这样可减少电力系统的无功功率传输到配电线路上的电流，从而减少了这部分线路的电能损耗。但是对隧道外场的用电设备而言，由于无功仍从低压母线经干支线送到设备端，因此电压损失及电能损耗没有得到根本改善，从而没能达到完满的节能效果。无功补偿最理想的方法是在设备端采取无功补偿措施。为此，可在隧道现场的动力配电箱内采用并联的金属膜自愈式低压电容器对风机进行无功补偿，这样既可避免因设备负载变动或反复启停对电容器的损坏，又可减少线缆上的电能损耗，同时还能减小线缆截面和开关容量。

(2)变频调速装置和软起动器

电动机节能,除了就地电容器补偿以减少线路损耗外,主要是减少电动机轻载和空载运行,因为在轻载运行下电动机效率是极低的。在设置有大功率轴流通风机的特长公路隧道中,可采用变频调速控制电动机,使其在负载率变化时自动调节转速,以提高电动机轻载时的效率,从而达到节约电能的目的。但是,由于目前变频设备的购置价格和运行维护费用较高,而且在运行过程中还会对电网造成较为严重的谐波干扰,所以变频设备在隧道通风中的应用受到一定限制。

另一种经济实用的节能方式是采用软起动器。软起动器设备是按起动时间逐步调节晶闸管的导通角,以控制电压的变化。由于电压可连续调节,因此起动平稳,起动完毕则全压投入运行。通过选用软启动器,可避免电动机空载、轻载运行的情况,这种装置可根据负载变化自动调整电机工作电压,使电机运行处于最佳状态,降低电机的有功功率、无功功率,减少负载电流,提高功率因数,把电能消耗降低。

5)照明配电的节能设计

(1)照明节电设备

目前国内供电单位在电力供应输送过程中,为了减少输送过程中的线路损耗,往往会以较高的电压传送,以确保终端用电设备达到额定电压。这是一种技术保障的需要,在没有超导材料广泛替代现有铜材质为主的传输线路的情况下,这种现状会长期存在。

由于供电单位传输的电压偏高,导致电源经隧道变电所变压器输变电后,其输出电压一般也会高于额定电压值5%～10%左右,这样,隧道内的各种用电设备所实际承受的电压往往会高于设计时的额定电压。同时,由于隧道内存在风机、水泵等动力设备,考虑到这些启动电流较大,会导致电网电压突然下降,因而在调节变压器的输出电压值时,也往往选用高于额定值的状态,以确保负载突然增大的情况下所有用电设备的正常使用。但长期的较高电压,不仅不能让用电设备更有效地工作,反而成为导致设备发热及过早损坏的主要原因。较高的电压还产生了不必要的电费开支,使电动机损耗加剧,照明器具寿命大幅度减损,尤其是照明系统,在长期过压状态下工作,不仅能耗大幅度且无意义地增加,更导致灯具寿命远远低于设计值,甚至造成节能灯具“节电不节钱”的现象。

另外,在目前的隧道照明设计中,按规范要求均考虑了0.6～0.7的维护系数,这样就使得初始照明亮度比设计亮度高出42%～67%,造成电能不必要的浪费,因此采用照明节电设备极为必要。

目前,国内各种照明专用节电设备所普遍采用的技术主要分为两大类:一类是应用可控硅技术的“可控硅斩波型节电设备”;一类是应用电磁转换技术的“电抗式节电设备”。前者的原器件成本低,成品利润率高,因而某些厂家极力在国内推销该类产品。但由于可控硅应用的是斩波型降压原理，即对完整正弦波斩除一部分，因而会产生大量的电力谐波污染，不仅会严重影响对电力波形质量要求较高的各种气体放电类灯具的正常使用寿命，导致灯光频繁水波状闪烁（尤其是电子镇流器、节能灯具）、镇流器噪声加巨甚至突然闪停，还会使整个用户电网的热量增加、线损增大、空开及接触器误动作，同时各触点及电器接头的发热还极易引起火灾，埋下安全隐患。

与可控硅斩波型节电设备相比，电抗式照明节电设备（图 8-1）应用的是电磁转换技术，输出的是完整的正弦波，不会产生任何的电力谐波，不仅可大幅节省照明的电能消耗，成倍的延长照明灯具的使用寿命，且不降低用户的照明质量。尽管其制造成本远远高于可控硅斩波型节电设备，但由于其使用寿命是前者的 3 倍以上，因而仅从用户的投资角度而言，后者也更为经济。更为关键的是，以降低照明质量及用电安全为代价的节约，对于用户而言是得不偿失的。

事实上，电抗式照明节电设备由于其技术成熟、科学，在美国、加拿大、德国、澳大利亚、日本、韩国、新加坡等国及我国香港和台湾等地区早已得到广泛应用。近几年，在国内的宾馆饭店、商场、机场、工矿企业、政府机关等企事业单位以及市政道路的路灯照明中也得到了越来越多的使用。并且，从已有的使用用户看，该类产品反映良好。

目前，国内应用电磁转换技术的电抗式照明节电设备是应用特殊设计的自耦降压式装置（有功率因数补偿效果），采用补偿变压器、中央处理器、控制电路、多抽头变压器和静态开关，对电网的过欠压进行快速自动补偿，为负载提供稳定的、完美的正弦波电压。因此，能做到根据内外部用电条件，自动跟随、自动响应，分级对电网中的浪涌、噪声、干扰、功率因数、谐波进行抑制或优化处理；并根据设定电压曲线，稳定地供应照明设施所需工作电压，使系统的用电能效达到最佳状态。

(2)LED 节能灯的配电电缆设计

由于 LED 灯的光效较高，采用 LED 灯照明方案的隧道照明总功率比高压钠灯有较大幅度的减少，配电线缆的规格也有较大幅度的减小。下面，以我国某省一座 3.2km 长的高速公路隧道为例，对 LED 灯照明方案和高压钠灯照明方案进行详细对比。

为保证比较结果的科学、客观和公正，两种照明方案采用相同的设计标准（包括实测洞口亮度、交通量、路面反射系数等），照明灯具体布设如表 8-3 和表 8-4 所示。

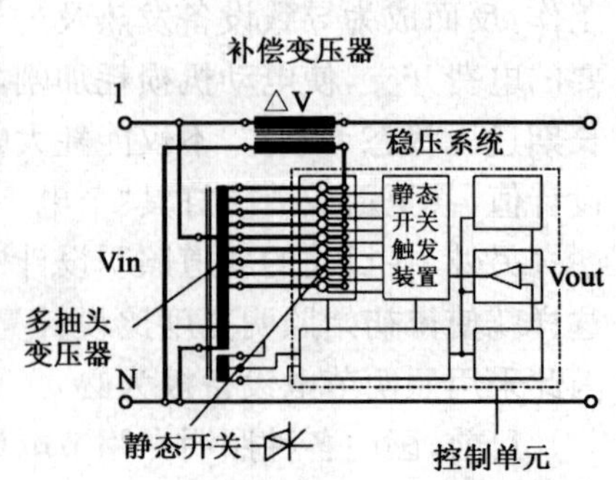

图 8-1　电抗式照明节电设备原理图

高压钠灯照明设置表 表8-3

区 段	灯 具 类 型	布 置 方 式	灯 具 间 距(m)	照 明 类 型
入口段	250W高压钠灯	隧道两侧壁对称布置	1.5	加强照明
	70W高压钠灯	隧道中偏右布置	10	基本照明
	70W高压钠灯	隧道中偏右布置	10	应急照明
过渡段1	150W高压钠灯	隧道两侧壁对称布置	3.5	加强照明
	70W高压钠灯	隧道中偏右布置	10	基本照明
	70W高压钠灯	隧道中偏右布置	10	应急照明
过渡段2	100W高压钠灯	隧道两侧壁对称布置	7	加强照明
	70W高压钠灯	隧道中偏右布置	10	基本照明
	70W高压钠灯	隧道中偏右布置	10	应急照明
基本段	70W高压钠灯	隧道中偏右布置	10	基本照明
	70W高压钠灯	隧道中偏右布置	10	应急照明
出口段	100W高压钠灯	隧道两侧壁对称布置	5.5	加强照明
	70W高压钠灯	隧道中偏右布置	10	基本照明
	70W高压钠灯	隧道中偏右布置	10	应急照明

LED灯照明设置表 表8-4

区 段	灯 具 类 型	布 置 方 式	灯 具 间 距(m)	照 明 类 型
入口段	80WLED照明灯	隧道两侧壁对称布置	1.0	加强照明
	40WLED照明灯	隧道中偏右布置	6.0	基本照明
	1×36W隧道专用荧光灯	隧道中偏右布置	18	应急照明
过渡段1	65WLED照明灯	隧道两侧壁对称布置	2.8	加强照明
	40WLED照明灯	隧道中偏右布置	6.0	基本照明
	1×36W隧道专用荧光灯	隧道中偏右布置	18	应急照明
过渡段2	40WLED照明灯	隧道两侧壁对称布置	5.0	加强照明
	40WLED照明灯	隧道中偏右布置	6.0	基本照明
	1×36W隧道专用荧光灯	隧道中偏右布置	18	应急照明
基本段	40WLED照明灯	隧道中偏右布置	6.0	基本照明
	1×36W隧道专用荧光灯	隧道中偏右布置	18	应急照明
出口段	48WLED照明灯	隧道两侧壁对称布置	5.0	加强照明
	40WLED照明灯	隧道中偏右布置	6.0	基本照明
	1×36W隧道专用荧光灯	隧道中偏右布置	18	应急照明

两种照明方案建设期的投资如表 8-5 所示。

照明设计方案建设期投资比较表　　表 8-5

照明段	高压钠灯照明设计方案			LED 照明设计方案					
	灯具费用（元）	线缆费用（元）	小计（元）	灯具		线缆		总费用	
				费用（元）	与钠灯比较	费用（元）	与钠灯比较	小计（元）	与钠灯比较
入口段	224 931.06	222 299.11	447 230.17	1 082 092.00	481%	131 284.67	59%	1 213 376.67	272%
过渡段 1	89905.98	155893.59	245799.57	290556.00	323%	92107.76	59%	382663.76	156%
过渡段 2	68239.28	200434.62	268673.90	186224.00	273%	118424.26	59%	304648.26	114%
基本段	920436.80	2050833.89	2971270.69	1304133.33	142%	1504380.28	73%	2808513.62	94%
出口段	58717.52	163805.00	222522.52	160660.00	274%	97593.32	60%	258253.32	117%
合计	1362230.64	2793266.21	4155496.85	3430548.00	252%	1943790.29	70%	5374338.29	129%

①入口段投资比较

LED 照明灯具费用是高压钠灯的 4.81 倍，线缆费用是高压钠灯的 59%，两部分费用合计是高压钠灯方案的 2.72 倍。

②过渡段 1 投资比较

LED 照明灯具费用是高压钠灯的 3.23 倍，线缆费用是高压钠灯的 59%，两部分费用合计是高压钠灯方案的 1.56 倍。

③过渡段 2 投资比较

LED 照明灯具费用是高压钠灯的 2.73 倍，线缆费用是高压钠灯的 59%，两部分费用合计是高压钠灯方案的 1.14 倍。

④基本段投资比较

LED 照明灯具费用是高压钠灯的 1.42 倍，线缆费用是高压钠灯的 73%，两部分费用合计是高压钠灯方案的 94%。

⑤出口段投资比较

LED 照明灯具费用是高压钠灯的 2.74 倍，线缆费用是高压钠灯的 60%，两部分费用合计是高压钠灯方案的 1.17 倍。

结论：从以上比较可以看出，LED 照明系统中，LED 灯的设备购置费比高压钠灯要高，但由于照明功率大幅降低，照明线缆截面也大幅降低，线缆部分的投资仅为高压钠灯的 70%。

(3)对 LED 灯具采用集中供电可行性分析

根据目前隧道照明理论的要求，隧道内亮度要与隧道外的亮度相适应，当隧道外天气发生变化时，就需要根据隧道外的亮度调节隧道内高压钠灯的亮度。目前普遍采用的方法是通过对隧道内的照明灯具进行分组开启和关闭实现对隧道亮度

的控制。但是这样的方法只能实现隧道内亮度的“有级”调节，隧道内亮度有跳变，不利于隧道内的行车安全。在这种情况下，要求照明灯具实现亮度的实时自动平滑无级调节，保证隧道亮度随隧道外亮度变化而变化。

在实现照明节能的条件下，对LED的节能也提出了新的要求，要求通过调节LED灯的亮度来实现节能。

目前，市面上大部分LED灯具都采用24V直流供电，每个灯具都有一个开关电源，为LED灯管提供恒压的直流电源，不能实现LED灯具的亮度调节。从已经在隧道内使用LED灯具的情况看，LED灯具的电源是LED灯具中最容易损坏的部分，况且这些电源中绝大部分都没有考虑有源滤波装置，使用的过程中会给电网带来谐波污染，同时也会导致隧道内电网功率因数的降低，带来更多的线路电能损耗。

从目前交通发展的要求、LED灯具节能的要求以及目前LED灯具的实际情况，要求一种能调节灯具亮度、无谐波污染和高功率因数的电源为LED灯供电。由于这样的电源技术含量比目前现有的LED灯具电源高，成本肯定上升，考虑成本因素，可以选择大功率电源集中供电。隧道入口段灯具较为集中，可以采用较大功率，可采用4.8kW电源，可供110WLED灯40盏，基本段照明灯具间距较大，可采用1kW电源，可供60WLED灯16盏。供电范围大约都为100m。

集中供电的压降分析：如果采用24V直流电源供电，由于供电电压低，最担心的是压降带来的亮度不均匀或者供电末端的灯具亮度不够。对于入口段4.8kW电源，供电半径为50m，采用35mm^{2}电缆，35mm^{2}电缆直流电阻率为0.524Ω/km，则末端电压降大约为0.582V，该压降不会引起LED灯的亮度不均匀或者供电末端的灯具亮度不够。对于基本段1kW电源，供电半径为50m，采用25mm^{2}电缆，25mm^{2}电缆直流电阻率为0.727Ω/km，则末端电压降大约为0.364V，该压降不会引起LED灯的亮度不均匀或者供电末端的灯具亮度不够。

从集中供电的压降分析可以看出，在一定范围内实行集中供电是完全可行的。

目前，研究LED灯集中供电的各种技术条件已经成熟，新的电子技术、电力电子技术、通信技术的应用，可以使该电源和多个LED隧道照明灯构成的灯具组具有以下功能：

①不产生高次谐波和功率因数接近1。在电源中加入APFC滤波环节，可以使灯具不产生高次谐波，不会给电网带来谐波污染，同时，也使隧道电网的功率因数接近1，降低线路损耗。

②遥控。控制点可以根据需要手动或按照预先设定的控制方案对所有LED灯具组进行开启、关闭和亮度控制。而控制方案正是要体现最新的隧道照明节能

的理论成果，将交通和气象状况信息引入照明节能控制器中，结合最新照明控制方案调节亮度，在不降低安全要求条件下达到照明节能运行的目的。遥测控制点可以根据需要检测出高压钠灯的电压、电流、功率因数以及所处工作状态等信息。

③通信。能在控制点和 LED 灯具组之间建立通信机制，由该电源供电的 LED 灯具组能及时得到控制点的控制信息，控制点能及时得到 LED 灯具组的状态信息。

④遥调。控制点能实时了解高压钠灯的运行情况，及时调整高压钠灯的运行参数。

⑤适应路灯地理信息管理功能(GIS)。为了适应照明管理系统的网络化，新开发的 LED 灯具组具有网络功能，必然能够适应将来照明灯具的网络管理需要，隧道灯具管理中心可以根据需要查看每个灯具组的各种信息，包括开、关、是否故障、该组内有多少灯具发生故障等信息，为隧道灯的管理带来极大的便利。

(4)电缆桥架与线槽的选用

桥架和线槽是在电气安装工程中经常用到的敷设电线电缆的装置。桥架是由托盘、梯架的直线段、弯通、附件以及支、吊架等构成，用以支承电缆的连续的刚性结构系统的总称。线槽，更多情况下指的是密封式钢制槽型桥架，可以用来敷设电线、电缆，因为是封闭式钢制壳体，具有一定屏蔽效果。两者的区别如下：

①桥架主要用于敷设 10kV 及以下的电力电缆、控制电缆，或弱电电缆，具有较大的承载能力。线槽用于敷设导线和通讯线缆，一般不放置电缆，承载能力较小。

②桥架相对大(200mm×100mm 到 600mm×200mm)，线槽相对较小。

③桥架拐弯半径比较大，线槽大部分拐直角弯。

④桥架跨距比较大，线槽比较小；因此固定支架差别较大，支吊架的个数差别大。

⑤防腐措施不同：桥架往往是镀锌的居多(也有线槽的防腐方式)，线槽往往是涂漆、喷塑。桥架还有玻璃钢桥架防严重腐蚀，线槽则为塑料线槽应对严重腐蚀(普通情况也可使用，降低成本)。

⑥固定、安装方式不同：在某些场所，桥架没盖，线槽通常全是带盖封闭的线槽来走线，桥架则是用来走电缆的。

⑦使用环境不同：线槽往往不能露天使用，而桥架可以。

6)合理选择低压电器

低压电器是量大面广的基础元件，就每只低压电器而言，所消耗的电能并不大，但总的用量大，采用成熟、有效、可靠的节能型低压电器是节电设计中不可忽视的部分。

8.4 设计理念

(1)安全

指电能在隧道各系统的供应、分配和使用中,不应发生任何人身伤亡事故、设备损坏事故和由电能损坏的其他事故。

(2)可靠

指电能的供应和分配满足隧道各机电系统对不中断供电的要求。隧道供配电系统一般按一级负荷配置,对重要系统采取不停电的供电措施,如采取自备柴油发电机组或UPS等。

(3)优质

指应满足机电系统设备对供电电压、频率、波形、电流等质量参数的要求,其电压偏差应在±5%以内。

(4)经济

指在满足隧道负荷用电要求的前提下,系统的建设成本和运行费用低,利用效率高,尽可能地节约电能和减少用于输送电能的传输线路中有色金属的消耗量。

8.5 系统可靠性

供电系统可靠性是指供电系统持续供电的可靠程度,它涉及供电企业、系统设计、设备制造、建设施工、运营管理等多个方面。

在可靠性分析中,通常用概率来表示的可靠性和不可靠性分别称为可靠度 R 和不可靠度 Q。对供电系统来说,任何形式的网路系统的性能指标均可用可靠度 R 和不可靠度 Q 来描述,R 和 Q 分别表示在某一观测时间内网路系统是处于正常状态还是故障停电状态的概率,根据概率的基本性质,存在下面关系:

$$0 \leqslant R \leqslant 1; 0 \leqslant Q \leqslant 1; R + Q = 1$$

可见,可靠度 R 和不可靠度 Q 是互补的。Q 愈小,说明网络系统发生故障的几率愈低,故可靠性愈高。从统计角度来看,Q 是某一单位时间内的故障停电时间,在分析供电系统的可靠性时,单位时间通常取一年,因此 Q 值表示一年内的故障停电小时数。

如果令 λ 表示故障率,即单位时间内网络系统发生的故障次数,令 γ 表示网络系统的平均每次故障停电时间,则 λ 和 γ 的乘积为单位时间内的故障停电时间,即等于不可靠度 Q。

根据这几个基本概念分析供电系统的可靠性时有如下常用公式。

(1)一般公式

如果已知网络系统在时间 T 内发生的故障次数为 F，总的故障停电时间为 TD，则可写出 $\lambda=F/T,\gamma=TD/F,Q=\lambda\gamma$。

这三个值是在某单位时间内观测得到的数值，可能有一定的局限性，观测时间愈长，获得的结果愈精确。

(2)串联合并公式

设分析的网络系统由两个元件串联组成，二元件发生故障和停电修理均按独立事件考虑，元件的不可靠度分别为 Q_1、Q_2，只要其中任一元件发生故障，则此网络系统就不能正常运行。所以，此网络系统的等效可靠度 $R\mathrm{d}x$ 为：

$$R\mathrm{d}x = R_1 \cdot R_2 = (1-Q_1)(1-Q_2) \tag{8-3}$$

网络系统的等效不可靠度 $Q\mathrm{d}x$ 为：

$$Q\mathrm{d}x = 1 - R\mathrm{d}x = 1-(1-Q_1)(1-Q_2) = Q_1 + Q_2 - Q_1Q_2 \tag{8-4}$$

由于电力系统中各元件的不可靠度都很小，因此上式中的 Q_1Q_2 项可以忽略不计，于是得出

$$Q\mathrm{d}x \approx Q_1 + Q_2 = \gamma_1 + \gamma_2 \tag{8-5}$$

同理，网络系统的等效故障率 $\lambda\mathrm{d}x$ 为：

$$\lambda\mathrm{d}x = \lambda_1 + \lambda_2 \tag{8-6}$$

如果网络系统是由 n 个元件串联组成，则

$$\lambda\mathrm{d}x = \lambda_1 + \lambda_2 + \cdots + \lambda_n$$

$$Q\mathrm{d}x = Q_1 + Q_2 + \cdots + Q_n \tag{8-7}$$

通过上述可靠性技术定量的分析，即可以得出一个供电方案可靠度，从而大致衡量出该供电系统的优劣。提高供电系统可靠性，实质上就是用最科学、最经济的方式，充分发挥各变配电设备的潜力，保证隧道用电设备的持续供电，从而确保隧道的运行安全。下面，仅从隧道供配电系统设计方面进行考虑。

8.5.1 构建合理的供电系统结构

合理的供电系统结构是系统安全稳定运行的基础，对隧道而言，不但要求系统精干、高效而且电源要求可靠，设计采用双电源、双回路供电是提高可靠性最有效的措施之一。为此应做到以下几点：变电所和配电点的设置应遵循靠近负荷中心的设计原则，尽可能缩小低压供电半径。变电所应有两路独立电源线路，当任何一回路发生故障时，另一回路应能担负隧道全部重要负荷，一回路运行时，另一回路必须带电备用；对于消防泵等供电线路不少于两回路；双电源双回路应来自各自变

压器和不同母线段，线路上不能“T”接其他负荷，以保证电源独立性；适当增大线路截面，减少线路损耗，提高供电能力。

8.5.2 确定合理的变电所主接线形式

变电所主接线形式是系统可靠供电的重要保障。对隧道变电所主接线的主要要求有下列几项：

(1)对主接线的要求

①发生事故的可能性很小及发生事故后要求停电范围小和恢复供电快。

②适应性和灵活性。能适应一定时期内没有预计到的负荷水平变化，改变运行方式时操作方便，便于变电所扩建。

③简化接线，有利于实现自动化。配网自动化、变电所无人化是必然趋势，主接线形式要为这一技术的实施创造条件。

④经济性。在确保供电可靠、电能质量的前提下，要尽量节省建设投资运行费用。

⑤占地小、标准化。同类型变电所应采用一样的主接线，使接线规范化、标准化，有利于发展和运行检修。

(2)主接线的方式及其优缺点

电力系统主接线的方式可分为以下三种：

①双母线带旁路方式。

②单母线分段方式。

③线路变压器组方式。

根据系统网架和可靠供电要求的不同采取不同的接线方式。

双母带旁路接线方式优点：母线分段运行，方便灵活，元件可有选择的接到不同母线线段上；技术成熟，母线故障时，能较快地恢复供电。其缺点是：占地面积大，改变运行方式时，需操作隔离开关，易引发事故。

单母线分段接线方式优点：占地面积较少，运行方式灵活，设备造价低。其缺点是：需要设备有较高可靠性。

线路变压器组接线方式优点：占地面积少，设备造价低。其缺点是：需要设备可靠性高。

结合我国隧道变电所的运行经验，单母线分段方式较为适合。

8.5.3 适当提高关键电气设备规格档次

近年来，电气设备的更新换代非常快，出现了许多先进、适用的新产品。在设计阶段，应在充分做好技术经济比较的前提下，择优选择关键电气设备。

(1)高低压开关实现真空化、免维护,保护齐全完备,实现微机、智能控制。

(2)采用干式动力变压器,大型电机实现高效、节能。

(3)高压电缆要阻燃、交联化;低压电缆要阻燃、屏蔽化。

(4)变电所宜装备远程监测监控系统,达到"遥测、遥信、遥控、遥视"功能,无需人员值守,实现调度、监控自动化。

8.5.4 合理配置保护元器件

熔断器、分段开关、继电保护等元器件在供配电线路或电气设备上用得较多,当电气线路或设备发生事故时,用保护装置迅速切断电源,故障将被控制在最小的范围内,使事故不致扩延。在分支线路上装设熔断器,当某部位发生故障时,仅使部分设备和线路停电。提高供电可靠性的方法之一是保证分支线路上都装设熔断器。熔断器具体型号的选择可根据熔断器的实际使用情况、线路上设备的负荷情况等加以考虑。另外是要合理配置继电保护装置。资金条件允许时,使用微机综合继电保护装置,确保保护元器件的灵敏度和可靠性。

在供配电系统中,常用电流互感器及电压互感器(PT)作为线路保护器件,设计时如果选取值不当,反会失去保护作用。若选取值过大,则在线路发生故障时,继电保护不能及时跳闸;若选取值过小,则容易出现过早跳闸现象,设备不能正常启动。因此设计时应对变比值、负荷具体大小合理选择。同时,依据负荷实际情况,选择合理的供电运行方式。对于双回路电源供电,设计时在线路和设备上必须考虑避免误操作的措施。

8.5.5 拟定合理的系统运行方式

建立合理的网络结构后,正确统一安排系统运行方式非常重要,其原则是:一要可靠,二要经济。可靠是前提,经济是目的。

对放射式双回路要求采用分列运行方式,对环网供电则要求采用开环运行方式,防止系统事故时影响两路电源,造成事故范围扩大化;要强化对运行方式的调度管理,变电所母线联络开关的分合闸状态,要始终处于调度监控之中;对于环形网络应考虑系统最大负荷要求,是否利于继电保护设置和满足整定要求,是否便于调度管理。

以上所述,仅仅是设计的一些实践经验总结和体会。提高供电系统可靠性是一项长期、持久的工作,是一个庞大而复杂的系统工程,影响可靠性的内外因素很多,要把它做好,需要人、物、环境、系统、管理等诸因素、各环节的相互支持,整体协调配合。

8.6 中压供电技术

8.6.1 概述

中压供电技术是最近几年由国外引进的一项新技术。所谓“中压供电”，在国外被定义为3.2～6.6kV电压供电。按照我国现行的供电规范，并与我国的电压等级比照，我国的中压供电电压应该为10kV。中压供电技术其实质是指10kV电缆深入负荷中心，采用小容量、多布点方式减小单台变压器的供电半径，从而达到减少变压器供电范围内的线路损耗、保证供电质量的一项供电技术。与传统低压供电比较，由于中压输电系统的供电电压上升到10kV，在输送相等容量负荷及距离的情况下，输电线损仅为0.4kV输电电路损耗的0.16%，因此10kV供电半径可以大大延伸而能很好地保证供电的质量水平。

8.6.2 中压供电关键技术

(1)中压电压等级

根据我国的相关规范，在我国对应的中压供电电压等级主要为10kV，而且我国许多公司已经开发研制了具有自主知识产权的10kV电压等级的中压产品，价格比进口设备低廉，为中压供电技术在我国的推广使用开拓了广阔的前景。

(2)埋地式变压器

埋地式变压器(简称埋地变)是中压供电系统中的关键产品，其典型电器原理图如图8-2所示。高压回路有一进一出两个播接口，经高压熔断器接至变压器的一侧，低压由低压电缆引出。

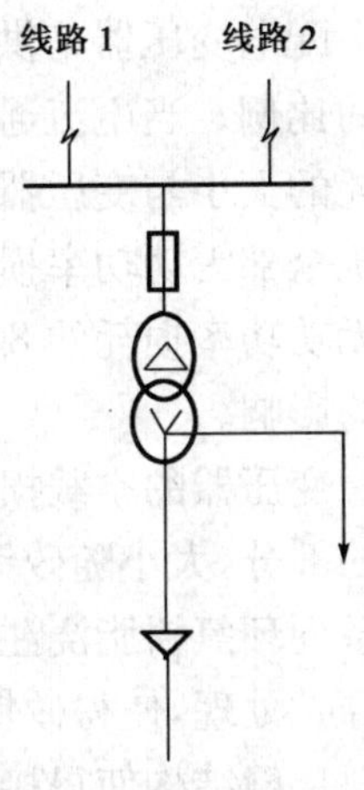

图8-2 埋地变电气原理图

埋地变为全密封、免维护、防水、耐腐蚀结构。外壳及外部金属结构一般均采用优质不锈钢，在地下较恶劣的环境中能耐酸、耐碱、耐脏而不腐蚀。连接密封件一般采用优质材料(如氟橡胶)作为密封件，耐高温、耐腐蚀，使用寿命一般在加20～25年以上。埋地变的安装对预留预埋要求不高，安装非常方便。而且其更换也很方便，高压插头可直接插拔。非常适合诸如隧道、大桥等应用场所。

(3)网络拓扑结构

中压供电技术主要是解决长距离、负荷小而且分散情况下的电能输送问题，因此其配电网络的拓扑一般为树状，不同于低压供电系统中的放射性结构，如图8-3所示。

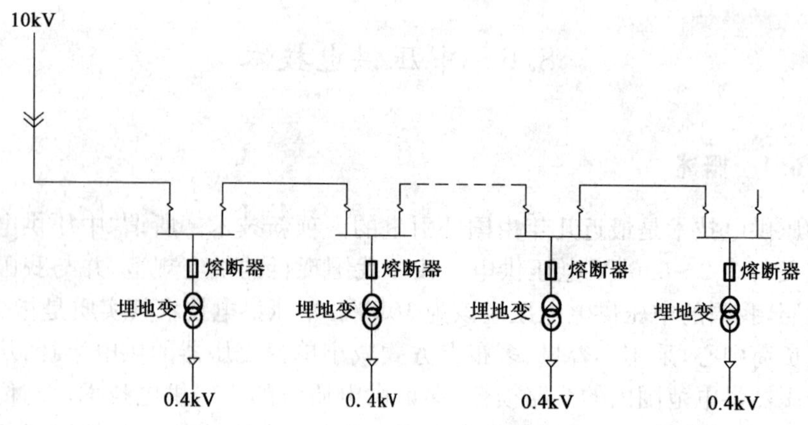

图 8-3 中压供电拓扑示意图

(4)中压开关站

虽然中压供电技术能够极大地提高远距离输送电能的能力,但每一条 10kV 回路的供电能力同样受到供电负荷容量以及供电距离的影响。因此,常常每隔几十公里设置一座中压开关站,在中压开关站通常设置有 10kV 真空高压断路器。其作用在于:①引出中压回路;②形成供电网络断点,方便电气维护。

8.7 设备选择

8.7.1 配电变压器的选择

配电变压器是供配电系统中的关键设备,它的运行损耗在整个系统中占有很大的比例。当电流通过变压器时,会产生有功功率和无功功率的损耗,这两种功率损耗的大小与变压器的选型、容量及负荷率有关。一般,变压器无功功率损耗约占系统全部无功功率损耗的 20%~25%,其中变压器空载无功功率损耗又约占变压器无功功率损耗的 80%。因此,合理地选择配电变压器对整个供配电系统有着很大的影响。

变压器的空载损耗又称铁损,它由铁芯的涡流损耗及漏磁损耗组成,是固定不变的部分,大小随矽钢片的性能及铁芯制造工艺而定。所以,变压器应选用 SCB9 等系列环氧树脂浇注节能型的干式变压器,它们都采用优质冷轧取向矽钢片,由于"取向"处理,使得矽钢片的磁畴方向接近一致,减少了铁芯的涡流损耗。另外 45°全斜接缝结构使得接缝密合性好,减少了漏磁损耗。变压器的有载损耗,即变压器的线损,它的大小取决于变压器绕组的电阻及流过绕组电流的大小,并与负载率的

平方成正比。因此，应选用阻值较小的绕组。另外应综合考虑初装费、变压器、低压柜、土建的投资及各项运行费用，使变压器在使用期内预留适当的容量，变压器的负载率应定在75%～85%为宜。

由于隧道在正常营运期间仅照明和监控设备在工作，通风机并不工作，这往往造成变压器“大马拉小车”的现象，浪费电能。为在运营中节省电能，同时提高隧道供电的可靠性，可以在配置有射流风机的长隧道变电所里设置两台干式变压器：一台用于照明，一台用于动力。平时，照明变压器提供照明和监控设备用电，动力变压器不工作，在需要通风机工作时再由动力变压器提供射流风机用电。当照明变压器出现故障时，动力变压器自动切换提供部分照明和监控设备用电，以提高隧道供电的可靠性，并节约运行成本(图8-4)。在对变压器结线组别的选择中，应考虑到对高次谐波的抑制、有利于单相接地故障的切除、单相负荷的接入限制等因素，推荐采用D,ynl1结线组别的变压器。

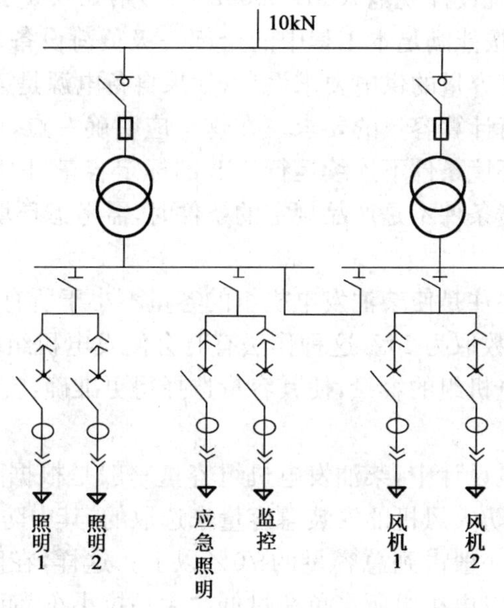

图8-4　隧道双变压器供电示意图

8.7.2　双电源的切换方式

由于目前还没有出台有关高速公路供配电方面的规范，高速公路供配电设计人员一般参照或套用民用建筑电气设计规范。按照规范的有关条文规定，一类负荷应采用两路独立的电源供电，但一般高速公路沿线较难在各点都取得两路独立的电源，因此目前变电站的典型配置为采用一路外接10kV的电源作主电源，并在低压侧配备自启动柴油发电机组以满足一、二级负荷的供电要求。柴油发电机组应能够在停电后的10～15s内自动启动发电并经双电源开关自动切换。有些设计人员套用规范，将所有的用电设备都采用两路电源供电，并在末端配电箱中自动切换，这样的设计从满足规范的角度来说是没有问题的，但由于隧道较长，特别是有些长大隧道长达几公里，如果要在末端切换，就必须拉两根干线电缆贯穿隧道，这样投资未免太大。实际上规范也仅仅是规定了对一类建筑的消防用电设备的两个电源或两回线路，应在最末一级配电箱处自动切换。因此我们建议还是在变电所的低压配电柜中增加ATS柜，一路电源到隧道内即可，停电后直接在变电所内自动进行切换，这样可以节省大量的电缆。事实上，目前国内大多数隧道都采用这种双电源切换的方式。

8.7.3 柴油发电机组容量的确定

根据《供配电系统设计规范》(GB 50052—95)第3.0.6条规定，如果柴油发电机组是第三电源，可按能满足本工程中的全部一级负荷设备及一级负荷中特别重要负荷设备的总计算容量的供电要求设计；如果自备电源是第二电源，宜满足全部一级负荷和二级负荷计算容量的要求。在这里应明确一点，应急柴油发电机组的额定容量应是额定环境条件下连续运行12h的标定容量(即所谓的常用功率而不是备用功率)，当环境条件不是产品规定的条件时，需考虑环境的影响，并按所需容量留有裕量。

留裕量的方法往往是使柴油发电机组的容量不小于所有有关用电设备的安装容量之和(即需要系数取为1)。这种作法有时会使发电机组的容量偏大。如果需要尽量减小柴油发电机组的容量，使其容量选择得更准确，宜按其负荷的计算容量确定。

目前隧道供配电设计中，柴油发电机组容量一般是根据隧道基本(含应急)照明、消防、监控负荷、防灾风机的安装总容量来选取的，其中防灾风机是柴油发电机组供电的主要负荷，一般占到总容量的70%以上。这样，在防灾风机未开启的情况下，往往造成柴油发电机组所带负荷过低，“大马拉小车”而引起机组漏油。这是因为无论负载轻重如何，柴油机必须以1500转/min左右的转速高速运行，保证发出50Hz的电能。负载过低，机组运行时间较长，未完全燃烧的柴油将积聚在燃烧室内，造成严重积碳，喷油嘴容易堵死；其次，除部分未燃烧完的燃油经排气门从排气管喷出排气管道外，剩余的积聚在燃烧室内的燃油将会冲刷汽缸壁的润滑油膜，甚至渗入油底壳的润滑油中，稀释润滑油，使润滑黏度变稀、变质，造成润滑不良，运动部件磨损加剧，变稀的润滑油会串上燃烧室，经排气管排出机体外。此外，机组还容易出现拉缸、抱轴、烧瓦等严重事故。

因此,从节约投资和保护设备的角度出发,建议柴油发电机组额定容量按其负荷的计算容量来选取,并保证在运行过程中发电机组所带的负荷不应低于机组额定输出功率的30%。

8.7.4 EPS应急电源

EPS是以解决应急照明、事故照明、消防设施等一级负荷供电设备为主要目标,提供一种符合消防规范,具有独立回路应急供电系统。EPS平时处于离线状态。

(1)EPS节能特点

在市电正常时,EPS能量转换效率为99%。而双逆变的UPS为Ac—Dc—Ac,效率为90%,因此节电效果显著。

通过对EPS、UPS的对比试验分析,可以初步得出EPS比UPS节能11.9%,也就是说EPS一天能比UPS节约59.7kWh电。由于EPS和UPS应急电源设备一个为后备式,一个为在线式。EPS机内的逆变器一般处于备用状态,而UPS的逆变器要连续不断地工作,使用寿命相对较短,尤其是电池的更换较为频繁。所以在实际使用过程中,作为后备式的EPS在主机的使用寿命和电池寿命上要高于在线式的UPS。

(2)EPS切换速度

经实验隧道照明EPS切换试验,多人次目测表明,在EPS应急电源设备切换时实体实验隧道照明系统工作正常,所有灯具没有熄灭现象,只有在切换瞬间照明灯具有人不易察觉的轻微闪动。通过数字储存示波器抓取并储存EPS应急电源设备高速静态开关切换瞬间的电压波形显示,在EPS应急电源设备高速静态开关切换瞬间电压的正弦波波形完整,没有出现断点。电压波形展开后,在5ms范围内,波形比较完整,没有出现明显断电。因此可以说明高速静态开关切换小于2ms。

第9章 运营节能

隧道运营节能主要涉及通风控制、照明控制、通风与照明的协调控制及路段与隧道一体化的综合控制。本章主要介绍隧道通风与照明控制的原理与方法。

9.1 通风节能控制

通风控制涉及通风方式、通风机的工况与工作范围、通风机的运行时间及启停时间间隔、交通组成与变化、交通状态与变化、交通工况以及自然风的风速与风向等方面的因素。通风控制是根据隧道交通流、交通工况的实际情况，通过提高通风机的效率与合理使用，达到安全与节能的目的。

9.1.1 通风控制的原理与类型

(1)交通运营工况

隧道内的交通运营工况有正常工况、异常工况与维护工况3种类型。

正常工况是指隧道土建与机电设施稳定运营，交通服务水平能满足运营要求的交通状态。

异常工况是指隧道土建结构与机电设施稳定运营，但交通流不稳定的工作状态，其包括交通阻塞、火灾与毒气泄露。

维护工况是指隧道土建或机电设施有故障，在进行检修但允许交通通行的工作状态。

(2)通风控制原理

在通风方式确定后，影响通风的主要因素有隧道内的车辆数、车辆类型、车流速度、交通工况以及自然风的风速与风向。这些因素决定了隧道内需稀释的污染物的大小，而车流速度除了影响废气排放量外，也决定了车辆在隧道内的滞留时间。从而，通风控制问题转换为隧道内车辆数与车辆类型的检测和预测、提高通风机效率以及如何合理开启风机的问题。实际上，在得到隧道内车辆数与车辆类型的当前值和其后一段时间的发展变化规律后，则可预测计算污染物的排放量，得到雾排放量随时间的变化曲线(表)，根据通风计算模型，得到风机开启台数随时间的

变化曲线(表),根据各台风机运行时间和启停时刻记录,选择启动或停止的风机,使满足环境条件与交通工况的要求并达到风机的运转平衡。

(3)通风控制的类型

通风控制可按运营工况、控制设备与控制方式进行分类。

按控制的工况,可分为正常工况控制、异常工况控制与维修工况控制;按控制的参数,可分为CO控制、能见度控制、NO_2控制、风速控制与换气控制;按采用的设备,可分为变频控制与动力可调控制;按控制的过程,可分为直接控制法、间接控制法及混合型控制法。

9.1.2 通风机的工况和合理工作范围

通风机总是和管网连接在一起工作,管网是通风管道及其附件如过滤器、换热器、调节阀门等的总称。当气体通过通风机而获得外功,其流量与压力之间的关系是按通风机的性能曲线变化的;而当气体通过管网时,其流量与压力之间的关系是按通风机的性能曲线变化的;而当气体通过管网时,其流量与压力之间的关系又要遵循管网的特性曲线。那么,通风机的性能与管网的性能之间必须有如下关系:

(1)通过通风机与不漏气管网的气体流量要完全相等。

(2)通风机产生的全压 p_{tF} 的一部分,即静压 p_{sF},用于克服管网中的阻力 $\sum\Delta p$,全压的其余部分消耗在气流从管网出口时所具有的动压 p_{dF}上,即:

$$p_{tF}=p_{sF}+p_{dF}=\sum\Delta p+\frac{\rho}{2}c_d^2 \tag{9-1}$$

式中:c_d——通风管网出口流速。

图9-1为通风机压力与管网阻力之间的关系。要满足上述要求,整个装置,包括通风机与管网,只能在通风机压力曲线 q_v-p_{tF} 与管网特性曲线的相交点 A 上运行。在 A 点,两者的流量 q_{vA} 相等,静压力与阻力也相等,A 点称为工况点。根据1、2的要求,工况点是由通风机压力曲线与管网特性曲线的交点来决定的。

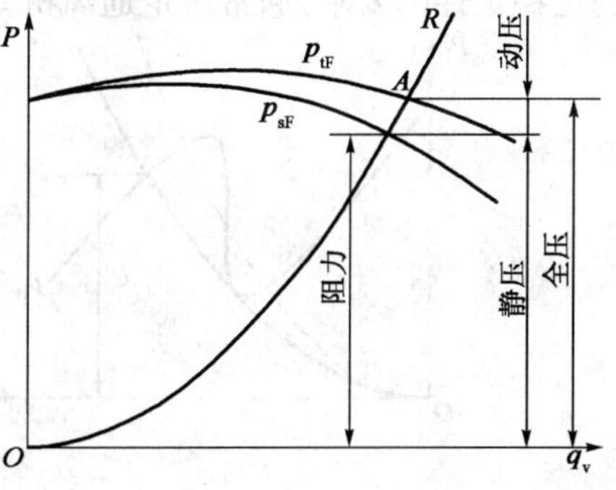

图9-1 通风机压力与管网阻力的关系

随着管网阻力的改变,管网特性曲线要改变,因而工况点也随之变化。当管网阻力增大如图9-2a)所示的曲线 R' 时,通风机的流量将减小,若通风机压力曲线不改变,工况点就沿着压力曲线移动至 A' 点;当管网阻力减小如图9-2a)所示的曲线 R'' 时,通风机的流量将增大,工况点沿着压力曲线移动至 A'' 点。因为通风机的工况是随着管网阻力的改变而改变的，所以在进行通风机性能试验时，总是用改变管网阻力的办法获得许多不同的工况点，然后把这些工况点连成曲线，即为所谓的通风机性能曲线。

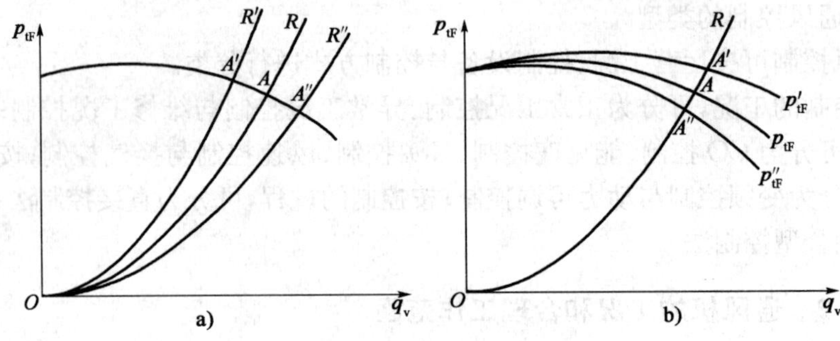

图 9-2　工况点的变化

同样，若管网特性曲线不变，而通风机性能曲线改变，如图 9-2b）所示，工况点也会沿管网特性曲线移动。在通风机实际运行中，常采用不同的方法人为地改变工况点以满足通风机流量或压力的使用要求，这个过程就是通风机的调节。

要保持通风机正常与合理运转，必须在通风机整个工作期间使其工况不越出合理的范围。这个合理工作范围是由通风机的稳定性和经济性的要求决定的。

要满足稳定性，工况必须是通风机压力性能曲线与管网特性曲线相交的唯一点，且工况必须位于压力性能曲线随着流量增加而下降的部分，通风机的压力性能曲线如图 9-3a）所示时，工况必须保持在 K 点的右边部分才能稳定地工作。当工况点移到 K 点或通过 K 点往左移动时，通风机的压力性能曲线与管网特性曲线将出现两个以上的交点，就使通风机工作的稳定性受到破坏，发生"喘振"现象。当通风机的压力性能曲线如图 9-3b）所示时，工况也要位于压力曲线随流量增加而下降的部分，即必须在 K 点的右边部分。当工况移到 K 点或 K 点的左边部分时，从图上看虽然交点只有一个，但工况点将交替在第一象限和第二象限内变动，也要发生"喘振"。为了满足稳定性的要求，通常规定通风机要在压力稍小于 p_k 的情况下工作。

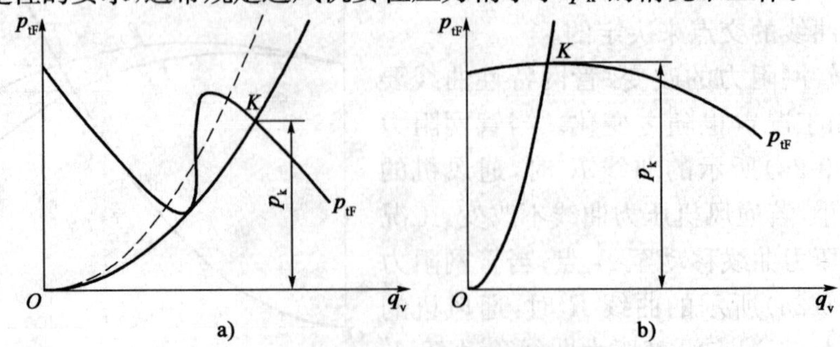

图 9-3　通风机的稳定工作范围

理论和实际都证明，通风机在某一工况工作时，效率最高，我们称此工况为额定工况。这时的流量 q_{vn} 叫做额定流量，这时的全压 p_{tFn} 叫做额定全压，图 9-4 中的点 N 即为额定工况点。由图可知，不论流量大于或小于额定流量 q_{vn}，效率都将降低。要满足经济性，就必须保证通风机在足够高的效率下工作。如以 η_{tFmax} 表示通风机的最高全压效率，一般规定工况的全压效率应不小于 $0.9\eta_{tFmax}$，根据此效率值决定的流量范围 $q'v \sim q''v$ 即为所规定的经济工作范围。

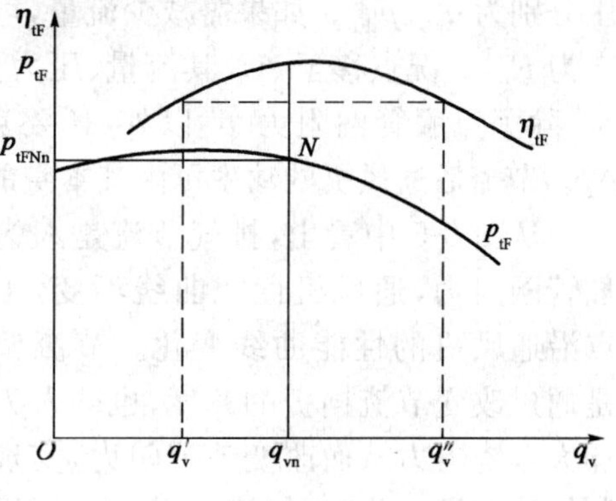

图 9-4 通风机的经济工作范围

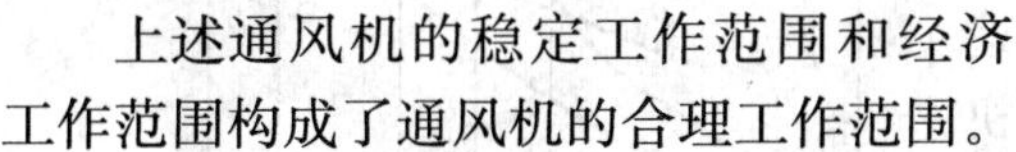

上述通风机的稳定工作范围和经济工作范围构成了通风机的合理工作范围。

9.1.3 风机效率

提高风机运行效率是通风全过程节能的重要部分，其包括安装、维护与控制调节三个方面。风机安装应注意叶轮不能偏斜，轴向和径向间隙不能太大，径向间隙不能超过叶片长度的 1%，轴向间隙一般不应超过叶轮直径的 0.5%。风机叶片安装角不符合要求会造成冲击和涡流损失增大，降低风机的效率；另一方面，风机维护对风机效率影响很大，在风机每运行一段时间后就应该及时检修维护，严格执行风机的运行检修制度。有关资料表明，叶片安装角误差减少 2°左右，效率可提高 3%左右，风机在每次大修之后效率比大修之前提高 4%左右。

风机的调节控制在通风节能中尤为重要。一台风机的寿命一般在 20 年以上，而大多数通风系统由于设计思想保守，设备裕量选择过大，或者是随着时间的推移，工况慢慢地改变等诸多因素的影响，使风机一般都工作在偏离设计工况的低效率点，为了满足风量、风压和提高效率的要求，就必须对风机进行调节。

通风机与管网联合工作时，工况点是通风机性能曲线与管网特性曲线的交点，改变管网特性曲线和通风机性能曲线都可以满足不同实际工况的需要。那么，无论是改变通风机的压力曲线或是管网特性曲线都可以实现通风机的调节。

通风机的调节一般可分为两类：一是改变管网阻力曲线，二是改变通风机的性能曲线。

1)改变管网特性曲线

在通风机的吸气管或排气管上设置节流阀或风门来控制流量的方法就是改变

管网特性曲线的调节方法。通风机在管网 R_1 中工作时工况点为 A_1，其流量和全压分别为 q_{v1}、p_{tF1}。如果需减少流量，可将排气节流阀或风门关小，管网特性曲线变为 R_2，工况点移至 A_2，其流量、压力分别为 q_{v2}、p_{tF2}。显然，这时通风机的压力 p_{tF2} 除了克服管网阻力 p'_2 以外，还要克服阀门中压力损失 Δp_2，即 $p_2 = p'_{tF2} + \Delta p_2$，节流后通风机的功率可由其本身的功率曲线查得（见图 9-5）。

从图 9-5 中看出，排气节流是人为增加管网阻力，通风机性能曲线不变，工况点沿通风机的性能曲线变化。节流调节是通过改变节流挡板的开度，也即人为地加大系统阻力从而改变节流阻力，实现控制气体流量。此时，气流的阻力由烟风道和节流阻力两部分组成。这种调节会造成很大的节流压头损失，并且容易使风机的工作点偏离高效率区，因此很不经济。但由于此种方法调节简单，因此在小型风机上还有应用。

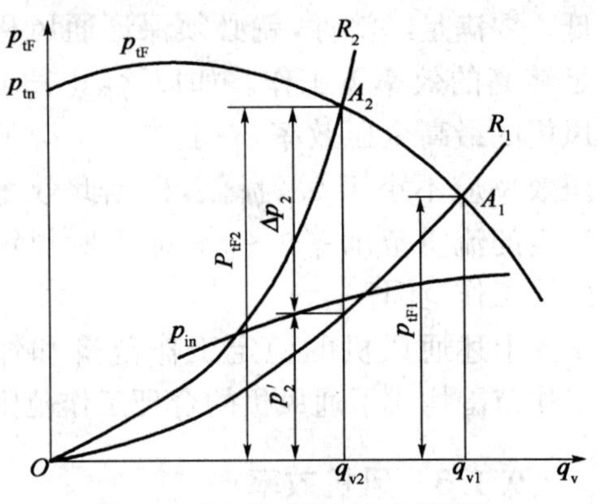

图 9-5　改变管网特性曲线的调节

2)改变通风机的性能曲线

当管网特性曲线不改变时，可以改变通风机的性能曲线，工况点沿着管网特性曲线移动，以达到调节流量的目的。从原理上讲，有以下 3 种方法可以改变通风机的性能曲线：改变通风机转速；改变通风机进口导流叶片角度；改变通风机叶轮叶片角度。

(1)改变通风机转速

图 9-6 所示为通风机转速改变时其性能的变化。转速为 n_1 时，压力曲线与管网特性曲线交点为 q_{v1}。若需要减少流量时，可将通风机的转速降到 n_2，这时工况点沿管网特性曲线移至 A_2 点，相应的流量为 q_{v2}。相反，若需要增加流量，可将通风机的转速升至 n_3，相应的流量增至 q_{v3}。这时功率分别为 p_{in1}、p_{in2}、p_{in3}。工况点 A_1、A_2、A_3 的功率则沿 P' 曲线变化。由流体力学可知，风量 Q 与转速 n 的一次方成正比，风压 p_{tF} 与转速 n 的平方成正比，轴功率 p_{in} 与转速 n 的三次方成正比。即通风机转速改变时，性能的变化遵循以下比例定律：

$$q_{v1} < q_{v2}\frac{n_1}{n_2} \tag{9-2}$$

$$p_{tF1} < p_{tF2}\left(\frac{n_1}{n_2}\right)^2 \tag{9-3}$$

$$p_{in1} < p_{in2}\left(\frac{n_1}{n_2}\right)^3 \tag{9-4}$$

当所需风量减少，风机转速降低时，其功率按转速的三次方下降。如果所需风量为额定风量的 80%，则转速也下降为额定转速的 80%，而轴功率下降为额定功率的 51.2%；当所需风量为额定风量的 50%时，轴功率可以下降为额定功率的 12.5%。当然，转速降低时，效率也会有所降低，同时还应考虑控制装置的附加损耗等影响。即使如此，这种方法的节电效果也非常可观。

从图 9-6 可以看出，当转速改变时，其效率曲线也有变化，但是相应于工况点 A_1、A_2、A_3 的效率值变化不大，故在转速变化范围为±20%时可以不考虑效率的变化。

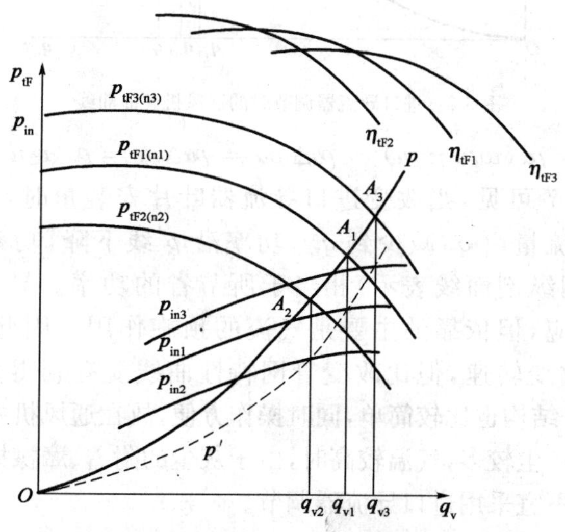

图 9-6 改变通风机转速的调节

改变通风机转速的调节方法，由于通风机所消耗功率按实际所需而定，因此该调节经济，特别是在风量调节范围小于 50%时，其风机仍处于高效率区域，采用变速调节风机节能效果明显。

(2)改变通风机进口导流叶片角度

在叶轮进口前设置导流器，通过改变导流器叶片安装角，使之进入叶轮的气流方向发生变化，从而使通风机性能曲线改变，达到调节风量的目的的方法，叫进口导流器调节。导流器的调节范围从 90°(全闭)到 0°(全开)，可通过联动机构同步改变叶片的开闭角度。

图 9-7 为改变进口导流器叶片安装角时通风机性能曲线的变化。通风机性能的变化是由于进入叶轮气流方向的改变，即 C_1u 的变化，由轴流通风机的欧拉方程可知，C_1u 变小，理论全压 $p_{tF.th}$ 就增加；C_1u 变大，理论全压 $p_{tF.th}$ 就

下降。

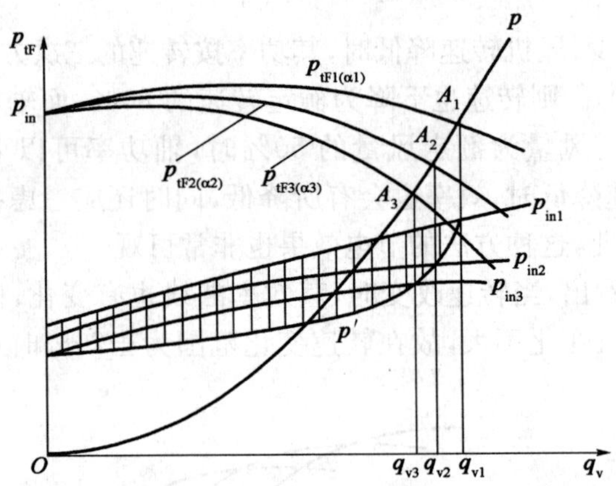

图 9-7 进口导流器调节时的通风机性能曲线

$$p_{tF.\,ths} = \rho u(w_1 u - w_2 u) = \rho u \Delta wu = \rho u \Delta cu = \rho u(c_2 u - c_1 u) \qquad (9\text{-}5)$$

另外，从图 9-7 可见，当改变进口导流器叶片安装角时，其功率曲线分别为 p_{in1}、p_{in2}、p_{in3}，流量由 q_{v1} 减少到 q_{v3}，功率沿 p'线下降，功率曲线与 p'曲线所夹部分（图中用纵剖面线表示）相当于所节省的功率。导流器调节时尽管也会产生节流效应，但依靠的主要是气流的预旋作用。因此，从节省功率来看，它虽然不如改变转速，但比改变管网特性曲线要有利得多。

这种调节方法结构也比较简单，同时操作方便，故在通风机中被广泛应用。应注意的是，气体中灰尘较多，气温较高时，由于灰尘的附着、摩擦损耗、热膨胀等，容易引起事故，这时不宜采用进口导流器调节。

(3)改变通风机叶轮叶片角度

轴流通风机是一种低压大流量通风机，一般轴流通风机的性能曲线还存在一个非稳定工况区，风机在运行过程中，必须避开非稳定工况区。为此在通风机调节时，要充分考虑其经济性和安全性。

①动叶角度变化对通风机的性能曲线的影响

轴流风机叶片一般为机翼型的，在零冲角时，其阻力主要是表面摩擦阻力，而饶翼型的气流保持其流线形状。随着冲角的不断增大，叶片尾迹损失也增加。

轴流通风机转速不变时，在一定流量下气流的相对速度和叶片进口角相吻合，即为正常工况。当流量减少，轴向进口流速降低，而圆周速度不变，这时，使气流与叶片之间形成较大的冲角。如果流量再减少，冲角达到甚至超过临界冲角，此时，叶片背面出现脱离现象，轴流通风机的压力迅速下降，甚至出现部分流道阻塞的情况。

轴流通风机动叶调节，就是利用改变叶片安装角度来适应流量的变化，使其能在小流量工况区内稳定运行。

当动叶角度改变时，效率变化不大，而功率却随叶片角度的减少而降低。流量的调节范围很大，在设计工况点两侧都有较大的调节余地。因此，动叶可调节是轴流通风机理想的调节方法。

②机械传动的动叶可调节机构

轴流通风机的机械传动，由电动执行器推动各种联杠、铰链移动来完成。从而达到改变叶片安装角度的目的，一般情况下叶片角度在40°范围内变动。

这种调节机构由于存在调节空行程大、需要较大的调节力矩和转换器易磨损等问题，应用中尚有不成熟之处。

③液压传动的动叶调节机构

该调节机构由调节缸、活塞、液压伺服机构等主要部件组成，通过滑阀左右移动，将机械输入信号转换成液压信号，并驱动调节缸移动，最后达到调节动叶角度的目的。

液压传动叶调节机构的调节品质良好，动叶角度与流量呈线性关系。

3)调速控制与动叶可调

通过风机运行过程的节能分析，从节能角度考虑，改变通风机的性能曲线比改变管网阻力曲线调节更经济。改变通风机性能曲线的调节方法中，改变通风机转速和改变通风机叶轮叶片角度是较好的两种方式。

(1)调速控制

目前，无论哪种机械调速，都是通过电机来实现的，从大范围来分，电机有直流电机和交流电机。由于直流机调速容易实现，过去调速多数用直流电机，但直流机滑环和碳刷要经常拆换，给人们带来极大的麻烦。对交流电机的调速，后来出现了定子调速、变极调速、滑差调速、转子串电阻调速、串极调速、液力耦合调速、变频调速等交流调速方式，其中液力耦合调速、变频调速应用最为广泛。

①液力耦合器

液力耦合器是通过油在泵轮和油轮中的循环流动，泵轮将输入的机械能转换为油的动能和增高压力的优势，而涡轮则将油的动能和势能转换为输出的机械能，从而实现了功率的传递。对于液力耦合器，如果涡轮轴不强制输入外转矩，则涡轮转向将始终与泵轮相一致。

②变频器

变频器是利用电力半导体器件的通断作用将工频电源变换为另一频率的电能控制装置。变频调速技术是一种以改变电机频率和改变电压来达到电机调速目的的技术，是比较理想的负荷调节方式。

变频器是基于电力电子、微电子、信息技术发展的产物：基于大电流、高电压的 SCR 、GTR 、IGBT 、GTO 、MCT 等电力电子器件完成变频器内直流变交流、交流变直流的逆变功能；控制部分和负载状态的检测都实现了由 CPU(32 位计算机)来完成；内置 4～20mA 接口和 RS485 接口可以和仪表、DCS 相接，通过总线 Profibus 、Interbus、工业以太网等实现控制网络通讯。

变频调速方式由于采用了变频器，电机的输入功率通过变频器后有所降低，因此，采用变频调速时，电机实际的输入功率应考虑一些补偿。大型变频器的投资相当高，有时会损耗相当于一整套风机的投资。因为变频器是由诸多电子元件、电子管等组成，故采用变频调速时，应倍加注意变频器的使用寿命。而且，在理论上，风机产生的风压与风机叶轮转速成平方关系，这表明，变频变转速调节方式，不能实现等风压的通风系统要求。

在理论上，耗电量与风量成立方关系(三次方定律关系)，但由于变转速调节过程中存在机械损失及电控制损失，因此，实际变转速调节后风机的实际效率小于理论效率，如图 9-8 所示。

采用变频器使风机降速运行时，风机降速运行减少了轴承磨损，降低了电机温升，这是其优点，但电机会产生非正弦波电流，从而增加了电机绕组附加的电磁力，因此，电机温升的降低不会对电机的可靠性运行有太明显的改善。风机半全速运行时，叶轮所产生的噪声功率比全速运行时低 17dB，但附加电磁力噪声会明显增加，特别是在最低转速的情况下。

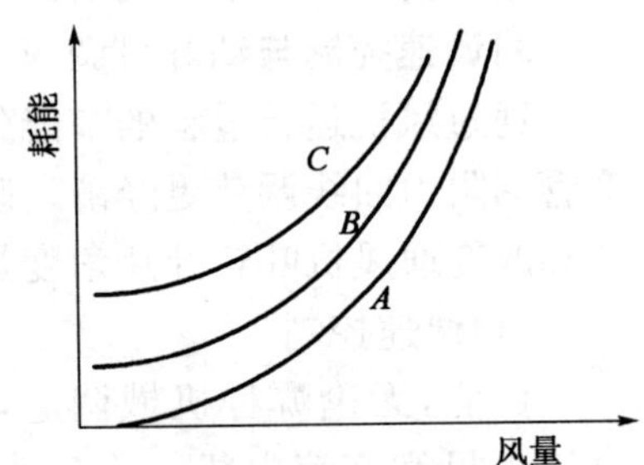

图 9-8　调节方式比较关系图

A-理想工况调节；B-动叶可调调节；C-变频转速调节；

③两种调速装置比较

a. 性能比较

变频器作为一种高效起动及调速方式，它通过改变电机定子的频率来与电压实现起动与调速，调整范围大，调速比可达 20∶1，起动及制动性能好，自动平滑加减速及快速制动保护性能完善，且能实现故障判断显示，易于在计算机控制系统中使用。此外，还具备精度高、效率高、节能效果好、特性硬等优点。

液力耦合器作为低效无级起动及调速方式，它联结在恒速电机与被驱动机组间，通过调节液力耦合器内的油压，来改变液力耦合器的转差以实现起动与调速，具有调速范围大、调速平稳，无谐波污染，装置结构及控制线路简单，运行可靠、维护方便，可做成大容量等许多优点。另外，除轴承外，耦合器无磨损件，但在运行中，存在附加滑差损耗大（最高达14.8%）的缺点。两种调速装置性能比较见表9-1。

两种调速装置性能比较表 表9-1

调速装置		变频器	液力耦合器
调速原理		改变频率	改变耦合器转差
可靠性		取决于元器件质量	高
调速精度		高	低
响应速度		快	慢
维护		技术要求高	技术要求较高，易漏油
对电网干扰		有	无
价格		较高	较低
功率因数		高(0.9 ～ 0.95)	较高(0.8 ～ 0.85)
节能效果	中低速	20%～40%	20%～30%
	低速	较好	较差
投资回收期		较长	较短

由表9-1可知，变频器的优势是显而易见的。然而，配备变频器有投资较大、回收期较长、技术复杂、维护检修水平要求高等不利因素。

b. 节能比较

根据流体力学理论，风机在理想状态下，轴功率与转速的三次方成正比，当风机运转速度降低后，其轴功率随转速的三次方下降，驱动电动机所需的功率也相应减小，从而取得明显的节电效果。风机转速与流量、压力、轴功率及节电率的关系见表9-2。

风机转速与流量、压力、轴功率及节电率的关系表 表9-2

转速(%)	流量(%)	压力(%)	轴功率(%)	节电率(%)	备 注
100	100	100	100	0	由于转速下降会引起风机系统效率下降，加上调速装置效率影响，实际节电率小于表中所列数值
90	90	81	72.9	17.1	
80	80	64	51.2	48.8	
70	70	49	34.4	65.7	
60	60	36	21.6	78.4	
50	50	25	12.5	87.5	

由于液力耦合器是通过液压技术进行调速，根据能量守恒定理，液压油传递的机械能在液力耦合器输出转速低时转换成了热能，而且电动机的转速是恒定的，所以，节能效果相对来说要差许多，即选用变频器是最佳方案，节电率的大小，随调速方式的不同而不同，一般可达 20% ～ 30%。

从以上分析比较可知，变频器调整装置具有许多优点，随着变频器价格的下调，风机变转速调节中，传统的液力耦合调整将被变频器取代。

(2)动叶可调节

动叶可调轴流风机配置有电动、气动或液压调速装置，使风机在运行过程中可以根据通风需要随时调整叶片角度。通过减小叶片角度，风机的风量可以降低，并使电机的输入功率应尽量与风机的流量成三次方关系。由于风机是按最大负荷工作点且效率最高时选型的，因此，随着流量减少，风机效率也会降低。

随着风机叶片角度减小，流量会降低，声功率也会减少，同时电机功率减少，并降低了电机温升，对电机的可靠性运行有明显的改善，有助于电机寿命延长。但当叶片角度减小到一定程度时，风机效率会降低，噪声功率会增加。

动叶可调轴流风机通常是在小角度状态下启动的，动叶可调轴流风机可以实现下列的通风系统要求：

——等压变风量通风系统；

——等风量变风压通风系统；

——风压与流量成平方关系变化的通风系统。

——通风系统中部分为等压变风量要求，部分为风压与流量成平方关系变化要求。

对于动叶可调轴流风机，叶片角度的调整是在风机运转过程中同步进行自动调节，因此，可以实现通风系统风压与风量不同变化要求。

在叶片角度自动调节过程中，不存在风闸或节流过程而导致局部流动阻力，从而保证风机出现新的性能工况来满足通风系统要求，这种调节方式非常接近理论的三次方定律，从而可以极好地实现节能的目的。

(3)风机变频调节与轴流风机动叶可调的比较

变频器调速能够根据现场检测来的信号(如 CO、VI 等参数)及时反馈给中央控制系统，将原被整流过的直流电通过逆变器改变电源频率输出，实现变频调速而节能。变频器调速主要具有如下特点：

①应用变频器后，电机的电压、电流明显下降，电机输入功率明显减少。

②风机转速调速范围不宜太大，通常应不低于额定转速的 50%，最好在 70%～100%之间。

③当转速低于额定转速的 50%时，风机本身的效率明显下降，不经济。同时，

应避免开机时机组的机械临界点，否则会损坏机组。

④运行工况点明显改善，风门可以全部打开，完全由转速调节流量，对生产操作极为方便，而且有利于风机的维护保养，延长使用寿命。

⑤变频器直接控制电机，通过调速来驱动风机工作，从而提高了风机的传动效率。

⑥由于变频器加减速时间可以任意设定，避免了风机全负荷启动时的大电流冲击，有利于延长设备使用寿命。

⑦操作方便，控制精度高，响应速度快，使整个系统工作平稳。

⑧节电率在20%～70%之间，具有巨大的节能效益。

动叶可调也能够根据现场检测来的信号(如CO、VI等参数)及时反馈给中央控制系统，通过控制信号调节风机叶片角度而改变风机性能，从而实现节能。动叶可调主要具有如下特点：

①动叶可调风机是高效风机，在高效区范围内调节范围宽广，每个叶片角度对应一条性能曲线，叶片角度由最小角度调节到最大角度，几乎与流量全部呈线性关系。

②动叶调节是工作中随着管网阻力的变化，随时来适应流量的变化，调节的经济性最好。

③动叶可调风机结构复杂，可靠性较差，特别是国内厂商生产的风机在应用中事故率较高。

④动叶可调风机容易发生风机叶片裂纹、断裂事故。

9.1.4 提高风机运转的科学性节能

1)基础资料

(1)交通信息资料

包括交通量、车流平均速度与车辆构成。

(2)环境信息资料

包括自然风的风速与风向以及洞内污染物的浓度。

(3)交通工况

指交通运营状态，是正常交通，还是异常交通或养护人员在进行隧道土建或机电设施的检修维护。

(4)风机状态信息

包括射流风机、轴流风机的当前状态(正常与故障、运转与停止)与风机的运转记录(工作时间、停转时间)。

2)通风控制条件

(1)异常工况通风控制条件

异常工况包括毒气泄露、交通阻塞与火灾工况。毒气泄露目前还没有控制条件要求。

对于交通阻塞,《公路隧道通风照明设计规范》(JTJ 026.1—1999)(以下简称《规范》)规定,交通阻滞时(10km/h),车辆在隧道内的滞留时间不大于20min,排队长度不大于1km。这一规定实际上隐含了对隧道内的驾乘人员CO吸收量的控制。

对于火灾工况,我国尚没有火灾时隧道内人员的生存条件要求。在欧洲,要求火灾时,CO浓度不大于1 000ppm,能见度不小于10m,环境温度不大于80℃(也有要求不大于60℃)。

隧道内着火后,其与露天火灾的重大区别在于有浮力效应,热气流上升,在拱顶附近的隧洞上部形成一定厚度的热烟气流,由于着火点源源不断产生烟气,隧道顶部热的烟气流得以迅速扩大体积,向两侧扩充,同时隧道下部冷空气流向火点进行补充,此时火场两侧有对称的循环风流。当有纵向通风时,火点两侧的烟气流不对称,如纵向风速V较小,不足以克服反向的上层热烟气流时,将产生回流现象,即火点上部之烟气会逆着风向朝上风方向流动,这对于防止火灾蔓延(炽热空气将"点燃"上风方向停留车辆)和消防队员救火是很不利的(消防队员需从上风方向接近火场)。因此,最好使人工风的速度大于临界风速,此时火场上风方向完全无烟,仅下风方向有烟。临界风速可以按照下式计算:

$$V_c = K_1 K_2 \left[\frac{gHQ}{P_m C_P A \left(\frac{Q}{P_m C_P A V_c} + T_m \right)} \right]^{\frac{1}{3}} \tag{9-6}$$

式中:V_c——临界风速,m/s;

K_1——临界查得森的1/3次幂,取0.61;

K_2——坡度修正系数,$K_2 = 1 + 0.037\,4 i^{0.8}$;

i——隧道坡度,%;

g——重力加速度,取9.80kN/m;

H——隧道高度,m;

Q——火灾释放热量,W;

A——隧道横断面积,m^2;

P_m——流向火灾区的空气密度,kg/m^3;

T_m——环境空气温度,K;

C_P——空气比热，J/(kg·K)。

(2)维护工况通风控制条件

根据《规范》，此时要求烟雾浓度不大于0.003 5m^{-1}，对于CO浓度，当隧道长度≥2 000m时，其应不大于100ppm，当隧道长度≤1 000m时，其应不大于150ppm，隧道长度在二者之间时采用内插法确定。

(3)正常工况通风控制条件

根据《规范》，隧道通风控制指标为换气次数及CO与烟雾浓度共3个指标，随着社会经济的发展，NO_2今后也可能作为控制指标。

①换气次数

换气次数不宜低于5次/h，对特长隧道或小交通量隧道，换气次数不宜低于3～4次/h。

②烟雾浓度

烟雾浓度VI反映了视距要求，基于VI进行通风控制，有两种情况：一种是全隧道或隧道的部分段落烟雾浓度不满足规范要求，另一种是随着某辆车的运动，烟雾在隧道内蔓延。两种情况对风机开启的要求不同。《规范》规定，当烟雾浓度达到0.012m^{-1}时，应采取管制等措施，且烟雾浓度与速度的关系也很明确，见表9-3。

烟雾浓度与速度的关系 表9-3

计算速度(km/h)	100	80	60	40
烟雾设计浓度 K(m^{-1})	0.006 5	0.00 7	0.007 5	0.009

上表也可用下述车辆速度 v 与烟雾浓度 VI 之间的关系式来表述，该关系式适用于局部通风控制。

$$\mathrm{VI}=0.004(6-v/20)^2-0.001(6-v/20)+0.0076\,(R^2=0.9936) \quad (9\text{-}7)$$

③CO浓度

采用横向(半横向)通风时，当隧道长度≥3000m时，其应不大于250ppm，当隧道长度≤1 000m时，其应不大于200ppm，隧道长度在二者之间时采用内插法确定，若采用纵向通风，可比上述值提高50 ppm。

④排队长度≤1km的条件

以 q_1、k_1、v_1 分别表示正常交通流的交通量、密度与速度，以 q_2、k_2、v_2 分别表示阻塞交通流的交通量、密度与速度，w 表示冲击波的波速，根据交通流理论

$$w=\frac{q_1-q_2}{k_1-k_2} \quad (9\text{-}8)$$

把 $Q=Kv$ 代入上式，可得

$$w_1 + v_2 = \frac{k_1(v_2 - v_1)}{k_1 - k_2} \tag{9-9}$$

由式(9-9)知，排队长度≤1km，即 $t(v_1 + v_2) \leqslant 1$，且队尾位于隧道内。

根据上述结果可得：

$$\frac{k_1(v_2 - v_1)}{k_1 - k_2} \leqslant \frac{1}{t_1} \tag{9-10}$$

或者，

$$t_1 \leqslant \frac{k_1 - k_2}{k_1(v_2 - v_1)} \tag{9-11}$$

参数 t_1 与管理水平和监控系统的功能有关，一般可取 3min，根据检测的交通量与车速，可计算排队长度，以决定如何通风。

⑤车辆在隧道内的滞留时间与 CO 浓度的关系

《规范》规定，交通阻塞(各车道均以怠速行驶，平均车速为 10km/h)时，阻塞段的平均 CO 设计浓度可取 300ppm，经历时间不超过 20min。《规范》中没有给出其他情况时 CO 浓度与车辆在隧道内的最大滞留时间的关系。根据《规范》表 3.3.2-1，隧道长度不大于 1 000m 时，CO 设计浓度可取 300ppm，隧道长度不小于 3 000m 时，CO 设计浓度可取 250ppm，根据《规范》条文说明图中 CO 浓度与车辆在隧道内的最大滞留时间的关系，400ppm 允许 23min，350ppm 允许 26min，300ppm 允许 30min，250ppm 允许 35min，200ppm 允许 45min，150ppm 允许 60min，100ppm 允许 85min，50ppm 以下则不受限制。而美国的卫生标准规定，400ppm 允许 15min，200ppm 允许 30min，这些成果显然比《规范》要求要松一些，因为同样是 300ppm，《规范》中规定是 20min，而条文说明中是 30min。也许规范中的这种规定，是为了设计给运营留较大的余地。

由上述可见，车辆在隧道内的滞留时间和车辆平均运营速度及 CO 浓度相关。采用 400ppm 允许 15min，300ppm 允许 20min，则车辆在隧道内的滞留时间 t(min) 与 CO 浓度建议式如下：

$$t = 35 - CO/20 \tag{9-12}$$

$$CO = \begin{cases} 1\,000,(\text{火灾工况}) \\ \left.\begin{array}{l} 300, L \leqslant 1\,000 \\ 300 - \dfrac{L - 1\,000}{40}, 1\,000 < L < 3\,000 \\ 250, L \geqslant 3\,000 \end{array}\right\}(\text{正常工况}) \end{cases} \tag{9-13}$$

不同工况 CO 采用最大值，将式(9-13)代入式(9-12)，则可得到车辆在隧道内滞留时间与隧道长度之间的关系：

$$t=\begin{cases}20, L\leqslant 1\,000\\18.75+L/800, 1\,000<L<3\,000\\22.5, L\geqslant 3\,000\end{cases}\text{(正常工况)} \tag{9-14}$$

上式在隧道长度大于 3 000m 时，*CO* 为 250ppm 允许 22.5min，远小于《规范》2 中规定的 35min，属于卫生标准范畴。

⑥隧道群 CO 控制标准

CO 不满足《规范》要求，这包含两种情况，一种是最大值超标，另一种是 *CO* 吸收量超标。*CO* 吸收量和在隧道内的经历时间有关，*CO* 越大，允许的隧道内经历时间(*T*)越短。因此，可用 *CO* 与 *T* 之积反映 CO 吸收量。

公路隧道群的 CO 控制标准，就属于在满足最大 CO 限定值的条件下，CO 吸收量不对人体造成长期危害的问题。目前，尚没有隧道群的 CO 控制标准。行业规范对 CO 最大浓度与车辆在隧道内的滞留时间的控制，其本质含义是对人体吸入 CO 量的限制。当人体吸入不超过某一临界值的 CO 后，通过人体的新陈代谢，可以消除 CO 对人体健康的长期影响。人体新陈代谢消除 CO 吸收量的时间一般为 5min。但是，随着山区高速公路的建设，公路隧道群的问题越来越突出。隧道与隧道间的距离很短，留给驾乘人员吸收新鲜空气的时间可能不足于消除在隧道内吸入的 CO 量，这就有必要考虑通过隧道群时 CO 的累积量，使累积量不大于 CO 吸入量的临界值。

设隧道内共有 N 个 CO 检测点，第 i 个检测点的检测值为 CO_i，第 i 个检测点与 $i-1$ 个检测点的距离为 $s(i,\mathrm{i}-1)$，第 i 个检测点与 $i+1$ 个检测点的距离为 $s(i,i+1)$，车辆由 $s(i,i-1)/2$ 处过第 i 个检测点到 $s(i,i+1)/2$ 处的行驶时间为 t_{i} ($i-1=0$ 时表示隧道入口，$i+1>N$ 表示隧道出口)，则 CO 吸收量(*COT*)可用下式计算：

$$COT=\sum CO_i\cdot t_i(i=1\sim N) \tag{9-15}$$

公路隧道群与独立隧道通风控制的不同点在于通风控制条件，其他都相同。如图 9-1 所示，设共有 N 座隧道，自上游第一个隧道到下游第 N 座隧道相互间的间距(m)依次为 G_1、$G_2\cdots G_i$、$G_{i+1}\cdots G_{N-1}$，设车辆自上游第一个隧道到下游第 N 座在其内的行驶速度(m/min)依次为 V_1、$V_2\cdots V_i$、$V_{i+1}\cdots V_{N-1}$，设 G_i 大于 5min，其他都小于 5min，则前 i 座隧道应按隧道群进行通风控制，第 $i+1$ 座隧道到第 N 座隧道应按独立隧道进行通风控制。隧道群示意图如图 9-9 所示。设第 j 座隧道内 CO 浓度为 CO_j，车速为 V_j，取 *CO* 与在隧道内的经历时间之积小于 6 000ppm · min。以前 i 座隧道为例，则可建立以下控制模型：

$$\sum \mathrm{CO}_j\cdot V_j\leqslant 6\,000(j=1,i) \tag{9-16}$$

假设各隧道的运营车速一样，都是 V，则上式可简化为

$$\sum CO_j \leqslant 6\ 000/V(j=1,i) \tag{9-17}$$

再假设各隧道的 CO 浓度一样，都是 CO，则上式可简化为

$$CO \leqslant 6\ 000/(V \cdot i) \tag{9-18}$$

式(9-17)和式(9-18)都可作为通风控制预警的依据。

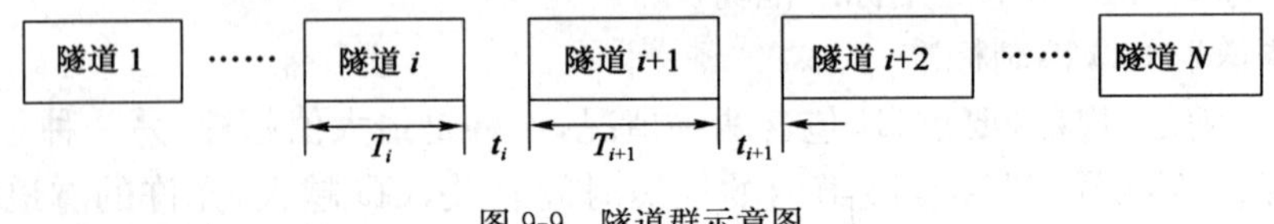

图 9-9 隧道群示意图

3)控制目标与参数

通风控制的目标除节能外，还应实现风机的运转平衡，以提高风机的使用寿命。其控制参数和控制过程相关。

根据通风控制的过程，有直接控制、间接控制与混合控制。不同的控制过程、不同的交通工况、不同的隧道类型，其控制参数不同。

(1)直接控制法

直接控制法的控制参数为 CO 浓度、烟雾浓度，也可增加 NO_2 浓度。该控制法的优点是比较直观，但由于隧道内的环境检测设施容易坏，故可靠度较低。

(2)间接控制法

间接控制法是以隧道内的交通量、车流平均速度与车辆构成作为控制参数，根据这些参数计算隧道内的废气排放量，根据通风计算模型计算需风量，从而确定风机的开启方法。由于隧道内的交通参数采集设备较多，运营比较可靠，故系统稳定工作时间长。该方法的控制精度取决于计算需风量与实际需风量的差异。

(3)混合控制法

混合控制法是将间接控制法与直接控制法相结合，并在此基础上，将实测的环境指标与预期达到的环境指标进行对比，建立交通量、车流速度、车辆类型与环境参数的经验数据库，通过不断的反馈优化，使实测的环境指标与预期达到的环境指标相近，从而提高控制的精度。

4)控制模型

由图 9-10 可见，对于正常工况，当隧道内污染物浓度达到最大值时，若采用最大浓度控制法，这时必须增开风机，若考虑未来交通量的发展趋势，未来一段时间交通量将减少，则污染物的排放量会减少，不增加风机的开启台数，原来的通风方案也能够满足运营需求。因此，预测型的通风控制是通风节能的有效手段。

基于上述思想，预测型的通风控制模型由以下 5 个模块构成。

(1)预警参数设置模块

预警参数包括CO浓度与车流的平均速度,用于判断隧道环境条件是否将超过有关规范的要求。

(2)通风计算模块

根据交通发展变化情况,计算CO和烟雾浓度,从而由通风计算模块计算需风量及风机开启或停转台数。

(3)交通预测与交通状态判断模块

根据现场采集的交通数据,判别交通状态:正常或阻塞;预测期内隧道内车辆数变化趋势,是将增加、减少或基本保持不变,当隧道内车辆数基本保持不变时,不需改变风机的运行状态,当隧道内车辆数将增加时,可能会增加风机的开启台数,当隧道内车辆数将减少时,可能会减少风机的开启台数;隧道内车流的平均速度(用于判别是否会出现1km的阻塞)。

(4)运营评价模块

计算车辆在隧道的滞留时间,发生阻塞时计算阻塞长度,对隧道当前风机的运营状态进行评价,根据运转时间,对待(停)开的风机排列优先顺序,以便进行通风控制决策。

(5)控制决策模块

结合运营评价模块的评价结论,决定风机的开启或停转。

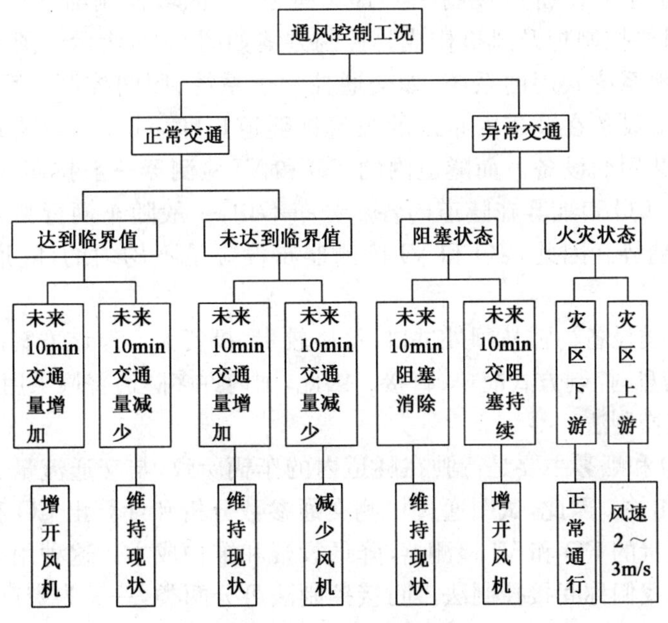

图9-10 通风控制工况

5)控制流程与方案

通风控制和通风方案有关。就通风方案而言，主要有纵向、横向、半横向及混合型等多种通风形式；而通风控制方案按系统控制概念讲，有集中控制和独立控制(分散型)等形式。由于通风控制涉及到异常确认，所以，一般采用集中控制。这时主要有以下方法。

(1)直接控制法

所谓直接控制法，就是通过分布在隧道内各点的CO检测仪和能见度检测仪直接检测行驶车辆在洞内排放出的烟雾浓度和CO浓度值，通过计算处理后，给出控制信号，控制启动分布在隧道内相应点的风机，供给新鲜空气量，达到稀释CO和烟雾浓度的目的，并将有害物质引出洞外，以达到隧道规范所要求的环保标准。

①控制流程

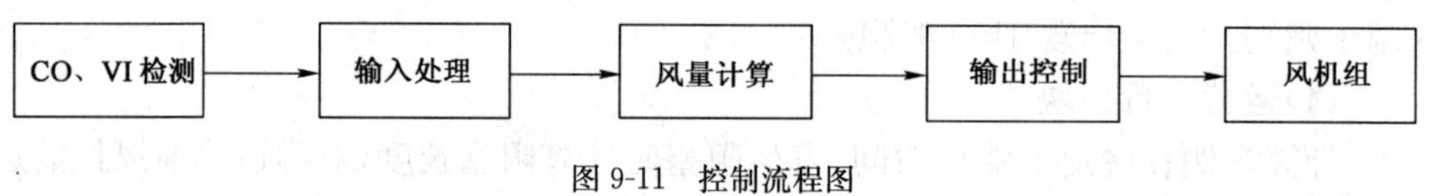

图9-11　控制流程图

从图9-11可以看出，风机的控制直接与CO、VI值有关，控制软件编程也较简单。

②控制方案

本方案的主要设备由控制中心计算机系统、区域控制器、CO检测器、能见度检测器、风机控制柜及风机构成。控制方案如图9-12所示。图中计算机系统是一个与其他系统共用的系统，如交通控制子系统、照明控制子系统、CCTV系统等。而下端设备在隧道内布设的数量视隧道长度而定，其中区域控制器亦是与其他系统共用的设备。而隧道内的CO和VI检测器一般按照300～500m间距布设，由于CO和烟雾在隧道内各点分布不均，一般随车辆行驶方向随距离的增加呈上升趋势。因此，CO和VI检测器布设应是不均匀的，隧道越长布设的数量就越多。

目前，这类设备尚需从国外进口，价格较贵，投资大。但该方案由于直接检测CO和烟雾信息，控制方式简单、直接。因此，国内许多隧道普遍采用这种方案。

(2)间接控制法

由于CO和烟雾主要是行驶在隧道内的车辆所致，与交通流量、车辆速度、车辆构成密切相关。因此，试图通过检测交通参数分析和计算出CO和烟雾的排放值，而取代昂贵的CO和VI检测器，降低投资和维护成本。这种用交通参数控制通风的方法，我们称间接控制法。间接控制法可分两类：一类为宏观间接控制法，一类为微观间接控制法。

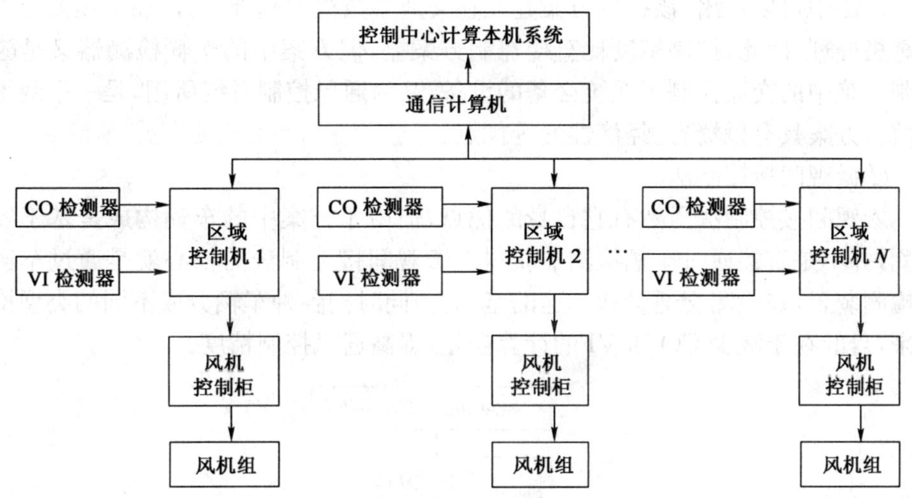

图 9-12 控制方案图

①宏观间接控制法

所谓宏观间接控制法就是交通量和速度检测加主观经验交通预测(包括车辆构成比例),对检测和预测的参数进行计算处理,粗略地计算出 CO、Ⅵ 值,再与设定的标准值进行比较,确定实施通风控制。

a. 控制流程

从图 9-13 中可以看出,交通量预测可分为短期和长期两种方式,预测精度与主观经验及预测模型有关。但车辆的排污计算不仅与车速、交通量有关,而且与车辆构成极其相关。本方案并不检测车辆的分类,这就是方案的宏观概念所在。

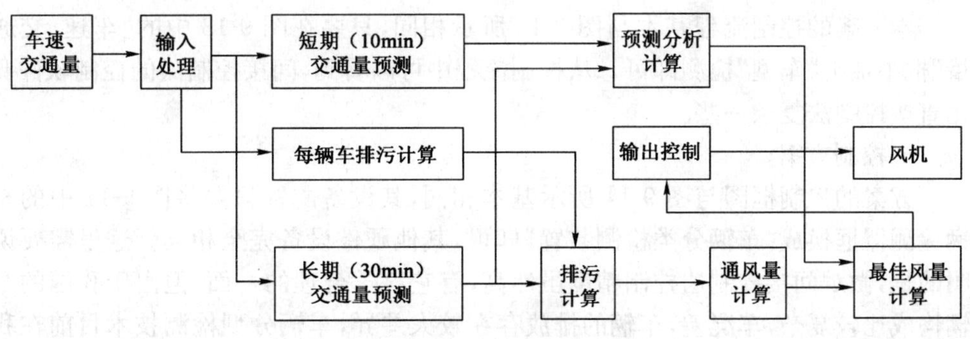

图 9-13 控制流程图

b. 控制方案

本方案的主要设备是由控制中心计算机系统、区域控制器、交通检测器、风机控制柜及风机构成。控制方案如图 9-14 所示。

从图中可以看出，该控制方案建立在交通参数检测基础上，再加上预测分析及计算机处理，因此，控制精度比直接控制方案差，但方案中的车辆检测器又是隧道控制系统中的交通控制子系统必备的设备，又为通风控制系统所用，是一举两得的事情。方案具有投资省、经济性好等优点。

②微观间接控制法

宏观间接控制法虽然有它自身的优点，但由于方案中的车辆构成是基于经验预测，并不是直接通过车辆检测器获得。微观间接控制法的核心就是通过车辆分类检测装置，在检测交通量和车速的基础上，同时把各种车辆分成不同的类型检测出来，目的在于减少 CO 和 VI 的计算误差，提高通风控制精度。

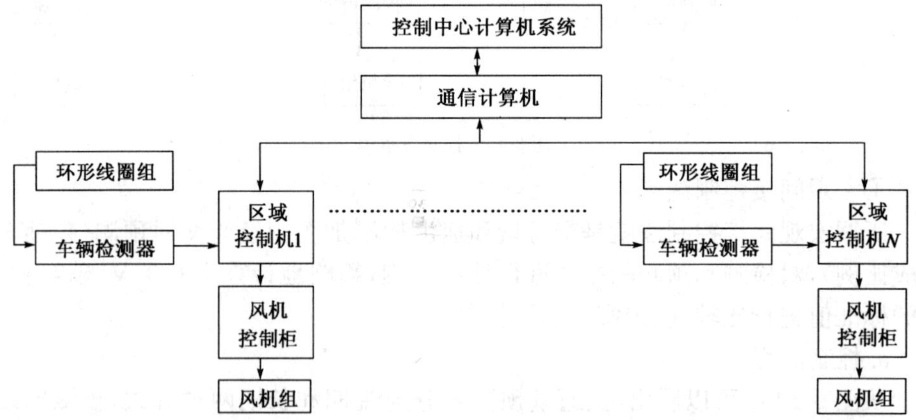

图 9-14　控制方案图

a. 控制流程

本方案的控制流程基本与图 9-13 所示相同，只要在图 9-13 中的“车速、交通量”框中加上“车型”检测即可。从控制流程中可以看到，间接控制法的控制软件要比直接控制法复杂一些。

b. 控制方案

方案的控制框图与图 9-14 所示基本相同，其设备配置只要将图 9-14 中的车辆检测器框换成“车辆分类检测装置”即可，其他硬件设备完全相同。这里需要说明的是，微观间接控制法控制精度虽然高，有它科学合理的一面，但由于我国的车辆构成比较复杂，车况差，车辆的排放存在较大差异，车辆分型检测技术目前在我国尚不成熟，在高速公路收费系统中也是一个有待解决的问题。因此，该方案的实际应用将受到极大的限制。随着科技的发展，这一问题将会得到解决。

③混合型控制方案

本方案是上述两种方案的组合形式。在一个要求高的完整隧道控制系统中，

不仅包括通风控制子系统，而且还包括交通控制子系统、照明控制子系统、CCTV子系统等。这些子系统相辅相成，可互相配合使用，极大限度地发挥各子系统的功能。如在交通控制子系统中，必须使用的车辆检测器就可应用在通风控制子系统中，CCTV屏幕上清晰度也可起帮助通风控制辅助决策的作用。这是混合型控制方案的一个重要特点。

a. 控制流程

从控制流程图9-15中可以看出，它是控制流程图9-11和图9-13的组合形式，控制程序比前两种方案复杂得多。

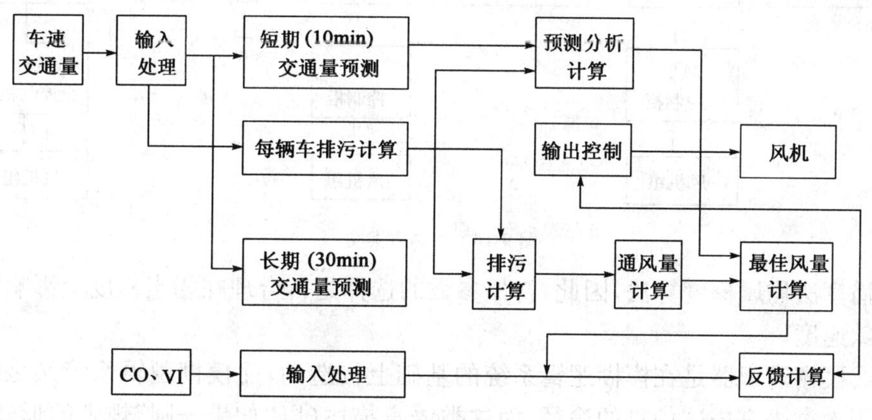

图9-15 控制流程图

b. 控制方案

上面已提到混合型控制方案是前面两种方案的组合，就主控制设备而言，这三个方案都是共有的，所不同的是在检测手段上。因此，混合型控制方案也可以说是前面两种检测手段的组合，控制方案如图9-16所示。

6)模糊通风控制

以上介绍了通风控制的条件、参数与模型构成，下面就将阐述模糊通风控制的实现方法。

模糊控制系统的关键在于模糊辨识器。和神经网络辨识器相比，模糊辨识器具有神经网络辨识器所不具备的以下两大优点：

①模糊辨识器的参数具有明确的物理意义，即在模糊"如果—则"规则中，$\bar{y}^l$为"则"部分模糊集合的中点，而$\bar{x}_i^l$和σ_i^l分别为"如果"部分模糊集合的中点和宽度；因此(本节稍后我们将证明)，我们就可能找到一个较好的方法来选择初始参数。反之，神经网络辨识器的参数与其输入、输出数据之间缺乏明确的物理意义，所以神经网络辨识器的初始参数通常是随机选取的。由于这两种辨识器采用的反

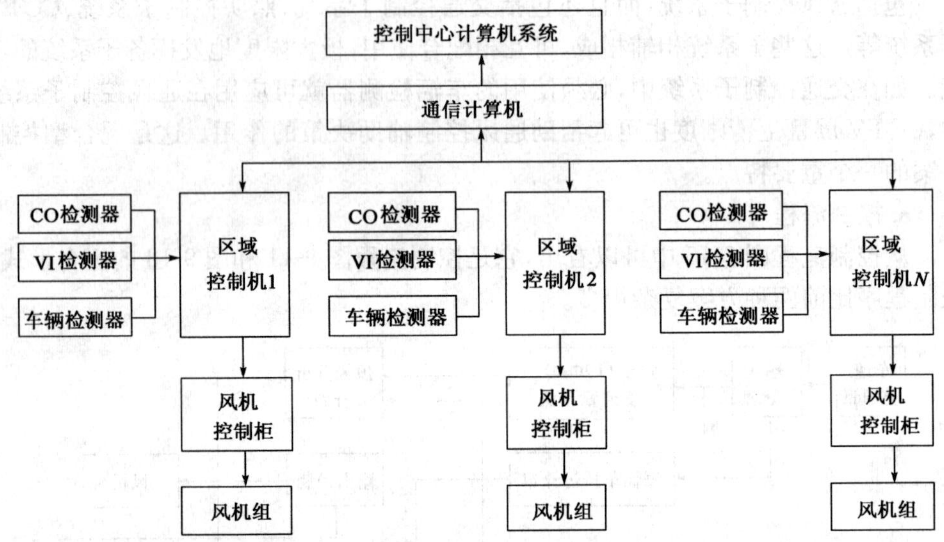

图 9-16　控制方案图

向传播算法均属梯度算法，因此，初始参数的选择是否合理在相当程度上影响算法的收敛速度。

②模糊辨识器是在模糊逻辑系统的基础上构造的，而模糊逻辑系统又是提供了利用人类语言描述信息的途径，而这类语言描述（以"如果—则"规则的形式）常常包含了未知非线性系统的重要信息。具体来讲，利用这类语言信息可以构造出一个较弱的初始辨识器，从而使得模糊辨识器在在线辨识过程中更快地收敛于真实系统。模糊辨识器能利用语言信息这一能力具有十分重要的实用意义，其原因是现实生活中许多真实系统是由专家控制的（比如飞机系统、能源系统、经济系统等等），这些专家也确实能够提供这类非线性系统的语言描述信息。而这类语言信息一般是比较模糊和不确切的，所以在传统辨识器和神经网络辨识器的设计过程中始终无法利用这类信息，只是在设计完成后用这类信息来评估设计是否合理。然而，在模糊辨识器的设计过程中，设计者能够将这类信息自始至终地贯彻于整个设计过程之中，而且我们相信这类信息对辨识器的设计是利大于弊的。

模糊辨识器的设计应考虑如下离散非线性系统：

$$y(k+1)=f(y(k),\cdots,y(k-n+1);u(k),\cdots,u(k-m+1)) \tag{9-19}$$

式中：f——要辨识的未知函数；

u、y——分别为系统的输入和输出；

n、m——正整数。

我们的任务是要利用模糊逻辑系统来辨识未知函数 f。

进行模糊辨识，有两种模型：

①并行模型

$$\hat{y}(k+1)=\hat{f}(\hat{y}(k),\cdots,\hat{y}(k-n+1);u(k),\cdots,u(k-m+1)) \quad (9\text{-}20)$$

这里 $\hat{f}$ 为模糊逻辑系统，$\hat{y}$ 为辨识器的输出，即 $\hat{f}$。

②串行—并行模型

$$\hat{y}(k+1)=\hat{f}(y(k),\cdots,y(k-n+1);u(k),\cdots,u(k-m+1)) \quad (9\text{-}21)$$

式中：y 为系统的输出。

两种方案的区别是：在并行模型中，辨识模型的输出要反馈回辨识模型；而在串行—并行模型中则将系统的输出反馈回辨识模型。图 9-18 是并行模型框图。串行—并行模型优于并行模型，因此建议模糊辨识器中采用串行—并行模型，如图 9-17 所示。

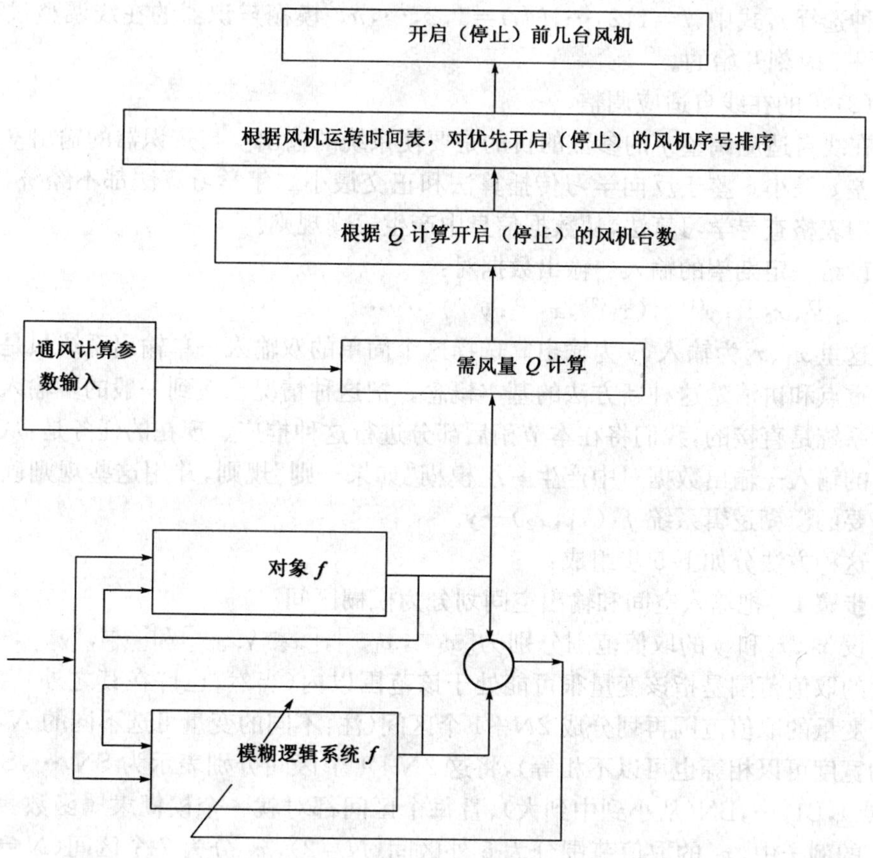

图 9-17　通风模糊控制框图

模糊辨识器的设计包括以下两个部分：

(1)初始模糊逻辑系统 $\hat{f}$ 的构造

初始 $\hat{f}$ 的横行要求依靠所有可能的初始信息使之尽可能地接近未知函数 f，即构造一个合理的初始模糊逻辑系统 $\hat{f}$，这涉及到怎样合理地选 $\bar{y}^l$、$\bar{x}_i^l$ 和 o_i^l 等初始参数。

设从 $k=0$ 开始辨识非线性系统。在最初的 M 个时刻以内，先不采用式(9-19)～式(9-21)的反向传播学习算法。设参数 $\bar{x}_i^l(M)=u_i(l)$ 和 $\bar{y}^l(M)=g(u(l))$，$i=1,2,\cdots,n;l=1,2,\cdots,M$。此时，$u(l)=(u_i(l),u_2(l),\cdots,u_n(l))^T$ 为系统和辨识器的输入，$g(u(l))$为模糊逻辑系统 $\hat{f}$ 在输入为 $u(l)$ 时的期望输出；设 $o_i^l(M)$ 取某些较小的值(见定理3)，或者设 $o_i^l(M)=[\max(u_i(l),l=1,2,\cdots,M)-\min(u_i(l),l=1,2,\cdots,M)]/2M$(注：这样选取的 $o_i^l(M)$ 能使输入隶属函数“均匀地”覆盖 $u_i(l)$(从 $l=1$ 到 $l=M$)的所有区域；在下一节所有的仿真中我们均将采用这种选择)，式中，$l=1,2,\cdots,M;i=1,2,\cdots,n$。模糊辨识器的在线调整过程是从 $M+1$ 时刻开始的。

(2) $\hat{f}$ 的在线自适应调整

在线自适应调整 $\hat{f}$ 的参数的目的是要使系统的输出 y 与辨识器的输出 $\hat{y}$ 之间的误差 e 最小。鉴于反向学习传播算法和正交最小二年学习算法都不经济，本项目采用表格查寻学习算法，从数据信息中产生模糊规则。

设给一定期望的输入—输出数据对：

$(x_1^{(1)},x_2^{(1)};y^{(1)}),(x_1^{(2)},x_2^{(2)};y^{(2)}),\cdots\cdots$

这里 x_1、x_2 为输入，y 为输出。选择这个简单的双输入—单输出系统只是为了强调重点和讲清楚这种新方法的基本概念。把这种情况推广到一般的多输入—多输出系统是直接的，我们将在本节稍后部分进行这种推广。现在的任务是：从上面给出的输入—输出数据对中产生一组模糊“如果—则”规则，并用这些规则确定出所需要的模糊逻辑系统 $f:(x_1,x_2)\rightarrow y$。

这种方法分如下5步组成：

步骤1 把输入空间和输出空间划分为模糊区间

设 x_1、x_2 和 y 的取值范围分别为$[x_1^-,x_1^+]$，$[x_2^-,x_2^+]$和$[y^-,y^+]$，这里，变量的取值范围是指该变量很可能处于该范围以内(当然，也许在其之外)。将每一个变量的取值范围再划分成 $2N+1$ 个区间(注：不同的变量可选不同的 N，且区间的宽度可以相等也可以不相等)，将这 $2N+1$ 个区间分别表示为 SN，…，S1，CE(中点)，B1，…，BN(从小到中到大)，且每个区间都对就一个模糊隶属函数。在图9-19的例子中，x_1 的取值范围分为5外区间($N=2$)，x_2 分为7个区间($N=3$)，y 分为5个区间($N=2$)。其隶属函数的形状均是三角形的；区间的中点对应于三角形的纵向顶点，且在该点上隶属函数取值为单位值1。三角形的另两个横向顶点

分别位于两个相邻区间的中点上，且隶属函数在这两个顶点上的值等于零。当然，区间的划分和隶属函数的形状也存在其他的选择。

步骤2 由已知的输入—输出数据对产生模糊规则

首先求出不同区间上已知数据 $x_1{}^{(i)}$，$x_2{}^{(i)}$ 和 $y^{(i)}$ 对应的隶属度。例如图 9-18 中，$x_1{}^{(1)}$ 在 B1 区间上的隶属度为 0.8，在 B2 上为 0.2，而在其他区间上为 0。同样，$x_2{}^{(2)}$ 在 CE 上的隶属度为 1，而在其他区间上均为 0。

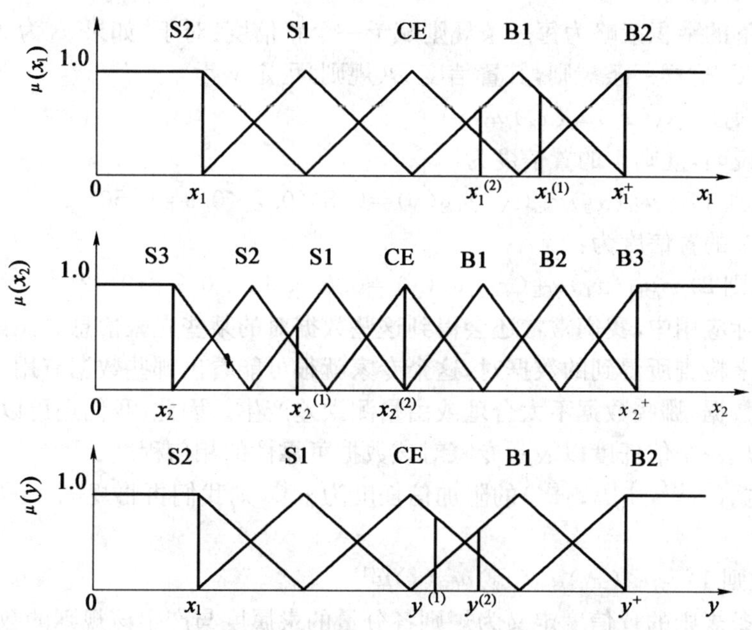

图 9-18 输入和输出空间的模糊区间划分及其相应的隶属函数

其次，将已知数据 $x_1{}^{(i)}$，$x_2{}^{(i)}$ 和 $y^{(i)}$ 分别定位于最大隶属度对应的区间上。例如在图 9-18 中，$x_1{}^{(1)}$ 被认为在 B1 区间上，$x_2{}^{(2)}$ 被认为处于 CE 区间上。

最后，从每一对较满意的输入—输出数据对中产生一条规则。例如：($x_1{}^{(1)}$，$x_2{}^{(1)}$；$y^{(1)}$)→[$x_1{}^{(1)}$($B1$ 上隶属度最大，0.8)，$x_2{}^{(1)}$($S1$ 上隶属度最大，0.7)；$y^{(1)}$(CE 上隶属度最大，0.9)]→规则 1：如果 x_1 为 B1 且 x_2 为 S1，则 y 为 CE。($x_1{}^{(2)}$，$x_2{}^{(2)}$ 和 $y^{(2)}$)→[$x_2{}^{(2)}$($B1$ 上隶属度最大，0.6)，$x_2{}^{(2)}$(CE 上的隶属度最大，1)；$y^{(2)}$($B1$ 上的隶属度最大，0.7)]→规则 2：如果 x_1 为 B1 且 x_2 为 CE，则 y 为 B1。

用上述规则产生的是“逻辑与”规则，即在规则中只有当“如果”部分的条件都同时满足时，“则”部分的结果才会发生。就现在的问题而言，即如何从数据信息中得出模糊规则来，只有“逻辑与”型规则满足要求。因为前提条件是某个输入向量的不同分量需要同时满足。

步骤3 为每一条规则赋予一个置信度

由于我们有许多对数据信息，而每一对产生一条规则，这样就很可能出现自相矛盾的规则，即出现"如果"部分相同而"则"部分不相同的规则。解决这个矛盾的一种方法就是为每一条数据对产生的规则赋予一个置信度。最后在自相矛盾的规则中只选用具有最高置信度的那条规则。这样就不仅解决了矛盾，而且也使规则的数目大大减少。

用如下的乘积策略为每一条规则赋予一个置信度：对于"如果 x_1 为 A 且 x_2 为 B，则 y 为 C"这样一条规则，其置信度 D(规则)可定义为

$D(\text{规则})=\mu_A(x_1)\mu_B(x_2)\mu_C(y)$

举例说明，规则1的置信度为

$D(\text{规则 }1)=\mu_{B1}(x_1)\mu_{S1}(x_2)\mu_{CE}(y)=0.8\times0.7\times0.9=0.504$

规则2的置信度为：

$D(\text{规则 }2)=\mu_{B1}(x_1)\mu_{CE}(x_2)\mu_{B1}(y)=0.6\times1\times0.7=0.42$

在实际应用中，我们常常还会得到这些数据对的某些先验信息。比如，我们让一位专家来检查所得到的数据对，这个专家就很可能看出哪些数据有用，哪些数据是关键性数据，哪些数据不太合理或由量测误差产生。因此，我们还可以为每一对数据再附加一个信任度以表示专家对该数据可靠性的相信程度。

设数据($x_1{}^{(1)}$，$x_2{}^{(1)}$；$y^{(1)}$)的附加信任度为 $\mu^{(1)}$，则我们再将规则1的置信度重新定义为

$D(\text{规则 }1)=\mu_{B1}(x_1)\mu_{S1}(x_2)\mu_{CE}(y)\mu^{(1)}$

即一条规则的置信度定义为规则各分量的隶属度与产生该规则的数据信任度之乘积。这一点在实际应用中非常重要，因为在真实数据中，每个数据的可靠性不同，例如，某些数据可能非常不合理(即"反常数据")。对合理的数据我们给一个较高的信任度，而对不合理的数据我们设一个很低的信任度。这样，就把专家对数据的认可程度作为另一种信息，用同一种形式包含进去了。如果我们要强调数据的客观性而不想加进专家对数据信息的主观认同，则只需将所有数据的专家信任度全部取单位值就可以了。

步骤4 组合模糊规则库的产生

图9-19给出的查寻表格就是一个模糊规则库，我们用以下的准则把模糊规则填入表中的空格：组合模糊规则库中的规则既可以来源于数据产生的规则，也可来源于语言性规则(这里我们假设语言规则需附加一条专家的信任度以反映专家对规则可靠性的信任程度)，如果模糊规则库中某一空格对应的规则不止一个，则选用具有最大置信度的那一条规则。这样，数据和语言两类信息就用一种统一的方

式——组合模糊规则库统一起来了。如果语言规则为"逻辑与"规则，则它占模糊规则库中的一个空格；如果语言规则为"逻辑或"规则(即规则中"如果"部分的任一条件满足，就有"则"部分结果发生)，则它填满"如果"部分所对应区间的某一行或某一列所有的空格。例如我们有这样一条语言规则："如果 x_1 为S1或 x_2 为CE，则 y 为B2"，则对图9-19所表示的模糊规则库来讲，我们就需将B2填满S1列的七个空格和CE行的五个空格。所有这些空格中B2的置信度都等于这条"逻辑或"规则的置信度。

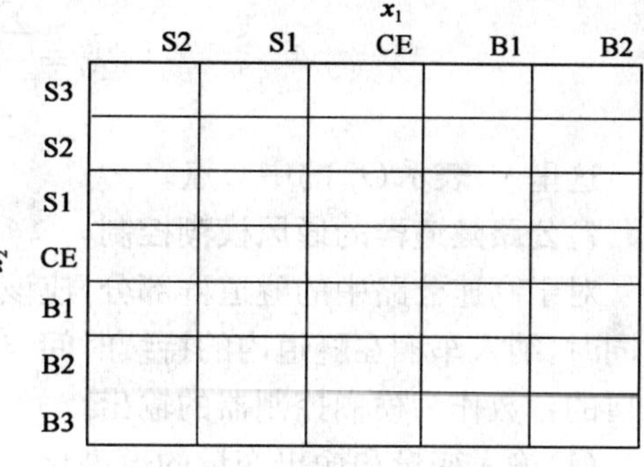

图9-19 模糊规则库的表格查寻表示

步骤5 根据组合模糊规则确定出映射关系

我们用下面的模糊消除策略来从已知的输入(x_1,x_2)中求出输出控制量 y：首先，对于已知的输入(x_1,x_2)，我们需用乘积运算来综合第 i 条规则的所有前提条件，以求出(x_1,x_2)相对应的输入控制的置信度 $\mu^i o^i$，即

$$\mu^i o^i = \mu_{I_1^i}(x_1)\mu_{I_2^i}(x_2) \tag{9-22}$$

这里 o^i 表示规则 i 的输出区间，$I_j{}^i$ 表示规则 i 中第 j 个分量的输入区间。比如，对规则1有

$$\mu_{\mathrm{CE}}^1 = \mu_{\mathrm{B1}}(x_1)\mu_{\mathrm{S1}}(x_2) \tag{9-23}$$

则用下列的中心平均模糊消除公式就可求出输出 y：

$$y=\frac{\sum_{i-1}^{M}\mu^i o^i \overline{y}^i}{\sum_{i=1}^{M}\mu^i o^i} \tag{9-24}$$

这里 $\overline{y}^i$ 为区间 o^i 上中心点的取值(模糊区间中心点的定义是：在该区间上使隶属函数取得单位值1的所有点中，(横轴)绝对值最小的点为中心点)，M 为组合模糊规则库中模糊规则的数目。

从步骤1到步骤5我们看到，这个新方法的整个过程既简单又直接，因为它是一个一步生成过程，不需要费时地反复学习；因此，这个方法同样具有模糊系统优于神经网络系统的一大优点，即构造起来既简单又迅速。

上述五步过程可以很容易地推广到一般性多输入—多输出的情况。步骤1到步骤4均与输入和输出个数无关。在步骤5中，我们只需将式(9-22)中的 $\mu^i o^i$ 代之以$\mu^i o_j^i$即可，这里j表示输入向量的第j个分量（O_j^i为规则i的第j个分量所对应的区间；$\mu^i o_j^i$对所有的j都取相同的值），同时将式(9-24)变换为下式：

$$y_i = \frac{\sum_{i-1}^{M} \mu^i o_j^i \overline{y}_j^i}{\sum_{i=1}^{M} \mu^i o_j^i} \tag{9-25}$$

这里$\overline{y}_j^i$表示O_j^i的中心点。

7）公路隧道群的通风模糊控制

对于高速公路中的隧道群部分，应该在选择CO和VI作为模糊控制系统变量的同时，纳入车辆在隧道内的持续时间与CO浓度乘积的数值作为输入变量，风机开启的台数作为模糊控制器的输出。

（1）输入变量和输出变量的模糊化

将CO浓度的真实论域[200,300]变换到离散论域[−6,−5,−4,−3,−2,−1,0,1,2,3,4,5,6]，模糊语言集为{P0,P1,P2,P3,P4,P5,P6}。

将VI浓度的真实论域[0.006 5,0.009 0]变换到离散论域[−6,−5,−4,−3,−2,−1,0,1,2,3,4,5,6]，模糊语言集为{P0,P1,P2,P3,P4,P5,P6}。

将车辆在隧道内的持续时间与CO浓度的乘积P的真实论域[3 000,6 000]变换到离散论域[−6,−5,−4,−3,−2,−1,0,1,2,3,4,5,6]，模糊语言集为{P0,P1,P2,P3,P4,P5,P6}。

输出的离散论域设定为[−6,−5,−4,−3,−2,−1,0,1,2,3,4,5,6]，分别对应于变化范围在[0,10]的风机台数，模糊语言集为{P0,P1,P2,P3,P4,P5,P6}。

输入变量从基本论域转化到相应模糊论域，只需乘以相应的量化因子K，模糊控制器输出则需乘以一个比例因子K_u，将其转换成0～10的风机台数。模糊语言变量隶属度函数的设定均采用三角形和梯形隶属函数。如图9-20、图9-21所示。

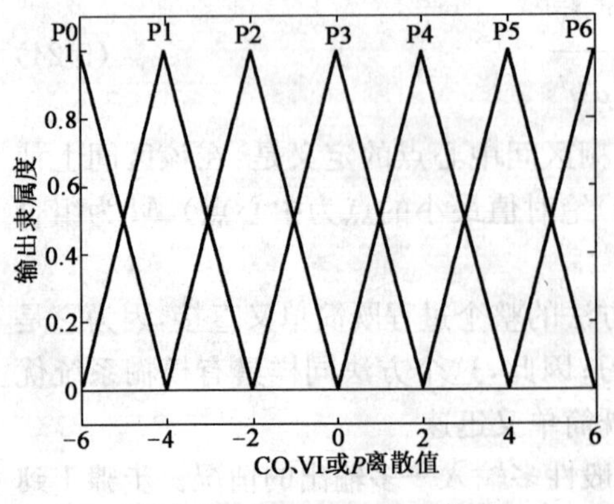

图9-20　模糊控制器输入变量

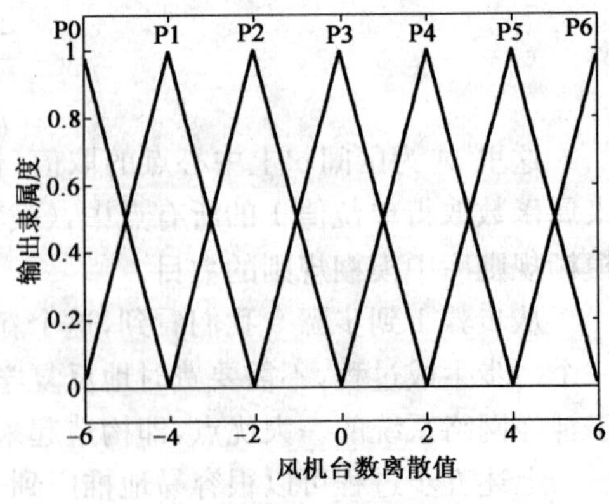

图9-21　模糊控制器输出变量

(2)模糊控制规则

一般情况下,模糊控制规则需要综合考虑技术知识、人工操作经验和复合条件语句三方面的知识,因此本文中设计的三输入单输出系统的模糊控制规则尚需在实际工作中摸索和总结中得出。其中,反映手动控制的完整规则由若干条结构相同而模糊语言变量不同的模糊条件语句组成,每一条模糊条件语句只代表一种情况下的控制策略,在实际操作中,工作人员可以依据不同的情况进行灵活控制。举例如下:

①If (CO is P0) and (VI is P0) and (P is P0) then (风机 is P0)。

②If (CO is P0) and (VI is P1) and (P is P0) then (风机 is P0)。

(3)模糊推理

选用 Mamdani 推理法。如果经采样得到的实际输入量是 CO 的浓度、VI 的浓度和车辆在隧道内的持续时间与 CO 浓度的乘积 P,以第一条语句为例,则控制量为 $R_1=(P0_{CO})\times(P0_{VI})\times(P0_{P})\times PB_{U}$;同样求出另外 R_i,总的模糊关系 R 等于所有模糊条件语句所表示的模糊关系的总和。

(4)模糊判决

根据模糊控制规则和输入输出变量的隶属度曲线,求得模糊关系 R,再由 R 可求得控制量 U。

$$U=(COT\cdot VIT)\cdot R \tag{9-26}$$

采用最大隶属度法,即对输出的模糊集,取其隶属度最大的那个元素作为执行量,然后对推理结果进行去模糊化处理。

(5)模糊控制器的控制效果仿真

按功能来说,通风仿真器可以分为四个部分:空气动力学模型、污染物模型、交通模型和控制模型。这些有机地连接在一起,如图 9-22 所示。

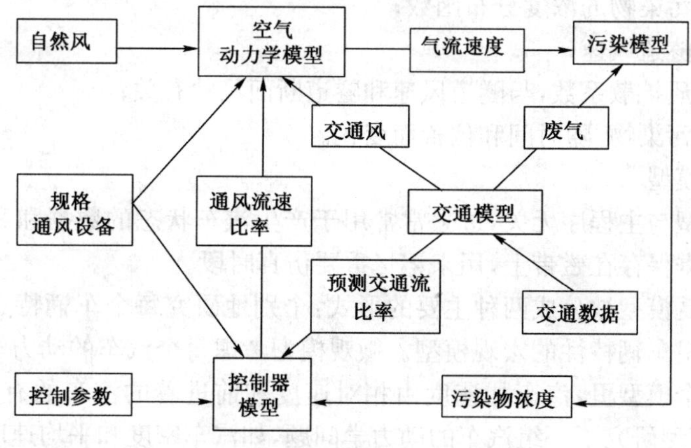

图 9-22 仿真器略图

①空气动力学模型

空气动力学模型的作用就是计算出隧道内不同时间的空气流速。为了简便起见,空气的压缩性忽略不计,V_r 视为任何时刻的隧道设计风速。但在特殊情况下,如火灾爆发时这种假设将不成立。

空气流动加速度按牛顿第二定律计算,如下:

$$\frac{\mathrm{d}v_r}{\mathrm{d}t}=\frac{F_t}{M} \tag{9-27}$$

$$F_t=F_p+F_v+F_j+F_w+F_f \tag{9-28}$$

F_t 是所有作用于空气圆柱表面的力之和。这些力包括有交通力 F_p,大型通风设备影响力 F_v,送风口动力的影响力 F_j,自然风引起的外部压力差异 F_w 以及壁面磨损力 F_f。

②污染模型

污染模型是用来计算隧道内烟雾和 CO 在时间和空间分布状态的模块,这些有害气体是由车辆排放出来的,差分方程的每个单元由交通模型给出的车辆密度计算排放废气量之用。有害气体以空气的速度传输,而空气速度则由空气动力学模型给出。假设在隧道横断面中有害气体的浓度是常量,那么有害气体的分布仅指沿隧道纵轴方向而言。

烟雾和 CO 浓度的分布由下面的等式得出。

$$\frac{\partial_c}{\partial_t}=-V_r\frac{\partial_c}{\partial_x}+D\frac{\partial_c^2}{\partial_t{}^2}+q \tag{9-29}$$

式中:∂_c——污染物的浓度分布函数;

V——隧道风速;

D——质扩散系数,与隧道风速和隧道断面尺寸有关;

q——污染物,随时间和位置而变化。

③交通模型

交通模型与主程序无关,过去常常用于产生汽车状态的数据和和车辆组成情况。这种数据保存在磁带上,用来记忆重要仿真时段。

交通仿真模型被分成两种主要的形式:个别地研究每个车辆特点的微观模型以及表达一组车辆特性的宏观模型。微观模型考虑每个汽车的动力学和汽车间的关系。在这个模型里,汽车加速度由相对速度和前进着的汽车的有关距离决定。另外,宏观模型研究了一组汽车的动力学问题,如汽车密度和平均速度。对于不同形式的宏观模型,我们选择了佩恩模型。作为描绘一组大型汽车特性的指标,这个模型考虑了一个特殊部分的汽车密度和空间平均速度，汽车密度随时间的变化表述为汽车流进和流出的代数和，平均速度的变化由上一个单元的流进条件、均衡速度的再发生条件和下一个单元的密度预测条件决定。平均速度和密度的产生由上一个单元的流出条件和下一个单元的流进条件所定义。佩恩模型被用作我们仿真实验的主要程序和考虑经济兼容性的参照依据。

④控制器模型

控制器模型提供空气动力学模型的通风设备的运转情形，其计算基于污染物和交通流的信息。控制器模型的作用是根据从设置在特定地点的一些传感器（包括烟气密度测定器、一氧化碳测定器及交通量测定器等）的数据对风机的工作发出命令。

仿真的目的是为了预测模糊控制系统在实际应用中是否能达到设计要求，即在一定的交通状况下，是否能够很好地满足污染物浓度标准，同时使整个系统的风机在最节能、最经济的状况下运行。

9.2 照明节能控制

公路隧道照明质量的好坏是隧道营运服务水平高低的关键因素之一，隧道营运照明的目的是通过提供一个明亮的行车环境来满足司机安全行车的视觉要求。公路隧道照明质量是通过隧道照明灯具以合理的布置方式，不同的亮度组合达到舒适、适应和经济配光实现的。一个好的照明系统和一个好的照明灯具及其布置方式息息相关；一个高效节能的照明系统和好的照明设计息息相关，好的照明设计和精确的照明计算又息息相关。

由于传统光源亮度难以控制，而设计时又必须考虑足够的设计冗余，因此公路隧道普遍存在过度照明、电能浪费巨大的现象，过度照明能耗高达50%～90%。

新型光源的发展，使得实现自动调光控制、实现按需照明成为现实，做好这一工作，节能的效益是非常显著的。

9.2.1 照明控制的原理与方式

1)隧道照明控制原理

隧道照明控制，是通过隧道内外设置的照度检测仪，根据检测的隧道洞内外的光强度、交通量与车流速度，控制隧道出入口附近的加强段和适应段的照明强度，根据交通量与车流速度控制隧道中间段与出口段的照明强度，使驾驶员能尽快适应隧道内外的光强变化，消除因光强变化所引起的视角障碍，减少事故的发生，降低能源消耗，延长灯具使用寿命。

2)隧道照明控制方式

目前，国内外隧道照明控制方式大致可分为手动控制方式、分时段进行的时序控制方式和根据洞内外的亮度值自动控制照明回路的全自动控制方式三种。总的来讲，隧道照明控制是根据气候条件、照度、速度及交通量进行分级控制。

(1)手动控制方式

手动控制方式主要用于公路等级低、隧道长度较短、照明级别少的隧道照明系统，由人工根据不同的时段及天气情况而开关不同的照明配电回路。

(2)分段时序控制方式

分段时序控制是采用时序控制器控制隧道照明的各个配电回路，根据一天中不同的时间段而开启(闭合)相应的照明回路。此种控制方式也是主要用于照明回路较少的短隧道和中长隧道。由于时序控制不能结合实际气象的变化，有时会造成能源的浪费或照明亮度过低等，所以这种时序控制是在实时控制的检测系统出现故障的情况下转入执行的控制方案。

(3)自动调光控制

隧道照明的自动控制方式则是利用光照度计分别采集隧道内外的亮度参数，经对比处理后，由计算机系统或照明控制器自动控制各个照明回路的开关，使洞内的照明亮度与外界自然光的亮度相适应。

对于自动调光控制，驾驶员的适应时间和距离取决于洞内外的亮度差和车速，一般采取一个停车视距。图 9-23 为德国各种不同速度的车辆安全驾驶驾驶距离。在隧道入口处设二台光度计，一台设在离隧道洞口的距离为行车速度安全煞车距离。测量在隧道轴线中心 20°范围的亮度(用 L_{20} 表示)。另一台设在隧道内引入段内，以检测引入段的亮度(L_{th})。将自动检测的洞内外光亮度值送入监控中心计算机，用 L_{th}/L_{20} 值来调整引入段亮度，使隧道入口内外亮度尽可能相配(其值可见国际照明委员会 CIE 标准)。数据经计算机处理后，产生控制方案，并将控制指令下传到照明驱动单位执行。形成一个闭环控制。驱动单位按指令要求，实时开亮照明，以仅供给相应于外部条件所需要的最小光通量的原则来达到节约的目的。从而形成一个闭环控制程序。计算机照明控制程序应注意在改变

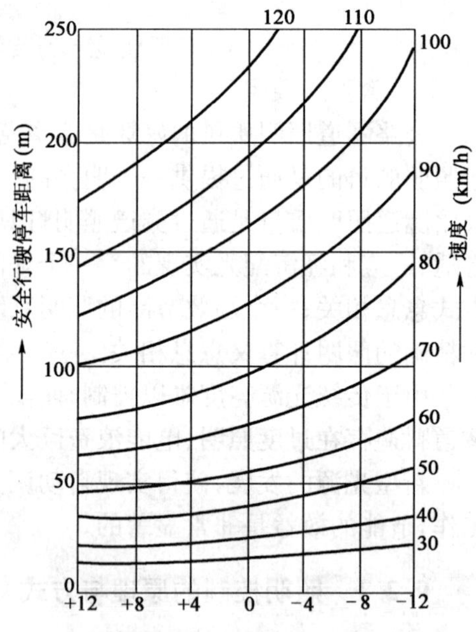

图 9-23　安全驾驶停车距离

照明等级时，要有一定的延时，防止过于频繁转换照明状态。

驾驶员在隧道出口对光线的适应较易于入口，且出口事故发生率据统计小于入口。为尽量减少财力的投入，出口可不考虑设置自动检测光度计。

当采用实时控制方案光检测器发生故障时，监控中心计算机应自动转入时序控制。

9.2.2 照明控制工况与条件

1)照明控制工况

对于照明工况的划分，可以从交通体和交通状态两个方面来考虑。对于公路隧道来说，这两个方面经常是交错在一起的。

从交通体来讲，有汽车交通、行人交通与人车混行三种状态。在正常情况下，公路隧道的交通体仅有车辆，可不考虑行人的影响；在隧道工作人员对隧道进行维护管理时，是人车混行，这时对车辆的行驶速度有更严格的限制；当发生火灾或毒气泄露时，车辆已经停止行驶，可能有消防救援车辆赶往火灾现场，但主要是行人交通。因此，公路隧道的照明工况，可分为仅有汽车交通的工况、人车混行的维护工况及主要是行人逃生的火灾工况三种类型。

2)不同工况的照明控制要求

(1)火灾工况

无论照明现状是什么，照明控制系统应将隧道照明开到最大限度，以利于救火。

(2)维护工况

维护工况时，由于隧道内有工作人员，故应对车辆进行更严格的速度控制，一般不宜大于60km/h，以40～60km/h为宜，速度限制也不宜过低，否则容易造成车辆阻塞和增加废气排放量。

(3)正常工况

正常工况照明控制，除在灯具启动与停止调节中，使满足亮度、均匀度的要求，适应洞外亮度、交通量与速度的变化外，还应考虑灯具的工作时间，以达到提高灯具使用寿命的目的。

(4)稀少交通量

稀少交通量工况属于正常照明工况的一种。但是，由于我国高速公路网尚未完全形成，还存在很多断头路，部分路段交通量较少，特别是夜间，更是如此，故有必要就这一情况进行专门讨论。

当交通量稀少时，隧道内应保持摄像机监视需要的最低亮度要求，这时的调光控制方式是一种特殊的方式，即有车加灯、无车减灯的模式。但其前提是当车辆进入隧道前，洞内的亮度应满足行车的需要，当车辆驶出隧道后，能及时减少等灯的开启数量。因此，应在隧道前一段距离设置车辆感应设施，检测车辆的到达，其与控制系统相连，及时增加或减少灯具的开启数量。车辆检测设施距隧道入口的距离和车辆的速度与隧道内的光源相关。当采用高压钠灯时，由于其完全点亮时间较长，约需 5min，故即使车辆的行驶速度为 60km/h，车辆检测设施也应设置在隧道入口的 5km 以外，故这种化模式不适应于照明光源为高压钠灯的隧道群的控制，对于独立隧道，由于车辆检测设施距离隧道入口太远，而车辆在这 5km 多的范围内行驶时，可能发生多种意外情况，对控制效果也有很大影响；对于荧光灯、LED 灯等启动点亮时间短的光源，则车辆检测设施距隧道入口的距离，只要车辆在该段距离内的行驶时间大于系统传输、控制反应所需的时间即可。

9.2.3 系统构成与控制流程

1)系统构成

隧道照明控制系统由光亮度检测器、隧道本地控制器、隧道照明控制屏、监控中心计算机、配电房照明配电柜、隧道内照明灯具构成。

2)照度计布设

隧道光亮度检测器一般成对地设置在隧道口内外，如图 9-24 所示，洞外光度计测量隧道入口范围的亮度，方向同行车方向，安装立柱高 5m 左右，测量角度为 20°，测量范围一般选择 0～6 000cd/m²，输出信号为 4～20mA，与光亮度成正比。另一部光度计测量隧道内引入段的亮度，安装在进洞约 20m 处，测量范围 0～200cd/m²。对于自动调光控制，在隧道的各照明段落也都应安装亮度检测器，此时，亮度检测器的量程不宜太大，否则检测精度不高。

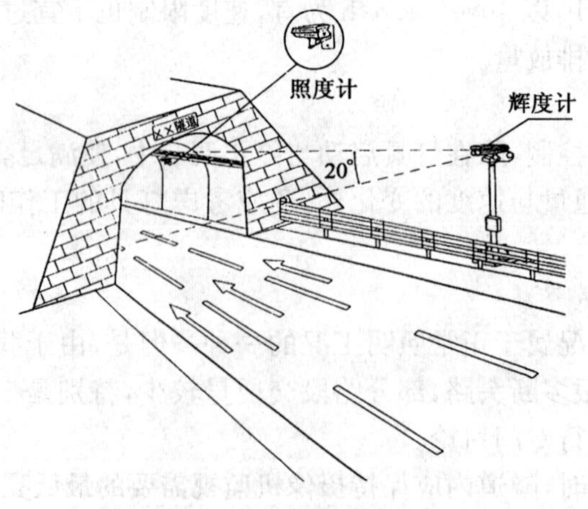

图 9-24 隧道口光照度检测器布设示意图

当采用实时控制或时序控制时，照明配电柜不得再使用传统的手动刀闸，必须使用继电器、交流接触器等器件，以便于接受从计算机或区域控制器送来的自动控制信号。

3)控制流程

在隧道照明控制的各方式中，以手动控制为高级别控制，其次为自动调光控制，最后是时序控制。控制流程见图 9-25。

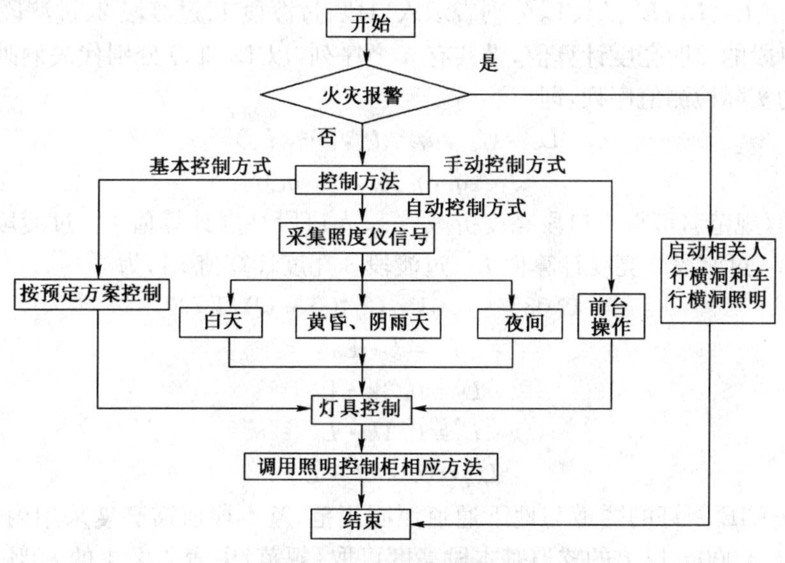

图 9-25 照明控制流程图

4)控制回路

隧道内照明灯具可有两种配合形式，其一为将照明灯具固定为几组回路连接，利用洞内外光度计的比较值，点亮适当照明灯具，使洞内亮度随着洞外亮度比例变化。此种方式配线简单，控制单元少，故障机会也就少，应用最广。但缺点是适配性稍差。其二为照明灯具采用调光控制装置的连续可变系统，以适应洞内外亮度的实时变化，可产生最好的效果，使隧道照明可获得较佳的均匀度，缺点为控制单元多，照明器具须为调光型，价格较贵。当然这两种方式在调节时均应考虑适当的时间延迟，以避免在临界状态下过于频繁地变化照明设备。

照明控制回路的设计，和隧道的长度、亮度需求及照明光源相关。对于光源功率类型较多、数量较大的隧道，一般可分为 4～6 个回路。应急照明作为基本照明的一部分，昼夜点亮，不受照明控制柜的控制。

对于具有自动调光控制功能的光源，也可设 2 个回路：一组用于应急照明与基本照明，另一组用于其他个段落照明。

9.2.4 照明调光控制

1)控制参数

照明控制参数包括实时检测的隧道交通量、车流平均速度、洞外亮度及洞内各照明段落的实际亮度。

2)照明计算

以 L_1'、L_2'、L_3'、L_4'、L_5'、L_6'分别表示入口段、过渡段 1、过渡段 2、过渡段 3、基本段和出口段的照明亮度计算值,设共有 n 个序列,以 L_0 和 Q 分别代表洞外亮度和交通量的实际检测值序列,即

$$L_0=(l_{01},\ l_{02},\ l_{i3},\ ,\cdots,\ l_{0n}) \tag{9-30}$$

$$Q=(q_1, q_2, q_3, \cdots,\ q_n) \tag{9-31}$$

根据《规范》,可得入口段亮度折减数 k、入口段亮度计算值 L_1'、过渡段 1 亮度计算值 L_2'、过渡段 2 亮度计算值 L_3'、过渡段 3 亮度计算值 L_4',为

$$k=0.035-0.01\cdot(2\,400-Q)/1\,700 \tag{9-32}$$

$$L_1'=k\cdot L_0 \tag{9-33}$$

$$L_2'=0.3\mathrm{k}\cdot \mathrm{L}_0 \tag{9-34}$$

$$L_3'=0.1k\cdot L_0 \tag{9-35}$$

$$L'_4=0.035k\cdot L_0 \tag{9-36}$$

根据 CIE 制订的隧道与地下通道照明规范,基本段所需亮度采用内插法,根据《规范》,3 000m 以上的隧道基本段亮度可取《规范》中表 4.2.1 的 80%,从而可得基本段亮度 L_4'与交通量的如下关系式,

$$L'_5=X(2.5+(2Q-1\,400)/1\,700)\ (\text{若 } L\geqslant 3\,000, X=0.8,\ \text{否则}, X=1) \tag{9-37}$$

按上式计算基本段需要亮度时,若 $Q>2\,400$,取 $Q=2\,400$,若 $Q<700$,取 $Q=700$;无论隧道多长,只要 $Q>2\,400$,则取 $X=1$。

根据《规范》,出口段需要的亮度为 $L'_6=5L'_5$ (9-38)

3)模糊自动控制模型

照明自动控制是典型的具有参考模型的自适应自动控制系统,即 MRAC 系统。

(1)参考模型

设 l_{ij}'表示第 i 个照明段落根据 l_{0j} 和 q_j 按照式(9-29)~式(9-35)计算的第 j 个序列需要的照明亮度,此即照明控制希望达到的控制效果。对不同的照明段落,可用下式表示:

$$L_\mathrm{i}'=(l_{i1}', l_{i2}', l_{i3}', \cdots,\ l_{\mathrm{in}}') \tag{9-39}$$

(2)控制模型

设各照明段落都安装有亮度检测仪,以 L_i 表示第 i 个照明段落照明效果的检测序列,l_{ij} 表示其序列值,即

$$L_i=(l_{i1},l_{i2},l_{i3},\cdots,l_{in}) \tag{9-40}$$

设实际达到的亮度 L_m 与需要亮度 L'_m 的差组成的序列为 ε_m,$\varepsilon_{m,i}$ 为第 m 个照明段落第 i 个误差序列的值,$\varepsilon_{m,i}=l_{mi}-l'_{mi}$,即,

$$\varepsilon=(\varepsilon_1,\varepsilon_2,\varepsilon_3\cdots\varepsilon_n) \tag{9-41}$$

$$\varepsilon_i=(\varepsilon_{i,1},\varepsilon_{i,2},\varepsilon_{i,3},\cdots,\varepsilon_{i,n}) \tag{9-42}$$

设 ε_i 的预测值序列为 ε_i^*,$\varepsilon_{i,j}^*$ 为第 $j-1$ 个序列的一步预测,则考虑了误差反馈后,第 i 个照明段落第 j 个时间序列要求达到的照明亮度 l_{ij}^* 为

$$l_{ij}^*=l'_{ij}+\varepsilon_{i,j}^* \tag{9-43}$$

图 9-26 给出照明模糊控制方块图。

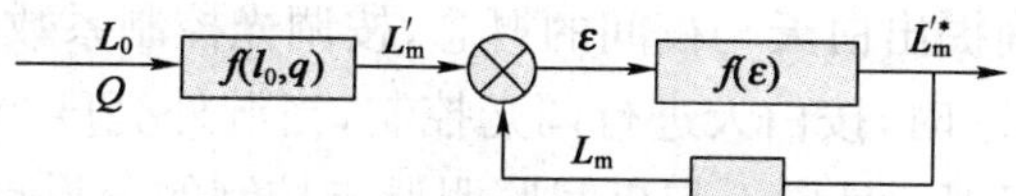

图 9-26 照明模糊控制方块图

(3)模糊预测

采用模糊逻辑系统的表格查寻学习算法来计算 $\varepsilon_{i,j}^*$。ε_i 是个时间序列,求解 $\varepsilon_{i,j}^*$ 的问题,转化为如何从已知的 $\varepsilon_{i,j-n+1},\varepsilon_{i,j-n+2},\cdots,\varepsilon_{i,j}$ 中确定出 $\varepsilon_{i,j}+1$。设 $\varepsilon_{i,1}$,$\varepsilon_{i,2},\cdots,\varepsilon_{i,j}$ 已知,可以产生 $j-n$ 个输入输出数据对:

$[\varepsilon_{i,j-n},\ldots,\varepsilon_{i,j-1},\varepsilon_{i,j}]$

$[\varepsilon_{i,j-n-1},\ldots,\varepsilon_{i,j-2},\varepsilon_{i,j-1}]$

…

$[\varepsilon_{i,1},\ldots,\varepsilon_{i,n},\varepsilon_{i,n+1}]$

可采用以下步骤进行一步预测:

①设已知输入与输出的范围,将输入划分为 $2N+1$ 个区间,将输出划分为 $2M+1$ 个区间。

②计算每个数据对中每个输入值在 $2N+1$ 个区间的最大隶属度、输出在 $2M+1$ 个区间最大隶属度对应的中值、输入最大隶属度的积、输入最大隶属度和输出最大隶属度对应的中值的积。

③对每个数据对输入最大隶属度的积求和(以 $\sum\mu(x)$ 代之)。

④对每个数据对输入最大隶属度和输出最大隶属度对应的中值的积求和(以 $\sum\mu(xy)$ 代之)。

⑤$\sum\mu(xy)/\sum\mu(x)j$ 即一步预测值。

(4)讨论

①照明控制系数

白天照明控制随洞外亮度和交通量的变化而变化,可按上述公式计算需要的亮度进行控制,其变化过程是随着洞外亮度的减少,过渡段与入口段照明要求逐渐趋于基本段的照明要求;夜间照明控制仅随交通量的变化而变化,根据《规范》,这时整个隧道亮度要求一样,当交通量较小时,需要的亮度最小值为 1cd/m^2,而不是 4.5 cd/m^2。以 Δk 代表调光控制系数,假设 Q=700~2400 时,Δk 采用内插,由于 $Q\geqslant 2\,400$ 时,$\Delta k=1$,$Q\leqslant 700$ 时,$\Delta k=0.5/X$,故可推得如下 Δk 计算公式:

$$\Delta k = 1 - \frac{2\,400 - Q}{1700}(1 - 0.5/X) \tag{9-44}$$

$$L'_{\mathrm{i}} = 4.5\,\Delta k \tag{9-45}$$

②白天与夜间的概念

《规范》没有明确提出白天与夜间的概念,按调光控制系数来理解可以看出,当洞外亮度大于 $0.13L_{20}$ 时,按白天进行调光控制,当洞外亮度小于 $0.13L_{20}$ 时,按夜间进行调光控制,$0.13L_{20}$ 是白天与夜间照明调光控制的分界点。

但是,还有值得商榷的地方。例如,若 $L_{20}=5\,000$,$Q\geqslant 2\,400$,当 $L_0=0.13L_{20}=650$ 时,隧道入口段、过渡段 1(已不需要过渡段 2,原来的过渡段 2 转化为基本段)、基本段、出口段要求的亮度分别为 22.75、6.825、4.5、22.5,这时若按白天进行控制,司机能适应,若按夜间控制,则洞内控制亮度全部为 4.5,可能在出入口仍有一定的不适应性。假设存在某一临界洞外亮度以 L_c,以其作为白天与夜间的分界点,无论是按白天进行控制,还是按夜间进行控制,司机都能适应。基于此,应是洞外亮度等于 L_c 时,入口段需要的亮度与基本段需要的亮度之比不大于某一临界值 R_c。根据《规范》,当照明设计误差小于 25%时,不进行从新设计,因此,建议 $R_c=1.25$,从而 $L_c=1.25\,L'_5/\mathrm{k}$。

4)调光控制的经济性

以 LED 隧道灯为例。在计算钠灯分级调光照明系统与 LED 智能无级控制系统投资运营费用对比时,我们选取了一条 2km 的隧道作为对比隧道。该隧道设计时速 80km/h,单向 2 车道,设计车流量 700 辆/h。隧道路面宽度 10.5m,采用水泥路面。

图 9-27 为钠灯分级调光照明系统与 LED 智能无级控制系统各项费用的投资运营对比直方图。投资费用包括灯具、电缆和电气设备(包括变电站、应急电源、配电箱(柜)以及灯具以外的电器等)。天气情况按每年晴天 165 天,云天 100 天,阴天 50 天和重阴天 50 天进行计算。电费按商业用电价 1 元/(kW·h)计算。

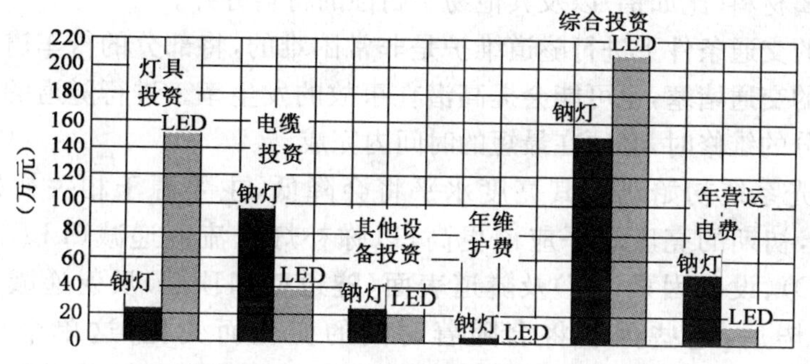

图 9-27 LED与钠灯照明系统投资营运费用对比直方图

从图 9-27 中可以看出，两种方案一次性投资费用相差并不大，但由于 LED 灯每年可节省近 40 万元电费，若隧道在设计车流量条件下按规范要求开灯，则不到 3 年即可收回增加的投资。

9.3 维护节能

当进行计划和设计一个隧道的照明系统时，工程师和设计人员应该深入地考虑所有与维护有关的问题。如果可能，照明系统的设计人员应该起到决定和影响隧道内部的清洗方针、时间表和隧道所有者清洗方法的作用，以周期性地恢复隧道内部的反射效果。

一个好的照明系统保养计划不仅能够提供可以接受的最初结果，而且能够让保养人员使系统在所设计的生命周期内达到很好的性能。一个保养计划对于能源保护来说尤其重要，它的操作方针主要是强调周期性维护。维护方案一旦融入设计之中，可以起到对系统预期性能的确保作用。

清洗隧道墙壁的各个表面需要用到的化学溶剂、加压的热水流以及机械清洗设备都可能对隧道的照明系统产生有害作用。有些光源可能更倾向于早期的损坏，原因是这些设备不具有紧密的防水和防尘性能，所以隧道内部的环境起到很重要的作用。在选用这些设备的时候，设计人员应该考虑到当使用高压水流和机械刷清洗时设备的承受能力。

在选用适合隧道的照明设备时，设备的材质以及制造厂的打磨情况都是要仔细考虑的。不同材质的材料应该分开放置。举例说，把铝和碳或者含有不锈钢成分的材料暴露在潮湿或者化学环境里，可能会产生电极反应而导致设备材料的过早损坏。对于隧道使用材料的位置和安全也需要考虑。混凝土里面的化学成分必须和一些金属材料(比如铝)以及其他易于腐蚀的材料分开。

在正常的交通条件下进行隧道维护是非常困难的,将部分的行车道封闭可能会造成严重的交通堵塞,也可能会提高潜在事故的发生率。进行隧道的照明系统和其组成部分的维修时,必须在最短的时间内完成。

隧道灯光系统初始化后其亮度水平将会降低,主要源于相关初始条目的数量。因此,初期的亮度水平应该更高,以弥补灯光流明递减(LLD)、光源污染递减(LDD)、设备因素(EF)及隧道表面(隧道壁和顶棚)反射递减。在灯光系统安装完毕后,这些因素将会随着时间的变化而变化,这单个维护因素(TMF)也可能会形成一个复杂得多因素情况,而每种情况都需要进行单独的测控和评价。一些因素可能会超出隧道所有者或控制者的力量所及范围而依赖于其他人,比如系统的电压调节或电线不能暴露在空气中等。然而,系统设计者的任务就是决定和应用一个现实的整个系统维护因素来进行设计和计算:

初期的照明水平=最低服务水平保持的亮度/整个维护因素

9.3.1 灯光流明衰减

光源产生的光流量通常会随着时间的推移而衰减。灯光流明衰减的因素将依赖于使用在隧道里光源的类型不同而异。对于不同光源的流明输出方式将决定不同的寿命(荧光、紧密荧光、LPS、HPS、MH、感应或者无电极加热等)。从光源制造厂商的表格或曲线图上可以得到选用不同光源以及灯光流明衰减和损坏率之间的关系。光源的平均使用寿命主要由特殊小时段的每次启动有关。从这些事实可以看出,一个再次循环照明系统应该建立起来,主要时随着时间的变化而进行灯光的变化,这种特别的灯光流明衰减因素可以起到决定作用。考虑到制造商关于灯光流明衰减因素的数据,另外考虑到监视灯光输出变化灯光系统安置完成后将有助于进一步精简适宜的灯光重新照明系统,因此,推荐进行系统的再次照明系统安排。

9.3.2 燃烧

不更换已经损坏的光源将改变整个照明系统的质量,这也依赖于光源的种类及再次照明系统的使用。制造厂商的光源的损坏统计数据应该参考每种光源的使用情况来记录,这样,当更换时间到来之前就可以统计要坏的光源的数量。在对照明系统进行维护的实际应用过程中,对光源的损坏及其表现情况进行严格地记录是值得推荐的。

9.3.3 光源灰尘递减(LDD)

光源灰尘递减因素与光源的光流量输出递减有关,这源于镜头上、折射物、光源以及反光镜上面灰尘的沉积。这些灰尘堆积物导致光度计分散发射来自光源的灯光,这使得照在路面上的亮度受到衰减。光源污染递减在进行光源维护中要计算其值对于照明系统服务寿命的影响。

从很大部分程度上说,光源污染递减与业主在光源材料的性能以及定期对塑料、玻璃器具、镜头、灯具反光镜的清洗方面的投资成反比例。然而,如果光源材料具有足够的阻止灰尘和水进入的密封性能,那么清洗光源的玻璃罩可以保持足够的光通量。当前一个系统为了保证光通量而提出了决定灰尘进入率的大小。国际电工委员会标准 IEC60598,提供了一种测试方法,用来评定光源抵抗灰尘、固体物质以及水蒸气的能力,并按照这样的值对光源进行分类,并将灰尘进入保护值标注在光源上。对于隧道使用的光源而言,对于防止灰尘/水蒸气进入的最低值包括在 IP65 的水平。清洗的间隔时间可能会不一样,这主要决定于究竟需要达到怎样的保护要求。相反,如果清洁的周期固定,因为在照明设备上存在着等待清洁人员服务的心理,设计人员可能会使用小功率的光源而达到相同的照明效果。

决定光源污染递减因素的值及大小、满足设备达到服务要求的功率以及正常维护需要的资源都应该在设备的生命周期内进行投资分析。

9.3.4 设备因素(EF)

灯光损失因素,和使用时间没有关系,主要和特别选择的设备的品质有关。然而有些不能校正,这将或多或少地对发光水平产生影响,所以要达到要求的服务水平,对指定设备的挑选应该仔细。

(1)环境温度

环境温度对某些灯具的灯光输出量造成的影响需要引起足够的重视。对于特定的灯具而言,有着各自独特的灯光输出量与环境温度相对应的关系。为了弥补由于环境温度所造成的光亮的损失,设计人员必须知道最高和最低的环境温度,用数字表示出光亮变化与环境温度的关系,并在特殊的情况下采用特定的光源。

(2)电压

在使用过程中的电压时很难预测的。然而,如果电压的波动是可以预测的,那么可以通过调节适当的使用方式以弥补电压变化的影响。电阻的大小影响电压的高低,在进行电压级别控制中使用小电阻来平衡电压以弥补由于电压变化的带来的影响,这种方法值得推荐。

(3)控制换挡及灯具参数

通过控制调整线圈模式、灯具模式及其他与实际情况不相符的灯具及控制模式可以得到一些信息。某些线圈可以减少线路电压的变化,其他的可降低灯具的使用耐久性,还有其他的可以延长灯具的使用寿命。光度测定的数据是在实验室里取得的灯具的额定光源输出量。在实际情况下,线圈以及其组成部分要调节单个灯具和其他灯具之间的差异及控制灯具的额定输出功率。

(4)光源组成部分老化

光源的表面老化主要是金属、油漆、塑料成分产生了不利的化学变化,同时垫圈也会降低光流量。因为光源的组成成分包含很多材料,它们之间的关系比较复杂,所以很难预测某种材料的恶化与光流量减少有关系。同时,对于各种光源的表面,它们所处的环境不同也将影响其光通量。缺乏清洁也将导致整个系统恶化。

9.3.5 控制光度计的维护

定期地对接近段和入口段的控制光度计的清洁和检查很重要。推荐对控制光度计一年校准一次。

9.3.6 隧道内表面反射衰减

对隧道壁清洁的目的是确保隧道壁有更高的亮度,也就是墙壁高处和路表面有一样的照明效果。隧道壁上部的反射是非常重要的,因为它提高了光线的内部反射,同时墙壁的反射光给机动车驾驶员提供了重要的视觉引导效果。

(1)选择隧道壁的表面反射率

选择隧道内部的反射率对于灯光设备满足照明规范要求有很大的冲击作用。反射特性(反射、扩散以及其他)将对灯具的使用产生影响。

(2)反射衰减

隧道的内表面会沉积泥土、烟灰、污垢,化学物质诸如盐、煤灰以及来自汽车尾气、机车的喷射物以及空气或地下的蒸汽的沉积物,这将导致隧道表面的反射率降低,因此利用灯光照明设计对原始表面进行利用。这必须考虑对隧道表面的反射率进行计算以便利用。

9.3.7 灯具的清洁、更换及复原

良好的照明和能见度在阻止隧道内交通事故的发生和潜在的二次爆炸、火灾、有毒的烟雾的作用。

修理和维护隧道内的照明设备通常需要对车道进行封闭,这需要用好的设备及成熟的清洗和灯具更换计划,在很短的时间内完成。

(1)灯具清洗

定期对隧道内的反光镜和镜头进行清洗相当重要,因为这些设备经常长时间地遭受空气污染物的影响。

定期地清洗隧道的内外表面都是必需的。对于隧道内部的环境和照明设备的安装方式的不同,清洗的设备也不同。建议清洗计划及高质量设备的最初花费应该包括在设备使用周期的经济分析中。清洗计划应该遵照重新照亮计划进行,并尽可能减少车道封闭时间。

(2)内部清洁

对隧道内的照明设备进行集中内部清洁和其他照明设备相比具有更大的冲突性,这是因为在隧道内需要限制交通流。

简单、迅速灯具清洁(也称内部清洁)受到结构、闭塞装置、封闭形式和安装方式的影响,这些因素在设计中应该进行充分的考虑。与粗略设计相关的有地点、设备的介入方式或者工人用手(戴手套)的开启能力、服务以及关闭设备等都将影响到操作投资。粗略设计的一个例子就是从维护的角度来讲,就是把照明设备安置在很宽的道路的中间部分。

(3)照明器的更换

在照明器应当更换的情况下,应当能够迅速的将其更换。这种方法应当使隧道的相关行车道封闭时间最短。

9.3.8 其他影响因素

在计算隧道照明度时,还应该注意一些因素。虽然这些因素不都会导致照明质量的下降,但是不能被忽略。这些因素造成了现场测量和计算之间的误差。

(1)人行道的反射率

①人行道(检修道)的反射率是一些被假设的标准变量,要使它精确应当做现场的测量。

②覆盖在人行道上的灰尘会降低它的反射率。

(2)其他反射率特点

在精确预测出路、墙、顶棚表面的灯光反射率基础上,才能计算出散射率。

(3)建筑物的几何特性

由于建筑物的结构不同,所以建筑物的几何特性和设计有所不同(例如隧道的大小,照明器的安装位置和目的等)。

9.3.9 光源及灯具维护

只有在良好的维护条件下,一个道路照明设施才能连续和有效地运行。此外,维护不良会导致因光源光通量下降、灯泡损坏和灯具肮脏等恶劣效果，这种恶劣效果给照明质量带来了不可容忍的损失。

即使是在一个维护得很好的照明设施上，某些质量上的恶化也是不可避免的，这种恶化将出现在运行周期最大值的地方。面对照明设计者的任务，就是联系着维护周期和设施提供的初始照明水平，而使照明水平和质量不要降低到标准规定以下。同时，这一设施的维护不应很高、耗能也不应过大。

(1)灯泡损坏

由于制作上允许存在一定的误差，这就使得对一支灯泡不可能提供一个精确规定的寿命或者预告一支特定的灯泡何时损坏。而且，对于在道路照明上常用的放电灯来说，灯泡寿命受着多种因素的影响，灯光制造者很难控制，例如，镇流器的型式，大气温度，工作电压，开关频率，点燃位置，机械震动的严重性以及其他等等。灯泡寿命的变化也常常与灯泡使用的功率是否匹配有关。

灯泡制造厂又在实验室控制的条件下，对标准的灯泡进行处理得到"损坏率曲线"。每一条曲线都指出了在不断增加着的点燃时间中，仍在继续点燃的某种指定类型的灯泡，其损坏率达到50%时所点燃的小时数，称为灯泡的平均寿命。

(2)灯泡光通量的衰减

灯泡光通量的衰减，这也就是说，绝大多数的灯泡在经过了一段老化时间之后它的光输出都要下降。一支灯泡的寿命在它给定的这一期间下降，这不仅与光源类型和功率有关，还与许多其他因素有关，诸如大气温度、电压波动、点燃位置、机械震动的严重性，以及其他等等，也都是重要因素。不过，就像灯泡的损坏一样，在实际运行条件下提出一个光通量衰退十分可靠的资料也是办不到的。灯泡制造者能够对不同的灯(种类和功率)提出一个光通量衰减曲线，这也是在试验室控制的条件下取得的。图9-28和图9-29给出了某些灯泡的光通量衰减曲线，它表示出高压钠灯和低压钠灯的光通衰减趋势，特别是在后期要低于高压汞灯。

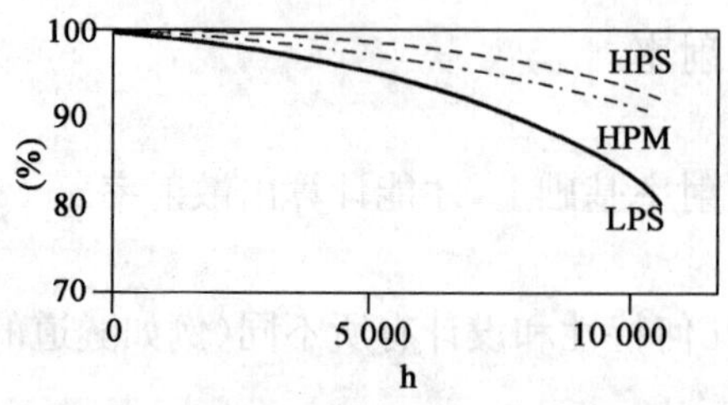

图9-28 高压钠灯(HPS)高压汞灯(HPM)和低压钠灯(LPS)的损坏率曲线
h-点燃小时数

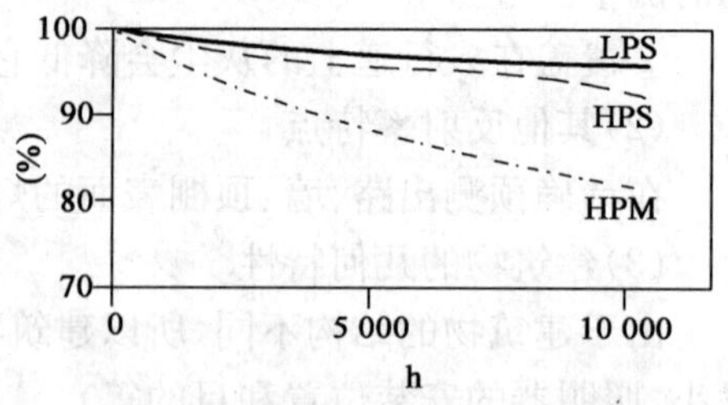

图9-29 灯泡光通量的衰减曲线
h-点燃小时数

(3)灯具的污垢程度

在道路照明中最严重的光输出损失是来自灯具光发射面上的尘垢积集。肮脏的灯具会使灯具的光分布形成不利的变化。

自然,肮脏的严重程度与灯具类型和该地区的大气污染状况有关。封闭的灯具比开敞的灯具防尘的效果更好些,还可以防腐蚀,自然,它的密闭性应当是相当好才行。当然,如果一旦封闭式的灯具也被脏东西侵入了的话,那么很快就能使输出的光通量每年降低达20%～30%之多。而对于无保护的暴露位置很可能每年的光输出损失只有5%～10%。

(4)灯具老化

灯具的老化表现在反射器和镜面反射性能的逐渐衰退或者透明罩因腐蚀和变色造成的透光率的损失。自然,这种效果与灯具品种和它使用的材料有关。灯具因老化造成的光输出损失是不能靠清洗来恢复的,对于一个封闭型的高质量灯具,它的光输出下降平均值应按每年1%计算。

9.3.10 运行维护

在一个新的道路照明设施被设计好了之后,只有在运行过程中才能评价,上面提到的各种影响光输出衰退的总效果,也只有在保持照明标准得到一定保证的情况下才能谈得到设施的寿命问题。

自然,衰减效果总的扩展程度主要是靠维护的性质和这种维护的操作频率。例如,清扫周期之间的间隙愈长,污垢的积集对输出的光通量影响也愈大,由此,对一个新的照明设施的要求也就愈高。

灯泡可以在它不亮的时候单独地更换,也可以在经过了一段合理的点燃时间以后,不管它们坏了没有,把安装在设施上的灯泡全部更换掉。后一种更换方式通称为“群组更换”,这种群组更换的运行方式,通常是与灯具的清洗和电器与机械连接的检查结合进行的。有时,也采用群组更换和单独发光点更换(在检查位置上更换坏了的灯泡)结合起来的方式。

群组更换(包括灯具的清洗和检查)是一种现行的既节约资金又节约能耗的最佳解决方法,采用了这种方法以后,可以使因灯泡光通量衰退和灯具肮脏导致的灯具光输出下降保持在一个相对较低的水平上;它的结果是维护水平将比较接近于照明设施提供的“初始”照明水平。

CIE提出的第33号技术报告(CIE,1977b)中给出了最佳群组更换周期的方法和详细资料(对应这一周期,点燃小时数有时被称为灯泡的经济寿命)。一个有效的群组更换(以及清洗)周期通常间隔为6 000～8 000h(也就是1.5～2年)。在严重污染的地区,有时要求在群组更换周期之间增加一次清洗操作,这样就缩短一个间隔的周期。

9.4 通风与照明综合节能控制

由于隧道本身的特殊构造，隧道内的烟雾浓度较大，因此，对隧道照明产生了一定的影响。日本的《隧道照明指南》中，特别注明各项规定均以烟雾浓度 $\tau_{100}=50\%$（相当于 $K_1=7\times10^{-3}\mathrm{m}^{-1}$）为准。PIARC 十八届世界会议（1987，布鲁塞尔）的隧道委员会《技术报告》，也明确指出亮度要求与烟雾浓度 K_1 之间的关系（未见到更新的成果），如表 9-4 所示。

亮度要求与烟雾浓度（$\mathrm{cd/m^2}$）　　表 9-4

停车视距(m) \ 烟雾浓度 $K_1(\mathrm{m}^{-1})$	5×10^{-3}	9×10^{-3}
60	1	2
100	5	15
160	10	—

可以看出，烟雾浓度对亮度要求的影响非常大，当停车视距为 100m 时，如果烟雾浓度从 $5\times10^{-3}\mathrm{m}^{-1}$ 增加到 $9\times10^{-3}\mathrm{m}^{-1}$，则亮度要求将会提高 3 倍。

因此，在进行照明设计时，需要考虑通风的影响，寻找一个通风与照明节能的最佳组合方案。

9.4.1 照度与交通量及速度的关系

根据《规范》，入口段根据洞外亮度分级，当 $V_{设}=40\mathrm{km/h}$ 和 $60\mathrm{km/h}$ 时，分为 5 级，$V_{设}=80\mathrm{km/h}$ 和 $100\mathrm{km/h}$ 时，分为 6 级。对《规范》表 4.3.1 进行回归，可得车速与照度的关系式：

$$L_{入}=0.000\,56V-0.010\,7 \qquad Q>2\,400\ 辆/\mathrm{h} \tag{9-46}$$

$$L_{入}=0.000\,425V-0.008\,5 \qquad Q<700\ 辆/\mathrm{h} \tag{9-47}$$

根据规范，当交通量在 700～2 400 时，采用内插法，从而可得如下车速、交通量、照度的关系式：

$$L_{入}=(0.628V-0.002\,2Q+0.000\,135VQ-12.91)/1\,700 \tag{9-48}$$

对于基本段，当交通量在 700～2400 时，按《规范》表 4.2.1 规定的 80%取值，其他情况直接按《规范》表 4.2.1 的规定取值。

9.4.2 速度与能见度的关系

能见度的大小对行车安全影响很大。对最大能见度进行控制，是为了满足行车停车视距，能见度是停车距离的倒数，停车距离可按下式计算：

$$S=\frac{vt}{3.6}+\frac{kv^2}{254(\varphi\pm i)}+l_0 \quad (9\text{-}49)$$

式中：v——计算行车速度，km/h；

t——反映时间，取1.2s；

k——安全系数，可取1.2～1.4；

φ——摩擦系数，可取0.4；

i——道路纵坡，车辆行进方向为上坡时 i 前取“+”号，下坡时 i 前取“−”号；

l_0——车辆停下来时与障碍物之间的安全距离。

式(9-49)有两个变量，速度 v 和摩擦系数 Φ。当速度一定时，停车距离取决于摩擦系数。摩擦系数的大小又与速度、路面类型(沥青路面或混凝土路面)、天气状况密切相关(图9-30)。摩擦系数随着速度的增加而降低，对潮湿路面尤为显著。虽然隧道内一般都是干燥的，但当下雨时，在洞口附近摩擦系数会显著变小。

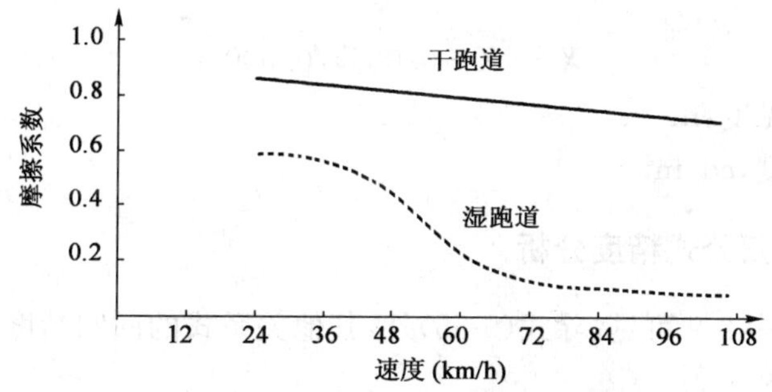

图9-30 天气状况-车速与道路摩擦系数的关系

式(9-49)是速度与能见度的通用表达式。为了方便使用，根据《规范》规定的不同速度时要求的能见度，回归可得如下关系式：

$$k=0.0008x+0.0055(R^2=0.9143) \quad (9\text{-}50)$$

$$k=0.0003x^2-0.0005x+0.0068(R^2=0.9857) \quad (9\text{-}51)$$

$$x=6-v/20 \quad (9\text{-}52)$$

式中：k——能见度，m^{-1}；

v——设计车速，km/h。

9.4.3 速度与亮度的关系

根据《规范》规定的不同速度时要求的亮度，回归可得如下关系式：

$$L=-2.45x+10.5(R^2=0.9043,\text{高交通量}) \quad (9\text{-}53)$$

$$L=0.875x^2-6.825x+14.875(R^2=0.9966,高交通量) \quad (9\text{-}54)$$

$$L=-0.8x+4.25(R^2=0.7529 低交通量) \quad (9\text{-}55)$$

$$L=0.5x^2-3.3x+6.75(R^2=0.9882,低交通量) \quad (9\text{-}56)$$

式中：L——亮度，cd/m^2；

x——意义同前。

9.4.4 能见度与亮度的关系

根据《规范》的规定值，高交通量时，亮度与能见度的回归关系式为：

$$L=0.0174x^4-0.4051x^3+3.3507x^2-12.036x+18.083(R^2=0.9994) \quad (9\text{-}57)$$

低交通量时，亮度与能见度的回归关系式为：

$$L=0.0233x^4-0.4102x^3+2.6411x^2-7.3925x+9.1367(R^2=0.9999) \quad (9\text{-}58)$$

$$X=(K-0.006)/0.0005$$

式中：K——能见度，m^{-1}；

L——亮度，cd/m^2。

9.4.5 回归公式精度分析

由表 9-5～表 9-9 可见，除式(9-55)外，其他关系式的回归精度都比较高，可以满足工程的需要。

速度与能见度关系的公式计算值与规范值比较　　表 9-5

速度(km/h)	k 规范值(m^{-1})	计算 k 值/相对误差值	计算 k 值/相对误差值
100	0.006 5	0.006 3/3.076 9%	0.006 6/1.538 4%
80	0.007	0.007 1/1.428 5%	0.007/0%
60	0.007 5	0.007 9/5.333 3%	0.008/6.666 7%
40	0.009	0.008 7/3.333 3%	0.009 6/6.666 7%

高交通量时速度与亮度关系的公式计算值与规范值比较　　表 9-6

速度(km/h)	L 规范值(cd/m^2)	计算 L 值/相对误差值	计算 L 值/相对误差值
100	9	8.05/10.555 6%	8.925/0.833 3%
80	4.5	5.6/24.444 4	4.725/5.00%
60	2.5	3.15/26.00%	2.275/9.00%
40	1.5	0.7/53.00%	1.575/5.00%

低交通量时速度与亮度关系的公式计算值与规范值比较 表 9-7

速度(km/h)	L 规范值(cd/m²)	计算 L 值/相对误差值	计算值 L/相对误差值
100	4	3.45/13.75%	3.95/1.25%
80	2	2.65/32.50%	2.15/7.50%
60	1.5	1.85/23.333 3%	1.35/10.00%
40	1.5	1.05/30.00%	1.55/3.333 3%

高交通量能见度与亮度关系的公式计算值与规范值比较 表 9-8

速度(km/h)	L 规范值(cd/m²)	计算 L 值	计算 L 值相对误差值
100	9	9.01	0.001 111 1
80	4.5	4.451 4	−0.010 8
60	2.5	2.603	0.041 2
40	1.5	1.541	0.027 333 3

低交通量能见度与亮度关系的公式计算值与规范值比较 表 9-9

速度(km/h)	L 规范值(cd/m²)	计算 L 值	计算值 L 相对误差值
100	4	4.008 4	0.002 095 6
80	2	2.027 3	0.013 466 2
60	1.5	1.571	0.045 194 1
40	1.5	1.514 9	0.009 835 6

第10章 综合节能

本章主要论述风能发电、太阳能光伏发电、风光互补发电系统、光纤照明系统、太阳能与LED相结合的照明技术、太阳光与人工光结合的照明技术的原理及在公路隧道节能中的应用情况。

10.1 风力发电在隧道节能中的应用

10.1.1 风及风能资源

风的形成是空气流动的结果,风能则是太阳能在地球表面的另外一种表现形式,由于地球表面的不同形态(如沙土地面、植被地面和水面)对太阳光照的吸热系数不同,在地球表面形成温差,地表空气的温度不同,形成空气对流而产生风能。风能是一种清洁而安全的能源,在自然界中可以不断生成并有规律地得到补充,所以风能资源的特点十分明显,其开发利用的潜力巨大。同时风力资源是一种洁净的可再生资源,风力发电是一种新兴能源,同时风能发电还具有建设周期短、装机规模灵活、不淹没土地等其他发电方式无法相比的优点,因而越来越受到世人瞩目。

风能利用究竟有多大的发展前景,就需要对它的总储量有一个科学的估计。这样在制定今后可以发展的各种能源比例上就可以进行更合理的配置,充分发挥其效益。对全球风能储量的估计,早在1948年曾由普特南姆(Putnam)进行了估算,认为大气总能量约为10^{14}MW,这个数量得到世界气象组织的认可,并在1954年世界气象组织在它出版的技术报告第4期《来自于风的能量》专集中进一步假定上述数量的一千万分之一是可为人们所利用的,即有10^{7}MW为可利用的风能:这相当于10 000个每座发电量力100万kW的利用燃料发电的发电厂的发电量。阿尔克斯(W. S. Von Arx)于1974年认为上述估计量过大,这个量只是一个贮藏量,对于再生能源来说,必须跟太阳能的流入量对它的补充相平衡,其补充率较小时,将会衰竭。因此人们关心的是可利用的风的动能,他认为地球上可以利用的风能为10^{6}MW。

根据我国年平均风能功率密度分布图，利用每平方米 25W、50W、100W、200W 等直线区间的面积乘以各等级风能功率密度，然后求其各区间面积之和，可计算出我国 10m 高度处风能储量为 322.6×10^{10} W，这个储量称作理论可开发量，实际可开发的量，要考虑风力发电机之间的湍流影响，一般取风力机间距 10 倍叶轮直径，因此按上述总量的 1/10 估计，并考虑风力机叶片的实际扫掠面积(对于 1m 直径叶轮的面积为 $0.5^2\times\pi=0.785\text{m}^2$)。因此，再乘以扫掠面积系数 0.785，即为实际可开发量。由此，便可得到中国风能实际可开发量为 2.53×10^{11} W，即 2.53 亿 kW。这个值不包括海面上的风能资源量，且仅是 10m 高度层上的风能资源量，而非整层大气或整个近地层内的风能量，与阿尔克斯等人的估算值不属同一概念。

即便如此，风能作为一种再生能源，是一种非常可观的、有前途的能源。在隧道节能应用中，结合隧道所处地域特点，应用风力发电进行隧道照明用电供应，不但可以节省能源还可以起到环保的作用。

10.1.2 风力发电机容量选择计算

计算风力发机发电容量，是在确定了负载用电量、初步选定风力机型号及已知耗电系统所在地风资源情况下来进行的。

根据风光采集的资料和实际使用情况，获得平均风速后，利用风能基本公式来计算风力发电机的基本功率。它的使用条件是首先了解具体风机安装点的平均风速(通过实测得到)，根据使用条件选定风机的风轮半径，由公式得出风力机的功率：

$$P=\frac{1}{2}C_{p}\eta A\rho v^{3},A=\pi R^{2} \tag{10-1}$$

式中：P——发电机的输出功率，W；

C_p——风能利用系数；

η——为风力发电机组功率输出综合效率；

A——为风轮扫掠的面积，其中 R 即为风轮半径，m；

ρ——空气密度，kg/m^3；

v——为风速，m/s。

C_p的选择通过资料可以看出多数风轮风能利用系数在 0.2～0.4 之间。风力发电机功率输出综合效率 η 一般 0.8～0.95 之间，使用计算时通常选用 0.85。也就是说：风轮输出的最终效率在 0.16～0.38 之间。空气密度由于地点的不同而变化。即使同一地点在不同时间的空气密度也不同，它是随温度、压力而变化的。在标准状态下空气密度为 1.293kg/m^3。

通过风力机的输出功率的基本理论来计算每台风力机在测定的风资源状态下的月发电量。根据风力机功率和风速概率密度函数就可以算出年发电量。首先用概率密度函数计算出风速落在 V_i 和 V_{i+1} 范围内的概率；然后与全月的小时数相乘，就可以得出全月风速在 V_i 和 V_{i+1} 之间的风力机所发出的电能。将风速等分为 $V_i(i=1,2,\cdots,N)$，一般间隔为 1m/s。需要注意的是上面的数字还得乘以发电机和齿轮箱等传动的效率(大约为 0.9)才是发电量。一般风概率密度函数由瑞利分布和为威布尔分布来表示，瑞利分布仅由平均风速来给出：

$$f(V)=\frac{\pi}{2}\frac{V_0}{V}\exp\left\{-\frac{\pi}{4}\left(\frac{V_0}{V}\right)^2\right\} \tag{10-2}$$

更一般的形式的威布尔分布，考虑了外部条件(障碍物、植被等)对风速的影响，由形状参数 K 和标度参数 A 来表示：

$$f(V)=\frac{k}{A}\left(\frac{V_0}{V}\right)^{k-1}\exp\left\{\left(\frac{V_0}{A}\right)^k\right\} \tag{10-3}$$

参数 k 和 A 由当地地理条件、障碍物和植被等决定。那么风速落在 V_i 和 V_{i+1} 之间的概率就为：

$$F(V_i<V<V_{i+1})=\exp\left\{-\left(\frac{V_i}{A}\right)^k\right\}-\exp\left\{-\left(\frac{V_{i+1}}{A}\right)^k\right\} \tag{10-4}$$

每天的发电量 E 可用下式计算：

$$E=\sum_{i=1}^{N-1}\frac{1}{2}(p(V_{i+1})+p(V_i))\times F(V_i<V<V_{i+1})\times 24 \tag{10-5}$$

为了简化计算通过对风资源中的数据整理，本书中对风频密度选用月最低平均风速，间隔点为 24h 作为计算参数，这样大大简化了计算量，但实际运用中还需要对风频间隔进一步细分，得出的风力发电机的发电量才能更精确。当估算出单台风力发电机的日发电量后，由负载用每天用电量便可确定风力机的使用个数，得出购置成本。

10.1.3 风力发电系统设备选择及组成

1)设备选择

根据计算风能中所需的参量，确定采集设备的类型，进行计算时所需的参量有如下几类：

(1)风机相对应安装高度的风速记录，用以计算风力机发电功率。

(2)安装地的温度记录，用以估算当地的风能密度。

(3)安装地的气压记录，用以估算当地的风能密度。

(4)在记录风速的同时也需进行风向的测定，以保证记录的完整性。

由以上测定参数来确定采集设备的构成，所以该采集设备主要由风速仪、风向仪、气压计和 NRG 资源采集器(其中的六个数字通道和六个模拟通道完全可满足采集的要求)组成。同时采集系统也包括其他如支架、避雷针及连接线等附属设备。支架不仅是作为固定测试装置的一个稳固体，同时高度也要与所选风机高度相适应，因为风速是随高度而变化的参数。因此风速仪的安装高度应与风力机的安装高度相适应，以达到测试数据与实际使用中的参量相吻合。整个测试设备都安装在相对周围有一定高度的位置上，并且该设备相对比较昂贵，避雷装置就是为了防止这些设备因雷电而造成损坏。

2)数据采集

(1)风向及风速的测量

由于地球上的大气层压力不断交化，空气永远不会静止，总是运动着的。空气流动的结果就是风。风是由风向和风速确定的。

①风向

风向，即风吹来的方向。如果气流从西方吹来就称为西风。这个风向可由风向标(一种围绕立轴旋转的金属片)为我们指示出来。从风向标与固定主方位指示杆之间的相对位置就可以很容易观测出风向。观测资料表明风向总是沿一条中间轴线被动。利用各个地方每日的记录可画出一幅极线图，显示出各种风向发生时间的百分比。径向矢量的长度与该方向的平均风速成正比。这种图称为风玫瑰，既可画成一天中每个小时的，又可面成逐月的。分析比较一系列这样的图，就可以掌握一天或一年中风向的变化。

②风速

风速是用各种各样的风速计来测量的。

a. 旋转式风速计。它的感应部分是一个固定转轴上的感应风的组件，常用的有风杯和螺旋桨叶片两种类型。风杯旋转轴垂直于风的来向，螺旋桨叶片的旋转轴平行于风的来向。本书测试选用的是测定风速最常用的传感器——杯形风速器。这种风速器的优点是它与风向无关，所以一直得到广泛的采用。测试选用的风速器由3个半球形的空心杯壳组成。杯形风速计固定在互成120°的三叉形支架上，杯的凹面顺着同一方向，整个横臂架则固定在能旋转的垂直轴上。由于凹面和凸面所受风压力不相等，在风杯受到扭力作用而开始旋转，它的转速与风速成一定的关系。

b. 压力式风速仪。它是利用流体的全压力与静压力之差来测定风速大小。利用双联皮托管，一个管口迎着气流来向，感应气流的全压力 p_0；另一个管口背着气流的来向，所感应的压力 p，因为有抽吸作用，比静压力稍低些。两个管子所感应的有一个压力差 Δp 为：

$$\Delta p = p_0 - p = \frac{1}{2}\rho v^2(1+c),\ v = \left[\frac{2\Delta p}{\rho(1+c)}\right]^{\frac{1}{2}} \tag{10-6}$$

式中：ρ——空气密度，kg/m^3；

v——风速，m/s；

c——修正系数。

c. 散热式风速计。利用被加热物体的散热速率与周围空气的流速有关特性可以测量风速。它主要适用于测量小风速，但不能测量风向。

d. 声学风速计。它是利用声波在大气中传播速度与风速间的函数关系来测量风速。声学风速计没有转动部件，响就快，能测定沿任何指定方向的风速分量等特性，但造价太高。所以一般的测量风速还是用旋转风速计。

(2)气压及温度的测量

①气压计。与风光的采集同步读取时时的大气压力。而大气压力是主要作为计算风密度的一个主要参数。

②温度计。同气压计一样也是随风光的采集同步读取数据来作为计算风密度和光电板发电效率中的一个主要参量。

3)数据储存和读取

数据的读取和储存都是通过 NRG 系统来进行的。NRG 系统包括一台 9300SA 独立式记录仪(内含储存卡)、一个 TERM Reader 手持式终端阅读器及一个 basestation 数据采集和管理软件。9300SA 独立式记录仪有 12 个传感器输入通道，包括 6 个用于测量风速的频率计数通道和 6 个用于测量风向、温度、太阳强度、气压和其他环境条件的模拟通道。风速测试只占用了其中的 5 个通道，1 个用于测量风速的计数通道和 4 个分别记录风向、温度、太阳强度和气压的模拟通道。读取(最多达一年)的数据存储在可拆卸非易失性 FLASH 数据卡上。这种 FLASH 存储卡，不会由于蓄电池电压下降而丢失数据。同时该卡也可用于手持式终端阅读器直接读取。当储存卡储存了足够瞧的数据后需要处理时可的时候把卡插入 TERM Reader 手持式终端阅读器中，把阅读器通过 RS323 接口与电脑连接并在电脑中(附带光盘)安装 BaseStation 程序，即可在电脑中读取、储存并处理卡中的数据了。

10.1.4 风力发电系统及运行原理

风力发电系统是利用小型风力发电机，将风能转换成电能，然后通过控制器对蓄电池充电，最后通过逆变器对用电负荷供电的一套系统。该系统的优点是资源条件好，系统发电量较高，系统造价较低，运行维护成本低，缺点是小型风力发电机可靠性低。

1)独立运行的风力发电系统

(1)直流系统

图 10-1 为一个由风力发电机驱动的小型直流发电机，经蓄电池蓄能装置向电

阻性负载供电的电路图。图中 L 代表电阻性负载(如照明灯等),J 为逆流继电器控制的动断触点。当风力减小,风力机转速降低,致使直流发电机电压低于蓄电池组电压时,则发电机不能对蓄电池充电,而蓄电池却要向发电机反向送电。为了防止这种情况出现,在发电机电枢电路与蓄电池组之间装有由逆流继电器控制的动断触点,当直流发电机电压低于蓄电池组电压时,逆流继电器动作,断开动断触点 J,使蓄电池不能向发电机反向供电。以蓄电池组作为蓄能装置的独立运行风力发电系统中,蓄电池组容量的选择至关重要,因为这是保证在无风期能对负载持续供电的关键因素,一般来说,蓄电池容量的选择与选定的风力发电机的额定数值(容量、电压等)、日负载(用电量)状况以及该风力发电机安装地区的风况(无风期持续时间)等有关;同时还应按 10h 放电率电流值(蓄电池的最佳充放电电流值)的规定来计算蓄电池组的充电及放电电流值,以保证合理的使用蓄电池,延长蓄电池的使用寿命。

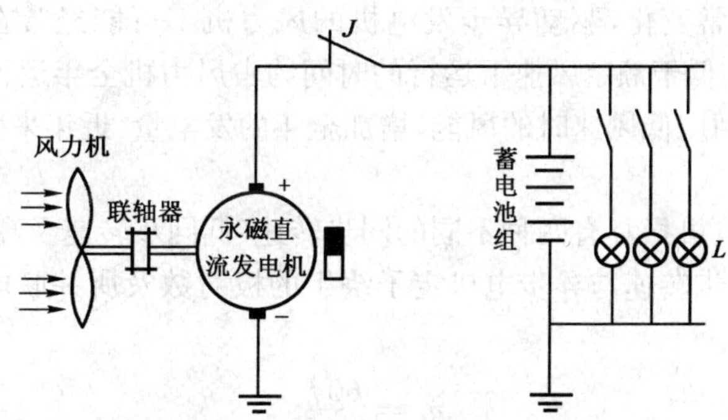

图 10-1 独立运行的直流风力发电系统

(2)交流系统

在蓄电池的正负极两端接上电阻性的直流负载(图 10-2),则构成了一个由交流风力发电机组经整流器组整流后向蓄电池充电及向直流负载供电的系统。如果在蓄电池的正负极端接上逆变器,则可向交流负载供电,如图 10-3 所示。

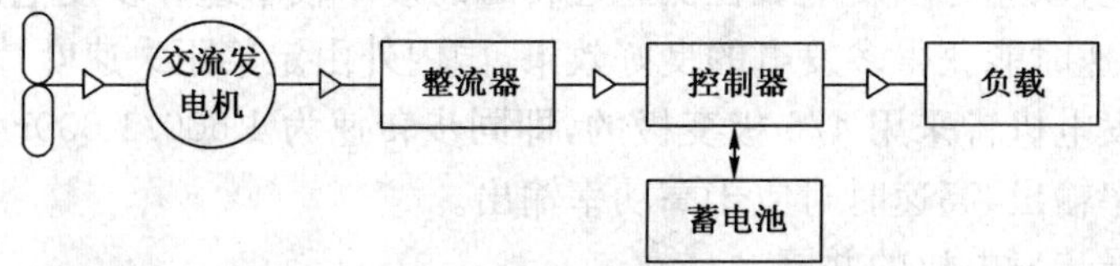

图 10-2 交流发电机向直流负载供电

图 10-3 中的逆变器可以是单相逆变器,也可以是三相逆变器,视负载为单相或三相而定。对于隧道照明供电系统而言,动力负载为发电机,必须采用三相逆变器,对逆变器输出的交流电的波形按负载的要求可以是正弦波形或方波。图中的

交流发电机除可以用永磁式交流发电机及硅整流自励交流发电机外，还可以用无刷励磁硅整流自励交流发电机。

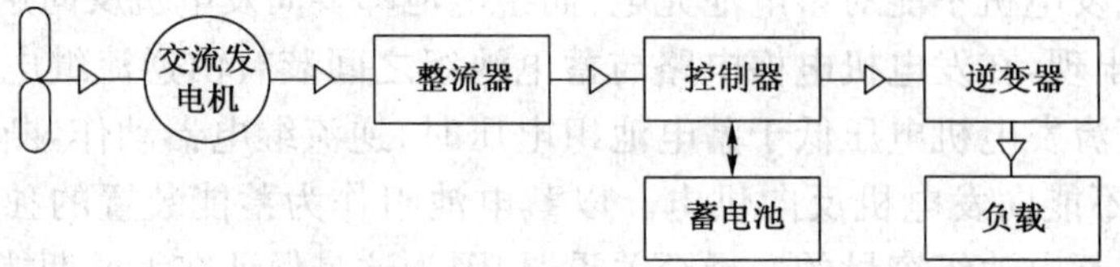

图 10-3　交流发电机向交流负载供电

2)并网运行的风力发电系统

(1)风力机驱动双速异步发电机与电网并联运行

①双速异步发电机

在与电网并联运行的风力发电系统中大多采用异步发电机，由于风能的随机性，风速的大小经常变化，驱动异步发电机的风力机不可能经常在额定风速下运转。通常风力机在低于额定风速下运行的时间约占风力机全年运行时间的 60%～70%。为了充分利用低风速时的风能，增加全年的发电量，近年来广泛应用双速异步发电机。

双速异步发电机指具有两种不同的同步转速(低同步转速及高同步转速)的电机，异步电机的同步转速与异步电机定子绕组的极对数及所并联电网的频率有如下关系：

$$n_s = \frac{60f}{p} \tag{10-7}$$

式中：n_s——异步电机的同步转速，r/min；

p——异步电机定子绕组的极对数；

f——电网的频率，我国电网的频率为 50Hz。

双速异步发电机的转子皆为鼠笼式的，因为鼠笼式转子能自动适应定子绕组极对数的变化，双速异步发电机在低速运转时的效率较单速异步发电机高、滑差损耗小；在低风速时能获得多发电的良好效果，国内外由定桨距失速叶片风力机驱动的双速异步发电机皆采用 4/6 极变极的，即同步转速为 1 500/1 000r/min，低速时对应于低功率输出，高速时对应于高功率输出。

②双速异步发电机的并网

如前所述，近代异步发电机并网时多采用晶闸管软并网方法来限制并网瞬间的冲击电流，双速异步发电机与单速异步发电机一样也是通过晶闸管软并网方法来限制启动并网时的冲击电流，同时也在低速(低功率输出)与高速(高功率输出)绕组相互切换过程中起限制瞬变电流的作用。双速异步发电机通过晶闸管软切入并网的主电路。如图10-4所示，双速异步发电机启动并网及高低输出功率的切换信号皆有计算机控制。

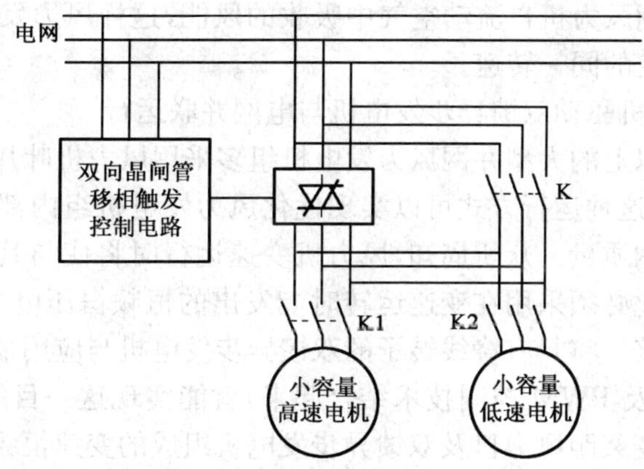

图10-4 双速异步发电机主电路连接图

③双速异步发电机的运行控制

双速异步发电机的运行状态，即高功率输出或低功率输出（在采用两台容量不同发电机的情况下，即大电机运行或小电机运行），是通过功率控制来实现。

a. 小容量电机向大容量电机的切换

当小容量发电机的输出在一定时间内（例如5min）平均值达到某一设定值（例如小容量电机额定功率的75%左右），通过计算机控制将自动切换到大容量电机。为完成此过程，发电机暂时从电网中脱离出来，风力机转速升高，根据预先设定的启动电流值，当转速接近同步速时透过晶闸管并入电网，所设定的电流值应根据风电场内变电所允许投入的最大电流来确定。由于小容量电机向大容量电机的切换是由低速向高速的切换，故这一过程是在电动机状态下进行的。

b. 大容量电机向小容量电机的切换

当双速异步发电机在高输出功率（即大容量电机）运行时，若输出功率在一定时间内（例如5min）平均下降到小容量电机额定容量的50%以下时，通过计算机控制系统，双速异步发电机将自动由大容量电机切换到小容量电机（即低输出功率）运行。

（2）风力机驱动滑差可调的绕线式异步发电机与电网并联运行

现代风电场中应用最多的并网运行的风力发电机是异步发电机。异步发电机在输出额定功率时的滑差率数值是恒定购，约在2%～5%之间。众所周知，风力机自流动的空气中吸收的风能是随风速的起伏而不停地变化，风力发电机组的设计都是在风力发电机输出额定功率时使风力机的风能利用系数（C_p值）处于最高数值区内。当来流风速超过额定风速时，为了维持发电机的输出功率不超过额定值，必须通过风轮叶片失速效应（即定桨距风轮叶片的失速控制）或是调节风力机叶片的桨距来限制风力机自流动空气中吸收的风能，这样风力发电机组将在不同的风速下维持不变的同一转速。

(3)变速风力机驱动双馈异步发电机与电网并联运行

现代兆瓦级以上的大型并网风力发电机组多采用风力机叶片桨距可以调节及变速运行的方式，这种运行方式可以实现优化风力发电机组内部件的机械负载及优化系统内的电网质量。众所周知，风力机变速运行时将使与其连接的发电机也作变速运行。因此必须采用在变速运转时能发出的恒频恒压电能的发电机，才能实现与电网的连接。将具有绕线转子的双馈异步发电机与应用最新电力电子技术的 LGBT 变频器及 PWM 控制技术结合起来，就能实现这一目的，也即是变速恒频发电系统。由变桨距风力机及双馈异步发电机组成的变速恒频发电系统的链接情况如图 10-5 所示。

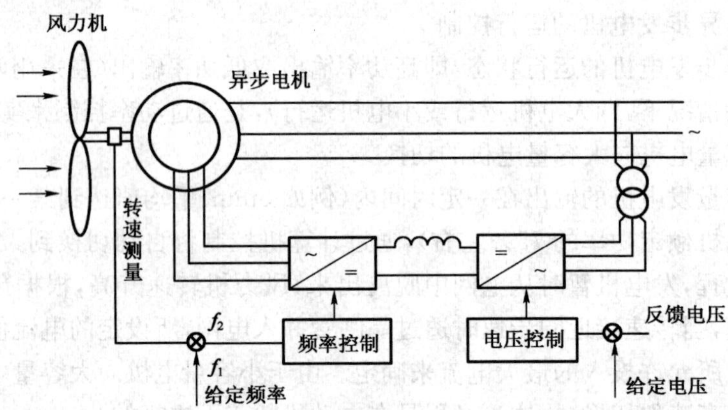

图 10-5　变速风力机——双馈异步发电机系统与电网连接图

风速变化时，系统工作情况如下：

当风速降低时，风力机转速降低，异步发电机转子转速也降低，转子绕组电流产生的旋转磁场转速将低于异步电机的同步转速 n_s，定子绕组感应电动势的频率 f 低于 f_1(50Hz)，与此同时转速测量装置立即将转速降低的信息反馈到控制转子电流频率的电路，使转子电流的频率增高，则转子旋转磁场的转速又回升到同步转速 n_s。这样定子绕组感应电势的频率 f 又恢复到额定频率 f_1(50Hz)。

同理，当风速增高时，风力机及异步电机转子转速升高，异步发电机定子绕组的感应电动势的频率将高于同步转速所对应的频率 f_1(50Hz)，测速装置会立即将转速和频率升高的信息反馈到控制转子电流频率的电路，使转子电流的频率降低，从而使转子旋转磁场的转速回降至同步转速 n_s，定子绕组的感应电动势频率重新恢复到频率 f_1(50Hz)。

当异步电机转子转速达到同步转速时，此时转子电流的频率应为零，即转子电流为直流电流，这与普通同步发电机转子励磁绕组内通入直流电是相同的。

(4)变速风力机驱动交流发电机变频器与电网并联运行

由风力机驱动交流(同步)发电机经变频装置与电网并联的原理如图 10-6 所示。在这种风力发电系统中，风力机可以是水平轴变桨距控制或失速控制得定桨风力机，也可以是立轴的风力机。

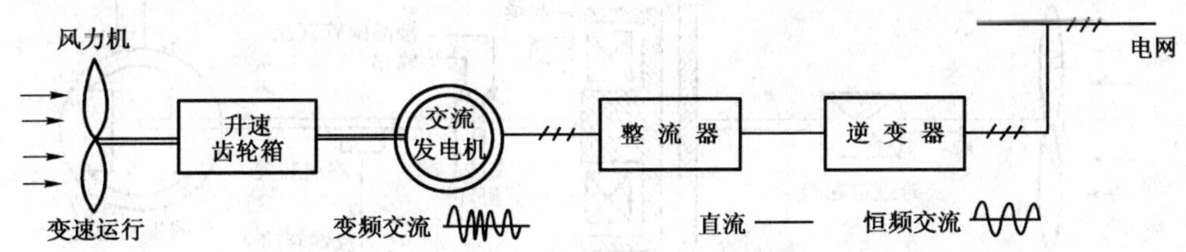

图 10-6 风力机驱动交流发电机经整流——逆变装置与电网连接图

在这种发电系统中，由于交流发电机是通过整流——逆变装置与电网连接，发电机的频率与电网的频率是彼此独立的，因此通常不会发生同步发电机并网时由于频率差而产生的冲击电流或冲击力矩问题。

(5)风力机直接驱动低速交流发电机经变频器与电网连接运行

这种并网运行风力发电系统的特点是：由于采用了低速(多极)交流发电机，因此在风力机与交流发电机之间不需要安装升速齿轮箱，而成为无齿轮箱的直接驱动型，如图 10-7 所示。

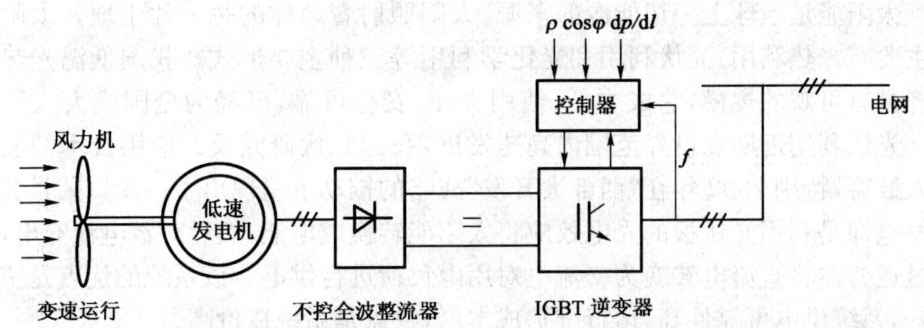

图 10-7 无齿轮箱直接驱动型变速恒频风力发电系统与电网连接图

这种系统中的低速交流发电机，共转子的极数多于普通交流同步发电机的极数，因此这种电机的转子外圆及定子内径尺寸大大增加，而其轴向长度则相对很短，呈圆环状。为了简化电机的结构，减小发电机的体积和质量，采用永磁体励磁是有利的。

(6)变速风力机经滑差连接器驱动同步发电机与电网并联运行

风力机驱动同步发电机与电网并联，当风速变化风力机变速运行时，同步发电机输出端将发出变频变压的交流电，是不能与电网并联的。如果在风力机与同步发电机之间采用电磁滑差连接器来连接，则当风力机做变速运行时，借助电磁滑差连接器，同步发电机能发出恒频恒压的交流电，实现与电网的并联运行，这种系统的原理如图 10-8 所示。

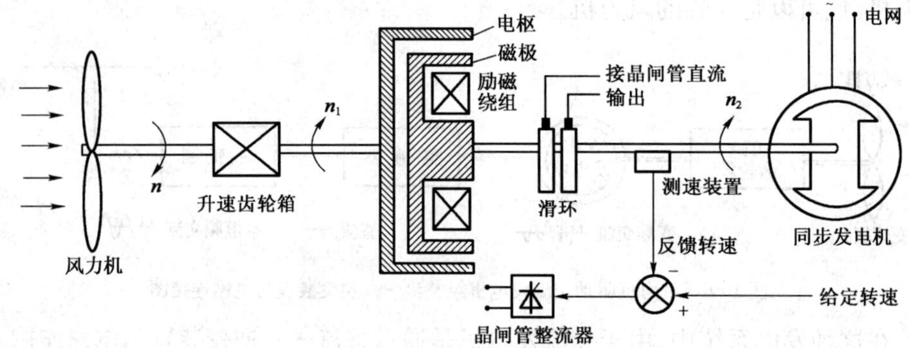

图 10-8　采用电磁滑差连接器的变速恒频风力发电系统原理图

10.2　太阳能发电在隧道节能中的应用

10.2.1　太阳能和光伏发电

太阳能是地球上一切能源的来源，太阳照射着地球的每一片土地。太阳能利用主要有光热利用、光伏利用和光化学利用等三种主要形式。我国低温光热利用已经具有可观的规模，它成本低、使用方便、安全可靠，已经为全国广大人民所接受。光伏利用近期在世界范围内高速发展，我国光伏研究及其应用技术的发展也令人鼓舞，特别 2002 年在“西部大开发”战略的推动下呈现出了一片繁荣景象。光伏发电即是利用光伏板的光电效应将太阳能转换成电能，然后对蓄电池充电，最后通过逆变器将直流电转变为交流电对用电负荷进行供电。该系统的优点是资源条件好，系统供电可靠性高，运行维护成本低，缺点是系统造价高。

光伏利用或光伏发电具有以下明显的优点：

(1)无污染：绝对零排放——无任何物质及声、光、电、磁、机械噪音等“排放”。

(2)可再生：资源无限，可直接输出高品位电能，具有理想的可持续发展属性。

(3)资源的普遍性：基本上不受地域限制，只是地区之间有丰富与欠丰富之别。

(4)机动灵活:发电系统可按需要以模块方式集成,可大可小,扩容方便。

(5)通用性、可存储性:电能可以方便地通过输电线路传输、使用和存储。

(6)分布式电力系统:将提高整个能源系统的安全性和可靠性,特别是从抗御自然灾害和战备的角度看,它更具有明显的意义。

(7)资源、发电、用电同一地域:可望大幅度节省远程输变电设备的投资费用。

(8)光伏建筑集成(BIPV——Building Integrated Photovoltaics):节省发电基地使用的土地面积和费用,是目前国际上研究及发展的前沿,也是相关领域科技界最热门的话题之一。

10.2.2 太阳能光伏发电系统的原理及组成

1)光伏发电基础原理

太阳光发电是指无需通过热过程直接将太阳光能转变成电能的发电方式,主要有光伏发电、光化学发电、光感应发电和光生物发电等几种形式。光伏发电是利用太阳能电池半导体电子器件有效地吸收太阳光辐射能,并使之转变成电能的直接发电方式,今太阳光发电的主流。

2)光伏发电系统结构

由于太阳能光伏发电系统,是利用以光生伏打效应原理制成的太阳能电池将能直接转换成电能的,也叫做太阳能电池发电系统。它由太阳能电池方阵、控制蓄电池组、直流——交流逆变器等部分组成,具体系统组成如图10-9所示。

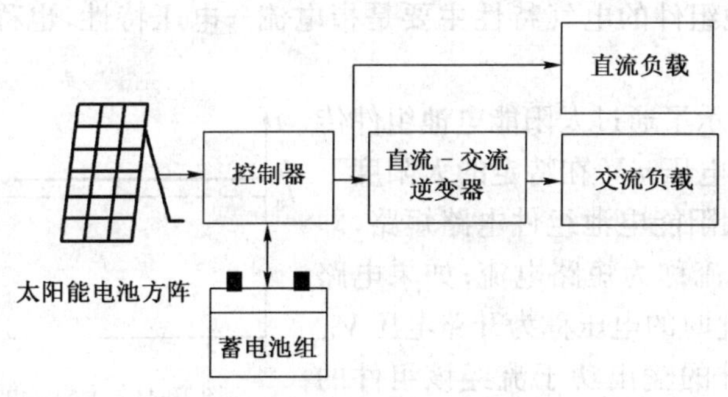

图10-9 光伏发电系统组成

太阳能电池单体是用子光电转换的最小单元,它的尺寸一般为$4cm^2$到$100cm^2$。太阳能电池单体工作电压为0.45～0.50V,一般不能单独作为电源使用。将太阳能电池单体进行串联、并联并封装后,就成为太阳能电池组件,其功率一般为几瓦至几十瓦、百余瓦,是可以单独作为电源使用的最小单元。太阳能电池组件再经过串联、并联并装在支架上,就构成了太阳能电池方阵,它可以满足负载所要求的输出功率。

(1)太阳能电池组件

一个太阳能电池只能产生大约0.45V的电压，远低了实际应用所需要的数值。为了满足实际应用的需要，须把太阳能电池连接成组，如图10-10所示件。太阳能电池组件包含一定数量的太阳能电池，这些太阳能电池通过导线连接。一个组件上，太阳能电池的标准数量是36个或40个(10cm×10cm)，这意味着一个太阳能电池组件大约能产生16V的电压，它正好能为一个额定电压为12V的蓄电池进行有效的充电。通过导线连接的太阳能电池被密封成的物理单元被称为太阳能电池组件:它具有一定的防腐、防风、防雹、防雨等能力，广泛应用于各个领域和系统；当应用领域需要较高的电压和电流而单个太阳能电池组件不能满足要求时，可把多个组件组成太阳能电池方阵，以获得所需要的电压和电流。

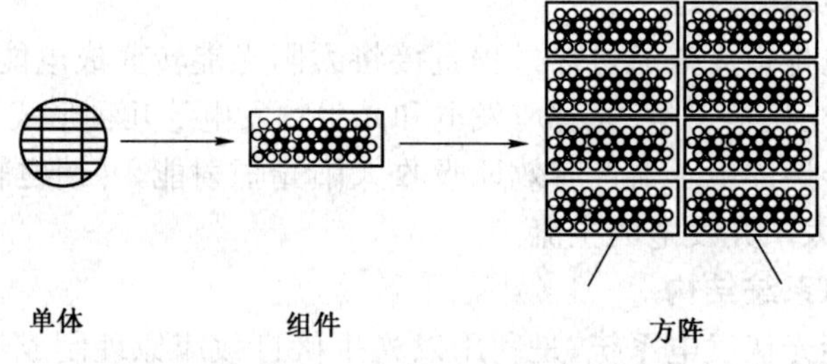

图10-10　太阳能电池方阵

(2)电气特性

太阳能电池组件的电气特性主要是指电流—电压特性，也称为 I-V 曲线，如图10-11所示。

I-V 曲线显示了通过太阳能电池组件传送的电流 mI 与电压 mV 在特定的太阳度下的关系。如果太阳能电池组件电路短路，即 $V=0$，此时的电流称为短路电流；如果电路开路，即 $I=0$，此时的电压称为开路电压 V_{oc} 太阳能电池组件的输出功于流经该组件的电流与电压的乘积，即 $P=V\times I$。当太阳能电池组件的电压上升时，例如，通过增加负载的电阻值或组件0(短路条件下)开始增加时，组件的输出功率亦从0开始增加，当电压达到一定功率时可达到最大值。而当电阻值继续增加时，功率将跃过最大点，并逐渐减少电压达到开路电压 V_{oc}。组件输出功率达到最大值的点，称为最大功率点；对应的电压，称为最大功率点电压 mV(又称为最大工作电压)；该点所对应的为最大功率点电流 mI(又称为最大工作

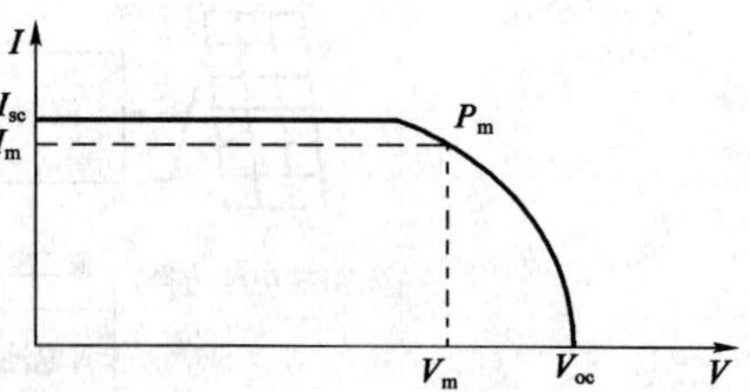

图10-11　太阳能电池的I-V曲线

I-电流，A；I_{sc}-短路电流，A；I_m-最大工作电流，A；V-电压，V；V_{oc}-开路电压，V；V_m-最大工作电压，V；P_m-最大功率，W

电流)；该点的功率，称为最大功率随着太阳能电池温度的增加。

10.2.3 太阳能电池容量选择计算

太阳能电池容量的选择也是在选定电池板类型和已知资源情况条件下，在固定了使用负载时计算得出的。太阳能电池容量和负载消耗量之间的关系可用下式表示：

$$P_{AS}=\frac{E_L\cdot D\cdot R}{(H_A IG_S)\cdot K} \tag{10-8}$$

式中：P_{AS}——标准状态(AM1.5，日照强度为1 000W/m²，太阳能电池单元温度为25℃)下太阳能电池阵列的输出功率，kW；

H_A——某一时期电池阵列所得到的日照量，kW/m²；

G_S——标准状态下的日照强度，kW/m²；

E_L——某一时期的负载消耗电量(所需电量)；

D——负载对太阳能光伏发电系统的依存率，一般取1；

R——设计冗余系数(推算的日照量等受安装环境影响的补正)；

K——综合设计系数(对太阳电池组件输出偏差的补正，包括线路损失及设备损失等)。

公路隧道照明使用的LED作为一种节能无污染的电光源，可以和作为绿色能源的太阳能结合起来，从而形成真正的绿色节能用电系统。我国深圳朝阳太阳能公司开发出了太阳能夜间交通警示灯。闪烁频率为60～70次/min，阴天情况下，可以连续工作15d，采用功率0.3W的太阳能电池和4个黄/红超亮度发电二极管，其能见度超过1km。太阳能LED灯可以广阔应用于公路隧道及道路照明等。

10.2.4 太阳能测量及设备组成选择

太阳能的测量是用太阳光谱辐照度来评定的。太阳光谱辐照度可根据不同波长范围的辐射能量及其稳定程度，划分为常定辐射和异常辐射两类。常定辐射，包括可见光部分、近紫外线部分和近红外线部分三个波段的辐射，是太阳光辐射的主要部分。它的特点是能量大而且稳定，它的辐射占太阳总辐射能的90%左右，受太阳活动的影响很小。表示这种辐照度的物理量，叫做太阳常数。异常辐射，则包括光辐射中的无线电波部分、紫外线部分和微粒子流部分。它的特点是随着太阳活动的强弱而发生剧烈的变化，在极大期能量很大，在极小期能量则很微弱。而测试通常所使用的即为太阳常数，用以表示地球在单位面积上与单位时间内能够接收多少太阳能，它的单位是W/m²。辐射仪器可按不同的标准进行分类，诸如被测变量的种类、视场大小、光谱响应范围和主要用途等。

气象辐射仪器的质量根据世界气象组织的有关规定，以下列 8 项因子来表征：

(1)分辨率：指能被仪器探测到的辐射的最小变化量。

(2)稳定度：灵敏度的长期漂移，比如说 1 年内的最大可能变化量。

(3)由于环境条件，诸如温度、湿度、气压、风等变化所收起的灵敏度的变化。

(4)非线性响应：灵敏度随入射的辐照度水准不同而产生的变化。

(5)光谱响应偏离假定理想的程度，指感应面黑度和孔径的影响等。

(6)方向响应偏离假定理想程度，如余弦响应、方向响应等。

(7)仪器或测量系统的时间常数。

(8)辅助装置的不确定度。

根据上述气象辐射仪器质量的 8 项因子，可将一般工作用直接日射表分成两类，即高级质量的和良好质量的；将总日射表分成三类，即高级质量的、良好质量的和适中质量的。至于全辐射表，它像总辐射表一样，也被分作三类：即高级质量的、良好质量的和适中质量。

10.2.5 太阳能 LED 照明系统

1)太阳能电池

太阳能电池是一种能将太阳光转化成为电能的半导体光电器件。目前市场上的太阳能电池主要有单晶硅电池、多晶硅电池、非晶硅电池等。太阳能单晶硅电池有较高的光伏转换效率和转换稳定性，衰减小，寿命长。大多数太阳能 LED 灯具均使用单晶硅电池太阳能电池，开路或者短路都不会造成电池损坏。太阳能电池板基本参数有空载电压 V_{oc} 和短路电流 I_{sc}，峰值电流 I_m 和峰值电压 V_m，$P_m = I_m \times V_m$ 为太阳能电池的峰值功率。

考虑到太阳光照受天气影响及其环境变化特点，设计电路时工作电压一般选峰值电压的 80%～90%，工作电流一般选峰值电流的 80%～90% 以保证灯具工作可靠特性曲线，如图 10-12 所示。

2)LED 灯具光源

考虑到太阳能电池的特点，公路隧道出入口照明灯应使用直流低电压小电流。LED 是一种将电能转换成光能的半导体光电器件，目前 LED 有小功率和大功率两大类，颜色有红、橙、黄、绿、蓝、白等多种，光电转换效率达 25～45lm/W。

(1)LED 基本参数

①正向工作电压 V_f 和正向工作电流 I_f。LED 的伏安特性类似稳压二极管工作电压，微小变化可导致工作电流变化很大。LED 电流器件使用时，应串联限流电阻或采用恒流电路保证 LED 工作电流在其极限电流范围内否则将损坏 LED。

②LED 的极限电流 I_m 反向电压 V_r。使用时应严格控制其正向工作电流 I_f。

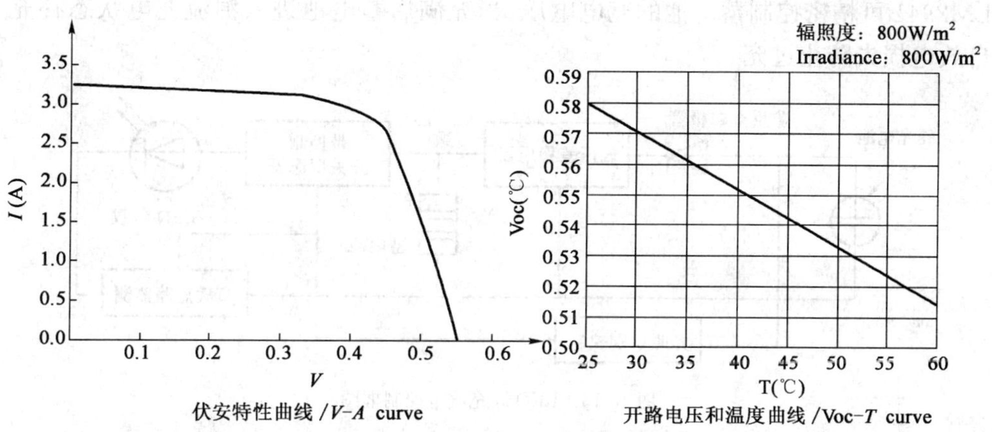

图 10-12 太阳能 LED 灯具工作可靠特性曲线

③LED 亮度和视角对普通高亮度。LED 其光强在 0.5～ 3.0cd，视角约 50°，大功率 LED 其光通量约 35～45lm/W。

④LED 温度特性。当环境温度上升后，各项指标均有下降使用 LED 时请按其参数书推荐的参数使用。

(2)蓄电池

太阳能灯具需要配置蓄电池才能工作。一般有铅酸蓄电池、Ni-Cd 蓄电池、Ni-H 蓄电池等。对功率在 2W 以上的太阳能 LED 灯具，一般使用容量价格比较高的密封式铅酸蓄电池。蓄电池主要参数是电压和容量，电压是指蓄电池的额定电压，即正常工作电压，一般也作为控制电路的工作电压有 3V、6V、12V、24V 等。容量是指蓄电池储存电量的能力，一般常见的有 4Ah、6Ah、12Ah、20Ah、40Ah 等。电池容量的选择一般要遵循以下原则：首先在能够满足夜晚照明的前提下，把白天太阳能电池组件的能量尽量存储下来；同时还要能够存储满足连续阴雨天夜晚照明需要的电能蓄电池容量，过小不能够满足夜晚照明的需要蓄电池容量，过大影响蓄电池寿命同时造成浪费。

(3)充放电控制器

充放电控制器控制白天太阳能电池板对蓄电池充电，晚上蓄电池向 LED 光源负载供电灯具工作。一个好的充放电电路，应能对系统的充放电条件加以限制保护太阳能电池，防止蓄电池过充电及深度放电。另外由于太阳能光伏发电系统的输入能量极不稳定，充电电路的控制要稍复杂些，充放电控制器框图见图 10-13。

①防反充电控制。在太阳能电池回路中，串联一个二极管二极管防止蓄电池向太阳板反向充电。

②防止过充电功能控制。电路使用定电压浮充充电方式，低压差稳压器

LM2941可精密控制蓄电池的充电电压，当充满后蓄电池进入涓流充电状态补充自放电损失防止过充。

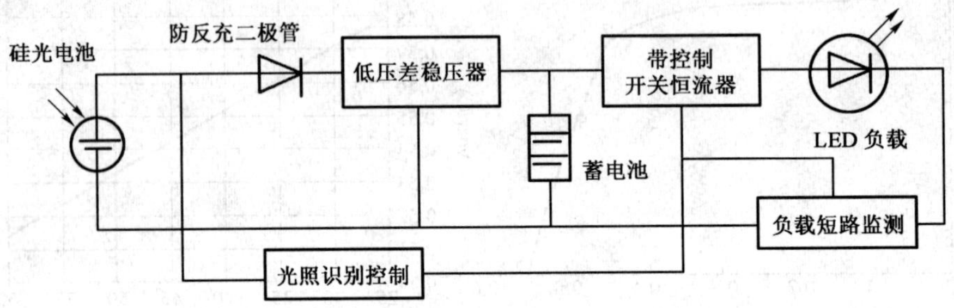

图10-13　LED灯充放电控制框图

③光敏传感器。太阳能LED灯需要光控开关，控制电路通过光照识别模块利用太阳板感光判断白天或黑夜，控制恒流源开关可实现灯具自动工作。

④保护出路控制。电路设有负载短路监测模块，当负载短路时自动关闭恒流源，使输出开路对太阳能电池板只需作反充保护，太阳能电池开路或者短路都不会造成电池损坏。

3)太阳能隧道灯具

(1)灯具类别：HTG206(L535　W285　H18370W－150W)钠灯、金卤灯和HTG207(L615、W285 H183)250W、400W的钠灯及金卤灯。

(2)材质：①铝型材灯体；②高纯铝反射器；③钢化玻璃面板；④硅橡胶密封条；⑤防护等级IP65；⑥对称及非对称配光；⑦搭扣式紧固安装维修十分方便，并可实现光带照明。

(3)灯具特性：

①利用低压钠灯光源高光效的特点(200lm/W)，提高灯具光输出效率，降低能耗。

②利用金卤灯高色温高显色性的特点(95Ra)混光后提高整体色温及显色性。

③该灯具可实现双频双输出，直流输出因电流小从而延长灯管使用寿命。

④电子镇流器具有多项智能保护，恒功率输出，功率因数99%以上，有效降低系统输入电流及无功损耗。

⑤因隧道设计行驶方向均为单向，低压钠灯为线光源，经灯具反射的光与灯具垂直方向投射出去，使防眩效果达到最佳防眩等级。

⑥灯具电器仓内置一块蓄电池可避免因意外断电导致隧道内无照明的弊病。

⑦灯体采用优质铝型材，增强机械强度，抗振等级达到16级。

⑧灯具表面采用抗紫外线喷塑，增强表面抗腐蚀性。

⑨采用高温钢化玻璃，提高安全性，增加透光率。

⑩与传统高压钠灯相比，等照明环境条件下综合节能50%～60%。

⑪该灯具可采用直流输出，大大降低隧道灯工程的造价。

⑫可有效降低维修、维护的二次采购成本和人工费用。

10.2.6 太阳能照明隧道应用实例

(1)河北省首座利用太阳能照明的公路隧道——承德市韩郭公路小梁东隧道投入使用。小梁东隧道长270m，净宽9.5m，净高5m。灯具分布按照入口段—过渡段—中间段—过渡段—出口段对称布置，双侧灯具共68盏，总功率为2.18kW。该系统设计平均每天白天照明10h，晚上关闭，在连续阴天的情况下可持续照明3天。按照太阳能照明系统可运行25年计算，该系统将比使用火力发电照明系统节省费用853.171 9万元，节约标准煤967.98t，减排二氧化碳2 730t、二氧化硫22.34t。

(2)山东省烟台市利用太阳能照明建成国内首座太阳能隧道——通世路隧道工程绿色照明系统。在隧道上方，这就是为隧道专门建造的太阳能光伏电站，利用节能环保的太阳能，为隧道照明灯供电，其中太阳能光板达3 000m^2。这座电站是山东省目前单体发电量最大的光伏电站，也是我国首次应用在隧道照明中，系统采用太阳能电池组件把太阳能直接转变为电能，在通过并网把能量直接输送到低压电网，达到利用可再生能源的目的。整座电站总容量为100kW，年发电量13.8kW·h，而在隧道内则采用了国家推广的照明产品T5荧光灯，两项节能措施的采取，每年可节约标准煤120多吨，通世路隧道由此也成为我国目前第一条采用太阳能照明的隧道。

10.3 风光互补技术在隧道节能中的应用

10.3.1 风光混合供电系统研究发展现状

以前对于风光混合供电系统，就是将风力机和光伏发电系统组件进行简单的组合，因为缺乏详细的数学计算模型，同时这样的系统只用于保证率低的户用，导致使用寿命不长。近几年随着风光混合系统应用范围的不断扩大，保证率和经济性要求的提高，国外已相继开发出一些模拟风力发电系统、光伏发电系统及混合发电系统性能的大型工具软件包。通过模拟不同系统配置的性能和供电成本，可以得出最佳的系统配置，由于这些工具软件包专业性较强并且价格不菲，大部分工程设计人员无法使用这样的软件工具。此外作为商业秘密，该软件所使用的表征风力发电机、PV组件的发电量和匹配蓄电池容量的数学模型也未被公开。

国外进行这方面研究的大学主要有科罗拉多州立大学、马萨诸塞大学等。其中科罗拉多州立大学和美国可再生能源实验室合作开发了hybrid2应用软件。hybrid2本身是一个很出色的软件，它可以对一个风/光混合系统，根据输入的系统的配置、负载特性以及安装地点的风速、太阳辐射数据获得一年8 760h发电量，而且还可以3对系统进行经济行分析。但是hybrid2软件价格昂贵，需要的专业性较强。如果设计者本身对风/光混合系统本身的运行方式并不是太了解，很可能设计出的方案和安装地点的实际情况有很大的出入。

风/光混合供电系统的合理功率分配和蓄电池容量，从理论上是根据负载的用电需求和现场的地理及气象资料，用模拟方法计算并画出一系列相应于不同LOLH值(负载失电小时数)的光伏方阵、风力发电机和蓄电池容量关系曲线，再按照负载的用电级别等因素定出LOLH值，确定其中一条曲线。这样就得到满足同一LOLH值的许多不同的光伏方阵、风力发电机和蓄电池容量的组合，即在一条等LOLH曲线下，对各种组合进行经济分析，确定最优组合，从而达到对系统进行最佳匹配的目的。

国内对于风光混合供电系统的设计主要有两种方法进行功率的确定，一是功率匹配的方法，就是在不同辐射和风速下对应的光伏阵列的功率和风机的功率和大于等于负载功率，主要用于系统的优化控制；另一是能量匹配的方法，在不同辐射和风速下对应的光伏阵列的发电量和风机的发电量和大于等于负载耗电量，主要用于系统功率设计。而对于光伏系统，一种是确定光电板的面积，一种是确定光电板的功率。

对于公路隧道节能系统的应用，主要通过在风光互补系统(隧道所在地)安装完整的风、光、温度、气压等采集设备，该系统的耗电情况也可以通过原有的采集设备轻松的取得，所以经过分析及选择设备的成本计算能够取得一个较精确的匹配方案，可以给以后的风光互补系统使用中的功率匹配计算提供一个较实际的经验。

10.3.2 风光混合供电系统的基础理论与概念

1)系统特点

风能和太阳能混合供电系统可以很好地克服部分风能及太阳能提供能量的随机性、间歇性的缺点。风/光混合供电系统具有以下优点：

(1)与风电系统相比，可以提高电站运行的稳定性和可靠性。

(2)在保证供电的条件下，可大大减少储能蓄电池的容量。

(3)与光电系统相比，其节省投资，发电经济性好。

2)系统组成

风光混合供电系统结构如图 10-14 所示。它是由风力发电机、太阳电池阵列、蓄电池组、充电控制器、逆变器、系统监控系统等组成。系统结构来看,实际的发电系统更为复杂。

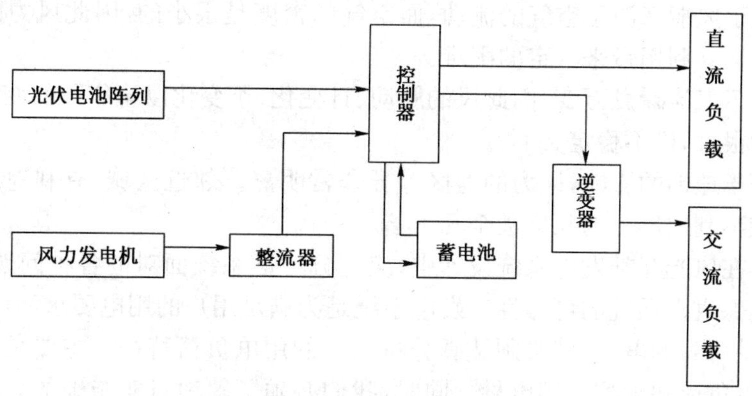

图 10-14 风光混合系统组成结构

在图 10-14 中,风力发电机及太阳能电池发出的电通过控制器贮存在蓄电池中,当负载为直流时,通过控制器直接输送给负载;当负载为交流时则需经逆变器直流转化为交流再输送给负载。

3)风光互补供电系统应用条件

我国幅员广阔,拥有十分丰富的太阳能资源和风能资源。风光互补供电系统推荐使用的资源条件要求:当地年平均风速大于 3.5m/s,同时年度太阳能辐射总量不小于 5 000MJ/m 是风光互补发电系统推荐使用区。风光互补供电系统在下列条件下应能连续、可靠的工作:

(1)室外温度:－25～＋45℃;室内温度:0～＋40℃。

(2)空气相对湿度:不大于 90%(25＋5℃)。

(3)海拔不超过 1 500m。

10.3.3 风光混合供电系统设计须考虑的问题

风光互补供电受环境及设备质量影响较大,在公路隧道实际利用风光互补供电系统的时候,应结合实际情况考虑系统面临的几个问题:

(1)公路隧道沿线所设监控位置的全天日光照射情况。

(2)公路隧道沿线所设监控设施负载的运转功率及其工作电压、电流。

(3)当公路隧道路段出现连续阴雨天气,系统要能维持监控设备足够长的时间。

(4)太阳能电池的转化率较低。目前太阳能电池供电的转化率只有13%至20%左右。但据2006年12月份美国能源部的最新消息,美国一家机构制造的太阳能电池创造了光电转换效率40.7%的新纪录。我们也相信,随着技术进步,电力的产生方式将发生改变。

(5)由于风能来源于空气的流动,而空气的密度是很小的,因此风力的能量密度也很小,给其利用带来一定的困难。

(6)由于气流瞬息万变,因此风的脉动、日变化、季变化以至年际的变化都十分明显,波动很大,极不稳定。

(7)由于地形的影响,风力的地区差异非常明显。邻近区域,有利地形下的风力,往往是不利地形下的几倍甚至几十倍。

因此,在风光互补发电系统设计中,应充分考虑系统面对的各种问题,优化系统设计,确保供电系统的可靠性。发电系统是为满足用户的用电要求而设计的,要为用户提供可靠的电力,就必须认真分析用户的用电负荷特征。主要是了解用户的最大用电负荷和平均日用电量。同时,我们必须了解项目实施地的太阳能和风能的资源状况,一般根据资源状况来确定光电板和风机的容量系数,在按用户的日用电量确定容量的前提下再考虑容量系数。

系统可以根据用户的用电负荷情况和资源条件进行系统容量的合理配置,即可保证系统供电的可靠性,又可降低发电系统的造价。无论是怎样的环境和怎样的用电要求,风光互补发电系统都可做出最优化的系统设计方案来满足用户的要求。此外,系统在安装使用时应注意如下事项:风力发电机对基础要求较为严格,安装时应注意。太阳能电池板安装角度应该与当地纬度一致。冬季应防止蓄电池冻裂,夏季应将蓄电池放于通风处,避免阳光直晒。太阳能电池板切勿重压或撞击。

10.4 光纤传导技术在隧道节能中的应用

10.4.1 光纤照明的发展历程

光纤照明早在20世纪30年代就已经被人们所接受,采用的光纤主要是集束玻璃光纤,但由于成本极高,根本无法达到实用阶段。在欧洲和美国,一些地铁隧道中已经采用了光纤照明,例如美国马塞诸塞州波士顿(Sumner and Callahan Tunnel lighting. Boston, Massachusetts)的10 000多英尺的隧道部分采用光纤照明代替常规灯具,并达到了预想的效果。按照David Ruckert(CEO and president of FiberStars)的话说未来十年光纤照明将普遍应用于隧道照明中。

20 世纪 60 年代，美国杜邦公司用聚甲基丙烯酸甲酯（PMMA）为芯材制造出塑料光纤，但光纤损耗较大，也没能将光纤照明推向实用化。70 年代后期，随着各国对塑料光纤的高度重视。三菱丽阳公司以高纯 MMA 单体聚合 PMMA，使塑料光纤损耗下降到 200dB/km 以下，并成功实现了产业化和商品化，从而将光纤装饰照明真正推向了实用阶段。到 80 年代后期，世界各国从事塑料光纤研究、开发和生产的科研所也取得了一定突破。1994 年德国 LBM 光纤照明技术有限公司致力于光纤照明技术的专业领域。至 1997 年该公司已经成为欧洲光纤照明技术的领导者和市场代言人。此外，自 1983 年以来，国际照明委员会就先后召开了四次国际建筑采光学术会议，1998 年在德国 Bregenz 召开的照明大会（Licht'98）会上，与会 700 多人，对建筑物如何充分利用太阳光，节能照明用电，进行了研讨。

在美国，连接萨姆勒（Sumner）和卡拉罕（Callahan）的隧道中已经设计并采用了全新的光纤照明方式来取代传统的照明灯具。如图 10-15 所示，这条隧道是连接罗根国际机场（Logan International Airport）主要高速公路。这完全是一种全新的设计理念，它既满足了隧道照明中防震的机械强度要求，又可以保持长效的使用寿命和维护途径，充分的结合了隧道照明中的各项技术要求。

图 10-15 马萨诸塞州波士顿连接萨姆纳与卡拉汉的隧道灯饰场景

由于这是一种全新的设计，它也为一种叫照明导航（Light Guides）的新技术提供了示例，该项技术主要适用于隧道这一特殊环境中。照明导航采用的是同光导纤维相似的工作方式。在一段特定的区域先进行试验，经过一年的跟踪测试和数据分析表明，这种方式完全可以经受住隧道中的防震要求，同时其防水性能和耐腐蚀性能也完全符合需要。这套照明系统的设计部门 IESNA Roadway Lighting Committee（北美照明工程学会道路照明委员会）最先得到了 IIDA International Award for Outstanding Achievement in Lighting Design（国际室内设计协会照明设计杰出成就奖）和 the Roadway Lighting Design Award（道路照明设计奖）同时承认。并将其推广至其他隧道中的照明工程。

10.4.2 光纤照明基础理论

1)光纤照明的原理

当光源通过反射器后,形成一束近似平行光。由于滤光器的作用,又将该光束变成彩色光。当光束进入光纤后,彩色光就随着光纤的路径送到预定的地方。为了获得近似平行光束,发光点应尽量小,近似于点光源。反光镜一般采用非球面反光镜。根据需要。用调换不同颜色的滤光片就获得了相应的彩色光源。光纤的作用是将光传送或发射到预定地方。从理论上讲,光线是直线传播的。但在实际应用中,人们都希望改变光线的传播方向。光纤照明的出现。正是利用透镜和反光镜等光学元件来无限次的改变传播方向,光线随光纤的路径传送,实现了光的柔性传播。

2)光纤照明的特点

光纤照明具有如下特点:

(1)单个光源可具备多个发光特性相同的发光点。

(2)光源易更换、也易于维修。

(3)发光器可以放置在非专业人员难以接触的位置,因此具有防破坏性。

(4)无紫外线、红外线光,可减少对某些物品如文物、纺织品的损坏。

(5)发光点小型化,重量轻,易更换、安装,可以制成很小尺寸,放置在玻璃器皿或其他小物体内发光形成特殊的装饰照明效果。

(6)无电磁干扰,可被应用在核磁共振室、雷达控制室等有电磁屏蔽要求的特殊场所之内。

(7)光与电分离。在传统照明中,都是由光源将电能转换成光能直接得到的,光与电是分不开的,但电有一定的危险性,所以很多场合都希望光与电分开,排除各种隐患,确保照明的安全性。光纤照明光与电分离,无电火花,无电击危险,可被应用于化工、石油、天然气平台、喷泉水池、游泳池等有火灾、爆炸性危险或潮湿多水的特殊场所。

(8)光线柔性传播。从理论上讲,光线是直线传播的。然而因实际应用的多元性,总希望能方便地改变光的传播方向。光纤照明正是满足了这一要求,这是光纤照明的特点之一。

(9)可自动变换光色。

(10)可重复使用,节省投资。

(11)柔软易折不易碎,易被加工成各种不同的图案;系统发热低于一般照明系统,可降低空调系统的电能消耗。

3)光纤照明系统的优势

国内传统的隧道灯大多采用的是高压钠灯,长期使用出现的主要问题如下:

(1)灯具安装在隧道的顶部弧顶附近,车辆经过时引起的震动比较严重,极易引起高压钠灯的损坏。

(2)虽然高压钠灯的寿命比较长,但是由于其配件易老化损坏,使得整个灯泡的寿命也随之变短。

(3)隧道灯需要24h工作,电灯线路在隧道的环境中不间断的工作必然会出现更多的损坏。

目前我们也正在尝试使用光纤等其他节能、易维修的灯具代替现在的隧道灯具,光纤的运用能够有效地改变了传统照明方式的不足,它节能、高效、安全、维护费用低,是高效节能的绿色光源。

光纤用于隧道照明主要有以下几个优势。

(1)节能

由于光纤照明系统采用的是高效率的进口灯泡作为光源,同等照明效果其对电能的消耗只是原用高压气体灯的10%。而光纤作为传光介质,它的定向性也是普通照明灯具所不能达到的。所以在有限的空间内,光纤可以更好的对所需位置进行照明。

(2)光线舒适

光是人的眼睛最敏感的物质,自然光是人眼所习惯的光线。光纤作为新兴的传光介质,已经成为"绿色照明"领域的中重要的一员,它的光谱均匀分布,显色性高(即色彩还原好),光色平均柔和,滤除了大部分的红外线和紫外线,有效的防止眩光的现象发生。它是最为接近自然光的光源,也就是最为人眼所接受的光源。

(3)先进

最为新型传光材料,它的科技性显得尤为突出。前面的例子已经表明,美国、欧洲等国家已经提前一步在隧道照明领域取得了突破,高速发展中的中国应该同世界同步,以求取得领先地位。而且它电噪声极低,没有任何的声音污染。自带的散热系统也可以满足更恶劣的使用环境。

(4)易维护

照明系统是隧道工程中重要的组成部分,维修和更换的成本太高并且影响隧道的正常使用,所以使用易于维护的照明方式就显得尤为重要。光纤照明系统就恰如其分的解决了这一难题,它的更换极为简易,只需要稍加培训的普通电力维修人员沿途对其更换即可,更不用关闭隧道,从根本上解决了这一问题。

根据光纤的特点以及配合隧道这一环境的使用,下面给出了光纤隧道照明的应用示意图(图10-16)。

4)光纤照明系统的组成

光纤照明系统一般由发光器、发光导体和终端附件三部分组成。

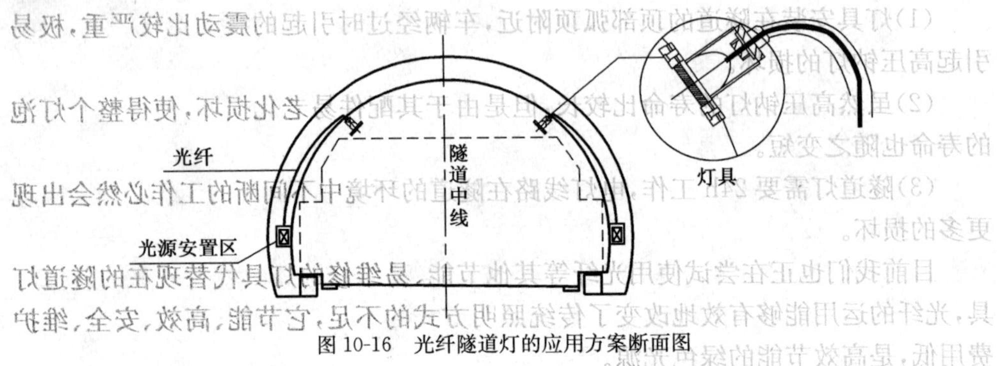

图 10-16　光纤隧道灯的应用方案断面图

(1)发光器

发光器装置包括光源、反射器、紫外线(UV)和红外线(IR)滤光器及旋转式玻璃色盘(选配件)。根据其内部所配光源不同,一般分成卤钨灯系列和金卤灯系列两种。其中卤钨灯光源功率一般为 50W 或 75W,输入电压为交流 12V(装置自带电源变压器),适用于博物馆或展览馆等对温湿度及紫外线、红外线有特殊控制要求的场所;金卤灯光源功率一般为 150W 或 200W,输入电压为交流 220V,适用于建筑物轮廓照明及立面照明等光亮度要求较高的场所。根据防护等级的不同,发光器装置一般分成室内型和室外型两种。旋转式玻璃色盘最多可配成八种颜色自动变换。该装置可由计算机按设定程序变化控制,也可由音响系统输出的音频信号同步控制。该装置自带电源插头,适用的电源为交流 220V,50Hz。

(2)发光导体

发光导体一般由塑料或玻璃纤维束或单根塑料纤维构成,考虑到传输过程中的光衰减,其长度一般不超过 30m。可通过系统串联解决。常见的发光导体有以下两种:一是点发光光纤外覆非常薄的塑料或玻璃纤维涂层,防止光线外泄,其外有一层不透明的衬层和一层塑料、橡胶或金属丝制的耐热、抗紫外线保护套(用于保护和支撑光纤),分室内型及室外防水型两种,均需配有发光终端附件;二是线发光光纤采用特殊结构,可通长发光,其外有一层透明的衬层和一层耐热、抗紫外线的 PVC 透明保护套,其外径规格有 8mm、11mm 及 15mm 三种,分室内标准型及室外防水型两种,均需配有不发光终端附件。

(3)终端附件

无论是点发光光纤还是线发光光纤的末端,均需配置终端附件。根据点发光光纤和线发光光纤的不同发光特点,有如下两种类型的终端附件:一是发光终端附件,配置在点发光光纤终端的各类反射式或直射式类似于灯具的吉林建材发光附件,有筒灯型、配透镜型(可聚光或发散光)、地面专用型以及水下型终端;二是不发光终端附件,配置在线发光光纤终端,为不透明密闭型封套。

5)光纤照明系统分类

(1)实心光纤系列可分为实心水晶冰花光纤、实心侧光光纤、实心尾光光纤三大类:

①实心水晶冰花光纤:外表颜色为全透明,相同内径的光压都调的较高,以致到下半夜用电低谷时,电网电压升高,有的高达240V以上。目前高压钠灯降压节电的方法主要有SCR斩波型照明节电装置、自耦降压式调控装置、智能照明节电器。均采用电脑控制,实时采集输出、输入电压信号与最佳照明电压比较,通过计算进行自动调节,有现场控制、时间控制、通信控制的三种节能运行模式。

②实心侧光光纤:配合光纤尾灯利用控制器控制色轮旋转产生五颜六色的光线效果。实心侧光光纤可安装在道路两侧、隧道、岩洞等处。

③实心尾光光纤:主要和光纤尾灯配合使用,在可见光谱范围具有最大的导光性和最小的光损耗,可见光谱范围内光强度的损失小,高数值孔径,以产生最大的接受角和发散角。易弯曲,安全性高,对人体无害,可在防震、防电和室外、水下使用。

(2)光纤可分单股、多股和网状三种:

①单股光纤:分为体发光和端发光两种。

②多股光纤:均为端发光,股数常见为几根至上百根。

③网状光纤:均为细径的体发光光纤组成,可以组成柔性光带。

(3)光纤小包装系列。

光纤小包装是将光源器和光纤组合在一起。共用一个包装箱形成一套包装。只需简单安装就可将光分散到每根光纤的尾端,然后根据需要将各光纤尾端置于适当位置,这种效果是传统灯泡所无法比拟的。此系列特别适用于居家装饰和其他小范围空间的装饰。

10.4.3 基于光纤导光的自动采光照明装置设计与实现

随着玻璃光纤(GOF),特别是近年来逐渐兴起的聚合物光纤(PMMF)导光性能的提高及光纤价格的下降,使得直接有效地利用太阳能进行室内照明成为可能。这种采光后以光纤传输至几十米远直接提供照明的方式,比起采用光伏电池阵列发电、逆变然后输电照明的方式具有设备简单、节约投资、安全可靠等优点。本书在开展光纤导光的研究实践中构造了一种使用自动采光装置采光而用光纤导光的太阳能照明系统。

1)采光系统构成

该采光照明系统构成如图10-17所示,主要由自动跟踪采光器(1,4,5,8)、传输光纤(2)、室内照明灯(3)三部分构成。采光器由透镜箱体1、凸透镜5、驱动电机

6、采光器支架 7、可调光耦合器 4、光检测器 8 及驱动电路构成。系统简要工作原理为:由光检测器对阳光照射情况进行检测及判断,并将信号送驱动电路,由驱动电路提供正、反转驱动电流给驱动电机,驱动电机带动透镜箱对准太阳;在对准太阳的情况下,由光耦合器在透镜焦距附近获取高密度光通量,然后经光纤传输约 30～40m 外供特制光纤灯进行照明。

2)光耦合器设计

和玻璃光纤 GOF 的结构一样,聚合物光纤 PMMF 是由高折射率聚合物芯层和较低折射率聚合物包层制成的光纤,其工作原理就是其具有易弯曲、芯经大、易连接、价格低、连接快等优点。聚合物光纤的主要性能为传输衰减和带宽,衰减主要由吸收损耗、散射损耗和弯曲损耗构成,目前可以做到的损耗为 0.2db/m。聚合物光纤 PMMF 为多模光纤,其带宽主要由模间色散所决定,而减小模间色散的措施是让其芯层折射率沿半径方向呈平方律分布。

采光设计要点在于投射到光纤端面的入射光不得大于光纤的数值孔径。图 10-18 所示为采光装置几何光路图。图中 D 为透镜直径,d 为光纤直径,f 为透镜焦距,L 为光纤端面从透镜焦点前突尺寸若光纤数值孔径为 NA,则设计应满足 $\sin(D/2f) \leqslant NA$,且 $D/f = d/l$ 。

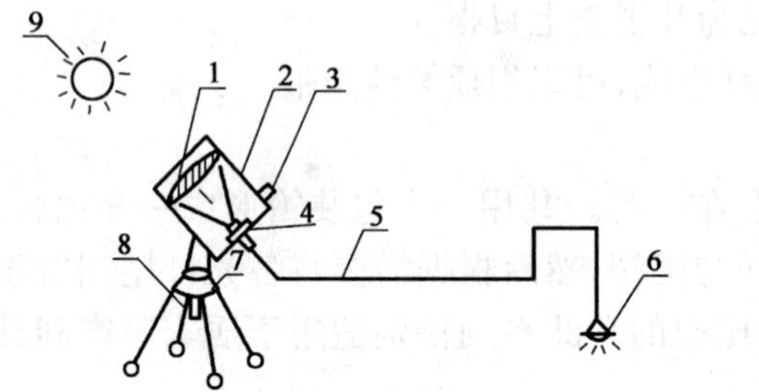

图 10-17　采光照明系统

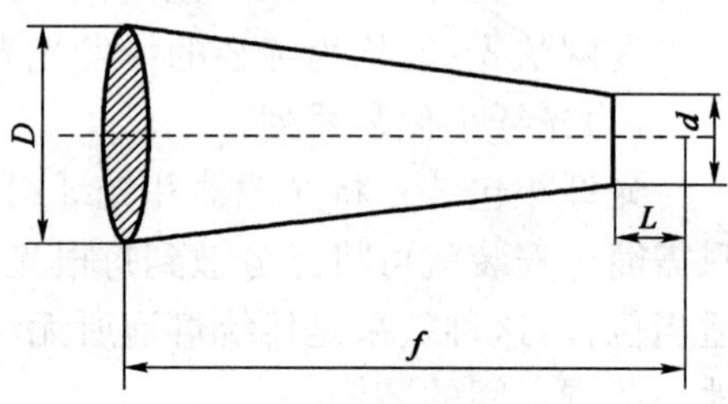

图 10-18　光耦合器设计尺寸

3)太阳跟踪系统设计

跟踪系统的设计关键在于对太阳直射光的检测及驱动电机对采光器的驱动控制精度。太阳直射光检测,可通过光伏电池感应不同方向光强后经逻辑电路判别而输出反转控制指令供驱动电路使用,系统可在阳光足够强时自动跟踪太阳并对准太阳,阴雨天气则视天空亮度大小而处于自动对光或停机状态。电路框图如图 10-19所示。

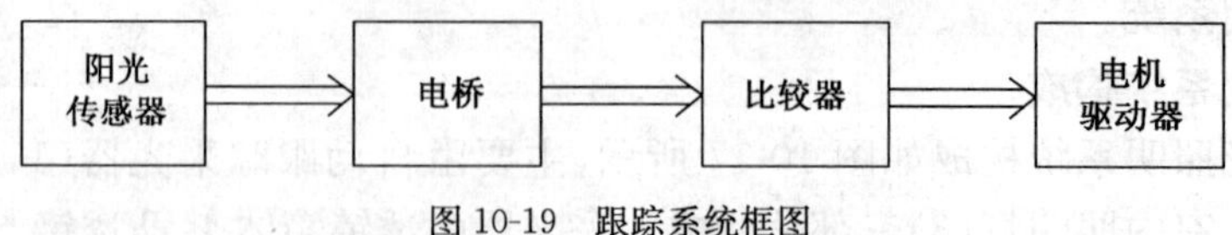

图 10-19　跟踪系统框图

4)性能测试数据及改进

本装置采光面积为 $0.5\times0.5=0.25m^2$,正常日照情况下(1 000W/m^2)大约截获250W太阳辐射能,除去其中红外、紫外光部分约有125W可见光进入采光系统,典型情况传输20m后损耗4dB,到达光纤灯有60W可见光功率输出。其亮度相当于60W白炽灯。距离光纤灯1m处测量得到的照度值,表10-1是使用LX1010BS袖珍照度仪,在晴天下午12时至14时在一般日照条件下的一组测试数据。

晴天中午12时至下午14时采光装置光纤出端照度测量值 表10-1

测量时天气情况	测量时太阳辐射值(W/m^2)	测量时光纤出端照度(10^3lx)
太阳直射	751.2	192
太阳直射	752.7	196
太阳直射	627.9	158
太阳直射	650.4	187
薄云遮挡	612.4	78.0
薄云遮挡	233.3	44.5
薄云遮挡	124.0	24.4
薄云遮挡	193.8	41.0
云层遮挡	42.0	7.9
云层遮挡	37.2	4.3
云层遮挡	32.6	3.8
薄云遮挡	131.8	27.5
薄云遮挡	108.5	20.4
薄云遮挡	116.3	21.2
薄云遮挡	93.0	18.7
薄云遮挡	89.9	18.2

实测数据表明:太阳直射情况下由光纤出口可获得的照度接近20万lx;而薄云遮挡情况下可获得的照度为2万~8万lx;云层遮挡情况下可获得照度为0.3万~0.8万lx。进一步的改进可将透镜换成碟式反射镜以加大采光而积,或采用多个小采光系统由一组驱动电机控制联动以降低系统成本。

10.5 太阳光与人工光结合的照明技术

LED照明、光纤照明都是绿色照明,直接应用太阳光则是更节能环保的方式。LED照明、光纤照明已有应用示例,综合应用这些新型照明节能技术将会取得更好的效果。

10.5.1 太阳光与 LED 结合的隧道照明技术

主要解决白天入口与出口照明问题。由于隧道的入口与出口照明是随洞外亮度而变化,故不需要进行太阳光追踪。太阳光引入可采用反射引入或道光管技术。

对于夜间照明,有 2 个方案供选择:若隧道较短,可仅配置诱导设施;若隧道较长,可应用 LED 照明。

10.5.2 太阳光与光纤结合的隧道照明技术

白天的入口与出口照明,采用前述的光纤导将太阳光引入,对于夜间照明,若隧道较短,可仅配置诱导设施;若隧道较长,采用光纤将人工光传输到需要照明的段落,这种方式,便于集中供电,可减少电缆数量,也便于维护管理。

10.5.3 LED 与光纤结合的隧道照明技术

采用光钎将 LED 光传输到需要照明的段落,这种方式,便于集中供电,可减少电缆数量,也便于维护管理。

10.5.4 太阳光与光纤及 LED 结合的隧道照明技术

白天的入口与出口照明,采用前述的光纤导将太阳光引入,对于夜间照明,若隧道较短,可仅配置诱导设施;若隧道较长,采用光纤将 LED 光传输到需要照明的段落。

10.6 导光管照明技术

10.6.1 概述

导光管照明系统是一种新型照明装置,导光管照明系统的表现形式是多种多样的,但它们通常都由三部分组成:光源、输光装置和出光部件。各种导光管照明系统共同的优点在于:

(1)可以把光源放在方便、易于到达的地方,从而简化了维护工作。

(2)可以减少光源和导线数量,方便维修。

(3)出光口仅仅射出光线,而不带电,可不含紫外线和热辐射。

(4)由于系统式封闭的,不用专门打扫。

10.6.2 发展现状

19 世纪 70 年代,俄国的契卡洛夫首先制造出世界上第一个导光管。但是第

一个导光管的专利是 William Wheeler 1881 年再美国申请的。由于材料和工艺水平的限制，早期的导光管效果并不理想，因而导致了导光管的发展在一段时间里长期处于停顿状态。

1946 年 Henry Pearson 提出一种新型的实体绝缘导光管，这种导光管并不像以前的导光管那样利用镜面反射，而是基本材料内部的全反射原理制造的，光效有较大提高。但是，最大的问题是无法将大量光线集中起来射入导光管内部，另外由于价格昂贵等原因在当时未获推广使用，但它为以后的棱镜导光管的发展奠定了基础。

第一个大尺寸的导光管 1965 年在前苏联首先问世，有 Gennady Bukhman 设计制造。这种导光管用弹性聚酯薄膜制成，内表面涂有金属反射层，并留有一条长的出光缝，故称为"有缝导光管"。1975 年 Gennady Bukhman 和 Julian Aizenberg 共同申请了有关塑料薄膜镀铅制造的有缝导光管的专利。在 Julian Aizenberg 等人的领导下，有缝导光管在前苏联得到了空前的发展。

1978 年加拿大 British Columbia 大学物理学教授 Lorne Whitehead 提出基于内部全反射现象的棱镜导光管。光线从导光管一端进入，在棱镜表面不断发生全反射，从而沿管长不断传播。第一个棱镜导光管在 1979 年申请专利，1982 年作为产品出现的棱镜导光管截面是方形的，外层是一层粗糙的棱镜结构。这种光学薄膜的生产工艺非常复杂，最终在 1989 年由美国 3M 公司推向市场。目前棱镜导光管在很多发达国家都有应用。

1994 年 4 月国际照明委员会成立了"空心导光管技术委员会"(CIE technical Committee TC3-30' Hollow Light Guides")主席由俄罗斯人 Julian Aizenberg 担任。

最近世界上又出现了一种新式的导光管照明系统—环形透镜导光管照明系统。这种新型照明系统由加拿大 U. B. C. 大学结构化表面物理实验室(Structured Surface Physicslab)研制。该系统包括一种新式环形透镜导光管和一种新式光源—太阳 1000(Solar1000)。该系统展示了多种技术的结合，是一种具有很大的照明节电潜力的新式照明系统。

国内导光管的研究和使用起步较晚，由于经济发展水平的限制使得我国在导光管的发展方向上选择了有缝导光管。中国建筑科学研究院建筑物物理研究所、河南省电力勘测设计院、平顶山姚孟电厂和江苏武进崔桥玻璃钢照明器材厂共同研制了我国第一个有缝导光管照明系统。该导光管为圆柱形，直径 0. 5m，长度 30m，主要起放然防爆的作用。后来上海灯具研究所研制了直径 160mm、全长 6m 的有缝导光管，对南京光学纤维厂的照明装置进行改造，获得了良好的照明效果。1995 年重庆建筑大学在某发动机装配车间安装了直径 0. 55m、长 78m 的有缝导光管照明系统。并向国家专利局申请了国内第一个导光管专利。该系统光源采用1 000W高光效金属卤化物灯，工作面平均照度达到600lx以上，均匀度较好，节电量大于10%，维护工作量成倍下降。

总的来说，我国在导光管的研制和应用领域仍然十分落后，导光管的传输效率有待于进一步提高，同时缺乏一套完整的行之有效的设计计算理论，为了达到或接近世界领先水平需要做的工作还很多。

10.6.3 导光管照明系统应用分类

导光管发展到今天，已产生多种形式，但用于短隧道照明可定义三种方式：①自然光无缝导光管；②自然光有缝导光管；③人工光有缝导光管。其中，自然光有缝导光管的实现成本较高、维护工作量大，不适合短隧道照明系统。本章节主要介绍自然光无缝导光管和人工光有缝导光管。

10.6.4 自然光无缝导光照明系统

1)系统组成

自然光无缝导光管由以下部分组成：①采光罩；②防雨板；③光导管及弯管；④固定环；⑤装饰环；⑥漫射器；⑦密封圈；⑧电力辅助照明装置，见图10-20。

2)系统特点

(1)效率较高；

(2)截面尺寸小，导光管发光尺寸在200～300mm，最长7m。

(3)外形美观、导光管具有柔和的发光表面。

(4)易于安装和维护。导光管照明系统结构简单、安装方便、维护工作小。

3)应用举例

用于引入天然光，垂直方向的可灵活地穿过隧道结构，把天然光引入室内，并进行光线重新分配，从而提供均匀的照度。适合于城市隧道，隧道顶为绿化的结构，如图10-21所示。

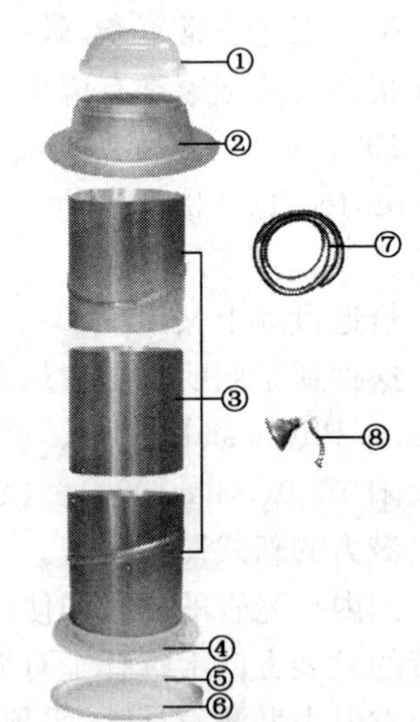

图10-20 自然光无缝导光系统组成图

10.6.5 人工光有缝导光管照明系统

(1)系统组成

人工光有缝导光管照明系统主要由光源和输光管组成。这些导光管内表面涂有镜面反射涂层，并留有一条长的出光缝，光线沿管道不断地被反射，然后从出光

口散射或透射出来，射到工作面上。导光管用柔性或刚性材料制成，柔性材料由对苯二甲酸乙二醇酯薄膜制成，最大反射率可达 90%，工作温度为 −60～140℃，难燃、且耐酸碱，可用超声波焊接或粘结。刚性材料为压制铝型材。人工光有缝导光管照明系统可在一端或两端安装光源。

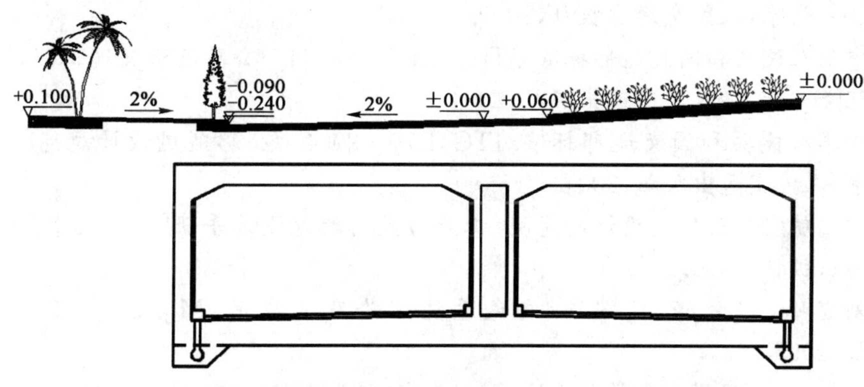

图 10-21 自然光无缝导光应用示例

(2)系统特点

①维护方便。由于使用光源数量少而且集中，可大大地减少光源数量和管线及安装的工作量，维护变得十分方便。另外有缝导光管的表面温度低，外壳不聚集电荷，不受空气含尘量的影响，易于清扫。

②可用单个或成组的光源，有缝导光管使用的光源为高压钠灯、金属卤化物灯、LED 灯等。用混光光源可根据需要任意配置和调节输出的光色。当加入应急照明的光源后，可随时投入应急照明，并以均匀的低照度供人员疏散。

③可有效解决灯具散热问题。因光源集中装设，灯具散热可采用水冷、风扇散热，甚至灯具散热底板散热材料可以用铜材。

④均匀性好。光输出的均匀性可通过调整导光管内表面的反射系数以及透光装置的光学性能获得。

⑤布置灵活。可依据有缝导光管的长度、直径和形状等特点，根据短隧道照明需求布设。

参考文献

[1] 中华人民共和国交通部标准. JTJ 026.1—1999 公路隧道通风照明设计规范[S]. 北京:人民交通出版社,2000.

[2] 中华人民共和国交通部标准. JTG/T D71—2004 公路隧道交通工程设计规范[S]. 北京:人民交通出版社,2004.

[3] 中华人民共和国交通部标准. JTG D70—2004 公路隧道设计规范[S]. 北京:人民交通出版社,2004.

[4] 中国航空工业规划设计研究院. 工业与民用配电设计手册[M]. 北京:中国电力出版社,2005.

[5] 刘思峰,郭大榜,党耀国. 灰色系统理论及其应用[M]. 北京:科学出版社,1999.

[6] 曹炳元. 应用模糊数学与系统[M]. 北京:科学出版社,2005.

[7] 韩立群. 人工神经网络理论、设计及应用(第二版)[M]. 北京:化学出版社,2007.

[8] Guide for the lighting of road tunnels and underpasses, CIE 16x:2004.

[9] 韩直,侯鹏. 公路隧道 NO_2 浓度参数研究 [J]. 公路交通科技(应用技术版),2009(10).

[10] 张志红. 隧道照明控制与节能技术研究[D]. 重庆:重庆交通大学研究生论文,2006.

[11] 韩直. 公路隧道通风设计的理念与方法[J]. 地下空间与工程学报,2008(6).

[12] U. S. Department of Transportation Federal Highway Administration. Technical Manual for Design and Construction of Road Tunnels——Civil Elements[M],2009.

[13] Norwegian Public Roads Administration. "Road Tunnel"[S]. Printed by NPRA Printing Center,2004.

[14] U. S. Department of Transportation, Federal Highway Administration. "Underground Transportation System in Europe:Safety,Operations,and Emergency Response"[R]. http://www.international.fhwa.dot.gov,2006.

[15] H. Mashimo. "State of the Road Tunnel Safety Technology in Japan"[J]. Tunnelling and Underground Technology,2002.(17):47-52.

[16] Colombo, A. G. "Summary of lessons Learnt from Tunnel Accidents"[J]. Nedies Project,2001.(11).35-43.

[17] Code of practice for the design of road lighting Part 2：Lighting of tunnels [S]. BS 5489-2:2003.

[18] Ruediger Lamm，Basil Psarianos，Theodor Mailaender. " Highway Design and Traffic Safety Engineering Handbook". R. R. Donnelley & Sons Company,1999：9. 23—9. 56，8. 3-8. 4，8. 31,6. 4.

[19] World Road Association . "Safety in Tunnels——Transport of Dangerous Goods Through Road Tunnels"[R],2001.

[20] Olszewski，Tom . "Preventive maintenance tips for mining operations," [J]. Coal Age，Overland Park,2000(03):46.

[21] Girish (Gary) N. Modi，P. E. "Pennsylvania's Comprehensive Strategic Highway Safety Improvement Plan"[R]. Bureau of Highway Safety & Traffic Engineering Pennsylvania Department of Transportation，2006.

[22] T NAKAYUKI and S ASANUMA. A simulation system for various longitudinal ventilation tunnels. Japan:9th,AVVT,1997:41-49.

[23] Y WU and M Z BAKAR,A study of the effect of tunnel aspect ratio on control of smoke flow in tunnel fires. Norway:10th,AVVT,2000:77-89.

[24] O Megret,O. Vanquelin. A model to evaluate tunnel fire characteristics[J]. Fire safety Journal,2000,9(34):393-401.

[25] Sam M. Berman，Robert D. Clear. Past Vision can Support a Novel Human Photoreceptor[R]. 2005 International Lighting Conference"Lighting in the 21 Century"Proceedings LeonSpain,2005.

[26] ANSI/IESNA RP-8-00. Roadway Lighting[S].

[27] IESNA RP-22-2005,Recommended Practice for tunnel lighting[S],2005.

[28] 日本《隧道照明指南》[M],1990.

[29] Alberra Transportation,Highway lighting guide[S],2003.

[30] 日本道路协会. 道路隧道技术标准(通风换气篇)及其解说[S],2001.

[31] The IESNA Lighting Handbook ,Reference & Applications . Illuminating Engineering Society of North America[S]. Ninth Edition. 07,2000.

[32] 刘相华，石强. 公路隧道消防线缆设计选型探讨[J]. 公路交通技术,2009(12).

[33] 韩直. 秦岭终南山特长公路隧道通风控制研究[J]. 中国公路学会 2005 年学术年会论文集(上),2005(6).

[34] 韩直，戚飞. 公路隧道 LED 照明灯的检测与应用[J]. 公路交通技术,2009(12).

[35] 韩直,夏隽.公路隧道照明模糊控制研究[J].公路交通技术,2009(4).
[36] 韩直.基于等效亮度的公路隧道照明需求研究[J].中国交通信息产业,2007(11).
[37] 韩直,张志红.基于全寿命期隧道照明光源的选择[J].中国交通信息产业,2007(11).
[38] 韩直.LED公路隧道照明灯应用与技术条件研究[J].中国交通信息产业,2007(11).
[39] 曹力,刘相华.公路隧道供配电设计中若干问题探讨[J].公路交通技术,2007(6).
[40] 韩直.公路隧道智能控制的现状与发展[J].交通世界,2003(3).
[41] 韩直.公路隧道机电系统的现状与发展[J].地下空间,2002(6).
[42] 重庆交通科研设计院.公路隧道送排式纵向通风、照明技术研究及其控制系统开发[R].重庆:重庆交通科研设计院,2001.
[43] 重庆交通科研设计院.长大公路隧道智能控制系统及防灾新技术研究报告[R].重庆:重庆交通科研设计院,2006.
[44] 重庆交通科研设计院.特大断面隧道的节能技术研究报告[R].重庆:重庆交通科研设计院,2006.